羅英対訳
詳　　註　『変身物語』を読む
［4］

鈴木　利久

渓水社

はしがき

　ラテン語の関係代名詞は英語のそれより遙かに縦横に駆使される。ラテン語では、どの関係代名詞を用いるかは先行詞が人か物や動物かではなく、先行詞の性（男性・女性・中性）と数（単数・複数）によって決まる。この全ての性と数で、主格・属格・与格・対格・奪格という格変化をするのでしばしば悪戦苦闘することになる。第四巻に使用されている表現を例として、その一端を紹介することにする。

(1)

　先ず先行詞を含む複合用法を取り上げよう。現代英語では関係代名詞の what がこれに当るが、16～17 世紀には英語にも who や whom などに同様の用法が存在し、シェイクスピアの作品には、次のような用例が見られる(斜字体は原典*)。

・I will set this foot of mine as far/ As *who* goes farthest.
　　　　　　　　　(*Julius Caesar*　I. iii. 119-120)
・I shall unfold to thee, as we are going/ To *whom* it must be done.
　　　　　　　　　(Ibid. II. i. 330-331)
・Thy honourable metal may be wrought/ From *that* it is disposed:
　　　　　　　　　(Ibid. I. ii . 313-314)

上の例を現代英語に直せば、それぞれ one who/ one to whom/ that to which となるであろう。
　しかし現代英語ではこの用法は what に限られるし、用例も慣用句などを除けば三人称単数と複数で主語と動詞或いは前置詞の目的語になるだけだが、ラテン語の場合は使用幅も頻度も現代英語の比ではない。頻繁に用いられる主格と対格だけでも、男性・女性・中性のそれぞれに単数と複数があるので変化形は 12 に達する。また、含まれる先行詞が人称代名詞に相当する場合は、その人称も読み込まねばならないので複雑極まりない。
　具体的な例を見てみよう（以下、斜字体は筆者）。

＊大塚高信（1983）『シェイクスピアの文法』（研究社）65-66 頁

① nam *quae* praecipue fuerat pia, "persequar" inquit
　"in freta reginam" saltumque datura moveri　（551-552）

これは典型的な例の一つで、女性単数主格の quae が fuerat と inquit の主語になっている。これらの動詞は三人称単数の活用形なので、隠れた先行詞は ea (= she) で、quae は she who に相当する。

② *quod*que rogis superest, una requiescit in urna.　（166）
③ *quod* caput ante fuit, summo est in monte cacumen,　（659）

これらの例では quod は中性単数主格で、②では superest と requiescit の、③では fuit と est の主語になっている。これらの動詞も全て三人称単数形なので、この quod は that which (= what) の意と解る。

④ pars fuit: iuveni, *qui* se vidisse referret.　　（797）

ここでは qui が iuveni の目的語と referret の主語になっている。qui は男性単数主格、referret は三人称単数形なので含まれる先行詞は eum (= him) で、qui は him who の意となる。

⑤ causa comesque tui: *qui*que a me morte revelli
　heu sola poteras, poteris nec morte revelli.　（152-153）

この qui は上の例ほど単純ではない。ここでは qui は男性単数主格で poteras と poteris の主語になっている。しかし、男性単数主格だからといって関係代名詞に含まれている先行詞は is (= he) だと即断することは禁物だ。というのも動詞の poteras と poteris は二人称単数の活用形だからで、この qui を英語で表現すれば thou (= you) who となる。

⑥ ut, *quos* certus amor, *quos* hora novissima iunxit,
　conponi tumulo non invideatis eodem;　（156-157）

ここでは反復された quos が男性複数対格で、iunxit の目的語と動詞 conponi の意味上の主語になっているので、含まれている先行詞は eos (= them)、即ち quos は them whom の意である。

ただ、この例の特徴は含まれる先行詞が対格なのに関係代名詞が文頭に来ていることである。このように、この用法では含まれる先行詞が対格でも文頭に来ることがあるし、逆にそれが主格でも文頭に来るとは限らないので、厄介この上ない。次の一節がその恰好の例である。

⑦ nempe, tuis omnes *qui* terras ignibus uris,
　　ureris igne novo; *qui*que omnia cernere debes,
　　Leucothoen spectas et virgine figis in una, （194-196）

ここで 195 行の qui は文頭にあるので判別しやすい。前述の通り qui は男性単数主格で debes/ spectas/ figis が述部動詞である。これらの動詞は全て二人称単数形なので、qui は thou (= you) who であることが解る。面白いのは 194 行の qui だ。この qui は文の中間にある上、先行する tuis と omnes が qui を挟んで虹を架けるようにそれぞれ ignibus と terras を修飾している。しかし、この一節には qui の先行詞が見当たらないのみでなく、文中の uris と ureris は二人称単数の動詞なので、この qui も thou (= you) who と解釈できる。次の例は更に興味深い。

⑧ inspirantque graves animas; nec vulnera membris
　　ulla ferunt: mens est, *quae* diros sentiat ictus. （498-499）

　この quae は曲者で、手強い。この場合 quae は女性単数主格であり、直前に女性単数の mens (= mind) があるからだ。上述のように、どの関係代名詞を用いるかは先行詞の性と数によって決まるので、関係代名詞の性と数は先行詞の性と数に一致する。そこで勢いこの mens を先行詞ととって、quae は sentiat の主語で、est が述部動詞と考えてしまうのである。文法上はそれで何の問題もない。しかし、このように解釈すると「忌わしい打撃を被った(彼らの)心が存在した」というような妙な意味になってしまう。
　それで例の通り「後ろから前へ」読んでみると、est は繋辞で mens はその補語(又は主語)と観ることもできる。そうなると quae は複合用法で sentiat の主語になると同時に est の主語(或いは補語)にもなると考えられる。ここでも重要なのは、quae は女性単数主格だから含まれる先行詞は ea だといっても、それは she ではないということである。ここで quae が用いられているのは女性単数の mens に一致しているからで、動詞は共に三人称単数形なので、quae は that which (= what) の意と看做すことができる。そのように読めば、この件は意味も「忌わしい打撃を被ったのは(彼らの)心であった」という自然なものになる。

以上の例から解るように、この用法では先行詞が見当たらないこと、及び大半の例で関係代名詞を受ける動詞が二つ（以上）あることで判別できるので、細心の注意を怠らなければ痛い目に遭うことは多くない。

（ 2 ）

　次に、英語には見られない用法について見てみよう。ここでは関係代名詞の位置と先行詞について述べる。
　ラテン語では関係代名詞の位置も変化に富んでいる。関係節が先行詞の前に出ることがあるかと思えば、関係代名詞や先行詞が関係節の中間に置かれることも珍しくない。具体的な例を挙げることにしよう。

⑨　*quo*que erat accinctus, demisit in ilia ferrum,
　　nec mora, ferventi moriens e vulnere traxit.　　（119-120）

この例では 119 行の前半部分が関係節で、行頭の quo が関係代名詞、先行詞は行末の ferrum である。次の2例は更に入り組んだ文構造になっている。

⑩　　Exigit indicii memorem Cythereia poenam
　　inque vices illum, tectos *qui* laesit amores,　　（190-191）

⑪　et mens et *quod* opus fabrilis dextra tenebat
　　excidit: extemplo graciles ex aere catenas　　（175-176）

⑩では関係代名詞が関係節の中に入っている。ここでは 191 行の illum が先行詞で、行の後ろ半分が関係節になっているが、関係代名詞は qui だ。⑪では、逆に先行詞が関係節の中に置かれている。即ち 175 行の quod 以下が関係節で、先行詞は quod の後ろにある opus である。
　ラテン語では先行詞も多様で、主格・与格・対格だけでなく属格（所有格）や奪格の名詞・代名詞が先行詞になっている例が至る所に見られる。第四巻には属格の例が多いので、先ずそれを列挙する。名詞や代名詞の所有格が先行詞となる例はシェイクスピアの作品*にもあるが、現代英語では俗語とされる。

＊大塚高信　前掲書 66-67 頁参照。

⑫ pallidiora gerens exhorruit aequoris instar,
   　quod tremit, exigua cum summum stringitur aura.　　(135-136)

⑬ magna quidem posco, sed tu miserere meorum,
   　iactari *quos* cernis in Ionio inmenso,　　(534-535)

⑭ attollit, modo subdit aquis, modo more ferocis
   　versat apri, *quem* turba canum circumsona terret.　　(722-723)

⑮ se tamen horrendae clipei, *quem* laeva gerebat,
   　aere repercusso formam adspexisse Medusae,　　(782-783)

⑫では 135 行の aequoris（aequor の単数属格）が quod の先行詞で、⑬では 534 行末の meorum（meus の男性複数属格）が quos の先行詞である。後者ではまた関係代名詞が関係節の中に置かれている。⑭では 723 行の apri（aper の単数属格）が quem の先行詞、⑮では 782 行の clipei（clipeus/ clipeum の単数属格）が quem の先行詞になっている。

　奪格が先行詞となる例も幾つか見られる。次の⑯では 163 行の ferro（ferrum の単数奪格）が quod の先行詞、⑰では 565 行の ostentis（ostentum の複数奪格）が quae の、⑱では 697 行の illa（ille の女性単数奪格）が quam の先行詞である。

⑯ dixit et aptato pectus mucrone sub imum
   　incubuit ferro, *quod* adhuc a caede tepebat.　　(162-163)

⑰ aequoris esse deos; luctu serieque malorum
   　victus et ostentis, *quae* plurima viderat, exit　　(564-565)

⑱ hanc ego si peterem Perseus Iove natus et illa,
   　quam clausam inplevit fecundo Iuppiter auro,　　(697-698)

(3)

　その他にも英語では考えられない用法がある。一つは⑥で触れたように関係代名詞が不定詞の意味上の主語になる用法で、上の⑬でも quos が直前 iactari の（iacto の不定法

所相現在）の意味上の主語になっている。

　より頻繁に見られるのは関係代名詞が形容詞や分詞で修飾される用法で、上の⑰では quae が後ろの plurima (multus の最上級)に修飾されているし、⑱では quam が clausam (claudo の完了分詞)で修飾されている。更に次の二箇所でも関係代名詞が完了分詞で修飾されている。

⑲ Gorgonei capitis guttae cecidere cruentae;
　　quas humus exceptas varios animavit in angues,　　(618-619)

⑳ Andromedan poenas iniustus iusserat Ammon;
　　quam simul ad duras religatam bracchia cautes　　(671-672)

即ち ⑲では quas が exceptas (excipio の完了分詞)で、⑳では quam が religatam (religo の完了分詞)で、それぞれ修飾されている。

　このようにラテン語では関係代名詞も変幻自在なので、いつも感覚を研ぎ澄ませて一字一句読み解いていかなければならない。

凡　例

この試みを行うに当って留意したのは、次の諸点である。

○ラテン語原文のテキストは入手しやすく、版権も設定されていない Loeb 版（Ovid : *Metamorphoses* with an English Translation by Frank Justus Miller, Third Edition, Revised by G. P. Goold, 1977, Reprinted 1984）を使用させて戴いた。銘記して深謝したい。何箇所かあるテキストの異同については、本文として採られているものに従った。

○語釈は、先ず総ての単語を本文の行数とその行中の位置 ―行頭から数えた順番― で表記した。次に格変化や活用で語形が変化している語は、その代表形を ＜ で表示し、品詞は〔 〕で示した。続いて名詞の場合は性を m. f. n. などで明らかにし、語義は「 」で示した。更に当該の語の格変化や活用変化を（ ）で記述すると共に、その語の文中での機能や用法に関する解説を施し、神々の名称や地名・人名などギリシア神話及びローマ神話に関する事柄には、☆ 印を用いて簡潔な説明を加えた。

　　［例］　Anno Domini
　　　　000-1 Anno＜annus〔名〕m.「年」（単数奪格）
　　　　　-2 Domini＜dominus〔名〕m.「主人；支配者」（単数属格）00-1 Anno を修飾。

○英語の対訳文については、できるだけ原文の文構造や用語から離れないことを旨とした。個々の訳語は原典の単語が語源となっている語やその派生語がある場合には、より一般的な英語があっても語源に近い言葉を用いるように努めた。「重量、重さ」を意味する pondus の訳語として weight ではなく、ponderosity を採った類である。原文の一語は可能な限り訳文でも一語になるように工夫を凝らしたが、拙い英語力の哀しさでどうにもならない箇所も少なくなかった。そこで、意味上ラテン語原文の一語が二語以上の英語に対応する場合には、少数の例外を除いてその部分に下線を施すことにした。

　　［例］　tum primum ⇒ then <u>for the first time</u>

○意味の類似した語句が重ねて用いられているために訳文が冗長であったり、仮定法現在や独立分詞構文などが現代の標準的な英語表現としては明らかに古色蒼然としていたり、更には不完了過去に対応する過去進行形が不自然と思われる箇所もあるが敢えて用いた。上述の通り、この試みの主眼は文学的に秀逸な翻訳ではなく、原典の基本的な文構造と語句の意味とを逐語的に明らかにすることだからである。

○ラテン語では時や場所、手段など英語なら前置詞を用いて表すような意味を名詞や代名詞の格変化によって

示すことが多い。また動詞は、英語では代名詞や助動詞を用いる主語や時制を活用変化で表す。このように前置詞、代名詞、助動詞など語形変化（傾格）で表示されている部分を、対訳では（ ）で括って示すように工夫した。

　更に、ラテン語には冠詞が存在しないし、所有代名詞や主格の関係代名詞の先行詞が省略されることも少なくない。加えて『変身物語』は「強弱々六歩格」(dactylic hexameter)の韻文で綴られていることもあり、この他にも語句が様々に省略されている。対訳文では、そのような語句を最少限に補って、その部分を〈 〉で括ることにした。

　　　［例］　Anno Domini ⇒ (in) <the> year (of) <the/ our> Lord
　　　　　　veni, vidi, vici. ⇒ (I) came, (I) saw, (I) conquered.

＊　＊　＊　＊　＊

語法・文法の解説は英文法に準じたが、英文法では用いられない用語や用法、語釈で用いる略号などについて以下に纏めておくことにする。　文法用語は少数の例外を除いて、田中秀央編『研究社 羅和辞典』に拠った。

○ラテン語の品詞は名詞、代名詞、動詞、形容詞、数詞、副詞、接続詞、前置詞、間投詞の九つであるが、語釈では「所相動詞」などラテン語特有の分類や「関係代名詞」「関係副詞」などの英語とは異なる用法を中心にやや詳しい品詞表示をした。

○ラテン語の名詞は主格、属格、与格、対格の他に「奪格」と「呼格」を持ち、更に少数ではあるが「地格」を持つものもある。奪格、呼格、地格の主な機能は次の通りである。
　◇奪格：単独で、或いは奪格支配の前置詞と共に用いられて、手段・場所・時など様々な意味を表すだけでなく、分詞や形容詞及び他の名詞の奪格と呼応して「独立奪格構文」(絶対的奪格)を構成する。この構文は英語の独立分詞構文や付帯状況を表す with の用法に相当する。
　◇呼格：呼びかけに用いる。–us で終る第二変化名詞の単数を除いて、主格と同一形である。
　　　［例］　et tu, Brute. ⇒ You too, Brutus.
　◇地格：「(或る場所) に」の謂。ごく一部の名詞にしか見られない。
　　　［例］　domi＜domus ⇒ (at) home
　　　　　　humi＜humus ⇒ (on) <the> ground
　　　　　　ruri＜rus ⇒ (in) <the> country

○動詞の活用変化や用法、その呼称は英文法のそれらとは著しく異なっているので、主要なものを英文法の場合と対照して列挙する。

凡 例

◇能相：能動態に相当する。
◇所相：受動態に相当する。
◇形式所相動詞：所相の変化しか持たず、意味は能動という動詞群を指す。
◇直説法現在：現在時制の他に、現在進行形の意味も表す。
◇不完了過去：過去進行形に相当する。
◇完了過去：現在完了と過去の両方の意味を表す。
◇全分過去：過去完了形に当る。
◇接続法：仮定（叙想）法に相当する。現在・不完了過去・完了過去・全分過去の四時称がある。
◇不定法：不定詞に当る。現在・完了・未来の三時称がある。また、不定法の意味上の主語は対格を用いて表す。この対格を伴った不定法を「不定法句」と呼ぶ。不定法や不定法句は動詞の目的語になる他に、主語としても用いられる。
◇命令法：ラテン語の命令法には、英語と同じ「現在」の他に「未来」がある。「命令法現在」は二人称単数と二人称複数を持つ。「命令法未来」には二人称単数と二人称複数に加えて、三人称単数と三人称複数があり、法令や布告に用いられることが多い。
◇完了分詞：過去分詞に当る。
◇未来分詞：動詞の活用変化の一つ。「〜しようとしている」の謂。
◇動形容詞：動詞の活用変化の一つ。「ゲルンディーヴム」「所相未来分詞」とも呼ばれ、「〜さるべき」の謂。
◇目的分詞：ラテン語には、動詞の変化によって作られる名詞として動名詞の他に、「目的分詞(スピーヌム)」がある。目的分詞は能相のみで対格と奪格があり、それぞれ「〜する為に」「〜するのに」の意味を持つ。
◇ラテン語の自動詞や形容詞には、名詞・代名詞の与格や奪格を目的語のように伴うものがある。本書の語釈では、そのような名詞や代名詞の与格、奪格をその動詞や形容詞の「補語」とした。
◇主述部：ラテン語では、人称代名詞の主格が動詞の主語として用いられることは、強調や対照などの場合を除いて稀である。上に述べたように、動詞の語尾変化が主語を表示するからである。このように活用変化によって主語が示されている場合、語釈に「主述部」(主語を内包した述部)と記して主語は動詞の変化に含まれていることを表し、更にその主語に該当する語を指摘した。これは本書の独創である。
◇接尾辞 –que は他の語と結合して「と〜」を意味し、反復して用いられると「〜と・・・の両方とも」の謂を表す。また and に当る et の反復も同断である。

　　　［例］　pater mater*que* ⇒ father <u>and</u> mother
　　　　　　 pater*que* mater*que* ⇒ <u>both</u> father <u>and</u> mother
　　　　　　 et pater et mater ⇒ <u>both father and mother</u>

この –que は頻繁に用いられているので、語釈から除いた。因みにオウィディウスの場合、引用符で括られた語に –que が付いている例もある。

[例] Salmacis extimuit 'loca'*que* 'haec tibi libera trado,
　　　hospes' ait simulatque gradu discedere verso,　　(337-338)

○語釈には、以下の略号・記号を用いた。

　　〔名〕：名詞　　　　　　〔接〕：接続詞　　　　　〔所動〕：形式所相動詞
　　〔代〕：代名詞　　　　　〔前〕：前置詞　　　　　〔関代〕：関係代名詞
　　〔動〕：動詞　　　　　　〔疑〕：疑問詞　　　　　〔関副〕：関係副詞
　　〔形〕：形容詞　　　　　〔数〕：数詞
　　〔副〕：副詞　　　　　　〔間〕：間投詞

　　m. ：男性　　　　　　　(m.)：時に男性　　　　　n. ：中性
　　f. ：女性　　　　　　　(f.)：時に女性　　　　　m.f.：男女両性
　　pl.：複数

　　〈名〉：名詞的用法の意味　　〈複〉：複数の意味　　　〈所〉：所相の意味
　　　＊：語法・文法・文脈に関する解説
　　　☆：ギリシア神話・ローマ神話に関する解説

羅英対訳
詳　　註　『変身物語』を読む [4]

目　　次

はしがき ……………………………………………………… i
凡　　例 ……………………………………………………… vii
変身物語　第四巻 ………………………………………… 2
あとがき …………………………………………………… 231

羅英対訳　『変身物語』を読む
詳　　註
［4］

変身物語

第四巻

LIBER IV

AT non Alcithoe Minyeias orgia censet
accipienda dei, sed adhuc temeraria Bacchum
progeniem negat esse Iovis sociasque sorores
inpietatis habet. festum celebrare sacerdos
inmunesque operum famulas dominasque suorum　　　　5
pectora pelle tegi, crinales solvere vittas,

第四巻

1
- 1 AT〔接〕「しかし、しかし一方」
- 2 non〔副〕「(全然)～ない」1-6 censet を修飾。＊2-3 sed と呼応する。
- 3 Alcithoe〔名〕f.「アルキトエ」(単数主格) 1-6/ 3-2/ 4-2 censet, negat, habet の主語。☆ボエオティアの古都オルコメノスの祖ミニュアスの娘。
- 4 Minyeias〔名〕f.「ミニュアスの娘」(単数主格) 1-3 Alcithoe と同格。
- 5 orgia＜orgia〔名〕n.pl.「秘密酒祭；狂乱酒宴」(複数対格) 1-6 censet の目的語。
- 6 censet＜censeo〔動〕「見積もる；主張する；考える」(直説法能相三人称単数現在) ＊以下、歴史的現在が多用される。

2
- 1 accipienda＜accipio〔動〕「受け取る；受け入れる；歓迎する」動形容詞(中性複数対格)。1-5 orgia に一致。叙述的用法。 ＊orgia censet accipienda = considers <the> orgies <to be> accepted
- 2 dei＜deus〔名〕m.「神；神力」(単数属格) 1-5 orgia を修飾。 ＊2-6 Bacchum を指す。
- 3 sed〔接〕「しかし；～ではなくて」
- 4 adhuc〔副〕「今まで、今でも；ここまで」

3-2 negat を修飾。
- 5 temeraria＜temerarius〔形〕「性急な、軽率な、無分別な」(女性単数主格) 1-3 Alcithoe に一致。叙述的用法。
- 6 Bacchum＜Bacchus〔名〕m.「バックス」(単数対格) 3-3 esse の意味上の主語。☆ギリシア・ローマ神話の酒神。ギリシアではディオニュソスとも呼ばれる。

3
- 1 progeniem＜progenies〔名〕f.「家系；子孫」(単数対格) 3-3 esse の補語。
- 2 negat＜nego〔動〕「否定する；拒否する」(直説法能相三人称単数現在)
- 3 esse＜sum〔動〕「～である；存在する」(不定法現在) 3-2 negat の目的語。
- 4 Iovis＜Iuppiter〔名〕m.「ユピテル、ジュピター」(単数属格) 3-1 progeniem を修飾。☆サトゥルヌスとオプスの息子。ローマ神話の最高神で、天空の支配者。「父なる天」の謂。ギリシア神話のゼウスに当る。
- 5 sociasque (= socias + que)＜socia〔名〕f.「仲間、一味」(複数対格) 3-6 sorores と同格。＊属格を伴う。
- 6 sorores＜soror〔名〕f.「姉妹」(複数対格) 4-2 habet の目的語。

BOOK IV

But Alcithoe, <u>Minyas's daughter</u>, never considered <the> god's
orgies <to be> admitted, but (being) indiscreet, still denied
Bacchus (to) be Jupiter's child and had sisters,
associates (in) impiety. <His> priest (had) ordered (to) celebrate <his> festival,
and <ordered> maidservants <u>and <their> mistresses</u>, (getting) exempted (from) their tasks,
(to) cover <their> breasts (with) pelts, (to) untie <their> headbands,

4
- 1 inpietatis＜inpietas〔名〕f.「不信心、不敬」(単数属格) 3-5 socias を修飾。
  ＊socias inpietatis = associates (in) impiety
- 2 habet＜habeo〔動〕「持つ、所有する」(直説法能相三人称単数現在)
- 3 festum＜festum〔名〕n.「祝日、祝祭、祝宴」(単数対格) 4-4 celebrare の目的語。
- 4 celebrare＜celebro〔動〕「群れる、満たす；繰り返す；讃える」(不定法能相現在) 6-3・5/ 7-5 tegi, solvere, sumere と共に 8-1 iusserat の目的語。
- 5 sacerdos〔名〕m.f.「神官、巫女」(単数主格) 8-1/ 9-1・2 iusserat, vaticinatus erat の主語。

5
- 1 inmunesque (= inmunes + que)＜inmunis〔形〕「束縛されていない；負担を負っていない；自由な」(女性複数対格) 5-3・4 famulas dominasque を修飾。叙述的用法。＊属格を伴う。
- 2 operum＜opus〔名〕n.「仕事、労働；作品；技巧」(複数属格) 5-1 inmunes の補語。
- 3 famulas＜famula〔名〕f.「女召使、女中」(複数対格) 5-4 dominas と共に 6-3・5/ 7-5 tegi, solvere, sumere の意味上の主語。
- 4 dominasque (= dominas + que)＜domina〔名〕f.「女主人、主婦；情婦」(複数対格)
- 5 suorum＜suus〔代〕「彼(ら)の、彼女(ら)の、それ(ら)の」(中性複数属格) 5-3・4 famulas dominasque を指す。5-2 operum を修飾。

6
- 1 pectora＜pectus〔名〕n.「胸；心」(複数対格) 副詞的用法。6-2 pelle と共に 6-3 tegi を修飾。＊pectora pelle tegi = (get) <their> breasts covered (with) hides : i.e. cover their breasts with hides
- 2 pelle＜pellis〔名〕f.「皮膚、獣皮」(単数奪格) ☆バックス信女たちは仔鹿や豹の毛皮を身に纏い、蔦や樫の葉や樅の木を髪に飾り、葡萄の蔓や蔦を巻いて松笠を載せた杖(テュルスス)を携えていた。
- 3 tegi＜tego〔動〕「覆う；隠す」(不定法所相現在)
- 4 crinales＜crinalis〔形〕「髪の；〈名〉髪留め」(女性複数対格) 6-6 vittas を修飾。
- 5 solvere＜solvo〔動〕「弛める；解き放つ；分解する；取り除く」(不定法能相現在)
- 6 vittas＜vitta〔名〕f.「頭飾り、鉢巻」(複数対格) 6-5 solvere の目的語。

serta coma, manibus frondentis sumere thyrsos
iusserat et saevam laesi fore numinis iram
vaticinatus erat：parent matresque nurusque
telasque calathosque infectaque pensa reponunt　　　　　10
turaque dant Bacchumque vocant Bromiumque Lyaeumque
ignigenamque satumque iterum solumque bimatrem；
additur his Nyseus indetonsusque Thyoneus
et cum Lenaeo genialis consitor uvae

7
・1　serta＜sero〔動〕「編む；結ぶ」完了分詞(女性単数奪格)。7-2 coma と共に独立奪格構文を成す。 ＊serta coma =（with)＜their＞ hair wreathed
・2　coma＜coma〔名〕f.「毛髪」(単数奪格)
・3　manibus＜manus〔名〕f.「手；一団」(複数奪格) 7-5 sumere を修飾。
・4　frondentis (= frondentes)＜frondeo〔動〕「葉が出る」現在分詞(男性複数対格)。7-6 thyrsos を修飾。
・5　sumere＜sumo〔動〕「取る；着手する；獲得する」(不定法能相現在)
・6　thyrsos＜thyrsus〔名〕m.「茎、幹；テュルスス」(複数対格) 7-5 sumere の目的語。＊6-2 参照。

8
・1　iusserat＜iubeo〔動〕「命ずる」(直説法能相三人称単数全分過去)
・2　et〔接〕「そして、また」
・3　saevam＜saevus〔形〕「荒れ狂う；獰猛な；残忍な」(女性単数対格) 8-7 iram に一致。8-5 fore の補語。
・4　laesi＜laedo〔動〕「傷つける；悩ます、苦しめる」完了分詞(中性単数属格)。8-6 numinis を修飾。
・5　fore (= futuram esse)＜sum〔動〕「～である；存在する」(不定法未来) 9-1・2 vaticinatus erat の目的語。
・6　numinis＜numen〔名〕n.「神の意志；神」(単数属格) 8-7 iram を修飾。＊2-6 Bacchum を指す。

・7　iram＜ira〔名〕f.「憤怒」(単数対格) 8-5 fore の意味上の主語。

9
・1・2　vaticinatus erat＜vaticinor〔所動〕「預言する」(直説法三人称単数全分過去)
　　＊不定法句を伴う。
・3　parent＜pareo〔動〕「従う；依存する」(直説法能相三人称複数現在)
・4　matresque (= matres + que)＜mater〔名〕f.「母」(複数主格) 9-5 nurus と共に 9-3/ 10-5/ 11-2・4 parent, reponunt, dant, vocant の主語。
・5　nurusque (= nurus + que)＜nurus〔名〕f.「嫁；若い婦人」(複数主格)

10
・1　telasque (= telas + que)＜tela〔名〕f.「蜘蛛の巣；織機」(複数対格) 10-2・4 calathos, pensa と共に 10-5 reponunt の目的語。
・2　calathosque (= calathos + que)＜calathus〔名〕m.「手かご」(複数対格)
・3　infectaque (= infecta + que)＜infectus〔形〕「未完の、仕上っていない」(中性複数対格) 10-4 pensa を修飾。
・4　pensa＜pensum〔名〕n.「分担、職務」(複数対格)
・5　reponunt＜repono〔動〕「戻す；保存する；片付ける」(直説法能相三人称複数現在)

変身物語　第四巻

(with) <the> hair wreathed, <and> (to) grasp sprouting thyrsi (in) <their> hands,

and had prophesied <the> rage (of) <the> injured divinity

(to) be savage: both matrons and maidens comply

and repose <their> looms and handbaskets and unfinished jobs

and offer incense and call Bacchus both Bromius and Lyaeus

and <the> son of fire and <the> (one) born twice and solely <the> (son) with two mothers;

(to) these (are) added Nyseus and unshorn Thyoneus

and, along with Lenaeus, <the> planter (of) genial vine

11
- 1　turaque (= tura + que)＜tus〔名〕n.「香、香料」(複数対格) 11-2 dant の目的語。
- 2　dant＜do〔動〕「与える、為す；認める」(直説法能相三人称複数現在)
- 3　Bacchumque (= Bacchum + que)＜Bacchus〔名〕m.「バックス」(単数対格) 11-4 vocant の目的語。
- 4　vocant＜voco〔動〕「呼ぶ、呼び集める；訴える」(直説法能相三人称複数現在)
- 5　Bromiumque (= Bromium + que)＜Bromius〔名〕m.「ブロミウス」(単数対格) 11-6/12-1・2・5 Lyaeum, ignigenam, satum, bimatrem と共に 11-4 vocant の補語。☆「怒鳴る者」の謂。バックス神の呼称。以下同断。
- 6　Lyaeumque (= Lyaeum + que)＜Lyaeus〔名〕m.「リュアエウス」(単数対格) ☆「解放者」の謂。

12
- 1　ignigenamque (= ignigenam + que)＜ignigena〔名〕m.「火から生れた者」(単数対格) ☆バックスは母セメレが父ユピテルの火炎で焼死した時、母の胎内から取り出されて、父の太腿に縫い込まれ、月満ちて生れた(第三巻 308-12 行)。
- 2　satumque (= satum + que)＜sero〔動〕「蒔く；生む」完了分詞(男性単数対格)。名詞的用法。
- 3　iterum〔副〕「再び」 12-2 satum を修飾。
- 4　solumque (= solum + que)〔副〕「ただ～、～のみ」 12-5 bimatrem を修飾。
- 5　bimatrem＜bimater〔形〕「二人の母を持つ、二度生れた」(男性単数対格) 名詞的用法。

13
- 1　additur＜addo〔動〕「付ける；加える」(直説法所相三人称単数現在)
- 2　his＜hic〔代〕「これ、この人；次のこと」(男性複数与格) 13-1 additur を修飾。
- 3　Nyseus〔名〕m.「ニュセウス」(単数主格) 13-1 additur の主語。☆「ニュサ山の」の謂。ニュサ山はバックスが育てられたという伝説の山。＊以下、更にバックスの呼称が列挙される。
- 4　indetonsusque (= indetonsus + que)〔形〕「髪を刈っていない」(男性単数主格) 13-5 Thyoneus を修飾。
- 5　Thyoneus〔名〕m.「テュオネウス」(単数主格) ☆「テュオネの息子」の謂。テュオネは、バックスが母セメレを神々の一人として呼んだ名前。

14
- 1　et 8-2 参照。
- 2　cum〔前〕「～と共に；～を伴って；～で」奪格支配(14-3 Lenaeo)。
- 3　Lenaeo＜Lenaeus〔名〕m.「レナエウス」(単数奪格) ☆「葡萄搾り機の神」の謂。
- 4　genialis＜genialis〔形〕「陽気な、愉快な」(女性単数属格) 14-6 uvae を修飾。
- 5　consitor〔名〕m.「蒔く人、植える人」(単数主格)
- 6　uvae＜uva〔名〕f.「葡萄」(単数属格) 14-5 consitor を修飾。

Nycteliusque Eleleusque parens et Iacchus et Euhan,　　　　　15
et quae praeterea per Graias plurima gentes
nomina, Liber, habes. tibi enim inconsumpta iuventa est,
tu puer aeternus, tu formosissimus alto
conspiceris caelo ; tibi, cum sine cornibus adstas,
virgineum caput est ; Oriens tibi victus, adusque　　　　　20
decolor extremo qua tinguitur India Gange.
　Penthea tu, venerande, bipenniferumque Lycurgum

15
・1 Nycteliusque (= Nyctelius + que)〔形〕「ニュクテリウスの」(男性単数主格) 名詞的用法。☆「夜崇拝される」の謂。バックス神の祭儀が夜催されることによる呼称。
・2 Eleleusque (= Eleleus + que)〔名〕m.「エレレウス」(単数主格) ☆信者の叫び声に由来する呼称。15-5・7 Iacchus, Euhan も同断。
・3 parens〔名〕m.f.「親、父、母」(単数主格) 15-2 Eleleus と同格。
・4・6 et〔接〕「そして、また」
・5 Iacchus〔名〕m.「イアックス」(単数主格)
・7 Euhan〔名〕m.「エウハン」(単数主格)

16
・1 et 15-4・6 参照。
・2 quae＜qui〔関代〕中性複数対格。先行詞は 17-1 nomina。17-3 habes の目的語。
・3 praeterea〔副〕「更に」＊et praeterea = and furthermore
・4 per〔前〕「～を横切って ; ～を通して ; ～によって」対格支配(16-7 gentes)。17-3 habes を修飾。
・5 Graias＜Graius〔形〕「ギリシアの」(女性複数対格) 16-7 gentes を修飾。
・6 plurima＜multus〔形〕「多数の ; 多量の」最上級(中性複数対格)。17-1 nomina を修飾。
・7 gentes＜gens〔名〕f.「氏族 ; 民族」(複数対格)

17
・1 nomina＜nomen〔名〕n.「名前」(複数主格)
・2 Liber＜Liber〔名〕m.「リベル」(単数呼格) ☆農耕を司るイタリアの古い神。後に、バックスと同一視された。
・3 habes＜habeo〔動〕「持つ、所有する」(直説法能相二人称単数現在) 主述部。
・4 tibi＜tu〔代〕「あなた」(単数与格) 17-8 est の補語。＊tibi iuventa est = thine is youth : i.e. thou hast youth
・5 enim〔接〕「実際、何故なら ; 例えば」
・6 inconsumpta＜inconsumptus〔形〕「消費されない、減らない」(女性単数主格) 17-7 iuventa を修飾。＊「永遠の」の謂。
・7 iuventa〔名〕f.「青春期、若さ」(単数主格) 17-8 est の主語。
・8 est＜sum〔動〕「～である ; 存在する」(直説法三人称単数現在)

18
・1 tu 17-4 参照(単数呼格)。
・2 puer〔名〕m.「少年 ; 息子」(単数呼格)
・3 aeternus〔形〕「長持ちする、永久の ;〈名〉永遠」(男性単数呼格) 18-2 puer を修飾。
・4 tu 18-1 参照(単数主格)。19-1 conspiceris の主語。
・5 formosissimus＜formosus〔形〕「美しい、見事な」最上級(男性単数主格)。18-4 tu を修飾。叙述的用法。
・6 alto＜altus〔形〕「高い、深い」(中性単数奪格) 19-2 caelo を修飾。

and Nyctelius and parent Eleleus and Iacchus and Euhan,
　　　and furthermore, innumerable names which (thou) hast, Liber,
　　　throughout <the> Greek races. For thine is inconsumable youth,
　　　thou, eternal boy; thou (wilt be) sighted loveliest
　　　(in) <the> high heavens; when (thou) standest without cornua, thine
　　　is <a> virgin-like head; <the> Orient <is> vanquished (by) thee, as far as
　　　where swarthy India (is) soaked (in) <the> remotest Ganges.
　　　Thou murderedst sacrilegious (ones), venerable (god), Pentheus

19
- 1　conspiceris＜conspicio〔動〕「見つめる、見つける」(直説法所相二人称単数未来)
- 2　caelo＜caelum〔名〕n.「天空、空」(単数奪格) 19-1 conspiceris を修飾。
- 3　tibi 17-4 参照。20-3 est の補語。
- 4　cum〔接〕「〜した時；〜なので；〜だけれども」
- 5　sine〔前〕「〜のない、〜なしに」奪格支配(19-6 cornibus)。19-7 adstas を修飾。
- 6　cornibus＜cornu〔名〕n.「角；突端」(複数奪格)
- 7　adstas＜adsto〔動〕「側に立つ；直立する；居る」(直説法能相二人称単数現在) 主述部。18-1・4 tu を受ける。

20
- 1　virgineum＜virgineus〔形〕「処女の、乙女らしい」(中性単数主格) 20-2 caput を修飾。
- 2　caput〔名〕n.「頭；頂上」(単数主格) 20-3 est の主語。
- 3　est 17-8 参照。
- 4　Oriens〔名〕m.「朝日；東方」(単数主格) 主語。＊est (= is) の省略。
- 5　tibi 17-4 参照。20-6 victus を修飾。＊行為者を表す与格。
- 6　victus＜vinco〔動〕「打ち破る、勝つ」完了分詞(男性単数主格)。20-4 Oriens に一致。＊Oriens victus (est) = <the> Orient <is> vanquished
- 7　adusque〔前〕「〜に至るまで」対格支配(21-3 qua)。

21
- 1　decolor〔形〕「変色した、色褪せた」(女性単数主格) 21-5 India を修飾。
- 2　extremo＜extremus〔形〕「一番外側の、最も遠い；最後の」(男性単数奪格) 21-6 Gange を修飾。
- 3　qua〔関副〕「〜する場所 (側、方向)」名詞的用法。
- 4　tinguitur＜tinguo〔動〕「濡らす、浸す；染める」(直説法所相三人称単数現在)
- 5　India〔名〕f.「インド」(単数主格) 21-4 tinguitur の主語。☆バックスの遍歴はインドのガンジス川まで達した。
- 6　Gange＜Ganges〔名〕m.「ガンジス川」(単数奪格) 21-4 tinguitur を修飾。

22
- 1　Penthea＜Pentheus〔名〕m.「ペンテウス」(単数対格) 22-5 Lycurgum と共に 23-2 mactas の目的語。☆カドムスの娘アガウエの息子。ペンテウスの破滅については、第三巻511行以下参照。
- 2　tu 18-4 参照。23-2・4 mactas, mittis の主語。
- 3　venerande＜veneror〔所動〕「崇拝する、尊敬する」動形容詞(男性単数呼格)。名詞的用法。＊「崇拝すべき者」の謂。
- 4　bipenniferumque (= bipenniferum + que)＜bipennifer〔形〕「両刃の斧を持つ」(男性単数対格) 22-5 Lycurgum を修飾。
- 5　Lycurgum＜Lycurgus〔名〕m.「リュクルグス」(単数対格) ☆トラキアのエドネス人の王。幼いバックスを迫害した。

sacrilegos mactas, Tyrrhenaque mittis in aequor
corpora, tu biiugum pictis insignia frenis
colla premis lyncum. bacchae satyrique sequuntur,   25
quique senex ferula titubantis ebrius artus
sustinet et pando non fortiter haeret asello.
quacumque ingrederis, clamor iuvenalis et una
femineae voces inpulsaque tympana palmis
concavaque aera sonant longoque foramine buxus.   30

23

- 1　sacrilegos＜sacrilegus〔形〕「不敬な；〈名〉冒瀆者」(男性複数対格) 名詞的用法。22・1・5 Penthea, Lycurgum と同格。
- 2　mactas＜macto〔動〕「讃える；捧げる；殺す；滅ぼす」(直説法能相二人称単数現在)
- 3　Tyrrhenaque (= Tyrrhena + que)＜Tyrrhenus〔形〕「テュレニア(エトルリア)の」(中性複数対格) 24・1 corpora を修飾。☆テュレニアはイタリアの北西部。
- 4　mittis＜mitto〔動〕「送る；投げる；送り出す」(直説法能相二人称単数現在)
- 5　in〔前〕「～(の中)へ、～に対して」対格支配(23・6 aequor)。23・4 mittis を修飾。
- 6　aequor＜aequor〔名〕n.「平面；海」(単数対格)

24

- 1　corpora＜corpus〔名〕n.「身体；肉；屍」(複数対格) 23・4 mittis の目的語。☆バックスを欺こうとした為、イルカに変えられたテュレニアの海賊たちを指す。
- 2　tu〔代〕「あなた」(単数主格) 25・2 premis の主語。
- 3　biiugum＜biiugis〔形〕「軛で繋いだ」(男性複数属格) 25・3 lyncum を修飾。
- 4　pictis＜pictus〔形〕「多色の；装飾された」(中性複数奪格) 24・6 frenis を修飾。
- 5　insignia＜insignis〔形〕「立派な、顕著な」(中性複数対格) 25・1 colla を修飾。
- 6　frenis＜frenum〔名〕n.「馬勒」(複数奪格) 24・5 insignia を修飾。

25

- 1　colla＜collum〔名〕n.「首」(複数対格) 25・2 premis の目的語。
- 2　premis＜premo〔動〕「押える；(～に)位置する；(荷を)負わせる；強要する」(直説法能相二人称単数現在) ＊「駆る」の謂。
- 3　lyncum＜lynx〔名〕m.f.「オオヤマネコ」(複数属格) 25・1 colla を修飾。
- 4　bacchae＜baccha〔名〕f.「バックス信女」(複数主格) 25・5/ 26・2 satyri, senex と共に 25・6 sequuntur の主語。☆マイナデス(Mainads)とも呼ばれる。
- 5　satyrique (= satyri + que)＜satyrus〔名〕m.「サテュルス」(複数主格) ☆半人半獣の山の精で、バックスの従者。
- 6　sequuntur＜sequor〔所動〕「後を追う；後を継ぐ；従う」(直説法三人称複数現在)

26

- 1　quique (= qui + que)〔関代〕男性単数主格。先行詞は 26・2 senex。27・1・6 sustinet, haeret の主語。
- 2　senex〔形〕「老齢の；〈名〉老人」(男性単数主格) 名詞的用法。☆豊饒を護る山の精で、バックスの師であったシレヌス(Silenus)を指す。
- 3　ferula＜ferula〔名〕f.「葦、鞭、杖」(単数奪格) 27・1 sustinet を修飾。
- 4　titubantis (= titubantes)＜titubo〔動〕「よろめく；吃る；躊躇う」現在分詞 (男性複数対格)。26・6 artus を修飾。

and Lycurgus with <a> double-blade axe, and castest Tyrrhenian bodies into

<the> ocean; thou prodst <thy> yoked lynxes' necks

conspicuous (with) ornate bridles. Bacchantes and satyrs follow <thee>,

and <the> drunken senile, who sustains <his> tottering limbs

(with) <a> staff and never clings firmly (to) <his> crooked ass.

Wherever (thou) marchest, together resound juvenile clamours

and feminine voices and timbrels beaten

(with) <their> palms and concave cymbals and flutes (of) long tubes.

-5 ebrius〔形〕「満ちた；酔った」(男性単数主格) 26-2 senex を修飾。＊叙述的用法とも解釈できる。

-6 artus＜artus〔名〕m.「関節；四肢」(複数対格) 27-1 sustinet の目的語。

27

-1 sustinet＜sustineo〔動〕「支える；抑止する；堪える」(直説法能相三人称単数現在)

-2 et〔接〕「そして、また」

-3 pando＜pandus〔形〕「曲がった」(男性単数与格) 27-7 asello を修飾。

-4 non〔副〕「(全然)～ない」27-5 fortiter と共に 27-6 haeret を修飾。

-5 fortiter〔副〕「強く、元気に」

-6 haeret＜haereo〔動〕「付着する；執着する；困惑する」(直説法能相三人称単数現在) ＊与格を伴う。

-7 asello＜asellus〔名〕m.「仔ロバ」(単数与格) 27-6 haeret を修飾。

28

-1 quacumque〔関副〕「～する所はどこでも」

-2 ingrederis＜ingredior〔所動〕「進む；入る」(直説法二人称単数現在) 主述部。24-2 tu を受ける。

-3 clamor〔名〕m.「叫び声；歓声；騒音」(単数主格) 29-2・4/ 30-2・6 voces, tympana, aera, buxus と共に 30-3 sonant の主語。

-4 iuvenalis〔形〕「若い、若々しい」(男性単数主格) 28-3 clamor を修飾。

-5 et 27-2 参照。

-6 una〔副〕「同じ所で、同時に」30-3 sonant を修飾。

29

-1 femineae＜femineus〔形〕「女性の；女々しい」(女性複数主格) 29-2 voces を修飾。

-2 voces＜vox〔名〕f.「声、音；言葉、発言」(複数主格)

-3 inpulsaque (= inpulsa + que)＜inpello〔動〕「打つ；駆り立てる」完了分詞(中性複数主格)。29-4 tympana を修飾。

-4 tympana＜tympanum〔名〕n.「太鼓、タンバリン；車輪」(複数主格)

-5 palmis＜palma〔名〕f.「掌；手」(複数奪格) 29-3 inpulsa を修飾。

30

-1 concavaque (= concava + que)＜concavus〔形〕「円蓋状の、曲った」(中性複数主格) 30-2 aera を修飾。

-2 aera＜aes〔名〕n.「銅、青銅；〈複〉青銅製品、シンバル」(複数主格)

-3 sonant＜sono〔動〕「音を立てる；語る」(直説法能相三人称複数現在)

-4 longoque (= longo + que)＜longus〔形〕「長い；遠い」(中性単数奪格) 30-5 foramine を修飾。

-5 foramine＜foramen〔名〕n.「穴、口」(単数奪格) 30-6 buxus を修飾。

-6 buxus〔名〕f.「柘植；笛」(単数主格)

"Placatus mitisque" rogant Ismenides "adsis,"
iussaque sacra colunt; solae Minyeides intus
intempestiva turbantes festa Minerva
aut ducunt lanas aut stamina pollice versant
aut haerent telae famulasque laboribus urguent.　　　35
e quibus una levi deducens pollice filum
"dum cessant aliae commentaque sacra frequentant,

31
- 1　Placatus〔形〕「静かな、穏やかな」(男性単数主格) 31-2 mitis と共に叙述的用法。＊バックスに対する言葉なので、男性単数形をとる。
- 2　mitisque (= mitis + que)〔形〕「柔かい、熟した；穏やかな」(男性単数主格)
- 3　rogant＜rogo〔動〕「尋ねる；請求する」(直説法能相三人称複数現在)
- 4　Ismenides＜Ismenis〔名〕f.「テーバエの女」(複数主格) 31-3/ 32-3 rogant, colunt の主語。☆テーバエの近郊を流れるイスメノス川に因む呼称。
- 5　adsis＜adsum〔動〕「側にいる；援助する」(接続法能相二人称単数現在)

32
- 1　iussaque (= iussa + que)＜iubeo〔動〕「命ずる」完了分詞(中性複数対格)。32-2 sacra を修飾。
- 2　sacra＜sacrum〔名〕n.「神聖な器物；聖域；儀式」(複数対格) 32-3 colunt の目的語。
- 3　colunt＜colo〔動〕「耕す；住む；保護する；称える；飾る」(直説法能相三人称複数現在)
- 4　solae＜solus〔形〕「単独の；孤独な；寂しい」(女性複数主格) 33-2 turbantes と共に 32-5 Minyeides を修飾。叙述的用法。
- 5　Minyeides＜Minyeis〔名〕f.「ミニュアスの娘」(複数主格) 34-2・7/ 35-2・6 ducunt, versant, haerent, urguent の主語。

☆アルキトエ、レウキッペ、アルシッペの三姉妹。
- 6　intus〔副〕「中で；中へ；中から」34-2 ducunt を修飾。＊「屋内で」の謂。

33
- 1　intempestiva＜intempestivus〔形〕「時季はずれの、生憎の」(女性単数奪格) 33-4 Minerva を修飾。
- 2　turbantes＜turbo〔動〕「乱れる；混乱させる」現在分詞(女性複数主格)。
- 3　festa＜festum〔名〕n.「祝日、祝祭、祝宴」(複数対格) 33-2 turbantes の目的語。
- 4　Minerva＜Minerva〔名〕f.「ミネルウァ；紡織」(単数奪格) 33-2 turbantes を修飾。☆ミネルウァは家政を司るローマの女神。ギリシアのパラス・アテナ女神(38-4)と同一視された。

34
- 1・4　aut〔接〕「或いは」＊aut … aut = either …or
- 2　ducunt＜duco〔動〕「導く、引っ張る；促す」(直説法能相三人称複数現在)＊「紡ぐ」の謂。
- 3　lanas＜lana〔名〕f.「羊毛」(複数対格) 34-2 ducunt の目的語。
- 5　stamina＜stamen〔名〕n.「経糸；糸、紐」(複数対格) 34-7 versant の目的語。
- 6　pollice＜pollex〔名〕m.「親指」(単数奪格) 34-7 versant を修飾。
- 7　versant＜verso〔動〕「転がす；動転させる」(直説法能相三人称複数現在)＊「撚る」の謂。

"(Being) peaceful and mild," request <the> Theban women "(mayst thou) be here,"
and (they) honour <the> ordered rites; solely Minyas's daughters, indoors,
disregarding <the> festival (for) unseasonable spinning,
either spin wool or twist strings (with) <their> thumbs
or remain (with) <their> looms and urge <their> maidservants (to) labour.
One of whom, drawing <a> thread (with) <her> nimble thumb,
says, "While others cease <their jobs> and celebrate <the> counterfeit

35
- 1 aut 34-1・4 参照。
- 2 haerent＜haereo〔動〕「付着する；執着する；困惑する」(直説法能相三人称複数現在) ＊与格を伴う。
- 3 telae＜tela〔名〕f.「蜘蛛の巣；織機」(単数与格) 35-2 haerent を修飾。
- 4 famulasque (= famulas + que)＜famula〔名〕f.「女召使、女中」(複数対格) 35-6 urguent の目的語。
- 5 laboribus＜labor〔名〕m.「労働、努力；苦労、苦難」(複数奪格) 35-6 urguent を修飾。＊laboribus urgent = (they) urge (with) labour
- 6 urguent＜urgueo/ urgeo〔動〕「駆る；迫る；執着する」(直説法能相三人称複数現在)

36
- 1 e (= ex)〔前〕「～(の中)から；～に従って」奪格支配(36-2 quibus)。36-3 una を修飾。＊una e quibus = one of whom
- 2 quibus＜qui〔関代〕女性複数奪格。先行詞は 32-5 Minyeides。
- 3 una＜unus〔数〕「一つ(の)；同一の」(女性単数主格) 名詞的用法。38-8 inquit の主語。☆アルシッペ(Arsippe)を指す。
- 4 levi＜levis〔形〕「軽い；素早い；些細な」(男性単数奪格) 36-6 pollice を修飾。
- 5 deducens＜deduco〔動〕「連れ去る、除去する；導く；引き出す」現在分詞(女性単数主格)。36-3 una を修飾。叙述的用法。
- 6 pollice 34-6 参照。36-5 deducens を修飾。
- 7 filum＜filum〔名〕n.「糸、紐」(単数対格) 36-5 deducens の目的語。

37
- 1 dum〔接〕「～する間に(間は)；～まで」
- 2 cessant＜cesso〔動〕「止む、停滞する；休止する」(直説法能相三人称複数現在)
- 3 aliae＜alius〔形〕「他の、別の」(女性複数主格) 名詞的用法。37-2・6 cessant, frequentant の主語。
- 4 commentaque (= commenta + que)＜commentus〔形〕「捏造の、偽の」(中性複数対格) 37-5 sacra を修飾。
- 5 sacra 32-2 参照。37-6 frequentant の目的語。
- 6 frequentant＜frequento〔動〕「頻繁に行く、繰り返す；群がる；祝う」(直説法能相三人称複数現在)

nos quoque, quas Pallas, melior dea, detinet" inquit,
"utile opus manuum vario sermone levemus
perque vices aliquid, quod tempora longa videri   40
non sinat, in medium vacuas referamus ad aures! "
dicta probant primamque iubent narrare sorores.
illa, quid e multis referat (nam plurima norat),

38
- 1 nos＜ego〔代〕「私」(複数主格) 39-6/ 41-6 levemus, referamus の主語。
- 2 quoque〔副〕「～もまた、同様に」38-1 nos を強調する。
- 3 quas＜qui〔関代〕女性複数対格。先行詞は 38-1 nos。38-7 detinet の目的語。
- 4 Pallas〔名〕f.「パラス」(単数主格) 38-7 detinet の主語。☆戦と様々な技芸を守護するアテナ女神の呼称。
- 5 melior＜bonus〔形〕「良い；〈名〉良い人(物)」比較級(女性単数主格)。38-6 dea を修飾。
- 6 dea〔名〕f.「女神」(単数主格) 38-4 Pallas と同格。
- 7 detinet＜detineo〔動〕「引き止める、抑制する」(直説法能相三人称単数現在)
- 8 inquit＜inquam〔動〕「言う」(直説法能相三人称単数現在)

39
- 1 utile＜utilis〔形〕「役立つ、有益な」(中性単数対格) 39-3 manuum と共に 39-2 opus を修飾。＊utile opus manuum = <the> useful task (of) <our> hands
- 2 opus＜opus〔名〕n.「仕事、労働；作品；技巧」(単数対格) 39-6 levemus の目的語。
- 3 manuum＜manus〔名〕f.「手；一団」(複数属格)
- 4 vario＜varius〔形〕「多色の、斑の；多様な、変化に富んだ；変り易い」(男性単数奪格) 39-5 sermone を修飾。

- 5 sermone＜sermo〔名〕m.「会話、談話；議論」(単数奪格) 39-6 levemus を修飾。
- 6 levemus＜levo〔動〕「持ち上げる；軽減する」(接続法能相一人称複数現在)

40
- 1 perque (= per + que)〔前〕「～を横切って；～を通して；～によって」対格支配 (40-2 vices)。41-3・7 in, ad と共に 41-6 referamus を修飾。＊per vices = in alternation : i.e. by turns
- 2 vices＜vicis〔名〕f.「交替、連続；地位、職務」(複数対格)
- 3 aliquid＜aliquis〔代〕「或る人(物)」(中性単数対格) 41-6 referamus の目的語。
- 4 quod＜qui 38-3 参照(中性単数主格)。先行詞は 40-3 aliquid。41-2 sinat の主語。
- 5 tempora＜tempus〔名〕n.「時間；時期；時代」(複数対格) 40-7 videri の意味上の主語。
- 6 longa＜longus〔形〕「長い；遠い」(中性複数対格) 40-5 tempora に一致。40-7 videri の補語。
- 7 videri＜video〔動〕「見る；認知する；〈所〉見える」(不定法所相現在) 41-2 sinat の目的語。

rites, (let) us, whom Pallas <a> better goddess detains, likewise
relieve <the> useful tasks (of) <our> hands (with) various conversations
and in alteration relate to one another, something which
never allows <the> time (to) seem long, to <our> vacant ears!"
<Her> sisters approve <her> sayings and order <the> proposer (to) narrate.
What (she should) relate out of many ― for (she) knew innumerable (tales) ― she

41
・1 non〔副〕「(全然)～ない」41-2 sinat を修飾。
・2 sinat＜sino〔動〕「許す、容認する」(接続法能相三人称単数現在) ＊不定法句を伴う。
・3 in〔前〕「～(の中)へ、～に対して」対格支配(41-4 medium)。41-7 ad と共に 41-6 referamus を修飾。＊aliquid in medium referamus =(let us) render something to <the> common stock : i.e. let us relate something to one another
・4 medium＜medium〔名〕n.「中間、中央」(単数対格) ＊「共有」の謂。
・5 vacuas＜vacuus〔形〕「空の；～のない；暇な」(女性複数対格) 41-8 aures を修飾。
・6 referamus＜refero〔動〕「持ち帰る；返す；答える；報告する」(接続法能相一人称複数現在)
・7 ad〔前〕「～(の方)へ；～に対して(向かって)」対格支配(41-8 aures)。
・8 aures＜auris〔名〕f.「耳」(複数対格)

42
・1 dicta＜dictum〔名〕n.「言葉、発言」(複数対格) 42-2 probant の目的語。＊dico の完了分詞。
・2 probant＜probo〔動〕「是認する；証明する」(直説法能相三人称複数現在)
・3 primamque (= primam + que)＜primus〔形〕「最初の；第一の」(女性単数対格) 名詞的用法。42-5 narrare の意味上の主語。＊36-3 una を指す。

・4 iubent＜iubeo〔動〕「命ずる」(直説法能相三人称複数現在) ＊不定法を伴う。
・5 narrare＜narro〔動〕「告げる、物語る；述べる」(不定法能相現在) 42-4 iubent の目的語。
・6 sorores＜soror〔名〕f.「姉妹」(複数主格) 42-2・4 probant, iubent の主語。

43
・1 illa＜ille〔代〕「あれ、それ；彼(彼女)」(女性単数主格) 42-3 primam を指す。44-1・4 cogitat, est の主語。
・2 quid＜quis〔疑〕「誰(何)」(中性単数対格) 44-1 cogitat の目的語。＊間接疑問文を導く。
・3 e (= ex)〔前〕「～(の中)から；～に従って」奪格支配(43-4 multis)。43-2 quid を修飾。
・4 multis＜multus〔形〕「多数の；多量の」(中性複数奪格) 名詞の用法。
・5 referat＜refero 41-6 参照(接続法能相三人称単数現在)。
・6 nam〔接〕「何故なら；確かに；さて」
・7 plurima＜multus〔形〕「多数の；多量の」最上級(中性複数対格)。名詞的用法。43-8 norat の目的語。
・8 norat (= noverat)＜nosco〔動〕「知る」(直説法能相三人称単数全分過去)

```
      cogitat et dubia est, de te, Babylonia, narret,
      Derceti, quam versa squamis velantibus artus          45
      stagna Palaestini credunt motasse figura,
      an magis, ut sumptis illius filia pennis
      extremos albis in turribus egerit annos,
      nais an ut cantu nimiumque potentibus herbis
      verterit in tacitos iuvenalia corpora pisces,         50
```

44
- 1 cogitat＜cogito〔動〕「考える、思う；意図する」(直説法能相三人称単数現在)
- 2 et〔接〕「そして、また」
- 3 dubia＜dubius〔形〕「迷う；躊躇する；疑う」(女性単数主格) 43-1 illa に一致。44-4 est の補語。
- 4 est＜sum〔動〕「～である；存在する」(直説法三人称単数現在)
- 5 de〔前〕「～から；～中に；～故に」奪格支配(44-6 te)。44-8 narret を修飾。
- 6 te＜tu〔代〕「あなた」(単数奪格)
- 7 Babylonia＜Babylonius〔形〕「バビュロニアの；バビュロンの」(女性単数呼格) 45-1 Derceti を修飾。☆バビュロニアはメソポタミア南部の都市バビュロンを中心に栄えた古代国家。
- 8 narret＜narro〔動〕「告げる、物語る；述べる」(接続法能相三人称単数現在)

45
- 1 Derceti＜Dercetis〔名〕f.「デルケティス」(単数呼格) ☆シリアの豊穣の女神で、バビュロンの女王セミラミス(58-4)の母。湖に住み、顔は人間、胴体から下は魚形であった。デルケト、アタルガティスとも呼ばれる。
- 2 quam＜qui〔関代〕女性単数対格。先行詞は 44-6 te。46-4 motasse の意味上の主語。
- 3 versa＜verto〔動〕「向ける；変える；覆す」完了分詞(女性単数奪格)。46-5 figura を修飾。
- 4 squamis＜squama〔名〕f.「鱗；(鎧の)小札」(複数奪格) 45-5 velantibus と共に独立奪格構文を成す。＊squamis velantibus artus = (with) scales wrapping <her> limbs
- 5 velantibus＜velo〔動〕「覆う、包む」現在分詞(女性複数奪格)。
- 6 artus＜artus〔名〕m.「関節；四肢」(複数対格) 45-5 velantibus の目的語。

46
- 1 stagna＜stagnum〔名〕n.「水溜り、湖、沼沢」(複数対格) 46-4 motasse の目的語。
- 2 Palaestini＜Palaestinus〔形〕「パレスティナの」(男性複数主格) 名詞的用法。46-3 credunt の主語。
- 3 credunt＜credo〔動〕「貸す；委ねる；信ずる」(直説法能相三人称複数現在) ＊不定法句を伴う。
- 4 motasse (= motavisse)＜moto〔動〕「動かす、煽る」(不定法能相完了) 46-3 credunt の目的語。
- 5 figura＜figura〔名〕f.「姿、形」(単数奪格) 46-4 motasse を修飾。

considers and is doubtful <that> (she should) narrate about thee, Babylonian

Dercetis, whom <the> Palestine (people) believe (to have) stirred <a> pool

(by) <thy> mutated form (with) scales wrapping <thy> limbs;

or rather, that her daughter, acquiring wings,

spent <her> last years in white turrets;

or that (with) incantation <u>and excessively</u> potent herbs, <a> naiad

converted juvenile bodies into dumb fish

47
- 1 an〔接〕「或いは」
- 2 magis＜magnopere〔副〕「大いに、極めて」比較級。＊「寧ろ」の謂。
- 3 ut〔接〕「～した結果；～すること；～する為に」44-8 narret の目的語。＊49-3/52-1 ut も同断。
- 4 sumptis＜sumo〔動〕「取る；着手する；獲得する」完了分詞（女性複数奪格）。47-7 pennis と共に独立奪格構文を成す。＊(with) wings acquired : i.e. acquiring wings
- 5 illius＜ille〔代〕「あれ、それ；彼（彼女）」（女性単数属格）45-1 Derceti を指す。47-6 filia を修飾。
- 6 filia〔名〕f.「娘」（単数主格）48-5 egerit の主語。☆セミラミスを指す。
- 7 pennis＜penna〔名〕f.「羽根；〈複〉翼」（複数奪格）☆晩年、セミラミスは鳩に変身した。

48
- 1 extremos＜extremus〔形〕「一番外側の、最も遠い；最後の」（男性複数対格）48-6 annos を修飾。
- 2 albis＜albus〔形〕「白い」（女性複数奪格）48-4 turribus を修飾。
- 3 in〔前〕「～で(に)、～の中(上)で」奪格支配(48-4 turribus)。48-5 egerit を修飾。
- 4 turribus＜turris〔名〕f.「塔、小塔」（複数奪格）
- 5 egerit＜ago〔動〕「動かす；前進させる；駆る；為す」（接続法能相三人称単数完了過去）＊「過す」の謂。
- 6 annos＜annus〔名〕m.「年」（複数対格）48-5 egerit の目的語。

49
- 1 nais〔名〕f.「ナイス」（単数主格）50-1 verterit の主語。☆川や湖に棲む妖精。
- 2 an 47-1 参照。
- 3 ut 47-3 参照。
- 4 cantu＜cantus〔名〕m.「歌；演奏；鳴き声」（単数奪格）49-7/ 50-2 herbis, in と共に 50-1 verterit を修飾。
- 5 nimiumque (= nimium + que)〔副〕「余りに；非常に」49-6 potentibus を修飾。
- 6 potentibus＜potens〔形〕「能力がある、力強い」（女性複数奪格）49-7 herbis を修飾。
- 7 herbis＜herba〔名〕f.「草、牧草」（複数奪格）

50
- 1 verterit＜verto 45-3 参照(接続法能相三人称単数完了過去)。
- 2 in〔前〕「～(の中)へ、～に対して」対格支配(50-6 pisces)。
- 3 tacitos＜tacitus〔形〕「沈黙した；無言の；静かな」（男性複数対格）50-6 pisces を修飾。
- 4 iuvenalia＜iuvenalis〔形〕「若い、若々しい」（中性複数対格）50-5 corpora を修飾。
- 5 corpora＜corpus〔名〕n.「身体；肉；屍」（複数対格）50-1 verterit の目的語。
- 6 pisces＜piscis〔名〕m.「魚」（複数対格）

donec idem passa est, an, quae poma alba ferebat
ut nunc nigra ferat contactu sanguinis arbor:
hoc placet; hanc, quoniam vulgaris fabula non est,
talibus orsa modis lana sua fila sequente:
 "Pyramus et Thisbe, iuvenum pulcherrimus alter, 55
altera, quas Oriens habuit, praelata puellis,

51
- 1 donec〔接〕「～まで；～する間」
- 2 idem＜idem〔代〕「同じ」(中性単数対格) 51-3・4 passa est の目的語。＊「同じ仕打ち」の謂。
- 3・4 passa est＜patior〔所動〕「堪える；被る；許す；従う」(直説法三人称単数完了過去)
- 5 an〔接〕「或いは」
- 6 quae＜qui〔関代〕女性単数主格。先行詞は 52-7 arbor。51-9 ferebat の主語。
- 7 poma＜pomum〔名〕n.「果物、果樹」(複数対格) 51-9 ferebat の目的語。
- 8 alba＜albus〔形〕「白い」(中性複数対格) 51-7 poma を修飾。
- 9 ferebat＜fero〔動〕「支える、運ぶ；もたらす；堪える」(直説法能相三人称単数不完了過去) ＊「(果実を) 付ける」の謂。

52
- 1 ut〔接〕「～した結果；～すること；～する為に」
- 2 nunc〔副〕「目下；現状では」52-4 ferat を修飾。
- 3 nigra＜niger〔形〕「黒い、暗い；陰鬱な」(中性複数対格) 名詞的用法。52-4 ferat の目的語。＊51-7 poma を受ける。
- 4 ferat＜fero 51-9 参照(接続法能相三人称単数現在)。
- 5 contactu＜contactus〔名〕m.「接触；伝染」(単数奪格) 52-4 ferat を修飾。
- 6 sanguinis＜sanguis〔名〕m.「血；血統」(単数属格) 52-5 contactu を修飾。
- 7 arbor〔名〕f.「木；船」(単数主格) 52-4 ferat の主語。

53
- 1 hoc＜hic〔代〕「これ、この人；次のこと」(中性単数主格) 53-2 placet の主語。＊最後の逸話を指す。
- 2 placet＜placeo〔動〕「喜ばす、満足させる」(直説法能相三人称単数現在)
- 3 hanc＜hic 53-1 参照(女性単数対格)。53-6 fabula を指す。54-2 orsa の目的語。
- 4 quoniam〔副〕「今後、～なので」
- 5 vulgaris＜vulgaris〔形〕「大衆の、一般的な；陳腐な」(女性単数主格) 53-6 fabula に一致。53-8 est の補語。
- 6 fabula〔名〕f.「物語；事柄」(単数主格) 53-8 est の主語。
- 7 non〔副〕「(全然)～ない」53-8 est を修飾。
- 8 est＜sum〔動〕「～である；存在する」(直説法三人称単数現在) 主述部。

until (she) suffered <the> same fate; or that <a> tree, which bore
white fruit, now bears black (one) (by) <the> contact (of) blood:
this pleases <her>; this, since (the) fable is not popular, <she got> started
(in) this mode, spinning her wool (into) strings:
 "Pyramus and Thisbe, <the> one handsomest (of) <the> youths;
<the> other preferred (to) <the> girls whom <the> Orient had,

54
- 1 talibus＜talis〔形〕「そのような；次の」(男性複数奪格) 54-3 modis を修飾。
- 2 orsa (est)＜ordior〔所動〕「始める；話し始める」(直説法三人称単数完了過去) est の省略。＊167-7・8 orsa est 参照。
- 3 modis＜modus〔名〕m.「寸法；拍子；方法」(複数奪格) 54-2 orsa を修飾。
- 4 lana＜lana〔名〕f.「羊毛」(単数奪格) 54-7 sequente と共に独立奪格構文を成す。＊lana sua fila sequente = (with) her wool following <the> strings : i.e. spinning her wool into strings
- 5 sua＜suus〔代〕「彼(ら)の、彼女(ら)の、それ(ら)の」(女性単数奪格) 43-1 illa を指す。54-4 lana を修飾。
- 6 fila＜filum〔名〕n.「糸、紐」(複数対格) 54-7 sequente の目的語。
- 7 sequente＜sequor〔所動〕「後を追う；後を継ぐ；従う」現在分詞(女性単数奪格)。

55
- 1 Pyramus〔名〕m.「ピュラムス」(単数主格) 55-3 Thisbe と共に 57-2 tenuere の主語。☆バビュロンの美青年。隣家の娘ティスベと幼馴染みで、恋人。
- 2 et〔接〕「そして、また」
- 3 Thisbe〔名〕f.「ティスベ」(単数主格)
- 4 iuvenum＜iuvenis〔形〕「若い；〈名〉若者」(複数属格) 名詞的用法。55-5 pulcherrimus を修飾。
- 5 pulcherrimus＜pulcher〔形〕「美しい；素晴しい」(男性単数主格) 55-6 alter に一致。
- 6 alter〔形〕「もう一つの、一方の、他方の」(男性単数主格) 名詞的用法。55-1 Pyramus と同格。56-1 altera と呼応する。＊alter …altera = the one … the other

56
- 1 altera＜alter 55-6 参照(女性単数主格)。名詞的用法。55-3 Thisbe と同格。
- 2 quas＜qui 51-6 参照(女性複数対格)。先行詞は 56-6 puellis。56-4 habuit の目的語。
- 3 Oriens〔名〕m.「朝日；東方」(単数主格) 56-4 habuit の主語。
- 4 habuit＜habeo〔動〕「持つ、所有する」(直説法能相三人称単数完了過去)
- 5 praelata＜praefero〔動〕「前に運ぶ、差し出す；提示する；～より好む」完了分詞(女性単数主格)。56-1 altera に一致。＊与格を伴う。
- 6 puellis＜puella〔名〕f.「少女、乙女」(複数与格) 56-5 praelata を修飾。

contiguas tenuere domos, ubi dicitur altam
coctilibus muris cinxisse Semiramis urbem.
notitiam primosque gradus vicinia fecit,
tempore crevit amor ; taedae quoque iure coissent,　　　　　　　60
sed vetuere patres : quod non potuere vetare,
ex aequo captis ardebant mentibus ambo.
conscius omnis abest ; nutu signisque loquuntur,

57
- 1　contiguas＜contiguus〔形〕「隣接する、近い」(女性複数対格) 57-3 domos を修飾。
- 2　tenuere (= tenuerunt)＜teneo〔動〕「保持する；占める；制御する」(直説法能相三人称複数完了過去)
- 3　domos＜domus〔名〕f.「家；住居；家庭」(複数対格) 57-2 tenuere の目的語。
- 4　ubi〔関副〕「〜する場所；〜する時」
- 5　dicitur＜dico〔動〕「言う、話す、述べる；呼ぶ」(直説法所相三人称単数現在)
- 6　altam＜altus〔形〕「高い、深い」(女性単数対格) 58-5 urbem を修飾。☆城壁の高さは百メートルあったという。

58
- 1　coctilibus＜coctilis〔形〕「焼いた、焼き煉瓦の」(男性複数奪格) 58-2 muris を修飾。
- 2　muris＜murus〔名〕m.「壁、城壁；防御」(複数奪格) 58-3 cinxisse を修飾。
- 3　cinxisse＜cingo〔動〕「取り巻く、囲む；締める」(不定法能相完了) 57-5 dicitur の補語。
- 4　Semiramis〔名〕f.「セミラミス」(単数主格) 57-5 dicitur の主語。＊45-1 参照。
- 5　urbem＜urbs〔名〕f.「(城壁で囲まれた)都市、町；ローマ」(単数対格) 58-3 cinxisse の目的語。☆バビュロンを指す。

59
- 1　notitiam＜notitia〔名〕f.「名声；知見、親密さ」(単数対格) 59-3 gradus と共に 59-5 fecit の目的語。

- 2　primosque (= primos + que)＜primus〔形〕「最初の；第一の」(男性複数対格) 59-3 gradus を修飾。
- 3　gradus＜gradus〔名〕m.「歩み、足取り；段階、間隔」(複数対格)
- 4　vicinia〔名〕f.「隣接、近隣；隣人」(単数主格) 59-5 fecit の主語。
- 5　fecit＜facio〔動〕「建設する；為す；製造(製作)する」(直説法能相三人称単数　完了過去)

60
- 1　tempore＜tempus〔名〕n.「時間；時期；時代」(単数奪格) 60-2 crevit を修飾。
　　＊tempore crevit = increased (with) time : i.e. increased gradually
- 2　crevit＜cresco〔動〕「生える；成長する、増大する；栄える」(直説法能相三人称単数完了過去)
- 3　amor〔名〕m.「愛情；欲望」(単数主格) 60-2 crevit の主語。
- 4　taedae＜taeda〔名〕f.「リギダ松；松明；婚姻」(単数属格) 60-6 iure を修飾。
- 5　quoque〔副〕「〜もまた、同様に」60-4 taedae を強調する。
- 6　iure＜ius〔名〕n.「正義、掟；権利」(単数奪格) 60-7 coissent を修飾。
- 7　coissent＜coeo〔動〕「集合する；結合する」(接続法能相三人称複数全分過去) 主述部。55-1・2・3 Pyramus et Thisbe を受ける。

inhabited adjacent houses, where Semiramis (is) said

(to have) encircled <her> high city (with) brick ramparts.

<The> vicinity caused <their> intimacy and <its> primary steps;

(with) time <their> love increased; (they would have) coalesced (by) <a> nuptial law too,

but <their> fathers vetoed: (they) could never veto that

<the> two, (with) <their> minds captivated, (were) burning (with) mutual love.

(There) was no confidant; (with) nods and signs (they) spoke,

61
- 1 sed〔接〕「しかし；～ではなくて」
- 2 vetuere (= vetuerunt)＜veto〔動〕「反対する、禁ずる」(直説法能相三人称複数完了過去)
- 3 patres＜pater〔名〕m.「父」(複数主格) 61-2 vetuere の主語。
- 4 quod〔接〕「～なので；～すること」61-7 vetare の目的語。
- 5 non〔副〕「(全然)～ない」61-6 potuere を修飾。
- 6 potuere (= potuerunt)＜possum〔動〕「～できる、能力がある」(直説法三人称複数完了過去) 主述部。61-3 patres を受ける。
- 7 vetare＜veto 61-2 参照(不定法能相現在)。61-6 potuere の補語。

62
- 1 ex〔前〕「～(の中)から；～に従って」奪格支配(62-2 aequo)。62-4 ardebant を修飾。＊ex aequo = with equality : i.e. with mutual love
- 2 aequo＜aequum〔名〕n.「平地；同等」(単数奪格)
- 3 captis＜capio〔動〕「摑む；捉える；獲得する」完了分詞(女性複数奪格)。62-5 mentibus と共に独立奪格構文を成す。＊captis mentibus = (with) <their> minds captivated
- 4 ardebant＜ardeo〔動〕「燃える」(直説法能相三人称複数不完了過去)
- 5 mentibus＜mens〔名〕f.「心、精神；知性」(複数奪格)
- 6 ambo〔数〕「両方の」(男性複数主格) 名詞的用法。62-4 ardebant の主語。

63
- 1 conscius〔形〕「認識しあって；意識して；〈名〉共犯者」(男性単数主格) 名詞的用法。63-3 abest の主語。＊「幇助者」の謂。
- 2 omnis〔形〕「全ての、あらゆる」(男性単数主格) 63-1 conscius を修飾。
- 3 abest＜absum〔動〕「居ない；離れている；足りない」(直説法三人称単数現在) ＊conscius omnis abest = All <the> confidants are absent : i.e. There is no confidant
- 4 nutu＜nutus〔名〕m.「うなずくこと；意向」(単数奪格) 63-5 signis と共に 63-6 loquuntur を修飾。
- 5 signisque (= signis + que)＜signum〔名〕n.「印；軍旗；合図；像」(複数奪格)
- 6 loquuntur＜loquor〔所動〕「話す、述べる」(直説法三人称複数現在) 主述部。62-6 ambo を受ける。

quoque magis tegitur, tectus magis aestuat ignis.
fissus erat tenui rima, quam duxerat olim,　　　　　　　65
cum fieret, paries domui communis utrique.
id vitium nulli per saecula longa notatum —
quid non sentit amor? — primi vidistis amantes
et vocis fecistis iter, tutaeque per illud
murmure blanditiae minimo transire solebant.　　　　　70

64
- 1 quoque (= quo + que)〔関副〕「～する所へ、～まで」64-2 magis を修飾。＊比較級を伴い、「～の分だけ；～すればする程」の謂。64-5 magis と呼応する。
- 2・5 magis＜magnopere〔副〕「大いに、極めて」比較級。それぞれ 64-3 tegitur、及び 64-6 aestuat を修飾。
- 3 tegitur＜tego〔動〕「覆う；隠す」(直説法所相三人称単数現在) 主述部。64-7 ignis を受ける。
- 4 tectus＜tego 64-3 参照。完了分詞(男性単数主格)。64-7 ignis を修飾。
- 6 aestuat＜aestuo〔動〕「燃える；白熱する；興奮する」(直説法能相三人称単数現在)
- 7 ignis〔名〕m.「火；輝き」(単数主格) 64-6 aestuat の主語。

65
- 1・2 fissus erat＜findo〔動〕「裂く、分割する」(直説法所相三人称単数全分過去)
- 3 tenui＜tenuis〔形〕「薄い；少ない、些細な；繊細な」(女性単数奪格) 65-4 rima を修飾。
- 4 rima＜rima〔名〕f.「裂け目、割れ目」(単数奪格) 65-1・2 fissus erat を修飾。
- 5 quam＜qui〔関代〕女性単数対格。先行詞は 65-4 rima。65-6 duxerat の目的語。
- 6 duxerat＜duco〔動〕「導く、引っ張る；促す」(直説法能相三人称単数全分過去) 66-2 fieret と共に主述部。66-3 paries を受ける。＊「獲得する」の謂。
- 7 olim〔副〕「当時、嘗て；時折；ずっと；いつか」65-6 duxerat を修飾。

66
- 1 cum〔接〕「～した時；～なので；～だけれども」
- 2 fieret＜fio〔動〕「起きる；作られる；なる」(接続法三人称単数不完了過去) ＊fio は現在・未来・不完了過去において facio の所相(受動態)として用いられる。
- 3 paries〔名〕m.「壁」(単数主格) 65-1・2 fissus erat の主語。
- 4 domui＜domus〔名〕f.「家；住居；家庭」(単数与格) 66-5 communis の補語。
- 5 communis〔形〕「共通の、一般的な」(男性単数主格) 66-3 paries を修飾。＊与格を伴う。
- 6 utrique＜uterque〔代〕「(二者の)それぞれ、両方」(女性単数与格) 形容詞用法。66-4 domui を修飾。

67
- 1 id＜is〔代〕「この人(これ)、彼(彼女)」(中性単数対格) 形容詞用法。67-7 notatum と共に 67-2 vitium を修飾。
- 2 vitium＜vitium〔名〕n.「欠点；悪徳、罪」(単数対格) 68-6/ 69-3 vidistis, fecistis の目的語。＊65-4 rima を指す。
- 3 nulli＜nullus〔形〕「誰(何)も～ない、一つの～もない」(男性単数与格) 名詞的用法。67-4 per と共に 67-7 notatum を修飾。＊動作主を表す与格。
- 4 per〔前〕「～を横切って；～を通して；～によって」対格支配(67-5 saecula)。

変身物語　第四巻

<u>and the</u> more (it was) covered, <the> more <their> covered fire blazed.
<The> wall common (to) both houses was flawed (with) <a> tiny
crack, which (it had) got formerly when (it had been) made.
This flaw, noticed (by) nobody over <a> long period,
lovers — what (does) love not sense? — (you) primarily saw
and made <it> <the> path (of) <your> voices, and through that, <your> secure
endearment (in) minimal murmurs <u>were wont</u> (to) traverse.

- 5　saecula＜saeculum〔名〕n.「生涯、世代；百年、世紀」(複数対格)
- 6　longa＜longus〔形〕「長い；遠い」(中性複数対格) 67-5 saecula を修飾。
- 7　notatum＜noto〔動〕「印を付ける；示す；注目する、気づく」完了分詞(中性単数対格)。

68
- 1　quid＜quis〔疑〕「誰(何)」(中性単数対格) 68-3 sentit の目的語。
- 2　non〔副〕「全然〜ない」68-3 sentit を修飾。
- 3　sentit＜sentio〔動〕「感ずる；認知する；考える」(直説法能相三人称単数現在)
- 4　amor〔名〕m.「愛情；欲望」(単数主格) 68-3 sentit の主語。
- 5　primi＜primus〔形〕「最初の；第一の」(男性複数主格) 叙述的用法。＊68-7 amantes に対する言葉なので、男性複数形をとる。
- 6　vidistis＜video〔動〕「見る；認知する；〈所〉見える」(直説法能相二人称複数完了過去) 69-3 fecistis と共に主述部。
- 7　amantes＜amans〔形〕「愛している；〈名〉愛人」(男性複数呼格) 名詞の用法。＊amo の現在分詞。55-1・2・3 Pyramus et Thisbe に対する呼びかけ。

69
- 1　et〔接〕「そして、また」
- 2　vocis＜vox〔名〕f.「声、音；言葉、発言」(単数属格) 69-4 iter を修飾。
- 3　fecistis＜facio〔動〕「建設する；為す；製造(製作)する」(直説法能相二人称複数完了過去)
- 4　iter＜iter〔名〕n.「旅；道、経路」(単数対格) 69-3 fecistis の補語。
- 5　tutaeque (= tutae + que)＜tutus〔形〕「安全な」(女性複数主格) 70-2 blanditiae を修飾。
- 6　per 67-4 参照。対格支配(69-7 illud)。70-4 transire を修飾。
- 7　illud＜ille〔代〕「あれ、それ；彼(彼女)」(中性単数対格) 69-4 iter を指す。

70
- 1　murmure＜murmur〔名〕n.「呟き、唸り、呻き声」(単数奪格) 70-2 blanditiae を修飾。
- 2　blanditiae＜blanditia〔名〕f.「愛撫、追従；甘言、睦言」(複数主格) 70-5 solebant の主語。
- 3　minimo＜parvus〔形〕「小さい、些細な；短い；〈名〉些細なこと」最上級(中性単数奪格)。70-1 murmure を修飾。
- 4　transire＜transeo〔動〕「通過する；変化する」(不定法現在) 70-5 solebant の補語。
- 5　solebant＜soleo〔動〕「〜し慣れている、〜する習慣である」(直説法三人称複数不完了過去) ＊不定法を伴う。

saepe, ubi constiterant hinc Thisbe, Pyramus illinc,
inque vices fuerat captatus anhelitus oris,
'invide' dicebant 'paries, quid amantibus obstas?
quantum erat, ut sineres toto nos corpore iungi
aut, hoc si nimium est, vel ad oscula danda pateres?　　　75
nec sumus ingrati：tibi nos debere fatemur,
quod datus est verbis ad amicas transitus auris.'

71

- 1　saepe〔副〕「しばしば」73-2 dicebant を修飾。
- 2　ubi〔関副〕「〜する場所；〜する時」
- 3　constiterant＜consisto〔動〕「停止する；位置を取る；起こる、存在する」(直説法能相三人称複数全分過去) 73-2 dicebant と共に主述部。62-6 ambo を受ける。
- 4　hinc〔副〕「ここから」71-7 illinc と呼応して 71-3 constiterant を修飾。＊hinc …illinc ＝ here …there；on this side … on that
- 5　Thisbe〔名〕f.「ティスベ」(単数主格)
- 6　Pyramus〔名〕m.「ピュラムス」(単数主格)
- 7　illinc〔副〕「そこから」

72

- 1　inque (＝ in ＋ que)〔前〕「〜(の中)へ、〜に対して」対格支配(72-2 vices)。72-3 fuerat を修飾。
- 2　vices＜vicis〔名〕f.「交替、連続」(複数対格)
- 3　fuerat＜sum〔動〕「〜である；存在する」(直説法三人称単数全分過去)
- 4　captatus＜capto〔動〕「摑もうとする；追い求める」完了分詞(男性単数主格)。72-5 anhelitus を修飾。＊「吸い込む」の謂。
- 5　anhelitus〔名〕m.「息切れ、喘ぎ；呼吸」(単数主格) 72-3 fuerat の主語。
- 6　oris＜os〔名〕n.「口；顔」(単数属格) 72-5 anhelitus を修飾。

73

- 1　invide＜invidus〔形〕「嫉妬深い」(男性単数呼格) 73-3 paries を修飾。
- 2　dicebant＜dico〔動〕「言う、話す、述べる；呼ぶ」(直説法能相三人称複数不完了過去)
- 3　paries＜paries〔名〕m.「壁」(単数呼格)
- 4　quid〔疑〕「どんな点で、どれ程；何故」
- 5　amantibus＜amans〔形〕「愛している；〈名〉愛人」(男性複数与格) 名詞的用法。73-6 obstas を修飾。
- 6　obstas＜obsto〔動〕「邪魔する、妨害する」(直説法能相二人称単数現在) 74-4/75-10 sineres, pateres と共に主述部。＊与格を伴う。

74

- 1　quantum＜quantus〔形〕「どれ程大きい(多い)；〜程大きい(多い)」(中性単数主格) 74-2 erat の補語。＊非人称主語に一致するので中性単数形をとる。
- 2　erat＜sum 72-3 参照(直説法三人称単数不完了過去)。
- 3　ut〔接〕「〜した結果；〜すること；〜する為に」74-2 erat の非人称主語。＊quantum erat, ut …? ＝ How much (would it) be that …?
- 4　sineres＜sino〔動〕「許す、容認する」(接続法能相二人称単数不完了過去) ＊不定法句を伴う。
- 5　toto＜totus〔形〕「全ての、〜全体」(中性単数奪格) 74-7 corpore を修飾。

変身物語　第四巻

Often, when (they) stood, Thisbe <u>on this side</u>, <and> Pyramus <u>on that</u>,

and deep gasps (of) <their> mouths were in alternation,

'Envious wall,' (they) said, 'wherefore (dost thou) oppose (to) lovers?

<u>How much</u> (would it) be, that (thou shouldst) allow us (to be) joined (with) <our> whole bodies,

or, if this is excessive, even <that> (thou shouldst) extend for kisses (to be) given?

<u>And never</u> are (we) ungrateful: (we) confess <that> we owe <it> (to) thee,

that <a> passage to affectionate ears (has) been given (to) words.'

- 6　nos＜ego〔代〕「私」(複数対格) 74-8 iungi の意味上の主語。
- 7　corpore＜corpus〔名〕n.「身体；肉；屍」(単数奪格) 74-8 iungi を修飾。
- 8　iungi＜iungo〔動〕「結合する；繋ぐ」(不定法所相現在) 74-4 sineres の目的語。

75
- 1　aut〔接〕「或いは」
- 2　hoc＜hic〔代〕「これ、この人；次のこと」(中性単数主格) 75-5 est の主語。
- 3　si〔接〕「もし～なら、～なので；～だとしても」
- 4　nimium＜nimius〔形〕「極端な、過度の」(中性単数主格) 75-2 hoc に一致。75-5 est の補語。
- 5　est＜sum 72-3 参照(直説法三人称単数現在)。
- 6　vel〔副〕「或いは、実際、確かに」
- 7　ad〔前〕「～(の方)へ；～に対して(向かって)」対格支配(75-8 oscula)。75-10 pateres を修飾。
- 8　oscula＜osculum〔名〕n.「可愛い口；接吻」(複数対格)
- 9　danda＜do〔動〕「与える、為す；認める」動形容詞(中性複数対格)。75-8 oscula を修飾。＊ad oscula danda = for kisses (to be) given : i.e. for giving kisses
-10　pateres＜pateo〔動〕「開いている；広がる」(接続法能相二人称単数不完了過去)

76
- 1　nec〔接〕「また～ない、～もない」
- 2　sumus＜sum 72-3 参照(直説法一人称複数現在)。76-7 fatemur と共に主述部。
- 3　ingrati＜ingratus〔形〕「不快な、嫌な；恩知らずな」(男性複数主格) 76-2 sumus の補語。
- 4　tibi＜tu〔代〕「あなた」(単数与格) 76-6 debere を修飾。
- 5　nos 74-6 参照。76-6 debere の意味上の主語。＊tibi nos debere = (for) us (to) owe (to) thee : i.e. that we owe to thee
- 6　debere＜debeo〔動〕「負っている；お蔭をこうむる；～しなければならない」(不定法能相現在) 76-7 fatemur の目的語。
- 7　fatemur＜fateor〔所動〕「告白する、認める」(直説法一人称複数現在) ＊不定法句を伴う。

77
- 1　quod〔接〕「～なので；～すること」76-6 debere の目的語。
-2・3　datus est＜do〔動〕「与える、為す；認める」(直説法所相三人称単数完了過去)
- 4　verbis＜verbum〔名〕n.「言葉」(複数与格) 77-2・3 datus est の間接目的語。
- 5　ad 75-7 参照。対格支配(77-8 auris)。77-7 transitus を修飾。
- 6　amicas＜amicus〔形〕「好意的な、親切な」(女性複数対格) 77-8 auris を修飾。
- 7　transitus〔名〕m.「通行、移動；移行」(単数主格) 77-2・3 datus est の主語。
- 8　auris (= aures)＜auris〔名〕f.「耳」(複数対格)

talia diversa nequiquam sede locuti
sub noctem dixere 'vale' partique dedere
oscula quisque suae non pervenientia contra.　　　　　80
postera nocturnos Aurora removerat ignes,
solque pruinosas radiis siccaverat herbas：
ad solitum coiere locum. tum murmure parvo
multa prius questi statuunt, ut nocte silenti

78
- 1　talia＜talis〔形〕「そのような；次の」(中性複数対格) 名詞的用法。78-5 locuti の目的語。
- 2　diversa＜diversus〔形〕「反対の；離れた；異なった」(女性単数奪格) 78-4 sede を修飾。
- 3　nequiquam〔副〕「無駄に」78-4 sede と共に 78-5 locuti を修飾。
- 4　sede＜sedes〔名〕f.「座席；住居；土台」(単数奪格)
- 5　locuti＜loquor〔所動〕「話す、述べる」完了分詞(男性複数主格)。62-6 ambo に一致。叙述的用法。＊84-3 questi も同断。

79
- 1　sub〔前〕「～の下へ；～の方へ；～の後に」対格支配(79-2 noctem)。79-3 dixere を修飾。＊sub noctem ＝ under night：i.e. at nightfall
- 2　noctem＜nox〔名〕f.「夜；闇」(単数対格)
- 3　dixere (＝ dixerunt)＜dico〔動〕「言う、話す、述べる；呼ぶ」(直説法能相三人称複数完了過去) 79-6 dedere と共に主述部。62-6 ambo を受ける。＊以下の coiere, statuunt, temptent, exierint, relinquant, convenient, lateant も同断。
- 4　vale＜valeo〔動〕「強い；効力を持つ、成功する」(命令法能相二人称単数現在)＊「お元気で、ご機嫌よう」の謂。
- 5　partique (＝ parti ＋ que)＜pars〔名〕f.「部分、一部；役割」(単数与格) 79-6 dedere の間接目的語。

- 6　dedere (＝ dederunt)＜do〔動〕「与える、為す；認める」(直説法能相三人称複数完了過去)

80
- 1　oscula＜osculum〔名〕n.「可愛い口；接吻」(複数対格) 79-6 dedere の目的語。
- 2　quisque〔代〕「誰(何)であろうと、全ての人(物)」(男性単数主格) 叙述的用法。＊quisque は「それぞれ」の謂で、複数形の述部と共に叙述的に用いられることがある。
- 3　suae＜suus〔代〕「彼(ら)の、彼女(ら)の、それ(ら)の」(女性単数与格) 79-5 parti を修飾。
- 4　non〔副〕「(全然)～ない」80-6 contra と共に 80-5 pervenientia を修飾。
- 5　pervenientia＜pervenio〔動〕「着く；到る」現在分詞(中性複数対格)。80-1 oscula を修飾。
- 6　contra〔副〕「～に対面した；～に対抗して；～に叛いて」＊「反対側へ」の謂。

(Having) spoken such (words) fruitlessly (on) <the> different sides,

(they) said, 'Farewell!' at nightfall and, each (to) his

part, gave kisses not reaching beyond.

<The> following aurora removed <the> nocturnal fires

and <the> sun dried frosty herbage (with) <its> rays:

(they) met at <the> customary place. Then, (having) bewailed much

(in) low murmurs first, (they) settled that, (in) <the> silence (of) <the> night,

81
- 1 postera＜posterus〔形〕「次の；後の」(女性単数主格) 81-3 Aurora を修飾。
- 2 nocturnos＜nocturnus〔形〕「夜の」(男性複数対格) 81-5 ignes を修飾。
- 3 Aurora〔名〕f.「アウロラ(曙の女神)；曙」(単数主格) 81-4 removerat の主語。
- 4 removerat＜removeo〔動〕「持ち去る、追い払う、取り除く」(直説法能相三人称単数全分過去)
- 5 ignes＜ignis〔名〕m.「火；輝き」(複数対格) 81-4 removerat の目的語。＊星を意味する。

82
- 1 solque (= sol + que)〔名〕m.「太陽；日光；ソル(太陽神)」(単数主格) 82-4 siccaverat の主語。
- 2 pruinosas＜pruinosus〔形〕「霜が降りる、霜が降りた」(女性複数対格) 82-5 herbas を修飾。
- 3 radiis＜radius〔名〕m.「棒；輻；光線」(複数奪格) 82-4 siccaverat を修飾。
- 4 siccaverat＜sicco〔動〕「乾かす；干上がらす」(直説法能相三人称単数全分過去)
- 5 herbas＜herba〔名〕f.「草、牧草」(複数対格) 82-4 siccaverat の目的語。

83
- 1 ad〔前〕「～(の方)へ；～に対して(向かって)」対格支配(83-4 locum)。83-3 coiere を修飾。
- 2 solitum＜solitus〔形〕「慣れた、通常の」(男性単数対格) 83-4 locum を修飾。
- 3 coiere (= coierunt)＜coeo〔動〕「集合する；結合する」(直説法三人称複数完了過去)
- 4 locum＜locus〔名〕m.「場所；地位；位置」(単数対格)
- 5 tum〔副〕「当時；現在；次に、その後」84-4 statuunt を修飾。
- 6 murmure＜murmur〔名〕n.「呟き、唸り、呻き声」(単数奪格) 84-2 prius と共に 84-3 questi を修飾。
- 7 parvo＜parvus〔形〕「小さい、些細な；短い；〈名〉些細なこと」(中性単数奪格) 83-6 murmure を修飾。

84
- 1 multa＜multus〔形〕「多数の；多量の」(中性複数対格) 名詞的用法。84-3 questi の目的語。
- 2 prius〔副〕「以前に、先に；むしろ」
- 3 questi＜queror〔所動〕「嘆く、悲しむ；不平を言う」完了分詞(男性複数主格)。
- 4 statuunt＜statuo〔動〕「設立する；建設する；設定する；決定する」(直説法能相三人称複数現在)
- 5 ut〔接〕「～した結果；～すること；～する為に」
- 6 nocte＜nox 79-2 参照(単数奪格)。84-7 silenti と共に独立奪格構文を成す。＊nocte silenti = (with) <the> night (being) silent : i.e. in the silence of the night
- 7 silenti＜silens〔形〕「静かな」(女性単数奪格) ＊sileo の現在分詞。

fallere custodes foribusque excedere temptent, 85
cumque domo exierint, urbis quoque tecta relinquant,
neve sit errandum lato spatiantibus arvo,
conveniant ad busta Nini lateantque sub umbra
arboris: arbor ibi niveis uberrima pomis,
ardua morus, erat, gelido contermina fonti. 90
pacta placent; et lux, tarde discedere visa,

85
- 1 fallere＜fallo〔動〕「欺く；〈所〉誤解する」(不定法能相現在) 85-4 excedere と共に 85-5 temptent の目的語。
- 2 custodes＜custos〔名〕m.f.「見張り、番人」(複数対格) 85-1 fallere の目的語。
- 3 foribusque (= foribus + que)＜foris〔名〕f.「戸、門；〈複〉扉」(複数奪格) 85-4 excedere を修飾。
- 4 excedere＜excedo〔動〕「退去する；凌駕する」(不定法能相現在)
- 5 temptent＜tempto〔動〕「試す；試みる」(接続法能相三人称複数現在) ＊不定法を伴う。

86
- 1 cumque (= cum + que)〔接〕「～した時；～なので；～だけれども」
- 2 domo＜domus〔名〕f.「家；住居；家庭」(単数奪格) 86-3 exierint を修飾。
- 3 exierint＜exeo〔動〕「出る、去る」(直説法三人称複数未来完了)
- 4 urbis＜urbs〔名〕f.「(城壁で囲まれた)都市、町；ローマ」(単数属格) 86-6 tecta を修飾。
- 5 quoque〔副〕「～もまた、同様に」86-4 urbis を強調する。
- 6 tecta＜tectum〔名〕n.「屋根；住居、避難所」(複数対格) 86-7 relinquant の目的語。＊tego の完了分詞。
- 7 relinquant＜relinquo〔動〕「置き去りにする；放棄する」(接続法能相三人称複数現在)

87
- 1 neve (= neu)〔接〕「また～ない、また～ないように」
- 2 sit＜sum〔動〕「～である；存在する」(接続法三人称単数現在) 非人称的構文。＊neve sit errandum spatiantibus = and lest (it should) be roamed (by) <the> strollers : i.e. and lest the strollers should roam
- 3 errandum＜erro〔動〕「放浪する；間違う」動形容詞(中性単数主格)。87-2 sit の補語。＊非人称の主語に一致するので、中性単数形をとる。
- 4 lato＜latus〔形〕「広大な」(中性単数奪格) 87-6 arvo を修飾。
- 5 spatiantibus＜spatior〔所動〕「広げる；散策する；進む」現在分詞(男性複数与格)。名詞的用法。＊行為者を表す与格。動形容詞を用いた非人称構文で用いる。
- 6 arvo＜arvum〔名〕n.「耕地；〈複〉平野」(単数奪格) 87-3 errandum を修飾。

(they should) attempt (to) beguile <the> guards and escape (from) doors,

<u>and when</u> (they have) <u>come out</u> (of) <their> houses, (they should) leave <the> buildings
　　　(of) <their> city too,

<u>and lest</u> <the> strollers (should) stray (in) <the> large fields,

(they should) join at Ninos's grave <u>and lurk</u> under <the> shade

(of) <a> tree: (there) was <a> tree there, <a> tall mulberry,

(most) plentiful (with) snowy berries <and> close (to) <a> chilly fountain.

(The) pact pleased <them>; and <the> light, seeming (to) depart tardily,

88

- 1　conveniant＜convenio〔動〕「集まる；決まる；馴染む」(接続法能相三人称複数現在)
- 2　ad〔前〕「～(の方)へ；～に対して(向かって)」対格支配(88-3 busta)。88-1 conveniant を修飾。
- 3　busta＜bustum〔名〕n.「墓」(複数対格)
- 4　Nini＜Ninos/ Ninus〔名〕m.「ニノス」(単数属格) 88-3 busta を修飾。☆バビュロンの王。セミラミスを王妃に迎えた。
- 5　lateantque (＝ lateant ＋ que)＜lateo〔動〕「身を潜める；隠れる」(接続法能相三人称複数現在)
- 6　sub〔前〕「～の下に(下で)」奪格支配(88-7 umbra)。88-5 lateant を修飾。
- 7　umbra＜umbra〔名〕f.「影；日陰；亡霊」(単数奪格)

89

- 1　arboris＜arbor〔名〕f.「木；船」(単数属格) 88-7 umbra を修飾。
- 2　arbor 89-1 参照(単数主格)。90-3 erat の主語。
- 3　ibi〔副〕「そこで；その時；その際」90-3 erat を修飾。
- 4　niveis＜niveus〔形〕「雪の；雪のように白い」(中性複数奪格) 89-6 pomis を修飾。
- 5　uberrima＜uber〔形〕「豊富な；多産な」最上級(女性単数主格)。90-5 contermina と共に 89-2 arbor を修飾。
- 6　pomis＜pomum〔名〕n.「果実、果物、果樹」(複数奪格) 89-5 uberrima を修飾。

90

- 1　ardua＜arduus〔形〕「険しい；高い；困難な」(女性単数主格) 90-2 morus を修飾。
- 2　morus〔名〕f.「黒イチゴの木、桑の木」(単数主格) 89-2 arbor と同格。
- 3　erat＜sum 87-2 参照(直説法三人称単数不完了過去)。
- 4　gelido＜gelidus〔形〕「極寒の、凍てつく」(男性単数与格) 90-6 fonti を修飾。
- 5　contermina＜conterminus〔形〕「隣接した」(女性単数主格)＊与格を伴う。
- 6　fonti＜fons〔名〕m.「泉；源」(単数与格) 90-5 contermina の補語。

91

- 1　pacta＜pactum〔名〕n.「合意、契約；方策」(複数主格) 91-2 placent の主語。
- 2　placent＜placeo〔動〕「喜ばす、満足させる」(直説法能相三人称複数現在)
- 3　et〔接〕「そして、また」
- 4　lux〔名〕f.「光、明るさ；日光、昼；日」(単数主格) 92-1 praecipitatur の主語。
- 5　tarde〔副〕「遅く；遅れて」91-6 discedere を修飾。
- 6　discedere＜discedo〔動〕「分散する；去る；退く」(不定法能相現在) 91-7 visa の補語。
- 7　visa＜video〔動〕「見る；認知する；〈所〉見える」完了分詞(女性単数主格)。91-4 lux を修飾。叙述的用法。

praecipitatur aquis, et aquis nox exit ab isdem.
　"Callida per tenebras versato cardine Thisbe
egreditur fallitque suos adopertaque vultum
pervenit ad tumulum dictaque sub arbore sedit.　　　　95
audacem faciebat amor. venit ecce recenti
caede leaena boum spumantis oblita rictus
depositura sitim vicini fontis in unda；

92
- 1　praecipitatur＜praecipito〔動〕「投げ落とす；突っ込む」(直説法所相三人称単数現在)
- 2　aquis＜aqua〔名〕f.「水」(複数奪格) 92-1 praecipitatur を修飾。
- 3　et〔接〕「そして、また」
- 4　aquis 92-2 参照。
- 5　nox〔名〕f.「夜；闇」(単数主格) 92-6 exit の主語。
- 6　exit＜exeo〔動〕「出る、去る」(直説法三人称単数現在)
- 7　ab〔前〕「～(の中)から；～側に；～で」奪格支配(92-4 aquis)。92-6 exit を修飾。
- 8　isdem＜idem〔代〕「同じ」(女性複数奪格) 92-4 aquis を修飾。

93
- 1　Callida＜callidus〔形〕「器用な、巧妙な；狡猾な」(女性単数主格) 93-6 Thisbe に一致。叙述的用法。＊94-4 adoperta も同断。
- 2　per〔前〕「～を横切って；～を通して；～によって」対格支配(93-3 tenebras)。94-1 egreditur を修飾。
- 3　tenebras＜tenebrae〔名〕f.pl.「闇；夜」(複数対格)
- 4　versato＜verso〔動〕「回転させる、扱う；動転させる」完了分詞(男性単数奪格)。93-5 cardine と共に独立奪格構文を成す。＊versato cardine ＝ (with) hinges (being) turned hinge : i.e. turning hinges

- 5　cardine＜cardo〔名〕m.「蝶番；(地球の)極」(単数奪格)
- 6　Thisbe〔名〕f.「ティスベ」(単数主格) 94-1・2/ 95-1・7 egreditur, fallit, pervenit, sedit の主語。

94
- 1　egreditur＜egredior〔所動〕「出る；登る」(直説法三人称単数現在)
- 2　fallitque (＝ fallit + que)＜fallo〔動〕「欺く；〈所〉誤解する」(直説法能相三人称単数現在)
- 3　suos＜suus〔代〕「彼(ら)の、彼女(ら)の、それ(ら)の」(男性複数対格) 名詞的用法。94-2 fallit の目的語。＊「家族」の謂。
- 4　adopertaque (＝ adoperta + que)＜adoperio〔動〕「覆う」完了分詞(女性単数主格)。
- 5　vultum＜vultus〔名〕m.「表情、容貌；外観」(単数対格) 副詞的用法。94-4 adoperta を修飾。＊adoperta vultum ＝ (with) <her> visage veiled

変身物語　第四巻

(is) precipitated (in) <the> waters, and <the> night emerged from <the> same waters.
　"(Being) clever, Thisbe, turning <the> hinges, <u>sneaked out</u> through
<the> darkness <u>and beguiled</u> her (family) and, (with) <her> visage veiled,
arrived at <the> tomb and sat under <the> designated tree.
Love (was) making <her> audacious. Behold, <a> lioness came,
(with) <its> foaming jaws besmeared (with) <the> recent slaughter (of) cows,
(going to) slake <its> thirst in <the> water (of) <an> adjacent fountain;

95
・1　pervenit＜pervenio〔動〕「着く；到る」(直説法能相三人称単数完了過去)
・2　ad〔前〕「～(の方)へ；～に対して(向かって)」対格支配(95-3 tumulum)。95-1 pervenit を修飾。
・3　tumulum＜tumulus〔名〕m.「塚、丘；墳墓」(単数対格)
・4　dictaque (= dicta + que)＜dico〔動〕「言う、話す、述べる；呼ぶ」完了分詞(女性単数奪格)。95-6 arbore を修飾。＊「指定された、約束した」の謂。
・5　sub〔前〕「～の下に(下で)」奪格支配 (95-6 arbore)。95-7 sedit を修飾。
・6　arbore＜arbor〔名〕f.「木；船」(単数奪格)
・7　sedit＜sedeo〔動〕「座る；存在する」(直説法能相三人称単数完了過去)

96
・1　audacem＜audax〔形〕「大胆な；無鉄砲な、横柄な」(女性単数対格) 96-2 faciebat の補語。＊audacem faciebat amor = Love (was) making <her> audacious
・2　faciebat＜facio〔動〕「建設する；為す；製造(製作)する」(直説法能相三人称単数不完了過去)
・3　amor〔名〕m.「愛情；欲望」(単数主格) 96-2 faciebat の主語。
・4　venit＜venio〔動〕「来る」(直説法三人称単数完了過去)
・5　ecce〔副〕「見よ、そら！」
・6　recenti＜recens〔形〕「最近の、新鮮な、若い」(女性単数奪格) 97-1 caede を修飾。

97
・1　caede＜caedes〔名〕f.「殺戮」(単数奪格) 97-6 rictus と共に 97-5 oblita を修飾。
・2　leaena〔名〕f.「雌ライオン」(単数主格) 96-4 venit の主語。
・3　boum (= bovum)＜bos〔名〕m.f.「牛」(複数属格) 97-1 caede を修飾。
・4　spumantis (= spumantes)＜spumo〔動〕「泡立つ」現在分詞(男性複数対格)。97-6 rictus を修飾。
・5　oblita＜oblino〔動〕「塗りつける、汚す；穢す」完了分詞(女性単数主格)。98-1 depositura と共に 97-2 leaena を修飾。
・6　rictus＜rictus〔名〕m.「大きな口」(複数対格) 副詞的用法。＊94-5 参照。

98
・1　depositura＜depono〔動〕「片づける、置く；委ねる」未来分詞(女性単数主格)。叙述的用法。＊「癒す」の謂。
・2　sitim＜sitis〔名〕f.「渇き；渇望」(単数対格) 98-1 depositura の目的語。
・3　vicini＜vicinus〔形〕「隣接する；〈名〉隣人」(男性単数属格) 98-4 fontis を修飾。
・4　fontis＜fons〔名〕m.「泉；源」(単数属格) 98-6 unda を修飾。
・5　in〔前〕「～で(に)、～の中(上)で」奪格支配(98-6 unda)。98-1 depositura を修飾。
・6　unda＜unda〔名〕f.「波；水」(単数奪格)

  quam procul ad lunae radios Babylonia Thisbe
  vidit et obscurum timido pede fugit in antrum,   100
  dumque fugit, tergo velamina lapsa reliquit.
  ut lea saeva sitim multa conpescuit unda,
  dum redit in silvas, inventos forte sine ipsa
  ore cruentato tenues laniavit amictus.
  serius egressus vestigia vidit in alto   105
  pulvere certa ferae totoque expalluit ore

99
- 1 quam＜qui〔関代〕女性単数対格。先行詞は 97-2 leaena。100-1 vidit の目的語。
- 2 procul〔副〕「遠方に；ずっと以前に」99-3 ad と共に 100-1 vidit を修飾。
- 3 ad〔前〕「～(の方)へ；～に対して(向かって)」対格支配(99-5 radios)。
- 4 lunae＜luna〔名〕f.「月」(単数属格) 99-5 radios を修飾。
- 5 radios＜radius〔名〕m.「棒；輻；光線」(複数対格)
- 6 Babylonia＜Babylonius〔形〕「バビュロニアの；バビュロンの」(女性単数主格) 99-7 Thisbe を修飾。
- 7 Thisbe〔名〕f.「ティスベ」(単数主格) 100-1・6 vidit, fugit の主語。

100
- 1 vidit＜video〔動〕「見る；認知する；〈所〉見える」(直説法能相三人称単数完了過去)
- 2 et〔接〕「そして、また」
- 3 obscurum＜obscurus〔形〕「暗い；不明瞭な」(中性単数対格) 100-8 antrum を修飾。
- 4 timido＜timidus〔形〕「恐れた、臆病な」(男性単数奪格) 100-5 pede を修飾。
- 5 pede＜pes〔名〕m.「足」(単数奪格) 100-7 in と共に 100-6 fugit を修飾。
- 6 fugit＜fugio〔動〕「逃れる；消滅する；避ける」(直説法能相三人称単数完了過去)
- 7 in〔前〕「～(の中)へ、～に対して」対格支配(100-8 antrum)。
- 8 antrum＜antrum〔名〕n.「洞窟」(単数対格)

101
- 1 dumque (= dum + que)〔接〕「～する間に(間は)；～まで」
- 2 fugit 100-6 参照。101-6 reliquit と共に主述部。99-7 Thisbe を受ける。
- 3 tergo＜tergum〔名〕n.「背中；背後」(単数奪格) 101-5 lapsa を修飾。
- 4 velamina＜velamen〔名〕n.「被い、衣服」(複数対格) 101-6 reliquit の目的語。
- 5 lapsa＜labor〔所動〕「滑る、流れる；衰退する、滅ぶ」完了分詞(中性複数対格)。101-4 velamina を修飾。
- 6 reliquit＜relinquo〔動〕「置き去りにする；放棄する」(直説法能相三人称単数完了過去)

102
- 1 ut〔関副〕「～した時、～するや否や；(丁度)～するように」
- 2 lea〔名〕f.「雌ライオン」(単数主格) 102-6 conpescuit の主語。
- 3 saeva＜saevus〔形〕「荒れ狂う、獰猛な；残忍な」(女性単数主格) 102-2 lea を修飾。
- 4 sitim＜sitis〔名〕f.「渇き；渇望」(単数対格) 102-6 conpescuit の目的語。
- 5 multa＜multus〔形〕「多数の；多量の」(女性単数奪格) 102-7 unda を修飾。
- 6 conpescuit＜conpesco〔動〕「制限する；抑制する」(直説法能相三人称単数完了過去)

which Babylonian Thisbe saw <u>from afar</u> against <the> rays
(of) <the> moon, and fled (on) <her> timid feet into <a> dark cave
<u>and while</u> (she) fled, (she) left <her> cloak slipped (from) <her> back.
When <the> savage lioness quenched <its> thirst (with) much water,
while (it) returned to <the> forest, (it) tore <the> thin garment found
casually without <the> (maiden) herself, (with) <its> bloodstained mouth.
(Having) <u>sneaked out</u> later, Pyramus saw <the> distinct traces
(of) <the> beast in <the> deep dust and paled all

・7 unda＜unda〔名〕f.「波；水」(単数奪格) 102-6 conpescuit を修飾。

103
・1 dum 101-1 参照。
・2 redit＜redeo〔動〕「帰る、戻る」(直説法三人称単数現在) 104-4 laniavit と共に主語部。102-2 lea を受ける。
・3 in 100-7 参照。対格支配(103-4 silvas)。103-2 redit を修飾。
・4 silvas＜silva〔名〕f.「森、森林地帯」(複数対格)
・5 inventos＜invenio〔動〕「出会う；考案する；見つける」完了分詞(男性複数対格)。103-7/ 104-3 sine, tenues と共に 104-5 amictus を修飾。
・6 forte〔副〕「偶然；多分」103-5 inventos を修飾。
・7 sine〔前〕「〜のない、〜なしに」奪格支配(103-8 ipsa)。
・8 ipsa＜ipse〔代〕「〜自身」(女性単数奪格) 99-7 Thisbe を指す。＊sine ipsa = without <the> (maiden) herself

104
・1 ore＜os〔名〕n.「口；顔」(単数奪格) 104-4 laniavit を修飾。
・2 cruentato＜cruento〔動〕「血まみれにする、出血させる；傷つける」完了分詞(中性単数奪格)。104-1 ore を修飾。
・3 tenues＜tenuis〔形〕「薄い；少ない、些細な；繊細な」(男性複数対格)
・4 laniavit＜lanio〔動〕「引き裂く、掻きむしる」(直説法能相三人称単数完了過去)

・5 amictus＜amictus〔名〕m.「羽織ること；上着」(複数対格) 104-4 laniavit の目的語。＊amicio の完了分詞。

105
・1 serius＜sero〔副〕「遅く；遅れて」比較級。105-2 egressus を修飾。
・2 egressus＜egredior〔所動〕「出る；登る」完了分詞(男性単数主格)。107-1 Pyramus を修飾。叙述的用法。
・3 vestigia＜vestigium〔名〕n.「足裏；足跡；軌跡」(複数対格) 105-4 vidit の目的語。
・4 vidit 100-1 参照。
・5 in〔前〕「〜で(に)、〜の中(上)で」奪格支配(106-1 pulvere)。105-4 vidit を修飾。
・6 alto＜altus〔形〕「高い、深い」(男性単数奪格) 106-1 pulvere を修飾。

106
・1 pulvere＜pulvis〔名〕m.「塵埃、粉」(単数奪格)
・2 certa＜certus〔形〕「決まった；確実な」(中性複数対格) 106-3 ferae と共に 105-3 vestigia を修飾。＊「紛う方なき」の謂。
・3 ferae＜fera〔名〕f.「野獣」(単数属格)
・4 totoque (= toto + que)＜totus〔形〕「全ての、〜全体」(中性単数奪格) 106-6 ore を修飾。
・5 expalluit＜expallesco〔動〕「青ざめる；恐れる」(直説法三人称単数完了過去)
・6 ore 104-1 参照。106-5 expalluit を修飾。

Pyramus ; ut vero vestem quoque sanguine tinctam
　　　repperit, 'una duos' inquit 'nox perdet amantes,
　　　e quibus illa fuit longa dignissima vita ;
　　　nostra nocens anima est. ego te, miseranda, peremi,　　　　　　110
　　　in loca plena metus qui iussi nocte venires
　　　nec prior huc veni. nostrum divellite corpus

107
- 1　Pyramus〔名〕m.「ピュラムス」(単数主格) 105-4/ 106-5 vidit, expalluit の主語。
- 2　ut〔関副〕「～した時、～するや否や；(丁度)～するように」
- 3　vero〔副〕「実際、確かに」108-1 repperit を修飾。
- 4　vestem＜vestis〔名〕f.「衣服」(単数対格) 108-1 repperit の目的語。
- 5　quoque〔副〕「～もまた、同様に」107-4 vestem を強調する。
- 6　sanguine＜sanguis〔名〕m.「血；血統」(単数奪格) 107-7 tinctam を修飾。
- 7　tinctam＜tingo〔動〕「濡らす、浸す；染める」完了分詞(女性単数対格)。107-4 vestem を修飾。

108
- 1　repperit＜reperio〔動〕「発見する；知る」(直説法能相三人称単数完了過去) 108-4 inquit と共に主述部。107-1 Pyramus を受ける。
- 2　una＜unus〔数〕「一つ(の)；同一の」(女性単数主格) 108-5 nox を修飾。
- 3　duos＜duo〔数〕「二つ(の)」(男性複数対格) 108-7 amantes を修飾。
- 4　inquit＜inquam〔動〕「言う」(直説法能相三人称単数完了過去)
- 5　nox〔名〕f.「夜；闇」(単数主格) 108-6 perdet の主語。
- 6　perdet＜perdo〔動〕「破壊する、浪費する；喪失する」(直説法能相三人称単数未来)
- 7　amantes＜amans〔形〕「愛している；〈名〉愛人」(男性複数対格) 名詞的用法。108-6 perdet の目的語。

109
- 1　e (＝ex)〔前〕「～(の中)から；～に従って」奪格支配(109-2 quibus)。109-6 dignissima を修飾。
- 2　quibus＜qui〔関代〕男性複数奪格。先行詞は 108-7 amantes。
- 3　illa＜ille〔代〕「あれ、それ；彼(彼女)」(女性単数主格) 99-7 Thisbe を指す。109-4 fuit の主語。
- 4　fuit＜sum〔動〕「～である；存在する」(直説法三人称単数完了過去)
- 5　longa＜longus〔形〕「長い；遠い」(女性単数奪格) 109-7 vita を修飾。
- 6　dignissima＜dignus〔形〕「(～に)値する、相応しい」最上級(女性単数主格)。109-3 illa に一致。109-4 fuit の補語。＊奪格を伴う。
- 7　vita＜vita〔名〕f.「生命；生活；一生」(単数奪格) 109-6 dignissima の補語。

(over) <his> face; when verily (he) discovered <the> vesture stained (with) blood
too, (he) said, 'One night (will) vanquish two lovers,
of whom, she was (most) deserving (of) <a> long life;
culpable is my soul. I killed thee, miserable (girl),
who ordered <that> (thou shouldst) come to <a> place plenished (with) menace
<u>and never</u> came here earlier. Mangle my body

110
・1 nostra＜noster〔代〕「我々の」(女性単数主格) 110-3 anima を修飾。＊mea (= my) の代用。112-5 nostrum (= meum), 118-4 nostri (= mei) も同断。
・2 nocens＜nocens〔形〕「有害な；邪悪な」(女性単数主格) 110-3 anima に一致。110-4 est の補語。＊「罪がある」の謂。
・3 anima〔名〕f.「息吹；大気；息；生命；精神」(単数主格) 110-4 est の主語。
・4 est＜sum 109-4 参照(直説法三人称単数現在)。
・5 ego〔代〕「私」(単数主格) 110-8 peremi の主語。
・6 te＜tu〔代〕「あなた」(単数対格) 110-8 peremi の目的語。
・7 miseranda＜miseror〔所動〕「憐れむ、同情する」動形容詞(女性単数呼格)。名詞的用法。＊「憐れむべき(乙女)」の謂。
・8 peremi＜perimo〔動〕「全滅(絶滅)させる、妨害する；殺す」(直説法能相一人称単数完了過去)

111
・1 in〔前〕「〜(の中)へ、〜に対して」対格支配(111-2 loca)。111-7 nocte と共に 111-8 venires を修飾。
・2 loca＜locus〔名〕m.「場所；地位；位置」(複数対格) ＊locus の複数対格は locos (m.) と loca (n.) とがある。
・3 plena＜plenus〔形〕「満ちた；満ち足りた；豊富な」(中性複数対格) 111-2 loca を修飾。＊属格を伴う。

・4 metus＜metus〔名〕m.「恐怖、懸念、心配」(単数属格) 111-3 plena の補語。
・5 qui 109-2 参照(男性単数主格)。先行詞は 110-5 ego。111-6/ 112-4 iussi, veni の主語。
・6 iussi＜iubeo〔動〕「命ずる」(直説法能相一人称単数完了過去)
・7 nocte＜nox〔名〕f.「夜；闇」(単数奪格)
・8 venires＜venio〔動〕「来る」(接続法能相二人称単数不完了過去) 主述部。110-6 te を受ける。

112
・1 nec〔接〕「また〜ない、〜もない」
・2 prior〔形〕「以前の；優れた」(男性単数主格) 110-5 ego に一致。叙述的用法。
・3 huc〔副〕「ここへ；ここまで；更に」112-4 veni を修飾。
・4 veni＜venio 111-8 参照(直説法能相一人称単数完了過去)。
・5 nostrum＜noster 110-1 参照(中性単数対格)。112-7 corpus を修飾。
・6 divellite＜divello〔動〕「引き裂く、八つ裂きにする；奪い取る」(命令法能相二人称複数現在)
・7 corpus＜corpus〔名〕n.「身体；肉；屍」(単数対格) 112-6 divellite の目的語。

et scelerata fero consumite viscera morsu,
o quicumque sub hac habitatis rupe leones!
sed timidi est optare necem.' velamina Thisbes　　　　115
tollit et ad pactae secum fert arboris umbram,
utque dedit notae lacrimas, dedit oscula vesti,
'accipe nunc' inquit 'nostri quoque sanguinis haustus!'
quoque erat accinctus, demisit in ilia ferrum,

113
-1 et〔接〕「そして、また」
-2 scelerata＜sceleratus〔形〕「穢れた；不敬な、邪悪な」(中性複数対格) 113-5 viscera を修飾。
-3 fero＜ferus〔形〕「野生の；野蛮な」(男性単数奪格) 113-6 morsu を修飾。
-4 consumite＜consumo〔動〕「使い尽す；消費する；過す」(命令法能相二人称複数現在) ＊「貪り食う」の謂。
-5 viscera＜viscus〔名〕n.「内部、内臓；内奥」(複数対格) 113-4 consumite の目的語。
-6 morsu＜morsus〔名〕m.「噛むこと；苦痛」(単数奪格) 113-4 consumite を修飾。

114
-1 o〔間〕「おお、嗚呼」
-2 quiqumque＜quiqumque〔関代〕「～する人(物)は誰(何)でも、～する全ての」(男性複数主格) 先行詞は 114-7 leones。114-5 habitatis の主語。
-3 sub〔前〕「～の下に(下で)」奪格支配 (114-6 rupe)。114-5 habitatis を修飾。
-4 hac＜hic〔代〕「これ、この人；次のこと」(女性単数奪格) 形容詞用法。114-6 rupe を修飾。
-5 habitatis＜habito〔動〕「居住する；留まる」(直説法能相二人称複数現在) ＊文法上は三人称複数形(habitant)が正しいが、呼びかけの言葉なので二人称複数形が用いられていると考えられる。
-6 rupe＜rupes〔名〕f.「岩、崖」(単数奪格)

-7 leones＜leo〔名〕m.「ライオン；獅子座」(複数呼格)

115
-1 sed〔接〕「しかし；～ではなくて」
-2 timidi＜timidus〔形〕「恐れた、臆病な」(男性単数属格) 名詞的用法。115-3 est の補語。＊属格の叙述的用法。性質を表す。
-3 est＜sum〔動〕「～である；存在する」(直説法三人称単数現在) 非人称構文。
-4 optare＜opto〔動〕「選ぶ；望む」(不定法能相現在) 115-3 est の主語。
-5 necem＜nex〔名〕f.「死、殺人」(単数対格) 115-4 optare の目的語。
-6 velamina＜velamen〔名〕n.「被い、衣服」(複数対格) 116-1･6 tollit, fert の目的語。
-7 Thibes＜Thisbe〔名〕f.「ティスベ」(単数属格) 115-6 velamina を修飾。

116
-1 tollit＜tollo〔動〕「持ち上げる；受入れる；取り除く」(直説法能相三人称単数現在) 主述部。107-1 Pyramus を受ける。＊以下の fert, dedit, dedit, inquit, erat accinctus, demisit, traxit, iacuit も同断。
-2 et〔接〕「そして、また」
-3 ad〔前〕「～(の方)へ；～に対して(向かって)」対格支配(116-8 umbram)。116-5 secum と共に 116-6 fert を修飾。
-4 pactae＜paciscor〔所動〕「合意する、契約する」完了分詞(女性単数属格)。116-7 arboris を修飾。

and devour <my> pernicious bowels (with) <your> fierce bites,

oh, whatever lions inhabit under this cliff!

But (it) is timid (to) desire death.' (He) picked up Thisbe's

cloak and took <it> with him to <the> shade (of) <the> assigned tree,

and when (he) gave tears (to) <the> familiar object, gave kisses (to) <the> vesture,

'Accept now,' (he) said, '<a> draft (of) my blood, too!'

(He) buried <the> sword (with) which (he) was armed, in <his> belly,

・5　secum (= cum + se)〔前〕「〜と共に；〜を伴って；〜で」奪格支配(116-5 se)。se<sui〔代〕「彼(彼女、それ)自身」(単数奪格)

・6　fert<fero〔動〕「支える、運ぶ；もたらす；堪える」(直説法能相三人称単数現在)

・7　arboris<arbor〔名〕f.「木；船」(単数属格) 116-8 umbram を修飾。

・8　umbram<umbra〔名〕f.「影；日陰；亡霊」(単数対格)

117
・1　utque (= ut + que)〔関副〕「〜した時、〜するや否や；(丁度)〜するように」

・2・5　dedit<do〔動〕「与える、為す；認める」(直説法能相三人称単数完了過去)

・3　notae<notus〔形〕「知られた；有名な；悪名高い」(女性単数与格) 名詞的用法。117-2 dedit の間接目的語。＊117-7 vesti を指す。

・4　lacrimas<lacrima〔名〕f.「涙」(複数対格) 117-2 dedit の目的語。

・6　oscula<osculum〔名〕n.「可愛い口；接吻」(複数対格) 117-5 dedit の目的語。

・7　vesti<vestis〔名〕f.「衣服」(単数与格) 117-5 dedit の間接目的語。＊115-6 velamina を指す。

118
・1　accipe<accipio〔動〕「受け取る；受け入れる；歓迎する」(命令法能相二人称単数現在)

・2　nunc〔副〕「目下；現状では」118-1 accipe を修飾。

・3　inquit<inquam〔動〕「言う」(直説法能相三人称単数完了過去)

・4　nostri<noster〔代〕「我々の」(男性単数属格) 118-6 sanguinis を修飾。

・5　quoque〔副〕「〜もまた、同様に」118-4 nostri を強調する。

・6　sanguinis<sanguis〔名〕m.「血；血統」(単数属格) 118-7 haustus を修飾。

・7　haustus<haustus〔名〕m.「汲出し、放出；飲むこと」(複数対格) 118-1 accipe の目的語。

119
・1　quoque (= quo + que)<qui〔関代〕中性単数奪格。先行詞は 119-7 ferrum。119-2・3 erat accinctus を修飾。

・2・3　erat accinctus<accingo〔動〕「締める、帯びる；装備する」(直説法所相三人称単数全分過去)

・4　demisit<demitto〔動〕「落す；投げる；沈める」(直説法能相三人称単数完了過去)

・5　in〔前〕「〜(の中)へ、〜に対して」対格支配(119-6 ilia)。119-4 demisit を修飾。

・6　ilia<ilia〔名〕n.pl.「下腹部、鼠蹊部」(複数対格)

・7　ferrum<ferrum〔名〕n.「鉄、鉄器；剣」(単数対格) 119-4/ 120-7 demisit, traxit の目的語。

```
      nec mora, ferventi moriens e vulnere traxit.           120
      ut iacuit resupinus humo, cruor emicat alte,
      non aliter quam cum vitiato fistula plumbo
      scinditur et tenui stridente foramine longas
      eiaculatur aquas atque ictibus aera rumpit.
      arborei fetus adspergine caedis in atram              125
      vertuntur faciem, madefactaque sanguine radix
      purpureo tinguit pendentia mora colore.
```

120
- 1 nec〔接〕「また〜ない、〜もない」
- 2 mora＜mora〔名〕f.「遅延、延滞」(単数主格) 120-5 e と共に 120-7 traxit を修飾。＊nec mora = and <there is> no delay : i.e. and without delay
- 3 ferventi＜fervens〔形〕「沸き立つ、燃える；猛烈な」(中性単数奪格) 120-6 vulnere を修飾。＊ferveo の現在分詞。
- 4 moriens＜morior〔所動〕「死ぬ、消滅する」現在分詞(男性単数主格)。121-3 resupinus と共に 107-1 Pyramus に一致。叙述的用法。
- 5 e (= ex)〔前〕「〜(の中)から；〜に従って」奪格支配(120-6 vulnere)。120-7 traxit を修飾。
- 6 vulnere＜vulnus〔名〕n.「傷；打撃；損害、災難」(単数奪格)
- 7 traxit＜traho〔動〕「引っ張る；導く；惹きつける」(直説法能相三人称単数完了過去)

121
- 1 ut〔関副〕「〜した時、〜するや否や；(丁度)〜するように」
- 2 iacuit＜iaceo〔動〕「横たわる；斃れ伏す；垂れ下がる」(直説法能相三人称単数完了過去)
- 3 resupinus〔形〕「反り返った、仰向けの」(男性単数主格)
- 4 humo＜humus〔名〕f.「大地、地面；国」(単数奪格) 121-2 iacuit を修飾。

- 5 cruor〔名〕m.「血、流血」(単数主格) 121-6 emicat の主語。
- 6 emicat＜emico〔動〕「飛び出す、飛び上がる；突き出す」(直説法能相三人称単数現在)
- 7 alte〔副〕「高く、深く」121-6 emicat を修飾。

122
- 1 non〔副〕「(全然)〜ない」122-3 quam と共に 122-2 aliter を修飾。＊non aliter quam = no otherwise than : i.e. exactly as
- 2 aliter〔副〕「別に、異なって」
- 3 quam〔副〕「如何に；〜ほど；〜より」
- 4 cum〔接〕「〜した時；〜なので；〜だけれども」
- 5 vitiato＜vitio〔動〕「傷つける、損なう、汚す」完了分詞(中性単数奪格)。122-7 plumbo を修飾。
- 6 fistula〔名〕f.「管；葦笛」(単数主格) 123-1/ 124-1・6 scinditur, eiaculatur, rumpit の主語。
- 7 plumbo＜plumbum〔名〕n.「鉛」(単数奪格) 122-6 fistula を修飾。＊素材を表す奪格。

123
- 1 scinditur＜scindo〔動〕「切る、引き裂く、割る；分割する」(直説法所相三人称単数現在)
- 2 et〔接〕「そして、また」
- 3 tenui＜tenuis〔形〕「薄い；少ない、些

and without delay, plucked <it> from <the> reeking wound (while) dying.
When (he) lay supine (on) <the> ground, <his> blood spouted high,
no otherwise than when <a> pipe (of) vitiated lead
(is) cracked and, (from) <a> little hissing aperture, gushes
long spurts and rends <the> air (with) <the> jets.
(With) <a> spray (of) <his> blood, <the> arboreal fruit (is) discoloured to
<a> dark tint and <the> root, soaked (with) <his> blood,
tinged <the> pendent mulberry (with) purple colour.

　　細な；繊細な」(中性単数奪格) 123-4 stridente と共に 123-5 foramine を修飾。
- 4　stridente＜strideo〔動〕「シュー（ビュー）と音をたてる」現在分詞(中性単数奪格)。
- 5　foramine＜foramen〔名〕n.「穴、口」(単数奪格) 124-1 eiaculatur を修飾。
- 6　longas＜longus〔形〕「長い；遠い」(女性複数対格) 124-2 aquas を修飾。

124
- 1　eiaculatur＜eiaculor〔所動〕「放出する、発射する」(直説法三人称単数現在)
- 2　aquas＜aqua〔名〕f.「水」(複数対格) 124-1 eiaculatur の目的語。
- 3　atque〔接〕「そして、また」
- 4　ictibus＜ictus〔名〕m.「一撃、一刺し、傷」(複数奪格) 124-6 rumpit を修飾。
- 5　aera＜aer〔名〕m.「空気、大気」(単数対格) 124-6 rumpit の目的語。
- 6　rumpit＜rumpo〔動〕「引き裂く；壊す」(直説法能相三人称単数現在)

125
- 1　arborei＜arboreus〔形〕「木の」(男性複数主格) 125-2 fetus を修飾。
- 2　fetus＜fetus〔名〕m.「生産；子供；果実」(複数主格) 126-1 vertuntur の主語。
- 3　adspergine＜adspergo〔名〕f.「散布；滴」(単数奪格) 125-5 in と共に 126-1 vertuntur を修飾。
- 4　caedis＜caedes〔名〕f.「殺戮」(単数属格) 125-3 adspergine を修飾。＊「血潮」の謂。
- 5　in〔前〕「〜(の中)へ、〜に対して」対格

　　支配(126-2 faciem)。
- 6　atram＜ater〔形〕「黒い、暗い；陰鬱な」(女性単数対格) 126-2 faciem を修飾。

126
- 1　vertuntur＜verto〔動〕「向ける；変える；覆す」(直説法所相三人称複数現在)
- 2　faciem＜facies〔名〕f.「外観、姿；顔(顔付)」(単数対格)
- 3　madefactaque (= madefacta + que)＜madefacio〔動〕「濡らす、浸す」完了分詞(女性単数主格)。126-5 radix を修飾。
- 4　sanguine＜sanguis〔名〕m.「血；血統」(単数奪格) 126-3 madefacta を修飾。
- 5　radix〔名〕f.「根；基礎」(単数主格) 127-2 tinguit の主語。

127
- 1　purpuero＜purpureus〔形〕「紫色の、深紅色の；輝く」(男性単数奪格) 127-5 colore を修飾。
- 2　tinguit＜tingo〔動〕「濡らす、浸す；染める」(直説法能相三人称単数完了過去)
- 3　pendentia＜pendeo〔動〕「掛かる、垂れ下がる；浮遊する；依存する」現在分詞(中性複数対格)。127-4 mora を修飾。
- 4　mora＜morum〔名〕n.「黒イチゴ、桑の実」(複数対格) 127-2 tinguit の目的語。
- 5　colore＜color/ colos〔名〕m.「色、色合い」(単数奪格) 127-2 tinguit を修飾。

"Ecce metu nondum posito, ne fallat amantem,
illa redit iuvenemque oculis animoque requirit,
quantaque vitarit narrare pericula gestit;
utque locum et visa cognoscit in arbore formam,
sic facit incertam pomi color : haeret, an haec sit.
dum dubitat, tremebunda videt pulsare cruentum

130

128
- 1 Ecce〔副〕「見よ、そら！」
- 2 metu＜metus〔名〕m.「恐怖、懸念、心配」(単数奪格) 128-4 posito と共に独立奪格構文を成す。＊metu posito = (with) <her> fear quelled
- 3 nondum〔副〕「未だ〜ない」128-4 posito を修飾。
- 4 posito＜pono〔動〕「置く、据える」完了分詞(男性単数奪格)。＊「鎮める」の謂。
- 5 ne〔接〕「〜するといけないので、〜しないように；〜ではないかと」
- 6 fallat＜fallo〔動〕「欺く；〈所〉誤解する」(接続法能相三人称単数現在) 主述部。129-1 illa を受ける。＊130-2/131-5/132-6 vitarit, cognoscit, haeret も同断。
- 7 amantem＜amans〔形〕「愛している；〈名〉愛人」(男性単数対格) 名詞的用法。128-6 fallat の目的語。＊107-1 Pyramus を指す。129-3 iuvenem も同断。

129
- 1 illa＜ille〔代〕「あれ、それ；彼(彼女)」(女性単数主格) 99-7 Thisbe を指す。129-2・6/ 130-5 redit, requirit, gestit の主語。
- 2 redit＜redeo〔動〕「帰る、戻る」(直説法三人称単数現在)
- 3 iuvenemque (= iuvenem + que)＜iuvenis〔形〕「若い；〈名〉若者」(男性単数対格) 名詞的用法。129-6 requirit の目的語。
- 4 oculis＜oculus〔名〕m.「眼」(複数奪格) 129-5 animo と共に 129-6 requirit を修飾。
- 5 animoque (= animo + que)＜animus〔名〕m.「理性；知性、精神」(単数奪格)
- 6 requirit＜requiro〔動〕「探す；尋ねる」(直説法能相三人称単数現在)

130
- 1 quantaque (= quanta + que)＜quantus〔形〕「どれ程大きい(多い)；〜程大きい(多い)」(中性複数対格) 130-4 pericula を修飾。＊間接疑問文を導く。
- 2 vitarit (= vitaverit)＜vito〔動〕「逃れる、避ける」(接続法能相三人称単数完了過去)
- 3 narrare＜narro〔動〕「告げる、物語る；述べる」(不定法能相現在) 130-5 gestit の補語。
- 4 pericula＜periculum〔名〕n.「試み；危険」(複数対格) 130-2 vitarit の目的語。
- 5 gestit＜gestio〔動〕「欣喜雀躍する；熱望する」(直説法能相三人称単数現在) ＊不定法を伴う。

"Behold, (with) <her> fear not yet quelled, lest (she should) beguile <her> lover,

she returned and sought <the> youth (with) <her> eyes and soul,

and longed (to) narrate what peril (she had) evaded;

and while (she) recognised <the> place and <the> form (of) <the> tree sighted,

still <the> colour (of) <its> fruit made <her> uncertain: (she) wondered whether

    (it should) be this.

While (she) doubted, (she) saw trembling members knock

131
- 1 utque (= ut + que)〔関副〕「〜した時、〜するや否や；(丁度)〜するように」132-1 sic と呼応する。＊ut … sic = while …still；although … yet
- 2 locum＜locus〔名〕m.「場所；地位；位置」(単数対格) 131-8 formam と共に 131-5 cognoscit の目的語。
- 3 et〔接〕「そして、また」
- 4 visa＜video〔動〕「見る；認知する；〈所〉見える」完了分詞(女性単数奪格)。131-7 arbore を修飾。
- 5 cognoscit＜cognosco〔動〕「知る；認識する」(直説法能相三人称単数現在)
- 6 in〔前〕「〜で(に)、〜の中(上)で」奪格支配(131-7 arbore)。131-8 formam を修飾。
- 7 arbore＜arbor〔名〕f.「木；船」(単数奪格)
- 8 formam＜forma〔名〕f.「姿、形、外観」(単数対格)

132
- 1 sic〔副〕「このように；そのように；次のように」
- 2 facit＜facio〔動〕「建設する；為す；製造(製作)する」(直説法能相三人称単数現在)
- 3 incertam＜incertus〔形〕「未決定の；不確かな；曖昧な」(女性単数対格) 叙述的用法。＊facit incertam color = <the> colour makes <her> uncertain
- 4 pomi＜pomum〔名〕n.「果実、果物、果樹」(単数属格) 132-5 color を修飾。
- 5 color (= colos)〔名〕m.「色、色合い」(単数主格) 132-2 facit の主語。
- 6 haeret＜haereo〔動〕「付着する；執着する；困惑する」(直説法能相三人称単数現在)
- 7 an〔接〕「或いは」＊間接疑問文を導く。
- 8 haec＜hic〔代〕「これ、この人；次のこと」(女性単数主格) 131-7 arbore を指す。132-9 sit の補語。
- 9 sit＜sum〔動〕「〜である；存在する」(接続法三人称単数現在) 主述部。非人称構文。＊an haec sit = whether (it should) be this

133
- 1 dum〔接〕「〜する間に(間は)；〜まで」
- 2 dubitat＜dubito〔動〕「疑う；躊躇する」(直説法能相三人称単数現在) 主述部。129-1 illa を受ける。＊以下の videt, tulit, exhorruit, cognovit, percutit, supplevit, miscuit, clamavit も同断。
- 3 tremebunda＜tremebundus〔形〕「震える」(中性複数対格) 134-1 membra を修飾。
- 4 videt＜video 131-4 参照(直説法能相三人称単数現在)。
- 5 pulsare＜pulso〔動〕「ぶつかる、敲く；駆る」(不定法能相現在) 133-4 videt の目的語。
- 6 cruentum＜cruentus〔形〕「血まみれの；残虐な」(中性単数対格) 134-2 solum を修飾。

membra solum, retroque pedem tulit, oraque buxo
pallidiora gerens exhorruit aequoris instar,　　　　　　　　135
quod tremit, exigua cum summum stringitur aura.
sed postquam remorata suos cognovit amores,
percutit indignos claro plangore lacertos
et laniata comas amplexaque corpus amatum
vulnera supplevit lacrimis fletumque cruori　　　　　　　　140
miscuit et gelidis in vultibus oscula figens

134
・1　membra＜membrum〔名〕n.「四肢；部分」(複数対格) 133-5 pulsare の意味上の主語。
・2　solum＜solum〔名〕n.「底、土台；大地；土地」(単数対格) 133-5 pulsare の目的語。
・3　retroque (= retro + que)〔副〕「後方へ；後方で」134-5 tulit を修飾。
・4　pedem＜pes〔名〕m.「足」(単数対格) 134-5 tulit の目的語。
・5　tulit＜fero〔動〕「支える、運ぶ；もたらす；堪える」(直説法能相三人称単数完了過去)
・6　oraque (= ora + que)＜os〔名〕n.「口；顔」(複数対格) 135-2 gerens の目的語。
・7　buxo＜buxus〔名〕f.「柘植、笛」(単数奪格) 135-1 pallidiora を修飾。

135
・1　pallidiora＜pallidus〔形〕「蒼白い、蒼ざめた」比較級(中性複数対格)。134-6 ora を修飾。
・2　gerens＜gero〔動〕「保持する；遂行する」現在分詞(女性単数主格)。129-1 illa に一致。叙述的用法。＊137-3/ 139-2・4/ 141-7 remorata, laniata, amplexa, figens も同断。
・3　exhorruit＜exhorresco〔動〕「(〜に)怯える」(直説法能相三人称単数完了過去)
・4　aequoris＜aequor〔名〕n.「平面；海」(単数属格) 135-5 instar を修飾。
・5　instar〔名〕n.「似姿、外観」(無変化)＊属格を伴って、「〜のように」の謂。

136
・1　quod＜qui〔関代〕中性単数主格。先行詞は 135-4 aequoris。136-2 tremit の主語。
・2　tremit＜tremo〔動〕「(〜に)震える」(直説法能相三人称単数現在)
・3　exigua＜exiguus〔形〕「厳密な、小さな、短い、貧しい」(女性単数奪格) 136-7 aura を修飾。
・4　cum〔接〕「〜した時；〜なので；〜だけれども」
・5　summum〔名〕n.「表面、頂上」(単数主格) 136-6 stringitur の主語。＊summus の名詞的用法。
・6　stringitur＜stringo〔動〕「締める；触る；取り去る」(直説法所相三人称単数現在)
・7　aura＜aura〔名〕f.「息吹、風；大気」(単数奪格) 136-6 stringitur を修飾。

137
・1　sed〔接〕「しかし；〜ではなくて」
・2　postquam〔接〕「〜した後、〜した時」
・3　remorata＜remoror〔所動〕「居残る；抑制する；阻害する」完了分詞(女性単数主格)。
・4　suos＜suus〔代〕「彼(ら)の、彼女(ら)の、それ(ら)の」(男性複数対格) 137-6 amores を修飾。
・5　cognovit＜cognosco〔動〕「知る；認識する」(直説法能相三人称単数完了過去)
・6　amores＜amor〔名〕m.「愛情；欲望」(複数対格) 137-5 cognovit の目的語。＊「恋人」の謂。通例、複数形で用いる。

<the> gory ground, and took <a> step rearwards, and wearing <a> face
paler (than) <a> box-tree, shuddered like <the> ocean,
which trembles when <its> surface (is) stroked (by) <a> faint breeze.
But when, (having) remained <there>, (she) recognised her lover,
(she) struck <her> blameless arms (with) loud beating,
and tearing <her> hair and embracing <his> beloved body,
replenished <his> wounds (with) <her> tears and mixed <the> tears
(with) <his> gore and planting kisses on <his> chilly visage,

138
・1 percutit＜percutio〔動〕「突き通す；強打する」(直説法能相三人称単数現在)
・2 indignos＜indignus〔形〕「値しない、相応しくない；厳しい」(男性複数対格) 138-5 lacertos を修飾。＊「無実の」の謂。
・3 claro＜clarus〔形〕「輝く；明確な；輝かしい」(男性単数奪格) 138-4 plangore を修飾。
・4 plangore＜plangor〔名〕m.「殴打；嘆き」(単数奪格) 138-1 percutit を修飾。
・5 lacertos＜lacertus〔名〕m.「上腕部；腕」(複数対格) 138-1 percutit の目的語。

139
・1 et〔接〕「そして、また」
・2 laniata＜lanio〔動〕「引き裂く、掻きむしる」完了分詞(女性単数主格)。
・3 comas＜coma〔名〕f.「毛髪」(複数対格) 副詞的用法。139-2 laniata を修飾。＊laniata comas =(getting)<her>hair torn : i.e. tearing her hair
・4 amplexaque (= amplexa + que)＜amplector〔所動〕「取り巻く、抱擁する；尊重する」完了分詞(女性単数主格)。
・5 corpus＜corpus〔名〕n.「身体；肉；屍」(単数対格) 139-4 amplexa の目的語。
・6 amatum＜amo〔動〕「愛する」完了分詞(中性単数対格)。139-5 corpus を修飾。

140
・1 vulnera＜vulnus〔名〕n.「傷；打撃；損害、災難」(複数対格) 140-2 supplevit の目的語。

・2 supplevit＜suppleo〔動〕「満たす、補う」(直説法能相三人称単数完了過去)
・3 lacrimis＜lacrima〔名〕f.「涙」(複数奪格) 140-2 supplevit を修飾。
・4 fletumque (fletum + que)＜fletus〔名〕m.「涕泣、嘆き」(単数対格) 141-1 miscuit の目的語。＊「涙」の謂。
・5 cruori＜cruor〔名〕m.「血、流血」(単数与格) 141-1 miscuit を修飾。

141
・1 miscuit＜misceo〔動〕「混ぜる；結合する」(直説法能相三人称単数完了過去)
・2 et 139-1 参照。
・3 gelidis＜gelidus〔形〕「極寒の、凍てつく」(男性複数奪格) 141-5 vultibus を修飾。
・4 in〔前〕「～で(に)、～の中(上)で」奪格支配(141-5 vultibus)。141-7 figens を修飾。
・5 vultibus＜vultus〔名〕m.「表情、容貌；外観」(複数奪格)
・6 oscula＜osculum〔名〕n.「可愛い口；接吻」(複数対格) 141-7 figens の目的語。
・7 figens＜figo〔動〕「固定する、据える；貫く」現在分詞(女性単数主格)。

'Pyrame,' clamavit, 'quis te mihi casus ademit?
Pyrame, responde! tua te carissima Thisbe
nominat ; exaudi vultusque attolle iacentes! '
ad nomen Thisbes oculos a morte gravatos   145
Pyramus erexit visaque recondidit illa.
　"Quae postquam vestemque suam cognovit et ense
vidit ebur vacuum, 'tua te manus' inquit 'amorque
perdidit, infelix! est et mihi fortis in unum

142
- 1　Pyrame＜Pyramus〔名〕m.「ピュラムス」(単数呼格)
- 2　clamavit＜clamo〔動〕「呼ぶ、叫ぶ；呼びかける」(直説法能相三人称単数完了過去)
- 3　quis〔疑〕「誰(何)」(男性単数主格) 形容詞的用法。142-6 casus を修飾。
- 4　te＜tu〔代〕「あなた」(単数対格) 142-7 ademit の目的語。
- 5　mihi＜ego〔代〕「私」(単数与格) 142-7 ademit を修飾。＊分離を表す与格。
- 6　casus〔名〕m.「落下；出来事；災い」(単数主格) 142-7 ademit の主語。
- 7　ademit＜adimo〔動〕「奪う；連れ去る」(直説法能相三人称単数完了過去)

143
- 1　Pyrame 142-1 参照。
- 2　responde＜respondeo〔動〕「答える；反応する」(命令法能相二人称単数現在)
- 3　tua＜tuus〔形〕「あなたの」(女性単数主格) 143-5 carissima と共に 143-6 Thisbe を修飾。
- 4　te 142-4 参照。144-1 nominat の目的語。
- 5　carissima＜carus〔形〕「貴重な、最愛の」最上級(女性単数主格)。
- 6　Thisbe〔名〕f.「ティスベ」(単数主格) 144-1 nominat の主語。

144
- 1　nominat＜nomino〔動〕「名を呼ぶ、名づける；名指す」(直説法能相三人称単数現在)
- 2　exaudi＜exaudio〔動〕「聴く、聞き分ける；認識する」(命令法能相二人称単数現在)
- 3　vultusque (= vultus + que)＜vultus〔名〕m.「表情、容貌；外観」(複数対格) 144-4 attolle の目的語。
- 4　attolle＜attollo〔動〕「持ち上げる；高める」(命令法能相二人称単数現在)
- 5　iacentes＜iaceo〔動〕「横たわる；萎れ伏す；垂れ下がる」現在分詞(男性複数対格)。144-3 vultus を修飾。

145
- 1　ad〔前〕「～(の方)へ；～に対して(向かって)」対格支配(145-2 nomen)。146-2 erexit を修飾。
- 2　nomen＜nomen〔名〕n.「名前」(単数対格)
- 3　Thisbes＜Thisbe 143-6 参照(単数属格)。145-2 nomen を修飾。＊説明の属格。
- 4　oculos＜oculus〔名〕m.「眼」(複数対格) 146-2・4 erexit, recondidit の目的語。
- 5　a (= ab)〔前〕「～(の中)から；～側に；～で」奪格支配(145-6 morte)。145-7 gravatos を修飾。
- 6　morte＜mors〔名〕f.「死；屍」(単数奪格)
- 7　gravatos＜gravo〔動〕「重くする、負担をかける；圧迫する」完了分詞(男性複数対格)。145-4 oculos を修飾。

146
- 1　Pyramus 142-1 参照(単数主格)。146-2・4 erexit, recondidit の主語。
- 2　erexit＜erigo〔動〕「持ち上げる；刺激する」(直説法能相三人称単数完了過去)

'Pyramus,' (she) clamoured, 'what accident snatched thee (from) me?
Pyramus, respond! Thy dearest Thisbe addresses
thee; listen and lift <thy> waning visage!
Towards <the> name (of) Thisbe, Pyramus raised <his> eyes oppressed
by death <u>and seeing</u> her, <u>closed <them> again</u>.
　"(And) when she recognised her vesture and saw
<the> <u>ivory-sheath</u> vacant (of) <his> dagger, (she) said, 'Thy hand <u>and <thy> love</u> vanquished
thee, infelicitous (one)! Mine, too, is <a> hand brave for

- 3　visaque (= visa + que) ＜ video〔動〕「見る；認知する；〈所〉見える」完了分詞（女性単数奪格）。146-5 illa と共に独立奪格構文を成す。＊visa illa = (with) her (being) seen : i.e. seeing her
- 4　recondidit ＜ recondo〔動〕「(再び) 閉じる、隠す」(直説法能相三人称単数完了過去)
- 5　illa ＜ ille〔代〕「あれ、それ；彼(彼女)」(女性単数奪格) ＊145-3 Thisbes を指す。

147
- 1　Quae ＜ qui〔関代〕女性単数主格。先行詞は 146-5 illa。147-5/ 148-1 cognovit, vidit の主語。＊Quae cognovit = (And) she recognised
- 2　postquam〔接〕「〜した後、〜した時」
- 3　vestemque (= vestem + que) ＜ vestis〔名〕f.「衣服」(単数対格) 147-5 cognovit の目的語。＊115-6 velamina を指す。
- 4　suam ＜ suus〔代〕「彼(ら)の、彼女(ら)の、それ(ら)の」(女性単数対格) 147-1 Quae を指す。147-3 vestem を修飾。
- 5　cognovit ＜ cognosco〔動〕「知る；認識する」(直説法能相三人称単数完了過去)
- 6　et〔接〕「そして、また」
- 7　ense ＜ ensis〔名〕m.「両刃の剣、刀」(単数奪格) 148-3 vacuum の補語。

148
- 1　vidit ＜ video 146-3 参照(直説法能相三人称単数完了過去)。
- 2　ebur ＜ ebur〔名〕n.「象牙」(単数対格) 148-1 vidit の目的語。＊象牙の鞘を指す。
- 3　vacuum ＜ vacuus〔形〕「空の；〜のない；暇な」(中性単数対格) 148-2 ebur を修飾。＊奪格を伴う。
- 4　tua 143-3 参照。148-6 manus を修飾。
- 5　te 142-4 参照。149-1 perdidit の目的語。
- 6　manus〔名〕f.「手；一団」(単数主格) 148-8 amor と共に 149-1 perdidit の主語。
- 7　inquit ＜ inquam〔動〕「言う」(直説法能相三人称単数完了過去) 主述部。147-1 Quae を受ける。
- 8　amorque (= amor + que)〔名〕m.「愛情；欲望」(単数主格)

149
- 1　perdidit ＜ perdo〔動〕「破壊する、浪費する；喪失する」(直説法能相三人称単数完了過去)
- 2　infelix ＜ infelix〔形〕「不毛な；不幸な」(男性単数呼格) 名詞的用法。
- 3　est ＜ sum〔動〕「〜である；存在する」(直説法三人称単数現在)
- 4　et〔副〕「〜もまた、〜さえも」149-5 mihi を修飾。
- 5　mihi ＜ ego〔代〕「私」(単数与格) 149-3/ 150-3 est の補語。＊est mihi manus = Mine is <a> hand : i.e. I have a hand
- 6　fortis ＜ fortis〔形〕「強力な；頑強な」(女性単数主格) 150-2 manus を修飾。＊「勇敢な」の謂。
- 7　in〔前〕「〜(の中)へ、〜に対して」対格支配 (150-1 hoc)。149-6 fortis を修飾。
- 8　unum ＜ unus〔数〕「一つ(の)；同一の」(中性単数対格) 150-1 hoc を修飾。

hoc manus, est et amor : dabit hic in vulnera vires.　　　　150
persequar extinctum letique miserrima dicar
causa comesque tui : quique a me morte revelli
heu sola poteras, poteris nec morte revelli.
hoc tamen amborum verbis estote rogati,
o multum miseri meus illiusque parentes,　　　　　　　　　155
ut, quos certus amor, quos hora novissima iunxit,

150
- 1　hoc＜hic〔代〕「これ、この人；次のこと」(中性単数対格)＊自分の行為を指す。
- 2　manus〔名〕f.「手；一団」(単数主格) 149-3 est の主語。
- 3　est＜sum〔動〕「～である；存在する」(直説法三人称単数現在)
- 4　et〔接〕「そして、また」
- 5　amor〔名〕m.「愛情；欲望」(単数主格) 150-3 est の主語。
- 6　dabit＜do〔動〕「与える、為す；認める」(直説法能相三人称単数未来)
- 7　hic 150-1 参照(男性単数主格)。150-5 amor を指す。150-6 dabit の主語。
- 8　in〔前〕「～(の中)へ、～に対して」対格支配(150-9 vulnera)。150-10 vires を修飾。＊in vulnera vires ＝＜the＞ vigour for blows : i.e. the vigour to deal blows
- 9　vulnera＜vulnus〔名〕n.「傷；打撃；損害、災難」(複数対格)
- 10　vires＜vis〔名〕f.「力；活力；暴力」(複数対格) 150-6 dabit の目的語。

151
- 1　persequar＜persequor〔所動〕「追跡する；遂行する」(直説法一人称単数未来) 151-5 dicar と共に主述部。
- 2　extinctum＜extinguo〔動〕「消す；殺す；壊す」完了分詞(男性単数対格)。名詞的用法。151-1 persequar の目的語。＊息絶えたピュラムスを指す。
- 3　letique (＝ leti ＋ que)＜letum〔名〕n.「死」(単数属格) 151-4 miserrima と共に

152-1・2 causa comesque を修飾。
- 4　miserrima＜miser〔形〕「惨めな、哀れな」最上級(女性単数主格)。
- 5　dicar＜dico〔動〕「言う、話す、述べる；呼ぶ」(直説法所相一人称単数未来)

152
- 1　causa〔名〕f.「原因、理由」(単数主格) 152-2 comes と共に 151-5 dicar の補語。
- 2　comesque (＝ comes ＋ que)〔名〕m.f.「仲間；従者」(単数主格)
- 3　tui＜tuus〔形〕「あなたの」(中性単数属格) 151-3 leti を修飾。
- 4　quique (＝ qui ＋ que)〔関代〕男性単数主格。先行詞を含む複合用法。153-3 poteras と 153-4 poteris の主語になる。
- 5　a (＝ ab)〔前〕「～(の中)から；～側に；～で」奪格支配(152-6 me)。152-8 revelli を修飾。
- 6　me＜ego〔代〕「私」(単数奪格)
- 7　morte＜mors〔名〕f.「死；屍」(単数奪格) 152-8 revelli を修飾。
- 8　revelli＜revello〔動〕「引き剥がす、剥ぎ取る」(不定法所相現在) 153-3 poteras の補語。

変身物語　第四巻

this same (deed) and <so> is love: this (will) give <the> vigour to <deal> blows.
(I shall) pursue <thy> extinct (soul) and (be) called <the> (most) miserable cause
and comrade (of) thy death: and (thou) who wast able (to be) wrested from me,
oh, (by) death alone, never (wilt) be able (to be) wrested (by) death.
This, however, (you shall) be requested (by) <the> words (of) <us> two,
oh, very miserable parents, mine and his,
that never (should you) forbid (those) whom <their> firm love, whom <their> final

153
- 1　heu〔間〕「嗚呼」
- 2　sola＜solus〔形〕「単独の；孤独な；寂しい」(女性単数奪格)152-7 morte を修飾。＊morte revelli sola = (to be) wrested (by) death alone
- 3　poteras＜possum〔動〕「～できる、能力がある」(直説法二人称単数不完了過去)
- 4　poteris＜possum 153-3 参照(直説法二人称単数未来)。
- 5　nec〔副〕「また～ない、～もない」153-4 poteris を修飾。
- 6　morte 152-7 参照。153-7 revelli を修飾。
- 7　revelli 152-8 参照。153-4 poteris の補語。

154
- 1　hoc 150-1 参照。154-6 rogati の目的語。
- 2　tamen〔副〕「しかし、にも拘らず」
- 3　amborum＜ambo〔数〕「両方の」(男性複数属格) 名詞的用法。154-4 verbis を修飾。
- 4　verbis＜verbum〔名〕n.「言葉」(複数奪格) 154-6 rogati を修飾。
- 5　estote＜sum〔動〕「～である；存在する」(命令法二人称複数未来)
- 6　rogati＜rogo〔動〕「尋ねる；請求する」完了分詞(男性複数主格)。154-5 estote の補語。＊命令法所相未来時制には「二人称複数」の変化がないので、sum の活用変化と rogo の完了分詞で代用している。

155
- 1　o〔間〕「おお、嗚呼」

- 2　multum〔副〕「大いに、しばしば」155-3 miseri を修飾。
- 3　miseri＜miser 151-4 参照(男性複数呼格)。155-6 parentes を修飾。
- 4　meus＜meus〔代〕「私の」(男性単数呼格) 155-5 illius と共に 155-6 parentes と同格。＊meus illiusque = my <parent> and <that of> his : i.e. mine and his
- 5　illiusque (= illius + que)＜ille〔代〕「あれ、それ；彼(彼女)」(男性単数属格)
- 6　parentes＜parens〔名〕m.f.「親、父、母」(複数呼格)

156
- 1　ut〔接〕「～した結果；～すること；～する為に」154-1 hoc と同格。
- 2・5　quos＜qui 152-4 参照(男性複数対格)。先行詞を含む複合用法。156-8 iunxit の目的語、及び 157-1 conponi の意味上の主語になる。
- 3　certus〔形〕「決まった；確実な」(男性単数主格) 156-4 amor を修飾。
- 4　amor 150-5 参照。156-6 hora と共に 156-8 iunxit の主語。
- 6　hora〔名〕f.「一時間；時節、季節」(単数主格)
- 7　novissima＜novus〔形〕「新しい、新鮮な、若い」最上級(女性単数主格)。156-6 hora を修飾。＊「臨終の」の謂。
- 8　iunxit＜iungo〔動〕「結合する；繋ぐ」(直説法所相三人称単数完了過去)

— 45 —

conponi tumulo non invideatis eodem ;
at tu quae ramis arbor miserabile corpus
nunc tegis unius, mox es tectura duorum,
signa tene caedis pullosque et luctibus aptos　　　　　　　　　　160
semper habe fetus, gemini monimenta cruoris.'
dixit et aptato pectus mucrone sub imum
incubuit ferro, quod adhuc a caede tepebat.

157
・1 conponi＜conpono〔動〕「結びつける；構成する」(不定法所相現在) 157-4 invideatis の目的語。
・2 tumulo＜tumulus〔名〕m.「塚、丘；墳墓」(単数奪格) 157-1 conponi を修飾。
・3 non〔副〕「(全然)～ない」157-4 invideatis を修飾。
・4 invideatis＜invideo〔動〕「妬む；渋る」(接続法能相二人称複数現在) ＊不定法句を伴う。
・5 eodem＜idem〔代〕「同じ」(男性単数奪格) 157-2 tumulo を修飾。

158
・1 at〔接〕「しかし、しかし一方」
・2 tu＜tu〔代〕「あなた」(単数呼格)
・3 quae＜qui〔関代〕女性単数主格。先行詞は 158-5 arbor。159-2・5 tegis, es の主語。
・4 ramis＜ramus〔名〕m.「枝」(複数奪格) 159-1 nunc と共に 159-2 tegis を修飾。
・5 arbor〔名〕f.「木；船」(単数呼格) 158-2 tu と同格。
・6 miserabile＜miserabilis〔形〕「哀れな、不幸な、惨めな」(中性単数対格) 159-3 unius と共に 158-7 corpus を修飾。
・7 corpus＜corpus〔名〕n.「身体；肉；屍」(単数対格) 159-2 tegis の目的語。

159
・1 nunc〔副〕「目下；現状では」
・2 tegis＜tego〔動〕「覆う；隠す」(直説法能相二人称単数現在)
・3 unius＜unus〔数〕「一つ(の)；同一の」(男性単数属格) 名詞的用法。＊corpus unius ＝ ＜a＞ corpse (of) one : i.e. one corpse
・4 mox〔副〕「すぐに；やがて、後に」159-5・6 es tectura を修飾。
・5 es＜sum〔動〕「～である；存在する」(直説法二人称単数現在)
・6 tectura＜tego 159-2 参照。未来分詞(女性単数主格)。158-5 arbor に一致。159-5 es の補語。
・7 duorum＜duo〔数〕「二つ(の)」(男性複数属格) 名詞的用法。159-6 tectura の目的語。＊tectura duorum ＝ (about to) cover ＜corpses＞ (of) two : i.e. about to cover two corpses

160
・1 signa＜signum〔名〕n.「印；軍旗；合図；像」(複数対格) 160-2 tene の目的語。
・2 tene＜teneo〔動〕「保持する；占める；制御する」(命令法能相二人称単数現在)
・3 caedis＜caedes〔名〕f.「殺戮」(単数属格) 160-1 signa を修飾。
・4 pullosque (＝ pullos ＋ que)＜pullus〔形〕「濃い色の、黒ずんだ」(男性複数対格) 160-7 aptos と共に 161-3 fetus を修飾。
・5 et〔接〕「そして、また」
・6 luctibus＜luctus〔名〕m.「悲しみ、嘆き」(複数与格) 160-7 aptos の補語。
・7 aptos＜aptus〔形〕「相応しい、適した」(男性複数対格) ＊与格を伴う。

hour united, (to be) coupled (in) <the> same tomb;

but thou, tree which now covers one

miserable corpse (with) <thy> branches <and> is (going to) cover two (corpses) soon,

retain <the> signs (of) <our> dying and always bear blackish fruit

apt (for) lamentation, memorials (of) <our> dual blood.'

(She) said <so> and fell (upon) <the> sword, which <u>was warm</u> yet

with <his> gore, (with) <its> tip applied beneath <her> lowest breast.

161
- 1 semper〔副〕「常に、永遠に」161-2 habe を修飾。
- 2 habe＜habeo〔動〕「持つ、所有する」(命令法能相二人称単数現在)
- 3 fetus＜fetus〔名〕m.「生産；子供；果実」(複数対格) 161-2 habe の目的語。
- 4 gemini＜geminus〔形〕「双子の；対の」(男性単数属格) 161-6 cruoris を修飾。
- 5 monimenta＜monimentum〔名〕n.「記念品；記念碑」(複数対格) 161-3 fetus と同格。
- 6 cruoris＜cruor〔名〕m.「血、流血」(単数属格) 161-5 monimenta を修飾。

162
- 1 dixit＜dico〔動〕「言う、話す、述べる；呼ぶ」(直説法能相三人称単数完了過去) 163-1 incubuit と共に主述部。147-1 Quae を受ける。
- 2 et 160-5 参照。
- 3 aptato＜apto〔動〕「適合させる；準備する」完了分詞(男性単数奪格)。162-5 mucrone と共に独立奪格構文を成す。＊aptato mucrone = (with) <the> tip applied : i.e. applying the tip
- 4 pectus＜pectus〔名〕n.「胸；心」(単数対格)
- 5 mucrone＜mucro〔名〕m.「切先；剣」(単数奪格)
- 6 sub〔前〕「～の下へ；～の方へ；～の後に」対格支配(162-4 pectus)。162-3 aptato を修飾。
- 7 imum＜imus〔形〕「最も深い(低い)；〈名〉底、深淵」(中性単数対格) 162-4 pectus を修飾。

163
- 1 incubuit＜incumbo〔動〕「寄りかかる；尽力する」(直説法能相三人称単数完了過去) ＊「倒れ込む」の謂。
- 2 ferro＜ferrum〔名〕n.「鉄、鉄器；剣」(単数奪格) 163-1 incubuit を修飾。＊119-7 ferrum を指す。
- 3 quod＜qui 158-3 参照(中性単数主格)。先行詞は 163-2 ferro。163-7 tepebat の主語。
- 4 adhuc〔副〕「今まで、今でも；ここまで」163-5 a と共に 163-7 tepebat を修飾。
- 5 a (= ab)〔前〕「～(の中)から；～側に；～で」奪格支配(163-6 caede)。
- 6 caede＜caedes 160-3 参照(単数奪格)。＊「血糊」の謂。
- 7 tepebat＜tepeo〔動〕「暖かい；生ぬるい」(直説法能相三人称単数不完了過去)

vota tamen tetigere deos, tetigere parentes ;
nam color in pomo est, ubi permaturuit, ater,   165
quodque rogis superest, una requiescit in urna."
　　　　Desierat : mediumque fuit breve tempus, et orsa est
dicere Leuconoe : vocem tenuere sorores.
"hunc quoque, siderea qui temperat omnia luce,
cepit amor Solem : Solis referemus amores.   170

164
- 1 vota＜votum〔名〕n.「誓約；願望」(複数主格) 164-3・5 tetigere の主語。
- 2 tamen〔副〕「しかし、にも拘らず」
-3・5 tetigere (= tetigerunt)＜tango〔動〕「触れる；接する；到達する」(直説法能相三人称複数完了過去) ＊「心を動かす」の謂。
- 4 deos＜deus〔名〕m.「神；神力」(複数対格) 164-3 tetigere の目的語。
- 6 parentes＜parens〔名〕m.f.「親、父、母」(複数対格) 164-5 tetigere の目的語。

165
- 1 nam〔接〕「何故なら；確かに；さて」
- 2 color〔名〕m.「色、色合い」(単数主格) 165-5 est の主語。
- 3 in〔前〕「～で(に)、～の中(上)で」奪格支配(165-4 pomo)。165-2 color を修飾。
- 4 pomo＜pomum〔名〕n.「果実、果物、果樹」(単数奪格)
- 5 est＜sum〔動〕「～である；存在する」(直説法三人称単数現在)
- 6 ubi〔関副〕「～する場所；～する時」
- 7 permaturuit＜permaturesco〔動〕「完熟する」(直説法能相三人称単数完了過去) 主述部。165-4 pomo を受ける。
- 8 ater〔形〕「黒い、暗い；陰鬱な」(男性単数主格) 165-2 color に一致。165-5 est の補語。

166
- 1 quodque (= quod + que)＜qui〔関代〕中性単数主格。先行詞を含む複合用法。

166-3 superest 及び 166-5 requiescit の主語になる。
- 2 rogis＜rogus〔名〕m.「火葬用の積薪」(複数奪格) 166-3 superest を修飾。
- 3 superest＜supersum〔動〕「残る；生き残る」(直説法三人称単数現在)
- 4 una＜unus〔数〕「一つ(の)；同一の」(女性単数奪格) 166-7 urna を修飾。
- 5 requiescit＜requiesco〔動〕「休息する；支えられている」(直説法能相三人称単数現在)
- 6 in 165-3 参照。奪格支配(166-7 urna)。166-5 requiescit を修飾。
- 7 urna＜urna〔名〕f.「壺、水瓶；骨壺」(単数奪格)

167
- 1 Desierat＜desino〔動〕「止める；終る」(直説法能相三人称単数全分過去)
- 2 mediumque (= medium + que)＜medius〔形〕「真中(中間)の、～の真中(中間)」(中性単数主格) 167-5 tempus を修飾。
- 3 fuit＜sum 165-5 参照(直説法三人称単数完了過去)。
- 4 breve＜brevis〔形〕「短い；小さい；低い；浅い」(中性単数主格) 167-5 tempus に一致。167-3 fuit の補語。
- 5 tempus〔名〕n.「時間；時期；時代」(単数主格) 167-3 fuit の主語。
- 6 et〔接〕「そして、また」
-7・8 orsa est＜ordior〔所動〕「始める；話し始める」(直説法三人称単数完了過去)

<Her> wish, however, touched <the> gods; touched <their> parents;

for <the> colour of <the> fruit is, when (it) matures, dark,

and what remains (of) <their> pyres, reposes in one urn."

　　(She had) ceased <her tale>: and <the> intervening time was brief, and Leuconoe got

started talking: <her> sisters held <their> voice.

"That Sol too, love captured, who rules

<the> all (with) <his> brilliant light: (I will) relate Sol's love.

168
- 1　dicere＜dico〔動〕「言う、話す、述べる；呼ぶ」(不定法能相現在) 167-7・8 orsa est の目的語。
- 2　Leuconoe〔名〕f.「レウコノエ」(単数主格) 167-7・8 orsa est の主語。☆ミニュアス王の娘たちの一人レウキッペを指すと思われる(32-5 参照)。
- 3　vocem＜vox〔名〕f.「声、音；言葉、発言」(単数対格) 168-4 tenuere の目的語。
- 4　tenuere (= tenuerunt)＜teneo〔動〕「保持する；占める；制御する」(直説法能相三人称複数完了過去) ＊「抑える」の謂。
- 5　sorores＜soror〔名〕f.「姉妹」(複数主格) 168-4 tenuere の目的語。

169
- 1　hunc＜hic〔代〕「これ、この人；次のこと」(男性単数対格) 形容詞用法。170-3 Solem を修飾。＊169-4 qui と呼応する。
- 2　quoque〔副〕「〜もまた、同様に」170-3 Solem を強調する。
- 3　siderea＜sidereus〔形〕「星の、星の多い；輝く」(女性単数奪格) 169-7 luce を修飾。
- 4　qui〔関代〕男性単数主格。先行詞は 170-3 Solem。169-5 temperat の主語。
- 5　temperat＜tempero〔動〕「穏やかにする；支配する、制御する」(直説法能相三人称単数現在)
- 6　omnia＜omnis〔形〕「全ての、あらゆる」(中性複数対格) 名詞的用法。169-5 temperat の目的語。
- 7　luce＜lux〔名〕f.「光、明るさ；日光、昼；日」(単数奪格) 169-5 temperat を修飾。

170
- 1　cepit＜capio〔動〕「摑む；捉える；獲得する」(直説法能相三人称単数完了過去)
- 2　amor〔名〕m.「愛情；欲望」(単数主格) 170-1 cepit の主語。
- 3　Solem＜sol〔名〕m.「太陽；日光；ソル(太陽神)」(単数対格) 170-1 cepit の目的語。☆ローマ神話の太陽神。ギリシア神話のヘリオス(Helios)と同一視される。ウェヌスがマルスと密通しているのを察知して、夫のウルカヌスに知らせた。
- 4　Solis＜sol 170-3 参照(単数属格)。170-6 amores を修飾。
- 5　referemus＜refero〔動〕「持ち帰る；返す；答える；報告する」(直説法能相一人称複数未来) ＊referam (= I will relate) の代用。
- 6　amores＜amor 170-2 参照(複数対格)。170-5 referemus の目的語。

primus adulterium Veneris cum Marte putatur
hic vidisse deus ; videt hic deus omnia primus.
indoluit facto Iunonigenaeque marito
furta tori furtique locum monstravit, at illi
et mens et quod opus fabrilis dextra tenebat　　　175
excidit : extemplo graciles ex aere catenas
retiaque et laqueos, quae lumina fallere possent,

171
- 1　primus〔形〕「最初の；第一の」(男性単数主格) 172-3 deus に一致。172-8 primus と共に叙述的用法。
- 2　adulterium＜adulterium〔名〕n.「姦通、不貞」(単数対格) 172-2 vidisse の目的語。
- 3　Veneris＜Venus〔名〕f.「ウェヌス、ヴィーナス；愛」(単数属格) 171-4 cum と共に 171-2 adulterium を修飾。☆ローマ神話の菜園の女神。ギリシア神話の愛と美の女神アプロディテと同一視されるようになった。
- 4　cum〔前〕「～と共に；～を伴って；～で」奪格支配(171-5 Marte)。
- 5　Marte＜Mars〔名〕m.「マルス(軍神)；戦い」(単数奪格) ☆ローマの軍神。ギリシア神話の戦の神アレスと同一視される。
- 6　putatur＜puto〔動〕「評価する；判断する；考慮する」(直説法所相三人称単数現在) ＊不定法を伴う。

172
- 1・5　hic＜hic〔代〕「これ、この人；次のこと」(男性単数主格) 形容詞用法。それぞれ 172-3・6 deus を修飾。
- 2　vidisse＜video〔動〕「見る；認知する；〈所〉見える」(不定法能相完了) 171-6 putatur の補語。
- 3・6　deus〔名〕m.「神；神力」(単数主格) それぞれ 171-6 putatur 及び 172-4 videt の主語。
- 4　videt＜video 172-2 参照(直説法能相三人称単数現在)。
- 7　omnia＜omnis〔形〕「全ての、あらゆる」(中性複数対格) 名詞的用法。172-4 videt の目的語。☆ソルは天上から世界の全てを見下ろすと考えられた。
- 8　primus 171-1 参照。172-6 deus に一致。

173
- 1　indoluit＜indolesco〔動〕「苦しむ、悩む」(直説法能相三人称単数完了過去) 174-5 monstravit と共に主述部。172-3・6 deus を受ける。
- 2　facto＜factum〔名〕n.「行為；出来事」(単数奪格) 173-1 indoluit を修飾。＊facio の完了分詞。
- 3　Iunonigenaeque (= Iunonigenae + que)＜Iunonigena〔名〕m.「ユノの子孫」(単数与格) 173-4 marito と同格。☆ウェヌスの夫ウルカヌスを指す。ウルカヌスはユノとユピテルの息子、或いはユノが単独で生んだとする説もある。
- 4　marito＜maritus〔形〕「結婚の、婚姻の；〈名〉夫」(単数与格) 名詞的用法。174-5 monstravit を修飾。

174
- 1　furta＜furtum〔名〕n.「盗み；策略；密通」(複数対格) 174-4 locum と共に 174-5 monstravit の目的語。
- 2　tori＜torus〔名〕m.「膨み、筋肉；寝床」(単数奪格) 174-1 furta を修飾。
- 3　furtique (= furti + que)＜furtum 174-1 参照(単数属格)。174-4 locum を修飾。
- 4　locum＜locus〔名〕m.「場所；地位；位置」(単数対格)。

This god (is) considered (to have) seen Venus's adultery
with Mars primarily; this god sees all primarily.
(He) grieved (at) <the> fact and (to) <her> husband, <u>Juno's son</u>,
imparted <the> theft (of) <his> bed and <the> place (of) <the> theft, and (from) him
<u>fell away</u> both <his> mind and <the> work which <his> skilful <u>right-hand</u>
(was) performing: forthwith (he) elaborated, with bronze, slender
chains <u>and nets</u> and snares, which could beguile

- 5 monstravit＜monstro〔動〕「示す、知らせる、指示する」(直説法能相三人称単数完了過去)
- 6 at〔接〕「しかし、しかし一方」
- 7 illi＜ille〔代〕「あれ、それ；彼（彼女）」(男性単数与格) 173-3 Iunonigenae を指す。176-1 excidit を修飾。

175
- 1・3 et〔接〕「そして、また」
- 2 mens〔名〕f.「心、精神；知性」(単数主格) 175-5 opus と共に 176-1 excidit の主語。
- 4 quod＜qui〔関代〕中性単数対格。先行詞は 175-5 opus。175-8 tenebat の目的語。
- 5 opus〔名〕n.「仕事、労働；作品；技巧」(単数主格)
- 6 fabrilis＜fabrilis〔形〕「職人の」(女性単数主格) 175-7 dextra を修飾。☆ウルカヌスは鍛冶と冶金を司り、神々の様々な道具を造った。
- 7 dextra〔名〕f.「右手；右側」(単数主格) 175-8 tenebat の主語。
- 8 tenebat＜teneo〔動〕「保持する；占める；制御する」(直説法能相三人称単数不完了過去)

176
- 1 excidit＜excido〔動〕「落ちる；滅ぶ、消える；失う」(直説法能相三人称単数完了過去)
- 2 extemplo〔副〕「即座に」176-4 ex と共に 178-1 elimat を修飾。
- 3 graciles＜gracilis〔形〕「細い、細身の」(女性複数対格) 176-6 catenas を修飾。
- 4 ex〔前〕「～（の中）から；～に従って」奪格支配(176-5 aere)。
- 5 aere＜aes〔名〕n.「銅、青銅；〈複〉青銅製品、シンバル」(単数奪格)
- 6 catenas＜catena〔名〕f.「鎖、枷」(複数対格) 177-1・3 retia, laqueos と共に 178-1 elimat の目的語。

177
- 1 retiaque (= retia + que)＜rete〔名〕n.「網」(複数対格)
- 2 et 175-1・3 参照。
- 3 laqueos＜laqueus〔名〕m.「罠」(複数対格)
- 4 quae＜qui 175-4 参照(中性複数主格)。先行詞は 177-1 retia。177-7 possent の主語。
- 5 lumina＜lumen〔名〕n.「光、灯り；眼」(複数対格) 177-6 fallere の目的語。
- 6 fallere＜fallo〔動〕「欺く；〈所〉誤解する」(不定法能相現在) 177-7 possent の補語。
- 7 possent＜possum〔動〕「～できる、能力がある」(接続法三人称複数不完了過去)

elimat. non illud opus tenuissima vincant
stamina, non summo quae pendet aranea tigno ;
utque levis tactus momentaque parva sequantur,　　　　180
efficit et lecto circumdata collocat arte.
ut venere torum coniunx et adulter in unum,
arte viri vinclisque nova ratione paratis
in mediis ambo deprensi amplexibus haerent.

178
- 1　elimat＜elimo〔動〕「磨く、仕上げる」(直説法能相三人称単数現在) 主述部。174-7 illi を受ける。＊181-1・5 efficit, collocat も同断。
- 2　non〔副〕「(全然)〜ない」178-6 vincant を修飾。＊179-2 non も同断。
- 3　illud＜ille〔代〕「あれ、それ；彼(彼女)」(中性単数対格) 形容詞用法。178-4 opus を修飾。
- 4　opus＜opus〔名〕n.「仕事、労働；作品；技巧」(単数対格) 178-6 vincant の目的語。
- 5　tenuissima＜tenuis〔形〕「薄い；少ない、些細な；繊細な」最上級(中性複数主格)。179-1 stamina を修飾。
- 6　vincant＜vinco〔動〕「打ち破る、勝つ」(直説法能相三人称複数現在)

179
- 1　stamina＜stamen〔名〕n.「経糸；糸、紐」(複数主格) 179-6 aranea と共に 178-6 vincant の主語。
- 2　non 178-2 参照。
- 3　summo＜summus〔形〕「最も高い；〜の頂上；最高(至高)の」(中性単数奪格) 179-7 tigno を修飾。
- 4　quae＜qui〔関代〕女性単数主格。先行詞は 179-6 aranea。179-5 pendet の主語。
- 5　pendet＜pendeo〔動〕「掛かる、垂れ下がる；浮遊する；依存する」(直説法能相三人称単数現在)
- 6　aranea〔名〕f.「蜘蛛の巣、蜘蛛」(単数主格)
- 7　tigno＜tignum〔名〕n.「建材、幹、梁」(単数奪格) 179-5 pendet を修飾。

180
- 1　utque (= ut + que)〔接〕「〜した結果；〜すること；〜する為に」181-1 efficit の目的語。
- 2　levis (= leves)＜levis〔形〕「軽い；素早い；些細な」(男性複数対格) 180-3 tactus を修飾。
- 3　tactus＜tactus〔名〕m.「接触；触覚」(複数対格) 180-4 momenta と共に 180-6 sequantur の目的語。
- 4　momentaque (= momenta + que)＜momentum〔名〕n.「動き；変化；瞬間」(複数対格)
- 5　parva＜parvus〔形〕「小さい、些細な；短い；〈名〉些細なこと」(中性複数対格) 180-4 momenta を修飾。
- 6　sequantur＜sequor〔所動〕「後を追う；後を継ぐ；従う」(接続法三人称複数現在) 主述部。177-1 retia を受ける。＊「反応する」の謂。

181
- 1　efficit＜efficio〔動〕「引き起こす、達成する；生み出す」(直説法能相三人称単数現在) ＊「確実にする」の謂。
- 2　et〔接〕「そして、また」
- 3　lecto＜lectus〔名〕m.「ソファ、寝床」(単数奪格) 181-6 arte と共に 181-5 collocat を修飾。

<the> eye. Never exceeded <the> finest thread that
work; nor <a> cobweb which hangs (from) <a> highest timber;
and (he) ensured that (they should) <u>react to</u> <a> slight touch and little
movements and placed <them> set (around) <his> couch (with) artifice.
When (his) consort and <her> adulterer came in <the> same bed,
<the> two, apprehended (by) <her> husband's artifice <u>and <the> bonds</u> prepared
(with) <a> new method, lingered in <the> <u>middle of</u> <their> embraces.

・4　circumdata＜circumdo〔動〕「取り巻く、囲む」完了分詞(中性複数対格)。177-1 retia に一致。叙述の用法。＊lecto circumdata collocat = placed <them> set (around) <his> couch
・5　collocat＜colloco〔動〕「整える、設置する」(直説法能相三人称単数現在)
・6　arte＜ars〔名〕f.「技術、技巧；策略」(単数奪格) ＊「巧妙に」の謂。

182
・1　ut〔関副〕「〜した時、〜するや否や；(丁度)〜するように」
・2　venere (= venerunt)＜venio〔動〕「来る」(直説法能相三人称複数完了過去)
・3　torum＜torus〔名〕m.「膨み、筋肉；寝床」(単数対格)
・4　coniunx〔名〕m.f.「配偶者、夫、妻」(単数主格) 182-6 adulter と共に 182-2 venere の主語。＊171-3 Veneris を指す。
・5　et 181-2 参照。
・6　adulter〔形〕「姦通の、不貞な；〈名〉姦夫、姦婦」(男性単数主格) 名詞の用法。＊171-5 Marte を指す。
・7　in〔前〕「〜(の中)へ、〜に対して」対格支配(182-3 torum)。182-2 venere を修飾。
・8　unum＜unus〔数〕「一つ(の)；同一の」(男性単数対格) 182-3 torum を修飾。

183
・1　arte 181-6 参照。183-3 vinclis と共に 184-4 deprensi を修飾。
・2　viri＜vir〔名〕m.「(成人)男性；夫」(単数属格) 183-1 arte を修飾。＊173-4 marito を指す。
・3　vinclisque (= vinclis + que)＜vinclum〔名〕n.「縛るもの(帯、紐、綱など)；拘束」(複数奪格)
・4　nova＜novus〔形〕「新しい、新鮮な、若い」(女性単数奪格) 183-5 ratione を修飾。
・5　ratione＜ratio〔名〕f.「計算；事柄；過程、方法」(単数奪格) 183-6 paratis を修飾。
・6　paratis＜paro〔動〕「準備する、手配する；意図する」完了分詞(中性複数奪格)。183-3 vinclis を修飾。

184
・1　in〔前〕「〜で(に)、〜の中(上)で」奪格支配(184-5 amplexibus)。184-6 haerent を修飾。
・2　mediis＜medius〔形〕「真中(中間)の、〜の真中(中間)」(男性複数奪格) 184-5 amplexibus を修飾。
・3　ambo〔数〕「両方の」(男性複数主格) 名詞的用法。184-6 haerent の主語。＊182-4・5・6 coniunx et adulter を指す。
・4　deprensi＜deprendo/ deprehendo〔動〕「捕える；発見する；把握する」完了分詞(男性複数主格)。184-3 ambo を修飾。
・5　amplexibus＜amplexus〔名〕m.「包囲；抱擁」(複数奪格)
・6　haerent＜haereo〔動〕「付着する；執着する；困惑する」(直説法能相三人称複数現在) ＊「(〜した)ままで居る」の謂。

Lemnius extemplo valvas patefecit eburnas 185
inmisitque deos ; illi iacuere ligati
turpiter, atque aliquis de dis non tristibus optat
sic fieri turpis ; superi risere, diuque
haec fuit in toto notissima fabula caelo.
　　"Exigit indicii memorem Cythereia poenam 190
inque vices illum, tectos qui laesit amores,

185
- 1 Lemnius〔形〕「レムノス島の；〈名〉ウルカヌス」(男性単数主格) 名詞的用法。185-4/ 186-1 patefecit, inmisit の主語。☆レムノス島はエーゲ海北部の島で、ウルカヌス崇拝発祥の地とされる。
- 2 extemplo〔副〕「即座に」185-4 patefecit を修飾。
- 3 valvas＜valvae〔名〕f.pl.「折畳み扉」(複数対格) 185-4 patefecit の目的語。
- 4 patefecit＜patefacio〔動〕「開く；暴く」(直説法能相三人称単数完了過去)
- 5 eburnas＜eburnus〔形〕「象牙の」(女性複数対格) 185-3 valvas を修飾。

186
- 1 inmisitque (= inmisit + que)＜inmitto〔動〕「送り込む；送り出す」(直説法能相三人称単数完了過去)
- 2 deos＜deus〔名〕m.「神；神力」(複数対格) 186-1 inmisit の目的語。
- 3 illi＜ille〔代〕「あれ、それ；彼(彼女)」(男性複数主格) 184-3 ambo を指す。186-4 iacuere の主語。
- 4 iacuere (= iacuerunt)＜iaceo〔動〕「横たわる；斃れ伏す；垂れ下がる」(直説法能相三人称複数完了過去)
- 5 ligati＜ligo〔動〕「結ぶ、縛る；結合する」完了分詞(男性複数主格)。186-3 illi を修飾。

187
- 1 turpiter〔副〕「無様に；不名誉に」186-4 iacuere を修飾。

- 2 atque〔接〕「そして、また」
- 3 aliquis〔代〕「或る人(物)」(男性単数主格) 187-8 optat の主語。
- 4 de〔前〕「～から；～中に；～故に」奪格支配(187-5 dis)。187-3 aliquis を修飾。
- 5 dis＜deus 186-2 参照(複数奪格)。
- 6 non〔副〕「(全然)～ない」187-7 tristibus を修飾。
- 7 tristibus＜tristis〔形〕「悲しい、陰気な；陰鬱な」(男性複数奪格) 187-5 dis を修飾。
- 8 optat＜opto〔動〕「選ぶ；望む」(直説法能相三人称単数現在) ＊不定法を伴う。

188
- 1 sic〔副〕「このように；そのように；次のように」188-3 turpis を修飾。
- 2 fieri＜fio〔動〕「起きる；作られる；なる」(不定法現在) 187-8 optat の目的語。
- 3 turpis〔形〕「無様な；不名誉な；〈名〉恥」(男性単数主格) 187-3 aliquis に一致。188-2 fieri の補語。
- 4 superi＜superus〔形〕「上方の、より高い；〈名〉天上の神々」(男性複数主格) 名詞的用法。188-5 risere の主語。
- 5 risere (= riserunt)＜rideo〔動〕「笑う；微笑む；軽蔑する」(直説法能相三人称複数完了過去)
- 6 diuque (= diu + que)〔副〕「長い間」189-2 fuit を修飾。

<u>\<The\> Lemnian god</u> forthwith opened \<the\> ivory <u>folding doors</u>
<u>and admitted</u> gods; those bound lay
disgracefully, and someone among no gloomy gods desired
(to) become so disgraceful; \<the\> gods laughed, and this
story was long (most) noted in \<the\> whole heaven.
　"\<The\> <u>Cytherian goddess</u> exacted \<a\> penalty reminiscent (of) \<his\> exposure
<u>and in</u> retaliation, damaged him, who (had) damaged \<her\> covered

189
- 1　haec＜hic〔代〕「これ、この人；次のこと」(女性単数主格) 形容詞用法。189-6 fabula を修飾。
- 2　fuit＜sum〔動〕「～である；存在する」(直説法三人称単数完了過去)
- 3　in〔前〕「～で(に)、～の中(上)で」奪格支配(189-7 caelo)。189-5 notissima を修飾。
- 4　toto＜totus〔形〕「全ての、～全体」(中性単数奪格) 189-7 caelo を修飾。
- 5　notissima＜notus〔形〕「知られた；有名な；悪名高い」最上級(女性単数主格)。189-6 fabula に一致。189-2 fuit の補語。
- 6　fabula〔名〕f.「物語；事柄」(単数主格) 189-2 fuit の主語。
- 7　caelo＜caelum〔名〕n.「天空、空」(単数奪格)

190
- 1　Exigit＜exigo〔動〕「突き出す、追放する；要求する」(直説法能相三人称単数現在)
- 2　indicii＜indicium〔名〕n.「通報、暴露；兆候、証拠」(単数属格) 190-3 memorem の補語。＊「密告」の謂。
- 3　memorem＜memor〔形〕「記憶して、留意して」(女性単数対格) 190-5 poenam を修飾。＊属格を伴う。
- 4　Cythereia〔名〕f.「キュテラ島の女神(ウェヌス)」(単数主格) 190-1/ 192-1 Exigit, laedit の主語。☆キュテラ島はエーゲ海南西部、ペロポネソス半島沖の島。キュプロス島と並ぶウェヌス崇拝の中心地。
- 5　poenam＜poena〔名〕f.「代償、罰」(単数対格) 190-1 Exigit の目的語。

191
- 1　inque (= in + que)〔前〕「～(の中)へ、～に対して」対格支配(191-2 vices)。192-2 amore と共に 192-1 laedit を修飾。
- 2　vices＜vicis〔名〕f.「交替、連続；地位、職務」(複数対格) ＊「報復」の謂。
- 3　illum＜ille 186-3 参照(男性単数対格)。170-3 Solem を指す。192-1 laedit の目的語。
- 4　tectos＜tego〔動〕「覆う；隠す」完了分詞(男性複数対格)。191-7 amores を修飾。
- 5　qui〔関代〕男性単数主格。先行詞は 191-3 illum。191-6 laesit の主語。
- 6　laesit＜laedo〔動〕「傷つける；悩ます、苦しめる」(直説法能相三人称単数完了過去)
- 7　amores＜amor〔名〕m.「愛情；欲望」(複数対格) 191-6 laesit の目的語。

laedit amore pari. quid nunc, Hyperione nate,
forma colorque tibi radiataque lumina prosunt?
nempe, tuis omnes qui terras ignibus uris,
ureris igne novo ; quique omnia cernere debes,　　　　　　195
Leucothoen spectas et virgine figis in una,
quos mundo debes, oculos. modo surgis Eoo
temperius caelo, modo serius incidis undis,

192

- 1　laedit＜laedo〔動〕「傷つける；悩ます、苦しめる」(直説法能相三人称単数現在)
- 2　amore＜amor〔名〕m.「愛情；欲望」(単数奪格) 192-1 laedit を修飾。
- 3　pari＜par〔形〕「等しい；相応しい」(男性単数奪格) 192-2 amore を修飾。
- 4　quid〔疑〕「どんな点で、どれ程；何故」
- 5　nunc〔副〕「目下；現状では」193-6 prosunt を修飾。
- 6　Hyperione＜Hyperion〔名〕m.「ヒュペリオン」(単数奪格) 192-7 nate を修飾。☆ティタン神族の一人。ソルの父とされる。ソル自身を指すこともある。
- 7　nate＜natus〔形〕「生れた；〈名〉息子」(男性単数呼格) 名詞的用法。

193

- 1　forma〔名〕f.「姿、形、外観」(単数主格) 193-2・5 color, lumina と共に 193-6 prosunt の主語。
- 2　colorque (= color + que)〔名〕m.「色、色合い」(単数主格)
- 3　tibi＜tu〔代〕「あなた」(単数与格) 193-6 prosunt の補語。
- 4　radiataque (= radiata+ que)＜radiatus〔形〕「輝く」(中性複数主格) 193-5 lumina を修飾。
- 5　lumina＜lumen〔名〕n.「光、灯り；眼」(複数主格)
- 6　prosunt＜prosum〔動〕「役立つ、利益になる」(直説法三人称複数現在) ＊与格を伴う。

194

- 1　nempe〔副〕「確かに、勿論」 195-2 igne と共に 195-1 ureris を修飾。
- 2　tuis＜tuus〔形〕「あなたの」(男性複数奪格) 194-6 ignibus を修飾。
- 3　omnes＜omnis〔形〕「全ての、あらゆる」(女性複数対格) 194-5 terras を修飾。
- 4　qui〔関代〕男性単数主格。195-4 qui と共に先行詞を含む複合用法。194-7 uris 及び 195-1 ureris の主語となる。＊qui terras uris ureris = (thou) who inflamest <the> earth (art) inflamed
- 5　terras＜terra〔名〕f.「大地、陸地」(複数対格) 194-7 uris の目的語。
- 6　ignibus＜ignis〔名〕m.「火；輝き」(複数奪格) 194-7 uris を修飾。
- 7　uris＜uro〔動〕「燃やす；焼き尽くす；焦がす」(直説法能相二人称単数現在)

195

- 1　ureris＜uro 194-7 参照(直説法所相二人称単数現在)。
- 2　igne＜ignis 194-6 参照(単数奪格)。
- 3　novo＜novus〔形〕「新しい、新鮮な、若い」(男性単数奪格) 195-2 igne を修飾。
- 4　quique (= qui + que) 194-4 参照。195-7 debes 及び 196-2・5 spectas, figis の主語となる。
- 5　omnia＜omnis 194-3 参照(中性複数対格)。名詞的用法。195-6 cernere の目的語。
- 6　cernere＜cerno〔動〕「分離する；識別する；認識する」(不定法能相現在) 195-7

love, (with) love alike. Wherefore now, Hyperion's son,
(do) <thy> form and colour and <thy> radiant light benefit thee?
Surely, (thou) who inflamest all <the> earth (with) thy fire
(art) inflamed (with) new fire; and (thou) who oughtst (to) discern all
starest Leucothoe and fixest <thy> eyes, which (thou shouldst) bend
(to) <the> world, on one virgin. Now (thou) risest (in) Eos's
heavens (too) early; now (thou) sinkest (in) <the> waters (too) late,

debes の補語。
- 7 debes＜debeo〔動〕「負っている；お蔭をこうむる；～しなければならない」(直説法能相二人称単数現在) ＊不定法を伴う。

196
- 1 Leucothoen＜Leucothoe〔名〕f.「レウコトエ」(単数対格) 196-2 spectas の目的語。☆バビュロン王オルカムス(212-5)とエウリュノメ(210-2)の娘。ソルに愛されたが、オルカムスは娘の不貞を知ると彼女を生き埋めにした。ソルがその塚にアムブロシアを注ぐと乳香樹が生えた。
- 2 spectas＜specto〔動〕「見る、観察する」(直説法能相二人称単数現在)
- 3 et〔接〕「そして、また」
- 4 virgine＜virgo〔名〕f.「処女；乙女」(単数奪格)
- 5 figis＜figo〔動〕「固定する、据える；貫く」(直説法能相二人称単数現在)
- 6 in〔前〕「～で(に)、～の中(上)で」奪格支配(196-4 virgine)。196-5 figis を修飾。
- 7 una＜unus〔数〕「一つ(の)；同一の」(女性単数奪格) 196-4 virgine を修飾。

197
- 1 quos＜qui 194-4 参照(男性複数対格)。先行詞は 197-4 oculos。197-3 debes の目的語。
- 2 mundo＜mundus〔名〕m.「宇宙；世界」(単数与格) 197-3 debes を修飾。
- 3 debes 195-7 参照。主述部。195-4 qui を受ける。＊以下の surgis, incidis,

porrigis, deficis, terres, palles, diligis も同断。
- 4 oculos＜oculus〔名〕m.「眼」(複数対格) 196-5 figis の目的語。
- 5 modo〔副〕「ただ；今、最近；すぐ」198-1・2 temperius, caelo と共に 197-6 surgis を修飾。＊198-3 modo と呼応する。
- 6 surgis＜surgo〔動〕「起き上がる；上る」(直説法能相二人称単数現在)
- 7 Eoo＜Eous〔形〕「エオス(曙)の；東の」(中性単数奪格) 198-2 caelo を修飾。☆エオス(Eos) はギリシャ神話の曙の女神。ローマ神話のアウロラに相当する。

198
- 1 temperius＜tempore/ temperi〔副〕「適時に、早く」比較級。
- 2 caelo＜caelum〔名〕n.「天空、空」(単数奪格)
- 3 modo 197-5 参照。198-4 serius と共に 198-5 incidis を修飾。
- 4 serius＜sero〔副〕「遅く；遅れて」比較級。
- 5 incidis＜incido〔動〕「行き当たる；出会う」(直説法能相三人称単数現在) ＊与格を伴う。「沈む」の謂。
- 6 undis＜unda〔名〕f.「波；水」(複数与格) 198-5 incidis を修飾。

spectandique mora brumalis porrigis horas ;
deficis interdum, vitiumque in lumina mentis　　　　　200
transit et obscurus mortalia pectora terres.
nec tibi quod lunae terris propioris imago
obstiterit, palles : facit hunc amor iste colorem.
diligis hanc unam, nec te Clymeneque Rhodosque
nec tenet Aeaeae genetrix pulcherrima Circes　　　　205

199
・1 spectandique (= spectandi + que)＜specto〔動〕「見る、観察する」動名詞(属格)。199-2 mora を修飾。
・2 mora＜mora〔名〕f.「遅延、延滞」(単数奪格) 199-4 porrigis を修飾。
・3 brumalis (= brumales)＜brumalis〔形〕「冬至の；冬の」(女性複数対格) 199-5 horas を修飾。
・4 porrigis＜porrigo〔動〕「伸ばす；差し出す」(直説法能相二人称単数現在)
・5 horas＜hora〔名〕f.「一時間；時節、季節」(複数対格) 199-4 porrigis の目的語。

200
・1 deficis＜deficio〔動〕「不足する；失敗する；放棄する」(直説法能相二人称単数現在) ＊日蝕を指す。
・2 interdum〔副〕「時々、時折」200-1 deficis を修飾。
・3 vitiumque (= vitium + que)〔名〕n.「欠点；悪徳、罪」(単数主格) 201-1 transit の主語。
・4 in〔前〕「～(の中)へ、～に対して」対格支配(200-5 lumina)。201-1 transit を修飾。
・5 lumina＜lumen〔名〕n.「光、灯り；眼」(複数対格)
・6 mentis＜mens〔名〕f.「心、精神；知性」(単数属格) 200-3 vitium を修飾。

201
・1 transit＜transeo〔動〕「通過する；変化する」(直説法能相三人称単数現在)

・2 et〔接〕「そして、また」
・3 obscurus〔形〕「暗い；不明瞭な」(男性単数主格) 叙述的用法。＊ソルに関する言葉なので、男性単数形をとる。
・4 mortalia＜mortalis〔形〕「死ぬ運命の；人間の」〈名〉人間」(中性複数対格) 201-5 pectora を修飾。
・5 pectora＜pectus〔名〕n.「胸；心」(複数対格) 201-6 terres の目的語。
・6 terres＜terreo〔動〕「恐れさせる、脅えさせる」(直説法能相二人称単数現在)

202
・1 nec〔副〕「また～ない、～もない」202-3 quod を修飾。
・2 tibi＜tu〔代〕「あなた」(単数与格) 203-1 obstiterit を修飾。
・3 quod〔接〕「～なので；～すること」
・4 lunae＜luna〔名〕f.「月」(単数属格) 202-7 imago を修飾。
・5 terris＜terra〔名〕f.「大地、陸地」(複数与格) 202-6 propioris の補語。
・6 propioris＜propior〔形〕「より近い；より類似した；より親密な」(女性単数属格) 202-4 lunae を修飾。＊与格を伴う。
・7 imago〔名〕f.「姿、像、絵」(単数主格) 203-1 obstiterit の主語。

and (due to) <the> delay (by) staring <her>, (thou) protractest <the> wintry hours; occasionally (thou) fadest, and <the> disorder (in) <thy> mind passes into <thy> light, and (being) obscure, (thou) terrifyest mortal breasts.
And not because <the> image (of) <the> moon closer (to) <the> earth obstructs thee, (thou) palest: that very love causes this colour.
(Thou) esteemest her alone: neither Clymene and Rhodos detain thee, nor <the> (most) beautiful mother (of) Circe (of) <the> Aeaea

203
- 1 obstiterit＜obsto〔動〕「邪魔する、妨害する」(接続法能相三人称単数完了過去) ＊obsisto の接続法能相三人称単数完了過去形とも考えられる。
- 2 palles＜palleo〔動〕「蒼ざめる；色褪せる」(直説法能相二人称単数現在)
- 3 facit＜facio〔動〕「建設する；為す；製造(製作)する」(直説法能相三人称単数現在)
- 4 hunc＜hic〔代〕「これ、この人；次のこと」(男性単数対格) 形容詞用法。203-7 colorem を修飾。
- 5 amor〔名〕m.「愛情；欲望」(単数主格) 203-3 facit の主語。
- 6 iste〔代〕「これ、あれ、彼(彼女)」(男性単数主格) 形容詞用法。203-5 amor を修飾。
- 7 colorem＜color/ colos〔名〕m.「色、色合い」(単数対格) 203-3 facit の目的語。

204
- 1 diligis＜diligo〔動〕「尊敬する；敬愛する」(直説法能相二人称単数現在)
- 2 hanc＜hic 203-4 参照(女性単数対格)。196-1 Leucothoen を指す。204-1 diligis の目的語。
- 3 unam＜unus〔数〕「一つ(の)；同一の」(女性単数対格) 204-2 hanc を修飾。
- 4 nec〔接〕「また～ない、～もない」＊205-1 nec と呼応する。
- 5 te＜tu 202-2 参照(単数対格)。205-2 tenet の目的語。

- 6 Clymeneque (= Clymene + que)〔名〕f.「クリュメネ」(単数主格) 204-7/ 205-4/ 206-3 Rhodos, genetrix, Clytie と共に 205-2 tenet の主語。☆エチオピア王メロプスの妻。ソルに愛され、パエトンを生んだ(第一巻 750 行以下参照)。
- 7 Rhodosque (= Rhodos + que)〔名〕f.「ロドス」(単数主格) ☆ネプトゥヌスとアムピトリテ(或いは、ウェヌス)の娘。ソルとの間に七人の息子を儲けた。

205
- 1 nec 202-1 参照。
- 2 tenet＜teneo〔動〕「保持する；占める；制御する」(直説法能相三人称単数現在)
- 3 Aeaeae＜Aeaeus〔形〕「アエアエア島の」(女性単数属格) 205-6 Circes を修飾。☆アエアエア島はキルケの住む島。
- 4 genetrix〔名〕f.「母親」(単数主格) ☆ソルの正妻ペルセイス(ペルセ)を指す。
- 5 pulcherrima＜pulcher〔形〕「美しい；素晴しい」最上級(女性単数主格)。205-6 Circes と共に 205-4 genetrix を修飾。
- 6 Circes＜Circe〔名〕f.「キルケ」(単数属格) ☆ソルと大洋の女神ペルセイスとの娘。

quaeque tuos Clytie quamvis despecta petebat
concubitus ipsoque illo grave vulnus habebat
tempore：Leucothoe multarum oblivia fecit,
gentis odoriferae quam formosissima partu
edidit Eurynome；sed postquam filia crevit, 210
quam mater cunctas, tam matrem filia vicit.
rexit Achaemenias urbes pater Orchamus isque
septimus a prisco numeratur origine Belo.

206
- 1 quaeque (= quae + que)＜qui〔関代〕女性単数主格。先行詞は 206-3 Clytie。206-6/ 207-6 petebat, habebat の主語。
- 2 tuos＜tuus〔形〕「あなたの」(男性複数対格) 207-1 concubitus を修飾。
- 3 Clytie (= Clytia)〔名〕f.「クリュティエ」(単数主格) ☆大洋神オケアヌスとテテュスとの娘。ソルの嘗ての愛人。
- 4 qamvis〔接〕「如何に～でも、～にも拘らず」
- 5 despecta＜despicio〔動〕「見下ろす；軽蔑する」完了分詞(女性単数主格)。206-3 Clytie に一致。叙述の用法。＊quamvis despecta = though ＜she was＞ despised
- 6 petebat＜peto〔動〕「目指す；攻撃する；懇請する；追求する」(直説法能相三人称単数不完了過去)

207
- 1 concubitus＜concubitus〔名〕m.「共寝、同棲」(複数対格) 206-6 petebat の目的語。
- 2 ipsoque (= ipso + que)＜ipse〔代〕「～自身」(中性単数奪格) 207-3 illo と共に 208-1 tempore を修飾。
- 3 illo＜ille〔代〕「あれ、それ；彼(彼女)」(中性単数奪格) 形容詞用法。
- 4 grave＜gravis〔形〕「重い；重苦しい；重大な」(中性単数対格) 207-5 vulnus を修飾。
- 5 vulnus＜vulnus〔名〕n.「傷；打撃；損害、災難」(単数対格) 207-6 habebat の目的語。

- 6 habebat＜habeo〔動〕「持つ、所有する」(直説法能相三人称単数不完了過去)

208
- 1 tempore＜tempus〔名〕n.「時間；時期；時代」(単数奪格) 207-6 habebat を修飾。
- 2 Leucothoe〔名〕f.「レウコトエ」(単数主格) 208-5 fecit の主語。
- 3 multarum＜multus〔形〕「多数の；多量の」(女性複数属格) 名詞的用法。208-4 oblivia を修飾。
- 4 oblivia＜oblivium〔名〕n.「忘却」(複数対格) 208-5 fecit の目的語。
- 5 fecit＜facio〔動〕「建設する；為す；製造(製作)する」(直説法能相三人称単数 完了過去)

209
- 1 gentis＜gens〔名〕f.「氏族；民族」(単数属格) 209-4 formosissima を修飾。
- 2 odoriferae＜odorifer〔形〕「香しい」(女性単数属格) 209-1 gentis を修飾。＊「香を産出する」の謂で、ペルシアを指す。
- 3 quam＜qui 206-1 参照(女性単数対格)。先行詞は 208-2 Leucothoe。210-1 edidit の目的語。
- 4 formosissima＜formosus〔形〕「美しい、見事な」最上級(女性単数主格)。210-2 Eurynome を修飾。
- 5 partu＜partus〔名〕m.「出産；子供」(単数奪格) 210-1 edidit を修飾。＊partu edidit = produced (in) delivery : i.e. give birth to

and Clytie, who sought, though despised, concubinage
with thee and had <a> grave wound (at) that very
time: oblivion (of) many (lovers) Leucothoe caused,
(to) whom Eurynome, loveliest (of) <the> odour-producing race,
gave birth; but when <the> daughter grew,
<the> daughter excelled <her> mother so much as <the> mother <did> all (others).
<Her> father Orchamus reigned <the> Achaemenian cities, and he
(was) numerated <the> seventh from <the> ancient originator, Belus.

210
- 1 edidit＜edo〔動〕「出す；生む；明かす、述べる」(直説法能相三人称単数完了過去)
- 2 Eurynome〔名〕f.「エウリュノメ」(単数主格) 210-1 edidit の主語。＊196-1 参照。
- 3 sed〔接〕「しかし；～ではなくて」
- 4 postquam〔接〕「～した後、～した時」
- 5 filia〔名〕f.「娘」(単数主格) 210-6 crevit の主語。
- 6 crevit＜cresco〔動〕「生える；成長する、増大する；栄える」(直説法能相三人称単数完了過去)

211
- 1 quam〔関副〕「如何に；～ほど；～より」211-4 tam と呼応する。＊tam … quam = so much … as
- 2 mater〔名〕f.「母」(単数主格) 主語。＊述部(vicit)の省略。
- 3 cunctas＜cunctus〔形〕「全ての、～全体」(女性複数対格) 名詞的用法。目的語。
- 4 tam〔副〕「それ(あれ)程」
- 5 matrem＜mater 211-2 参照(単数対格)。211-7 vicit の目的語。
- 6 filia 210-5 参照。211-7 vicit の主語。
- 7 vicit＜vinco〔動〕「打ち破る、勝つ」(直説法能相三人称単数完了過去) ＊「凌駕する」の謂。

212
- 1 rexit＜rego〔動〕「管理する；指導する；支配する」(直説法能相三人称単数完了過去)
- 2 Achaemenias＜Achaemenius〔形〕「アケメネス(王朝)の、ペルシアの」(女性複数対格) 212-3 urbes を修飾。☆アケメネスは紀元前七世紀のペルシア王。
- 3 urbes＜urbs〔名〕f.「(城壁で囲まれた)都市、町；ローマ」(複数対格) 212-1 rexit の目的語。
- 4 pater〔名〕m.「父」(単数主格) 212-1 rexit の主語。
- 5 Orchamus〔名〕m.「オルカムス」(単数主格) 212-4 pater と同格。
- 6 isque (= is + que)〔代〕「この人(これ)、彼(彼女)」(男性単数主格) 212-4・5 pater Orchamus を指す。213-4 numeratur の主語。

213
- 1 septimus (= septumus)〔形〕「七番目の」(男性単数主格) 212-6 is に一致。213-4 numeratur の補語。
- 2 a (= ab)〔前〕「～(の中)から；～側に；～で」奪格支配(213-6 Belo)。213-1 septimus を修飾。
- 3 prisco＜priscus〔形〕「昔の；古い」(男性単数奪格) 213-5 origine を修飾。
- 4 numeratur＜numero〔動〕「数える；評価する」(直説法所相三人称単数現在)
- 5 origine＜origo〔名〕f.「始原、元祖、起源」(単数奪格) 213-6 Belo と同格。
- 6 Belo＜Belus〔名〕m.「ベルス」(単数奪格) ☆バビュロンの伝説上の創建者。

"Axe sub Hesperio sunt pascua Solis equorum：
　ambrosiam pro gramine habent；ea fessa diurnis　　　　215
　membra ministeriis nutrit reparatque labori.
　dumque ibi quadrupedes caelestia pabula carpunt
　noxque vicem peragit, thalamos deus intrat amatos,
　versus in Eurynomes faciem genetricis, et inter
　bis sex Leucothoen famulas ad lumina cernit　　　　　220

214
・1　Axe＜axis〔名〕m.「車軸；車両、馬車；地軸；天空」(単数奪格)
・2　sub〔前〕「～の下に(下で)」奪格支配(214-1 Axe)。214-4 sunt を修飾。
・3　Hesperio＜Hesperius〔形〕「ヘスペルスの、西の」(男性単数奪格) 214-1 Axe を修飾。☆ヘスペルスはアトラスの息子で、宵の明星。
・4　sunt＜sum〔動〕「～である；存在する」(直説法三人称複数現在)
・5　pascua＜pascuus〔形〕「放牧用の；〈名〉牧場」(中性複数主格) 名詞的用法。214-4 sunt の主語。
・6　Solis＜sol〔名〕m.「太陽；日光；ソル (太陽神)」(単数属格) 214-7 equorum を修飾。
・7　equorum＜equus〔名〕m.「馬」(複数属格) 214-5 pascua を修飾。

215
・1　ambrosiam＜ambrosia〔名〕f.「アムブロシア」(単数対格) 215-4 habent の目的語。☆不老不死をもたらす神々の食物。
・2　pro〔前〕「～の前に；～の為に；～に代って」奪格支配(215-3 gramine)。215-4 habent を修飾。
・3　gramine＜gramen〔名〕n.「草」(単数奪格)
・4　habent＜habeo〔動〕「持つ、所有する」(直説法能相三人称複数現在) 主述部。214-5 pascua を受ける。
・5　ea＜is〔代〕「この人(これ)、彼(彼女)」(女性単数主格) 215-1 ambrosiam を指す。216-3・4 nutrit, reparat の主語。
・6　fessa＜fessus〔形〕「疲れた；衰弱した」(中性複数対格) 216-1 membra を修飾。
・7　diurnis＜diurnus〔形〕「昼間の；日々の」(中性複数奪格) 216-2 ministeriis を修飾。

216
・1　membra＜membrum〔名〕n.「四肢；部分」(複数対格) 216-3・4 nutrit, reparat の目的語。
・2　ministeriis＜ministerium〔名〕n.「職務、労働、奉仕」(複数奪格) 215-6 fessa を修飾。
・3　nutrit＜nutrio〔動〕「養う、育てる；維持する」(直説法能相三人称単数現在)
・4　reparatque (= reparat + que)＜reparo〔動〕「回復する；修復する；活性化する」(直説法能相三人称単数現在)
・5　labori＜labor〔名〕m.「労働、努力；苦労、苦難」(単数与格) 216-4 reparat を修飾。

217
・1　dumque (= dum + que)〔接〕「～する間に(間は)；～まで」
・2　ibi〔副〕「そこで；その時；その際」217-6 carpunt を修飾。
・3　quadrupedes＜quadrupes〔形〕「四足の；〈名〉四足獣」(男性複数主格) 名詞的用法。217-6 carpunt の主語。＊214-7 equorum を指す。

— 62 —

"Under <the> Hesperian spheres is <the> pasture (for) Sol's horses:
(it) has ambrosia <u>instead of</u> grass; this nourishes <their> members
fatigued (with) <their> daily services and refreshes <them> (for) <their> labour.
<u>And while</u> <the> quadrupeds graze <the> celestial food there
<u>and night</u> performs <her> duty, <the> god enters <the> beloved (one's) chamber,
disguised in <her> mother Eurynome's features, and discerns
Leucothoe spinning fine threads by lamplight, wielding

・4 caelestia＜caelestis〔形〕「天の；神々しい；〈名〉神々」(中性複数対格) 217-5 pabula を修飾。
・5 pabula＜pablum〔名〕n.「食物、牧草」(複数対格) 217-6 carpunt の目的語。
・6 carpunt＜carpo〔動〕「抜く、抜き取る；衰弱させる、壊す；進む」(直説法能相三人称複数現在) ＊「食む」の謂。

218
・1 noxque (= nox + que)〔名〕f.「夜；闇」(単数主格) 218-3 peragit の主語。
・2 vicem＜vicis〔名〕f.「交替、連続；地位、職務」(単数対格) 218-3 peragit の目的語。
・3 peragit＜perago〔動〕「貫く；遂行する」(直説法能相三人称単数現在)
・4 thalamos＜thalamus〔名〕m.「奥の部屋；寝室；新婚の床」(複数対格) 218-6 intrat の目的語。
・5 deus〔名〕m.「神；神力」(単数主格) 218-6/220-7 intrat, cernit の主語。＊214-6 Solis を指す。
・6 intrat＜intro〔動〕「入る；貫く」(直説法能相三人称単数現在)
・7 amatos＜amo〔動〕「愛する」完了分詞(男性複数対格) 218-4 thalamos を修飾。＊thalamos amatos = <his> beloved chamber : i.e. his beloved one's chamber

219
・1 versus＜verto〔動〕「向ける；変える；覆す」完了分詞(男性単数主格)。218-5 deus に一致。叙述的用法。
・2 in〔前〕「～(の中)へ、～に対して」対格支配(219-4 faciem)。219-1 versus を修飾。
・3 Eurynomes＜Eurynome〔名〕f.「エウリュノメ」(単数属格) 219-4 faciem を修飾。
・4 faciem＜facies〔名〕f.「外観、姿；顔(顔付)」(単数対格)
・5 genetricis＜genetrix〔名〕f.「母親」(単数属格) 219-3 Eurynomes と同格。
・6 et〔接〕「そして、また」
・7 inter〔前〕「～の間で、～の中で」対格支配(220-4 famulas)。220-5 ad と共に 221-3 ducentem を修飾。

220
・1 bis〔副〕「二度」220-2 sex を修飾。＊bis sex = twice six : i.e. twelve
・2 sex〔数〕「六つ(の)」(無変化) 220-4 famulas を修飾。
・3 Leucothoen＜Leucothoe〔名〕f.「レウコトエ」(単数対格) 220-7 cernit の目的語。
・4 famulas＜famulus〔形〕「供の、仕える；〈名〉召使、従者」(女性複数対格)
・5 ad〔前〕「～(の方)へ；～に対して(向かって)」対格支配(220-6 lumina)。＊ad lumina = by lamplight
・6 lumina＜lumen〔名〕n.「光、灯り；眼」(複数対格)
・7 cernit＜cerno〔動〕「分離する；識別する；認識する」(直説法能相三人称単数現在)

levia versato ducentem stamina fuso.
ergo ubi ceu mater carae dedit oscula natae,
'res' ait 'arcana est : famulae, discedite neve
eripite arbitrium matri secreta loquendi.'
paruerant, thalamoque deus sine teste relicto　　　225
'ille ego sum' dixit, 'qui longum metior annum,
omnia qui video, per quem videt omnia tellus,

221
・1　levia＜levis〔形〕「軽い；素早い；些細な」(中性複数対格) 221-4 stamina を修飾。
・2　versato＜verso〔動〕「転がす；動転させる」完了分詞(男性単数奪格)。221-5 fuso と共に独立奪格構文を成す。＊versato fuso = (with) <her> spindle spun : i.e. wielding her spindle
・3　ducentem＜duco〔動〕「導く、引っ張る；促す」現在分詞(女性単数対格)。220-3 Leucothoen を修飾。叙述的用法。
・4　stamina＜stamen〔名〕n.「経糸；糸、紐」(複数対格) 221-3 ducentem の目的語。
・5　fuso＜fusus〔名〕m.「つむ、紡錘」(単数奪格)

222
・1　ergo〔副〕「その結果、それ故」
・2　ubi〔関副〕「～する場所；～する時」
・3　ceu〔副〕「(丁度)～のように」
・4　mater〔名〕f.「母」(単数主格) 主語。述部 (dat) の省略。＊ceu mater natae = as <a> mother <does> (to) <her> daughter
・5　carae＜carus〔形〕「貴重な、最愛の」(女性単数与格) 222-8 natae を修飾。
・6　dedit＜do〔動〕「与える、為す；認める」(直説法能相三人称単数完了過去) 223-2 ait と共に主述部。218-5 deus を受ける。
・7　oscula＜osculum〔名〕n.「可愛い口；接吻」(複数対格) 222-6 dedit の目的語。
・8　natae＜nata〔名〕f.「娘」(単数与格)

223
・1　res〔名〕f.「事象；情況」(単数主格) 223-4 est の主語。
・2　ait＜aio〔動〕「肯定する；言う、断言する」(直説法能相三人称単数現在)
・3　arcana＜arcanus〔形〕「隠された、秘密の；〈名〉秘密」(女性単数主格) 223-1 res に一致。223-4 est の補語。
・4　est＜sum〔動〕「～である；存在する」(直説法三人称単数現在)
・5　famulae＜famulus〔形〕「供の、仕える；〈名〉召使、従者」(女性複数呼格) 名詞的用法。
・6　discedite＜discedo〔動〕「分散する；去る；退く」(命令法能相二人称複数現在)
・7　neve〔接〕「また～ない、また～ないように」

224
・1　eripite＜eripio〔動〕「剥ぎ取る；救助する」(命令法能相二人称複数現在)
・2　arbitrium＜arbitrium〔名〕n.「判決；判断；権威、意向」(単数対格) 224-1 eripite の目的語。＊属格を伴う。
・3　matri＜mater　222-4 参照(単数与格)。224-1 eripite を修飾。＊分離を表す与格。
・4　secreta＜secretum〔名〕n.「秘密；隠れ家」(複数対格) 224-5 loquendi の目的語。
・5　loquendi＜loquor〔所動〕「話す、述べる」動名詞(属格)。224-2 arbitrium を修飾。

変身物語　第四巻

<her> spindle, among <her> twice six fellows.
Therefore when (he) gave kisses as <a> mother <does> (to) <her> dear daughter,
'(The) matter is,' (he) uttered, 'confidential: fellows, depart and never
rip (from) <a> mother <her> decision (on) speaking secrets.'
(They) obeyed, and (with) <the> chamber left without <a> testifier, <the> god
said, 'I am he who apportions <the> long year;
who sees all; by whom <the> earth sees all,

225
・1　paruerant＜pareo〔動〕「従う；依存する」(直説法能相三人称複数全分過去) 主述部。220-4 famulas を受ける。
・2　thalamoque (= thalamo + que)＜thalamus〔名〕m.「奥の部屋；寝室；新婚の床」(単数奪格) 225-6 relicto と共に独立奪格構文を成す。＊thalamo sine teste relicto = (with) <the> chamber left without <a> testifier
・3　deus〔名〕m.「神；神力」(単数主格) 226-4 dixit の主語。
・4　sine〔前〕「～のない、～なしに」奪格支配(225-5 teste)。225-6 relicto を修飾。
・5　teste＜testis〔名〕m.f.「証人；目撃者」(単数奪格)
・6　relicto＜relinquo〔動〕「置き去りにする；放棄する」完了分詞(男性単数奪格)。

226
・1　ille〔代〕「あれ、それ；彼(彼女)」(男性単数主格) 226-3 sum の補語。
・2　ego〔代〕「私」(単数主格) 226-3 sum の主語。
・3　sum〔動〕「～である；存在する」(直説法一人称単数現在)
・4　dixit＜dico〔動〕「言う、話す、述べる；呼ぶ」(直説法能相三人称単数完了過去)
・5　qui〔関代〕男性単数主格。227-2・5 qui, quem と共に先行詞は 226-1 ille。226-7 metior の主語。
・6　longum＜longus〔形〕「長い；遠い」(男性単数対格) 226-8 annum を修飾。

・7　metior〔所動〕「測る；見積もる、判断する」(直説法一人称単数現在) ＊「配分する」の謂。
・8　annum＜annus〔名〕m.「年」(単数対格) 226-7 metior の目的語。

227
・1・7　omnia＜omnis〔形〕「全ての、あらゆる」(中性複数対格) 名詞的用法。それぞれ 227-3 video 及び 227-6 videt の目的語。
・2　qui 226-5 参照。227-3 video の主語。
・3　video〔動〕「見る；認知する；〈所〉見える」(直説法能相一人称単数現在)
・4　per〔前〕「～を横切って；～を通して；～によって」対格支配(227-5 quem)。227-6 videt を修飾。
・5　quem＜qui 226-5 参照(男性単数対格)。
・6　videt＜video 227-3 参照(直説法能相三人称単数現在)。
・8　tellus〔名〕f.「地球；大地；国；テルス(大地の女神)」(単数主格) 227-6 videt の主語。

— 65 —

mundi oculus : mihi, crede, places.' pavet illa, metuque
et colus et fusus digitis cecidere remissis.
ipse timor decuit. nec longius ille moratus   230
in veram rediit speciem solitumque nitorem ;
at virgo quamvis inopino territa visu
victa nitore dei posita vim passa querella est.
"Invidit Clytie (neque enim moderatus in illa

228
- 1　mundi＜mundus〔名〕m.「宇宙；世界」(単数属格) 228-2 oculus を修飾。
- 2　oculus〔名〕m.「眼」(単数主格) 226-1 ille と同格。
- 3　mihi＜ego〔代〕「私」(単数与格) 228-5 places の補語。
- 4　crede＜credo〔動〕「貸す；委ねる；信ずる」(命令法能相二人称単数現在)
- 5　places＜placeo〔動〕「喜ばす、満足させる」(直説法能相二人称単数現在) ＊与格を伴う。
- 6　pavet＜paveo〔動〕「怯える、身震いする」(直説法能相三人称単数現在)
- 7　illa＜ille〔代〕「あれ、それ；彼(彼女)」(女性単数主格) 220-3 Leucothoen を指す。228-6 pavet の主語。
- 8　metuque (= metu + que)＜metus〔名〕m.「恐怖、懸念、心配」(単数奪格) 229-5 digitis と共に 229-6 cecidere を修飾。

229
-1・3　et〔接〕「そして、また」
- 2　colus〔名〕f.「糸巻き棒」(単数主格) 229-4 fusus と共に 229-6 cecidere の主語。
- 4　fusus〔名〕m.「つむ、紡錘」(単数主格)
- 5　digitis＜digitus〔名〕m.「指」(複数奪格)
- 6　cecidere (= ceciderunt)＜cado〔動〕「落ちる；倒れる；死ぬ」(直説法能相三人称複数完了過去)
- 7　remissis＜remissus〔形〕「緩んだ；怠惰な、だらしない」(男性複数奪格) 229-5 digitis を修飾。＊remitto の完了分詞。

230
- 1　ipse〔代〕「～自身」(男性単数主格) 230-2 timor を強調する。
- 2　timor〔名〕m.「恐怖」(単数主格) 230-3 decuit の主語。
- 3　decuit＜decet/ deceo〔動〕「相応しい」(直説法能相三人称単数完了過去)
- 4　nec〔副〕「また～ない、～もない」230-5 longius と共に 230-7 moratus を修飾。
- 5　longius＜longe〔副〕「遠くに；長く」比較級。
- 6　ille 228-7 参照(男性単数主格)。225-3 deus を指す。231-3 rediit の主語。
- 7　moratus＜moror〔所動〕「停滞する、留まる」完了分詞(男性単数主格)。230-6 ille に一致。叙述の用法。

231
- 1　in〔前〕「～(の中)へ、～に対して」対格支配(231-4・6 speciem, nitorem)。231-3 rediit を修飾。
- 2　veram＜verus〔形〕「本当の、純粋な；相応しい」(女性単数対格) 231-4 speciem を修飾。
- 3　rediit＜redeo〔動〕「帰る、戻る」(直説法三人称単数完了過去)
- 4　speciem＜species〔名〕f.「光景；外観」(単数対格)
- 5　solitumque (= solitum + que)＜solitus〔形〕「慣れた、通常の」(男性単数対格) 231-6 nitorem を修飾。
- 6　nitorem＜nitor〔名〕m.「光輝；麗しさ」(単数対格)

<the> eye (of) <the> world. Believe <me>, (thou) pleasest me.' She quaked, and (with) fear,
both <her> distaff and spindle fell (from) <her> enfeebled fingers.
Timidity itself became <her>. Delaying no longer, he
returned to <his> veritable shape and customary splendour;
then <the> virgin, though terrified (by) <the> unexpected sight,
overcome (by) <the> god's splendour, submitted to <his> vigour without bewailment.
　"Clytie envied — for <the> love (of) Sol (had) been never

232
- 1　at〔接〕「しかし、しかし一方」
- 2　virgo〔名〕f.「処女；乙女」(単数主格) 233-6・8 passa est の主語。
- 3　quamvis〔接〕「如何に～でも、～にも拘らず」
- 4　inopino＜inopinus〔形〕「思いがけない」(中性単数奪格) 232-6 visu を修飾。
- 5　territa＜terreo〔動〕「恐れさせる、脅えさせる」完了分詞(女性単数主格)。233-1 victa と共に 232-2 virgo に一致。叙述的用法。＊quamvis territa visu = though terrified (by) <the> sight
- 6　visu＜visum〔名〕n.「光景、有様」(単数奪格) 232-5 territa を修飾。＊video の完了分詞。

233
- 1　victa＜vinco〔動〕「打ち破る、勝つ」完了分詞(女性単数主格)。
- 2　nitore＜nitor 231-6 参照(単数奪格)。233-1 victa を修飾。
- 3　dei＜deus〔名〕m.「神；神力」(単数属格) 233-2 nitore を修飾。
- 4　posita＜pono〔動〕「置く、据える」完了分詞(女性単数奪格)。233-7 querella と共に独立奪格構文を成す。＊posita querella = (with) <her> bewailment subdued : i.e. without bewailment
- 5　vim＜vis〔名〕f.「力；活力；暴力」(単数対格) 233-6・8 passa est の目的語。
- 6・8　passa est＜patior〔所動〕「堪える；被る；許す；従う」(直説法所相三人称単数完了過去)
- 7　querella＜querella〔名〕f.「悲しみ、嘆き；苦情、非難」(単数奪格)

234
- 1　Invidit＜invideo〔動〕「妬む；渋る」(直説法能相三人称単数完了過去)
- 2　Clytie〔名〕f.「クリュティエ」(単数主格) 234-1/ 236-1/ 237-1 Invidit, vulgat, indicat の主語。☆ソルがレウコトエを愛するようになると、クリュティエは妬んで、それをオルカムスに暴露した。ソルはクリュティエを蔑んだので、彼女は悲しみ衰弱して、向日草に変身した。その花は太陽(ソル)を追い続けている。
- 3　neque (= nec)〔副〕「また～ない、～もない」235-3 fuerat を修飾。
- 4　enim〔接〕「実際；何故なら；例えば」
- 5　moderatus〔形〕「穏やかな；控えめな」(男性単数主格) 235-2 amor に一致。235-3 fuerat の補語。
- 6　in〔前〕「～で(に)、～の中(上)で」奪格支配(234-7 illa)。234-5・235-3 moderatus fuerat を修飾。
- 7　illa 228-7 参照(女性単数奪格)。234-2 Clytie を指す。

Solis amor fuerat) stimulataque paelicis ira　　　　　235
vulgat adulterium diffamatamque parenti
indicat. ille ferox inmansuetusque precantem
tendentemque manus ad lumina Solis et 'ille
vim tulit invitae' dicentem defodit alta
crudus humo tumulumque super gravis addit harenae.　240
dissipat hunc radiis Hyperione natus iterque

235

- 1 Solis＜sol〔名〕m.「太陽；日光；ソル(太陽神)」(単数属格) 235-2 amor を修飾。＊感情の対象を表す属格。235-5 paelicis も同断。
- 2 amor〔名〕m.「愛情；欲望」(単数主格) 235-3 fuerat の主語。
- 3 fuerat＜sum〔動〕「～である；存在する」(直説法三人称単数全分過去)
- 4 stimulataque (= stimulata + que)＜stimulo〔動〕「駆り立てる、刺激する」完了分詞(女性単数主格)。234-2 Clytie に一致。叙述の用法。
- 5 paelicis＜paelex〔名〕f.「愛人、情婦」(単数属格) 235-6 ira を修飾。＊232-2 virgo を指す。236-3/237-5/238-1/239-4 diffamatam, precantem, tendentem, dicentem も同断。
- 6 ira＜ira〔名〕f.「憤怒」(単数奪格) 235-4 stimulata を修飾。

236

- 1 vulgat＜vulgo〔動〕「公にする；公表する」(直説法能相三人称単数現在)
- 2 adulterium＜adulterium〔名〕n.「姦通、不貞」(単数対格) 236-1 vulgat の目的語。
- 3 diffamatamque (= diffamatam + que)＜diffamo〔動〕「暴露する」完了分詞(女性単数対格)。名詞的用法。237-1 indicat の目的語。
- 4 parenti＜parens〔名〕m.f.「親、父、母」(単数与格) 237-1 indicat を修飾。☆オルカムスを指す。237-2 ille も同断。

237

- 1 indicat＜indico〔動〕「知らせる、暴露する」(直説法能相三人称単数現在)
- 2 ille〔代〕「あれ、それ；彼(彼女)」(男性単数主格) 239-5/ 240-6 defodit, addit の主語。
- 3 ferox〔形〕「大胆な、勇敢な；凶暴な」(男性単数主格) 237-4 inmansuetus と共に 237-2 ille に一致。叙述的用法。＊240-1 crudus も同断。
- 4 inmansuetusque(= inmansuetus + que)〔形〕「野生の、野蛮な」(男性単数主格)
- 5 precantem＜precor〔所動〕「請う、懇願する」現在分詞(女性単数対格)。名詞的用法。238-1/239-4 tendentem, dicentem と共に 239-5 defodit の目的語。

238

- 1 tendentemque (= tendentem + que)＜tendo〔動〕「広げる、伸ばす；差し出す」現在分詞(女性単数対格)。
- 2 manus＜manus〔名〕f.「手；一団」(複数対格) 238-1 tendentem の目的語。
- 3 ad〔前〕「～(の方)へ；～に対して(向かって)」対格支配(238-4 lumina)。238-1 tendentem を修飾。
- 4 lumina＜lumen〔名〕n.「光、灯り；眼」(複数対格)
- 5 Solis 235-1 参照。238-4 lumina を修飾。
- 6 et〔接〕「そして、また」
- 7 ille 237-2 参照。238-5 Solis を指す。239-2 tulit の主語。

moderate in her — and stimulated (by) rage (against) <the> mistress,

(she) divulged <the> adultery and indicated <the> exposed (maid)

(to) <her> parent. (Being) ferocious and unmerciful, he buried,

deep (in) <the> ground cruelly, <the> (maid) praying and extending <her> hands towards

Sol's light and saying, 'He rendered

violence (to) <a> reluctant (one),' and moreover added <a> tumulus (of) heavy sand.

Hyperion's son smashed this (with) <his> rays and gave

239
- 1 vim＜vis〔名〕f.「力；活力；暴力」(単数対格) 239-2 tulit の目的語。
- 2 tulit＜fero〔動〕「支える、運ぶ；もたらす；堪える」(直説法能相三人称単数完了過去)
- 3 invitae＜invitus〔形〕「気が進まない、不本意な」(女性単数与格) 名詞的用法。239-2 tulit を修飾。＊レウコトエ自身を指す。
- 4 dicentem＜dico〔動〕「言う、話す、述べる；呼ぶ」現在分詞(女性単数対格)。
- 5 defodit＜defodio〔動〕「(深く)掘る；埋める；隠す」(直説法能相三人称単数現在)☆生き埋めは純潔を破った乙女に対する伝統的な罰であった。
- 6 alta＜altus〔形〕「高い、深い」(女性単数奪格) 240-2 humo を修飾。＊alta humo =(in) <the> deep ground : i.e. deep in the ground

240
- 1 crudus〔形〕「出血している；生硬な；無慈悲な」(男性単数主格)
- 2 humo＜humus〔名〕f.「大地、地面；国」(単数奪格) 239-5 defodit を修飾。
- 3 tumulumque (= tumulum + que)＜tumulus〔名〕m.「塚、丘；墳墓」(単数対格) 240-6 addit の目的語。
- 4 super〔副〕「上方に；更に」240-6 addit を修飾。
- 5 gravis＜gravis〔形〕「重い；重苦しい；重大な」(女性単数属格) 240-7 harenae を修飾。
- 6 addit＜addo〔動〕「付ける；加える」(直説法能相三人称単数現在)
- 7 harenae＜harena〔名〕f.「砂；砂浜」(単数属格) 240-3 tumulum を修飾。

241
- 1 dissipat＜dissipo〔動〕「撒き散らす；追い散らす；破壊する」(直説法能相三人称単数現在)
- 2 hunc＜hic〔代〕「これ、この人；次のこと」(男性単数対格) 240-3 tumulum を指す。241-1 dissipat の目的語。
- 3 radiis＜radius〔名〕m.「棒；輻；光線」(複数奪格) 241-1 dissipat を修飾。
- 4 Hyperione＜Hyperion〔名〕m.「ヒュペリオン」(単数奪格) 241-5 natus を修飾。＊192-6 参照。
- 5 natus〔形〕「生れた；〈名〉息子」(男性単数主格) 名詞的用法。241-1/ 242-1 dissipat, dat の主語。
- 6 iterque (= iter + que)＜iter〔名〕n.「旅；道、経路」(単数対格) 242-1 dat の目的語。

dat tibi, qua possis defossos promere vultus ;
nec tu iam poteras enectum pondere terrae
tollere, nympha, caput corpusque exsangue iacebas :
nil illo fertur volucrum moderator equorum　　　　　　　　　245
post Phaethonteos vidisse dolentius ignes.
ille quidem gelidos radiorum viribus artus
si queat in vivum temptat revocare calorem ;

242
- 1　dat＜do〔動〕「与える、為す；認める」（直説法能相三人称単数現在）
- 2　tibi＜tu〔代〕「あなた」（単数与格）242-1 dat の間接目的語。＊レウコトエを指す。
- 3　qua＜qui〔関代〕女性単数奪格。先行詞は 241-6 iter。242-6 promere を修飾。
- 4　possis＜possum〔動〕「～できる、能力がある」（接続法二人称単数現在）主述部。242-2 tibi を受ける。
- 5　defossos＜defodio〔動〕「（深く）掘る；埋める；隠す」完了分詞（男性複数対格）。242-7 vultus を修飾。
- 6　promere＜promo〔動〕「出す；生産する」（不定法能相現在）242-4 possis の補語。
- 7　vultus＜vultus〔名〕m.「表情、容貌；外観」（複数対格）242-6 promere の目的語。

243
- 1　nec〔接〕「また～ない、～もない」
- 2　tu 242-2 参照（単数主格）。243-4/ 244-6 poteras, iacebas の主語。
- 3　iam〔副〕「今；直前に；すぐ；既に」243-6 pondere と共に 243-4 poteras を修飾。
- 4　poteras＜possum 242-4 参照（直説法二人称単数不完了過去）。
- 5　enectum＜eneco/ enico〔動〕「抹殺する、使い果たす、破壊する」完了分詞（中性単数対格）。244-3 caput を修飾。＊「疲れきった」の謂。
- 6　pondere＜pondus〔名〕n.「重量；重荷」（単数奪格）

- 7　terrae＜terra〔名〕f.「大地、陸地」（単数属格）243-6 pondere を修飾。

244
- 1　tollere＜tollo〔動〕「持ち上げる；受入れる；取り除く」（不定法能相現在）243-4 poteras の補語。
- 2　nympha＜nympha〔名〕f.「妖精、ニンフ」（単数呼格）
- 3　caput＜caput〔名〕n.「頭；頂上」（単数対格）244-1 tollere の目的語。
- 4　corpusque (= corpus + que)〔名〕n.「身体；肉；屍」（単数主格）叙述的用法。
　　＊corpus exsangue iacebas = (wast) lying (as) <a> bloodless corpse
- 5　exsangue＜exsanguis〔形〕「血のない、命のない；蒼白い、弱い」（中性単数主格）244-4 corpus を修飾。
- 6　iacebas＜iaceo〔動〕「横たわる；艶れ伏す；垂れ下がる」（直説法能相二人称単数不完了過去）

245
- 1　nil (= nihil)＜nil〔名〕n.「無」（単数対格）246-3 vidisse の目的語。
- 2　illo＜ille〔代〕「あれ、それ；彼(彼女)」（中性単数奪格）244-4 corpus を指す。246-4 dolentius を修飾。
- 3　fertur＜fero〔動〕「(～と)言う、述べる」（直説法所相三人称単数現在）＊不定法を伴う。
- 4　volucrum＜volucer〔形〕「飛翔する、翼を持つ；素早い」（男性複数属格）245-6 equorum を修飾。

thee <a> route (by) which (thou) couldst protrude <thy> buried visage;

and never couldst thou raise <thy> exhausted head now,

nymph, (because of) <the> ponderosity (of) <the> earth, and (wast) lying (as) <a> bloodless corpse:

<the> driver (of) <the> fleet horses (is) said (to have) seen nothing

(more) deplorable (than) that after Phaethon's death by fire.

He indeed attempted (to) recover, if (he) could,

<her> chilly limbs to <the> vital warmth (with) <the> vigour (of) <his> rays;

・5 moderator〔名〕m.「管理者、支配者」(単数主格) 245-3 fertur の主語。＊241-5 natus を指す。
・6 equorum＜equus〔名〕m.「馬」(複数属格) 245-5 moderator を修飾。

246
・1 post〔前〕「〜の後方に；〜以後に」対格支配(246-5 ignes)。246-3 vidisse を修飾。
・2 Phaethonteos＜Phaethonteus〔形〕「パエトンの」(男性複数対格) 246-5 ignes を修飾。☆パエトンはソルの息子。父から借りた火焔車を制御できず、天空を暴走したため、ユピテルの放った雷霆に打たれて墜落し、焼死した。
・3 vidisse＜video〔動〕「見る；認知する；〈所〉見える」(不定法能相完了) 245-3 fertur の補語。＊fertur vidisse ＝ (is) said (to have) seen
・4 dolentius＜dolens〔形〕「苦痛な、悲惨な」比較級(中性単数対格)。245-1 nil を修飾。＊doleo の現在分詞。
・5 ignes＜ignis〔名〕m.「火；輝き」(複数対格)

247
・1 ille 245-2 参照(男性単数主格)。245-5 moderator を指す。248-5 temptat の主語。
・2 quidem〔副〕「確かに、実際；しかし」248-5 temptat を修飾。
・3 gelidos＜gelidus〔形〕「極寒の、凍てつく」(男性複数対格) 247-6 artus を修飾。

・4 radiorum＜radius〔名〕m.「棒；輻；光線」(複数属格) 247-5 viribus を修飾。
・5 viribus＜vis〔名〕f.「力；活力；暴力」(複数奪格) 248-3 in と共に 248-6 revocare を修飾。
・6 artus＜artus〔名〕m.「関節；四肢」(複数対格) 248-6 revocare の目的語。

248
・1 si〔接〕「もし〜なら、〜なので；〜だとしても」
・2 queat＜queo〔動〕「できる」(接続法能相三人称単数現在) 主述部。247-1 ille を受ける。＊250-3/ 251-6 sparsit, dixit も同断。
・3 in〔前〕「〜(の中)へ、〜に対して」対格支配(248-7 calorem)。
・4 vivum＜vivus〔形〕「生きている；活発な、新鮮な」(男性単数対格) 248-7 calorem を修飾。
・5 temptat＜tempto〔動〕「試す；試みる」(直説法能相三人称単数現在) ＊不定法を伴う。
・6 revocare＜revoco〔動〕「呼び戻す；取り戻す；取り下げる」(不定法能相現在) 248-5 temptat の目的語。
・7 calorem＜calor〔名〕m.「暖かさ、熱」(単数対格)

```
         sed quoniam tantis fatum conatibus obstat,
         nectare odorato sparsit corpusque locumque              250
         multaque praequestus 'tanges tamen aethera' dixit.
         protinus inbutum caelesti nectare corpus
         deliquit terramque suo madefecit odore,
         virgaque per glaebas sensim radicibus actis
         turea surrexit tumulumque cacumine rupit.               255
            "At Clytien, quamvis amor excusare dolorem
```

249

- 1 sed〔接〕「しかし；~ではなくて」
- 2 quoniam〔接〕「今後、~なので」＊副詞としている辞書もある。
- 3 tantis＜tantus〔形〕「これ程大きな；〈名〉これ程多量(多数)」(男性複数与格) 249-5 conatibus を修飾。
- 4 fatum〔名〕n.「預言；運命；死」(単数主格) 249-6 obstat の主語。
- 5 conatibus＜conatus〔名〕m.「試み、企画；努力」(複数与格) 249-6 obstat を修飾。＊conor の完了分詞。
- 6 obstat＜obsto〔動〕「邪魔する、妨害する」(直説法能相三人称単数現在)

250

- 1 nectare＜nectar〔名〕n.「ネクタル、神酒」(単数奪格) 250-3 sparsit を修飾。☆不老不死をもたらす神々の飲み物。
- 2 odorato＜odoratus〔形〕「匂いのある、芳しい」(中性単数奪格) 250-1 nectare を修飾。＊odoro の完了分詞。
- 3 sparsit＜spargo〔動〕「撒く；鏤める」(直説法能相三人称単数完了過去)
- 4 corpusque (= corpus + que)＜corpus〔名〕n.「身体；肉；屍」(単数対格) 250-5 locum と共に 250-3 sparsit の目的語。
- 5 locumque (= locum + que)＜locus〔名〕m.「場所；地位；位置」(単数対格)

251

- 1 multaque (= multa + que)＜multus〔形〕「多数の；多量の」(中性複数対格) 名詞的用法。251-2 praequestus の目的語。

- 2 praequestus＜praequeror〔所動〕「予め不平を言う」完了分詞(男性単数主格)。247-1 ille に一致。叙述的用法。
- 3 tanges＜tango〔動〕「触れる；接する；到達する」(直説法能相二人称単数未来)
- 4 tamen〔副〕「しかし、にも拘らず」
- 5 aethera＜aether〔名〕m.「アエテル；天空」(単数対格) 251-3 tanges の目的語。☆アエテルは古代人が想像した天空に漲る霊気。
- 6 dixit＜dico〔動〕「言う、話す、述べる；呼ぶ」(直説法能相三人称単数完了過去)

252

- 1 protinus〔副〕「前方へ；続けて；即座に」253-1 deliquit を修飾。
- 2 inbutum＜inbuo〔動〕「濡らす、浸す；染める」完了分詞(中性単数主格)。252-5 corpus を修飾。
- 3 caelesti＜caelestis〔形〕「天の；神々しい；〈名〉神々」(中性単数奪格) 252-4 nectare を修飾。
- 4 nectare 250-1 参照。252-2 inbutum を修飾。
- 5 corpus 250-4 参照(単数主格)。253-1・4 deliquit, madefecit の主語。

but since <the> fate obstructed such efforts,
(he) scattered both <her> corpse and <the> place (with) odorous nectar
and, (having) bewailed much, said, 'However, (thou wilt) reach <the> ether.'
Promptly <the> body immersed (with) <the> celestial nectar
dissolved and moistened <the> earth, (emitting) its odour,
and <a> sprout of frankincense, taking root in <the> soil,
rose gradually and cracked <the> tumulus (with) <its> top.
　"But <the> generator (of) light, though <her> love could

253
- 1　delicuit＜deliquesco〔動〕「解ける、分解する」(直説法能相三人称単数完了過去)
- 2　terramque (= terram + que)＜terra〔名〕f.「大地、陸地」(単数対格) 253-4 madefecit の目的語。
- 3　suo＜suus〔代〕「彼(ら)の、彼女(ら)の、それ(ら)の」(男性単数奪格) 252-4 nectare を指す。253-5 odore を修飾。
- 4　madefecit＜madefacio〔動〕「濡らす、浸す」(直説法能相三人称単数完了過去)
- 5　odore＜odor〔名〕m.「匂い、香り；香料」(単数奪格) 253-4 madefecit を修飾。

254
- 1　virgaque (= virga + que)〔名〕f.「小枝；杖」(単数主格) 255-2・5 surrexit, rupit の主語。
- 2　per〔前〕「～を横切って；～を通して；～によって」対格支配(254-3 glaebas)。254-6 actis を修飾。
- 3　glaebas＜glaeba/ gleba〔名〕f.「土塊、土；土地」(複数対格)
- 4　sensim〔副〕「次第に、緩やかに」255-2 surrexit を修飾。
- 5　radicibus＜radix〔名〕f.「根；基礎」(複数奪格) 254-6 actis と共に独立奪格構文を成す。＊per glaebas radicibus actis = (with) <its> roots driven through <the> soil : i.e. taking root in the soil
- 6　actis＜ago〔動〕「動かす；前進させる；駆る；為す」完了分詞(女性複数奪格)。

255
- 1　turea＜tureus〔形〕「乳香の」(女性単数主格) 254-1 virga を修飾。
- 2　surrexit＜surgo〔動〕「起き上がる；上る」(直説法能相三人称単数完了過去)
- 3　tumulumque (= tumulum + que)＜tumulus〔名〕m.「塚、丘；墳墓」(単数対格) 255-5 rupit の目的語。
- 4　cacumine＜cacumen〔名〕n.「先端、頂上」(単数奪格) 255-5 rupit を修飾。
- 5　rupit＜rumpo〔動〕「引き裂く；壊す」(直説法能相三人称単数完了過去)

256
- 1　At〔接〕「しかし、しかし一方」
- 2　Clytien＜Clytie〔名〕f.「クリュティエ」(単数対格) 258-2 adit の目的語。
- 3　quamvis〔接〕「如何に～でも、～にも拘らず」
- 4　amor〔名〕m.「愛情；欲望」(単数主格) 257-2 dolor と共に 257-3 poterat の主語。
- 5　excusare＜excuso〔動〕「弁明する；詫びる」(不定法能相現在) 257-3 poterat の補語。
- 6　dolorem＜dolor〔名〕m.「苦痛；悲しみ、嘆き；憤り」(単数対格) 257-1 indicium と共に 256-5 excusare の目的語。

indiciumque dolor poterat, non amplius auctor
lucis adit Venerisque modum sibi fecit in illa.
tabuit ex illo dementer amoribus usa;
nympharum inpatiens et sub Iove nocte dieque　　　260
sedit humo nuda nudis incompta capillis,
perque novem luces expers undaeque cibique
rore mero lacrimisque suis ieiunia pavit

257
- 1 indiciumque (= indicium + que)＜indicium〔名〕n.「通報、暴露；兆候、証拠」(単数対格)
- 2 dolor〔名〕m.「苦痛；悲しみ、嘆き；憤り」(単数主格)
- 3 poterat＜possum〔動〕「〜である；存在する」(直説法三人称単数不完了過去)
- 4 non〔副〕「(全然)〜ない」257-5 amplius と共に 258-2 adit を修飾。
- 5 amplius＜ampliter〔副〕「気前良く；豊富に」比較級。
- 6 auctor〔名〕m.f.「親、父；元祖、原因」(単数主格) 258-2・6 adit, fecit の主語。＊ソルを指す。265-2 dei も同断。

258
- 1 lucis＜lux〔名〕f.「光、明るさ；日光、昼；日」(単数属格) 257-6 auctor を修飾。
- 2 adit＜adeo〔動〕「近づく」(直説法能相三人称単数現在)
- 3 Venerisque (= Veneris + que)＜Venus〔名〕f.「ウェヌス、ヴィーナス；愛」(単数属格) 258-4 modum を修飾。
- 4 modum＜modus〔名〕m.「寸法；制限、終止；拍子；方法」(単数対格) 258-6 fecit の目的語。＊Veneris modum sibi fecit = caused ＜a＞ restraint (of) Venus (to) himself : i.e. put a restraint on his love
- 5 sibi＜sui〔代〕「彼(彼女、それ)自身」(単数与格) 257-6 auctor を指す。258-6 fecit を修飾。
- 6 fecit＜facio〔動〕「建設する；為す；製造(製作)する」(直説法能相三人称単数　完了過去)
- 7 in〔前〕「〜で(に)、〜の中(上)で」奪格支配(258-8 illa)。258-3 Veneris を修飾。
- 8 illa＜ille〔代〕「あれ、それ；彼(彼女)」(女性単数奪格) 256-2 Clytien を指す。

259
- 1 tabuit＜tabesco〔動〕「消耗する、解ける；衰弱する」(直説法能相三人称単数完了過去) 主述部。256-2 Clytien を受ける。＊261-1/ 263-6/ 264-3・6/ 265-5 sedit, pavit, movit, spectabat, flectebat も同断。
- 2 ex〔前〕「〜(の中)から；〜に従って」奪格支配(259-3 illo)。259-1 tabuit を修飾。＊ex illo (tempore) = after that ＜time＞ : i.e. since then
- 3 illo＜ille 258-8 参照(中性単数奪格)。
- 4 dementer〔副〕「狂ったように、愚劣に」259-6 usa を修飾。
- 5 amoribus＜amor〔名〕m.「愛情；欲望」(複数奪格) 259-6 usa の補語。
- 6 usa＜utor〔所動〕「使う；実行する」完了分詞(女性単数主格)。叙述的用法。＊256-2 Clytien に関する叙述なので、女性単数形をとる。260-2/ 261-5/ 262-4 inpatiens, incompta, expers も同断。

excuse <her> dolour and <the> dolour <her> exposure, never approached

Clytie (more) amply and put <a> restraint (to) his love in her.

(She) languished after that, indulging distractedly in <her> love;

impatient (with) nymphs and unkempt (with) bare locks, (she) sat

(on) <the> bare ground, night and day, under <the> open sky

and without both water and food for nine days,

(she) stayed <her> hunger (with) pure dews and her tears

260

- 1 nympharum＜nympha〔名〕f.「妖精、ニンフ」(複数属格) 260-2 inpatiens の補語。
- 2 inpatiens＜inpatiens〔形〕「我慢できない、寛容でない」(女性単数主格) ＊属格を伴う。
- 3 et〔接〕「そして、また」
- 4 sub〔前〕「～の下に（下で）」奪格支配 (260-5 Iove)。260-6・7/ 261-2 nocte dieque, humo と共に 261-1 sedit を修飾。＊sub Iove = under Jupiter : i.e. under the open sky
- 5 Iove＜Iuppiter〔名〕m.「ユピテル、ジュピター」(単数奪格)
- 6 nocte＜nox〔名〕f.「夜；闇」(単数奪格) ＊nocte dieque = night and day
- 7 dieque (= die + que)＜dies〔名〕m.f.「一日；期日；昼間、日光」(単数奪格)

261

- 1 sedit＜sedeo〔動〕「座る；存在する」(直説法能相三人称単数完了過去)
- 2 humo＜humus〔名〕f.「大地、地面；国」(単数奪格)
- 3 nuda＜nudus〔形〕「裸の；空の」(女性単数奪格) 261-2 humo を修飾。
- 4 nudis＜nudus 261-3 参照(男性複数奪格)。261-6 capillis を修飾。
- 5 incompta＜incomptus〔形〕「乱れた、梳いてない」(女性単数主格)
- 6 capillis＜capillus〔名〕m.「髪、毛髪」(複数奪格) 261-5 incompta を修飾。

262

- 1 perque (= per + que)〔前〕「～を横切って；～を通して；～によって」対格支配 (262-3 luces)。262-4 expers を修飾。
- 2 novem〔数〕「九つ(の)」(無変化) 262-3 luces を修飾。＊per novem luces = for nine days
- 3 luces＜lux〔名〕f.「光、明るさ；日光、昼；日」(複数対格)
- 4 expers＜expers〔形〕「～に関係ない；～がない」(女性単数主格) ＊属格を伴う。
- 5 undaeque (= undae + que)＜unda〔名〕f.「波；水」(単数属格) 262-6 cibi と共に 262-4 expers の補語。
- 6 cibique (= cibi + que)＜cibus〔名〕m.「食物、栄養」(単数属格)

263

- 1 rore＜ros〔名〕m.「露；滴」(単数奪格) 263-3 lacrimis と共に 263-6 pavit を修飾。
- 2 mero＜merus〔形〕「純粋な；本物の」(男性単数奪格) 263-1 rore を修飾。
- 3 lacrimisque(= lacrimis + que)＜lacrima〔名〕f.「涙」(複数奪格)
- 4 suis＜suus〔代〕「彼(ら)の、彼女(ら)の、それ(ら)の」(女性複数奪格) 263-3 lacrimis を修飾。
- 5 ieiunia＜ieiunium〔名〕n.「断食；空腹」(複数対格) 263-6 pavit の目的語。
- 6 pavit＜pasco〔動〕「養う；放牧する」(直説法能相三人称単数完了過去)

nec se movit humo ; tantum spectabat euntis
　　　ora dei vultusque suos flectebat ad illum.　　　　　　　265
　　　membra ferunt haesisse solo, partemque coloris
　　　luridus exsangues pallor convertit in herbas ;
　　　est in parte rubor violaeque simillimus ora
　　　flos tegit. illa suum, quamvis radice tenetur,
　　　vertitur ad Solem mutataque servat amorem."　　　　　270

264
- 1　nec〔接〕「また～ない、～もない」
- 2　se＜sui〔代〕「彼(彼女、それ)自身」(単数対格) 264-3 movit の目的語。
- 3　movit＜moveo〔動〕「動かす；動揺(感動)させる」(直説法能相三人称単数完了過去)
- 4　humo＜humus〔名〕f.「大地、地面；国」(単数奪格) 264-3 movit を修飾。
- 5　tantum〔副〕「それ程；ただ～だけ」265-1 ora を修飾。
- 6　spectabat＜specto〔動〕「見る、観察する」(直説法能相三人称単数不完了過去)
- 7　euntis＜eo〔動〕「行く、進む」現在分詞(男性単数属格)。265-2 dei を修飾。

265
- 1　ora＜os〔名〕n.「口；顔」(複数対格) 264-6 spectabat の目的語。
- 2　dei＜deus〔名〕m.「神；神力」(単数属格) 265-1 ora を修飾。
- 3　vultusque (= vultus + que)＜vultus〔名〕m.「表情、容貌；外観」(複数対格) 265-5 flectebat の目的語。
- 4　suos＜suus〔代〕「彼(ら)の、彼女(ら)の、それ(ら)の」(男性複数対格) 265-3 vultus を修飾。
- 5　flectebat＜flecto〔動〕「曲げる；向ける；説得する」(直説法能相三人称単数不完了過去)
- 6　ad〔前〕「～(の方)へ；～に対して(向かって)」対格支配(265-7 illum)。265-5 flectebat を修飾。
- 7　illum＜ille〔代〕「あれ、それ；彼(彼女)」(男性単数対格) 265-2 dei を指す。

266
- 1　membra＜membrum〔名〕n.「四肢；部分」(複数対格) 266-3 haesisse の意味上の主語。
- 2　ferunt＜fero〔動〕「(～と)言う、述べる」(直説法能相三人称複数現在) 総称(一般)人称表現。不定法句を伴う。＊membra ferunt haesisse solo = <her> members (are) said (to have) stuck (to) <the> soil
- 3　haesisse＜haereo〔動〕「付着する；執着する；困惑する」(不定法能相完了) 266-2 ferunt の目的語。＊与格を伴う。
- 4　solo＜solum〔名〕n.「底、土台；大地；土地」(単数与格) 266-3 haesisse を修飾。
- 5　partemque (= partem + que)＜pars〔名〕f.「部分、一部；役割」(単数対格) 267-4 convertit の目的語。
- 6　coloris＜color/ colos〔名〕m.「色、色合い」(単数属格) 266-5 partem を修飾。

267
- 1　luridus〔形〕「黄ばんだ、蒼ざめた；蒼ざめさせる」(男性単数主格) 267-3 pallor を修飾。
- 2　exsanques＜exsanguis〔形〕「血のない、命のない；蒼白い、弱い」(女性複数対格) 267-6 herbas を修飾。
- 3　pallor〔名〕m.「蒼白さ」(単数主格) 267-4 convertit の主語。

and never moved herself (from) <the> ground; (she was) staring only <the> face
(of) <the> travelling god and turning her visage towards him.
<Her> members (are) said (to have) stuck (to) <the> soil, and <her> sallow pallor
transmitted part (of) <the> colour to <the> bloodless herbage;
(there) was redness in part and <a> flower (most) similar (to) <a> violet
covered <her> face. Though (she is) detained (by) <her> roots, she turns
towards her Sol and, (being) mutated, preserves <her> love."

・4 convertit＜converto〔動〕「転回させる；向ける；変える」(直説法能相三人称単数現在)
・5 in〔前〕「～(の中)へ、～に対して」対格支配(267-6 herbas)。267-4 convertit を修飾。
・6 herbas＜herba〔名〕f.「草、牧草」(複数対格)

268
・1 est＜sum〔動〕「～である；存在する」(直説法三人称単数現在)
・2 in〔前〕「～で(に)、～の中(上)で」奪格支配(268-3 parte)。268-1 est を修飾。
・3 parte＜pars 266-5 参照(単数奪格)。
・4 rubor〔名〕m.「赤さ；赤面」(単数主格) 268-1 est の主語。
・5 violaeque (= violae + que)＜viola〔名〕f.「菫；菫色」(単数属格) 268-6 simillimus の補語。
・6 simillimus＜similis〔形〕「類似した」最上級(男性単数主格)。269-1 flos を修飾。＊属格を伴う。
・7 ora＜os〔名〕n.「口；顔」(複数対格) 269-2 tegit の目的語。

269
・1 flos〔名〕m.「花；最高の状態」(単数主格) 269-2 tegit の主語。
・2 tegit＜tego〔動〕「覆う；隠す」(直説法能相三人称単数現在)
・3 illa＜ille 265-7 参照(女性単数主格)。256-2 Clytien を指す。270-1・5 vertitur, servat の主語。

・4 suum＜suus〔代〕「彼(ら)の、彼女(ら)の、それ(ら)の」(男性単数対格) 270-3 Solem を修飾。
・5 quamvis〔接〕「如何に～でも、～にも拘らず」
・6 radice＜radix〔名〕f.「根；基礎」(単数奪格) 269-7 tenetur を修飾。
・7 tenetur＜teneo〔動〕「保持する；占める；制御する」(直説法所相三人称単数現在) 主述部。269-3 illa を受ける。

270
・1 vertitur＜verto〔動〕「向ける；変える；覆す」(直説法所相三人称単数現在) ＊所相で「向く」の謂。
・2 ad〔前〕「～(の方)へ；～に対して(向かって)」対格支配(270-3 Solem)。270-1 vertitur を修飾。
・3 Solem＜sol〔名〕m.「太陽；日光；ソル(太陽神)」(単数対格)
・4 mutataque (= mutata + que)＜muto〔動〕「変える、変形させる」完了分詞(女性単数主格)。叙述的用法。＊mutata servat amorem = (being) mutated, preserves <her> love
・5 servat＜servo〔動〕「護る；保持する；見張る」(直説法能相三人称単数現在)
・6 amorem＜amor〔名〕m.「愛情；欲望」(単数対格) 270-5 servat の目的語。

dixerat, et factum mirabile ceperat auris ;
pars fieri potuisse negant, pars omnia veros
posse deos memorant : sed non est Bacchus in illis.
　　　Poscitur Alcithoe, postquam siluere sorores.
quae radio stantis percurrens stamina telae　　　　　　　　　　275
"vulgatos taceo" dixit "pastoris amores
Daphnidis Idaei, quem nymphe paelicis ira

271
- 1　dixerat＜dico〔動〕「言う、話す、述べる；呼ぶ」(直説法能相三人称単数全分過去) 主述部。168-2 Leuconoe を受ける。
- 2　et〔接〕「そして、また」
- 3　factum〔名〕n.「行為；出来事」(単数主格) 271-5 ceperat の主語。＊facio の完了分詞。
- 4　mirabile＜mirabilis〔形〕「素晴しい、驚異的な」(中性単数主格) 271-3 factum を修飾。
- 5　ceperat＜capio〔動〕「摑む；捉える；獲得する」(直説法能相三人称単数全分過去)
- 6　auris (= aures)＜auris〔名〕f.「耳」(複数対格) 271-5 ceperat の目的語。

272
-1・5　pars〔名〕f.「部分、一部；役割」(単数主格) それぞれ 272-4 negant と 273-3 memorant の主語。＊pars はしばしば複数形の動詞を伴う。
- 2　fieri＜fio〔動〕「起きる；作られる；なる」(不定法現在) 272-3 potuisse の補語。
- 3　potuisse＜possum〔動〕「〜できる、能力がある」(不定法完了) 272-4 negant の目的語。
- 4　negant＜nego〔動〕「否定する；拒否する」(直説法能相三人称複数現在) ＊不定法を伴う。
- 6　omnia＜omnis〔形〕「全ての、あらゆる」(中性複数対格) 名詞的用法。273-1 posse の目的語。＊omnia posse = (to) be capable of everything : i.e. to be omnipotent
- 7　veros＜verus〔形〕「本当の、純粋な；相応しい」(男性複数対格) 273-2 deos を修飾。

273
- 1　posse＜possum 272-3 参照(不定法現在)。273-3 memorant の目的語。＊possum は他動詞として用いられることもある。
- 2　deos＜deus〔名〕m.「神；神力」(複数対格) 273-1 posse の意味上の主語。
- 3　memorant＜memoro〔動〕「語る、述べる」(直説法能相三人称複数現在) ＊不定法句を伴う。
- 4　sed〔接〕「しかし；〜ではなくて」
- 5　non〔副〕「(全然)〜ない」273-6 est を修飾。
- 6　est＜sum〔動〕「〜である；存在する」(直説法三人称単数現在)
- 7　Bacchus〔名〕m.「バックス」(単数主格) 273-6 est の主語。
- 8　in〔前〕「〜で(に)、〜の中(上)で」奪格支配(273-9 illis)。273-6 est を修飾。
- 9　illis＜ille〔代〕「あれ、それ；彼(彼女)」(男性複数奪格) 273-2 deos を指す。

(She) said <so> and <the> marvellous fact captivated <their> ears;

some denied <it> (to have) been able (to) happen; others affirmed veritable

gods (to) be capable of everything: but Bacchus was not among them.

　　Alcithoe (was) requested when <her> sisters became silent.

(And) she, weaving <the> warp (on) <her> standing loom (with) <a> shuttle,

said, "(I) omit <the> celebrated love (of) Daphnis,

<the> herdsman of Mt Ida whom <a> nymph, (in) <her> rage (against) <his> mistress,

274
- 1　Poscitur＜posco〔動〕「乞う、要請する」(直説法所相三人称単数現在)
- 2　Alcithoe〔名〕f.「アルキトエ」(単数主格) 274-1 Poscitur の主語。＊1-3 参照。
- 3　postquam〔接〕「〜した後、〜した時」
- 4　siluere (= siluerunt)＜sileo〔動〕「沈黙する」(直説法所相三人称複数完了過去)
- 5　sorores＜soror〔名〕f.「姉妹」(複数主格) 274-4 siluere の主語。

275
- 1　quae＜qui〔関代〕女性単数主格。先行詞は 274-2 Alcithoe。276-3 dixit の主語。＊quae dixit = (And) she said
- 2　radio＜radius〔名〕m.「棒；輻；光線」(単数奪格) 275-4 percurrens を修飾。＊織機の杼 (shuttle) を指す。
- 3　stantis＜sto〔動〕「立っている、留まる；位置する、在る」現在分詞(女性単数属格)。275-6 telae を修飾。☆古代の織機は通常竪機だった。
- 4　percurrens＜percurro〔動〕「駆け抜ける；通過する」現在分詞(女性単数主格)。275-1 quae に一致。叙述的用法。
- 5　stamina＜stamen〔名〕n.「経糸；糸、紐」(複数対格) 275-4 percurrens の目的語。
- 6　telae＜tela〔名〕f.「蜘蛛の巣；織機」(単数属格) 275-5 stamina を修飾。

276
- 1　vulgatos＜vulgatus〔形〕「一般的な、普通の；有名な」(男性複数対格) 276-5 amores を修飾。＊vulgo の完了分詞。

- 2　taceo〔動〕「沈黙する；語らない」(直説法能相一人称単数現在) 279-2/ 284-1・5 loquor, praetereo, tenebo と共に主述部。
- 3　dixit＜dico 271-1 参照(直説法能相三人称単数完了過去)。
- 4　pastoris＜pastor〔名〕m.「牛飼い、羊飼い」(単数属格) 277-1 Daphnidis と同格。
- 5　amores＜amor〔名〕m.「愛情；欲望」(複数対格) 276-2 taceo の目的語。

277
- 1　Daphnidis＜Daphnis〔名〕m.「ダフニス」(単数属格) 276-5 amores を修飾。☆シチリアの牛飼い。川の妖精に恋をして永遠の愛を誓ったが、クセニアの求愛に屈したため盲目にされた(岩に変えられたという説もある)。
- 2　Idaei＜Idaeus〔形〕「イダ山の」(男性単数属格) 276-4 pastoris を修飾。☆クレタ島のイダ山を指すと思われるが、ダフニスとの関係は不明。
- 3　quem＜qui 275-1 参照(男性単数対格)。先行詞は 277-1 Daphnidis。278-1 contulit の目的語。
- 4　nymphe (= nympha)〔名〕f.「妖精、ニンフ」(単数主格) 278-1 contulit の主語。
- 5　paelicis＜paelex〔名〕f.「愛人、情婦」(単数属格) 277-6 ira を修飾。☆クセニア(Xenia) を指す。
- 6　ira＜ira〔名〕f.「憤怒」(単数奪格) 278-2 in と共に 278-1 contulit を修飾。

contulit in saxum : tantus dolor urit amantes ;
nec loquor, ut quondam naturae iure novato
ambiguus fuerit modo vir, modo femina Sithon.　　　　　280
te quoque, nunc adamas, quondam fidissime parvo,
Celmi, Iovi largoque satos Curetas ab imbri
et Crocon in parvos versum cum Smilace flores
praetereo dulcique animos novitate tenebo.

278

- 1　contulit＜confero〔動〕「集める、結合する；相談する；適用する」(直説法能相三人称単数完了過去) ＊「変える」の謂。
- 2　in〔前〕「～(の中)へ、～に対して」対格支配(278-3 saxum)。
- 3　saxum＜saxum〔名〕n.「岩」(単数対格)
- 4　tantus〔形〕「これ程大きな；〈名〉これ程多量(多数)」(男性単数主格) 278-5 dolor を修飾。
- 5　dolor〔名〕m.「苦痛；悲しみ、嘆き；憤り」(単数主格) 278-6 urit の主語。
- 6　urit＜uro〔動〕「燃やす；焼き尽くす；焦がす」(直説法能相三人称単数現在)
- 7　amantes＜amans〔形〕「愛している；〈名〉愛人」(男性複数対格) 名詞的用法。278-6 urit の目的語。

279

- 1　nec〔接〕「また～ない、～もない」
- 2　loquor〔所動〕「話す、述べる」(直説法一人称単数現在)
- 3　ut〔接〕「～した結果；～すること；～する為に」
- 4　quondam〔副〕「嘗て；時折；いつか」280-2 fuerit を修飾。
- 5　naturae＜natura〔名〕f.「天性；性質；自然」(単数属格) 279-6 iure を修飾。
- 6　iure＜ius〔名〕n.「正義、掟；権利」(単数奪格) 279-7 novato と共に独立奪格構文を成す。＊naturae iure novato =(with) <the> law (of) nature reformed
- 7　novato＜novo〔動〕「改める、更新する；変える」完了分詞(中性単数奪格)。

280

- 1　ambiguus〔形〕「躊躇する、不確実な；曖昧な」(男性単数主格) 280-7 Sithon に一致。280-2 fuerit の補語。
- 2　fuerit＜sum〔動〕「～である；存在する」(接続法三人称単数完了過去)
- 3・5　modo〔副〕「ただ；今、最近；すぐ」それぞれ 280-4 vir と 280-6 femina を修飾。
- 4　vir〔名〕m.「(成人)男性；夫」(単数主格) 280-6 femina と共に叙述的用法。
- 6　femina〔名〕f.「女性；雌」(単数主格)
- 7　Sithon〔名〕m.「シトン」(単数主格) 280-2 fuerit の主語。☆「(トラキアの)シトニ族の」の謂。詳細は不明。

281

- 1　te＜tu〔代〕「あなた」(単数対格) 282-5/ 283-2 Curetas, Crocon と共に 284-1 praetereo の目的語。
- 2　quoque〔副〕「～もまた、同様に」281-1 te を強調する。
- 3　nunc〔副〕「目下；現状では」281-4 adamas を修飾。
- 4　adamas＜adamas〔名〕m.「金剛」(単数呼格) 282-1 Celmi と同格。
- 5　quondam 279-4 参照。281-6 fidissime を修飾。
- 6　fidissime＜fidus〔形〕「忠実な、信頼できる；確かな」最上級(男性単数呼格)。282-1 Celmi を修飾。叙述的用法。＊与格を伴う。

converted into <a> rock: such dolour inflames lovers;
<u>and never</u> (do I) relate that (with) <the> law (of) nature reformed,
Sithon was once ambiguous, now <a> male <and> now <a> female.
Thee too (I) exclude, Celmis, now adamant, once
(most) faithful (to) little Jupiter, and Curetes, sprung from <a> copious
deluge, and Crocos, turned into little flowers with
Smilax and (I will) enthral <your> souls (with) delectable novelty.

・7 parvo＜parvus〔形〕「小さい、些細な；短い；〈名〉些細なこと」(男性単数与格) 282-2 Iovi を修飾。

282
・1 Celmi＜Celmis〔名〕m.「ケルミス」(単数呼格) ☆ユピテルが幼時クレタ島で育てられた時、仕えていたイダ山のダクテュルス(山の精)。ユピテルの母オプスの怒りに触れたため、或いはユピテルに武器の試合を挑んだために、金剛(又は、金剛石)に変えられた。
・2 Iovi＜Iuppiter〔名〕m.「ユピテル、ジュピター」(単数与格) 281-6 fidissime の補語。
・3 largoque (= largo + que)＜largus〔形〕「豊富な；気前の良い」(男性単数奪格) 282-7 imbri を修飾。
・4 satos＜sero〔動〕「蒔く；生む」完了分詞(男性複数対格)。282-5 Curetas を修飾。
・5 Curetas＜Curetes〔名〕m.pl.「クレスたち」(複数対格) ☆クレタ島の古い住人。オプスから託された赤子のユピテルを父サトゥルヌスから護った。
・6 ab〔前〕「〜(の中)から；〜側に；〜で」奪格支配(282-7 imbri)。282-4 satos を修飾。
・7 imbri＜imber〔名〕m.「雨、豪雨；雨雲」(単数奪格)

283
・1 et〔接〕「そして、また」
・2 Crocon＜Crocos〔名〕m.「クロコス」(単数対格) ☆サフランの花に変身した青年の名前。
・3 in 278-2 参照。対格支配(283-8 flores)。283-6 cum と共に 283-5 versum を修飾。
・4 parvos＜parvus 281-7 参照(男性複数対格)。283-8 flores を修飾。
・5 versum＜verto〔動〕「向ける；変える；覆す」完了分詞(男性単数対格)。283-2 Crocon を修飾。
・6 cum〔前〕「〜と共に；〜を伴って；〜で」奪格支配(283-7 Smilace)。
・7 Smilace＜Smilax〔名〕f.「スミラクス」(単数奪格) ☆サルトリイバラに変身した乙女の名前。
・8 flores＜flos〔名〕m.「花；最高の状態」(複数対格)

284
・1 praetereo〔動〕「通り過ぎる；追い越す」(直説法能相一人称単数現在) ＊「除外する」の謂。
・2 dulcique (= dulci + que)＜dulcis〔形〕「甘い；快い；気立ての良い」(女性単数奪格) 284-4 novitate を修飾。
・3 animos＜animus〔名〕m.「理性；知性、精神」(複数対格) 284-5 tenebo の目的語。
・4 novitate＜novitas〔名〕f.「新しさ；珍しさ」(単数奪格) 284-5 tenebo を修飾。
・5 tenebo＜teneo〔動〕「保持する；占める；制御する」(直説法能相一人称単数未来)

"Unde sit infamis, quare male fortibus undis　　　　285
　　Salmacis enervet tactosque remolliat artus,
　　discite. causa latet, vis est notissima fontis.
　　Mercurio puerum diva Cythereide natum
　　naides Idaeis enutrivere sub antris,
　　cuius erat facies, in qua materque paterque　　　　290
　　cognosci possent; nomen quoque traxit ab illis.

285
- 1　Unde〔疑〕「何処から、どうして」285-4 quare と共に間接疑問文を導く。
- 2　sit＜sum〔動〕「～である；存在する」(接続法三人称単数現在) 主述部。286-1 Salmacis を受ける。
- 3　infamis〔形〕「不評の、悪名高い」(女性単数主格) 286-1 Salmacis に一致。285-2 sit の補語。
- 4　quare〔疑〕「どのようにして；何故」
- 5　male〔副〕「間違って；邪悪に；拙劣に；不完全に」285-6 fortibus を修飾。
- 6　fortibus＜fortis〔形〕「強力な；頑強な」(女性複数奪格) 285-7 undis を修飾。
- 7　undis＜unda〔名〕f.「波；水」(複数奪格) 286-3 tactos を修飾。

286
- 1　Salmacis〔名〕f.「サルマキスの泉」(単数主格) 286-2・4 enervet, remolliat の主語。☆小アジア南西部カリアのハリカルナッス市近郊の泉、及び泉の精。この泉で沐浴した男たちは男の精力を失った。
- 2　enervet＜enervo〔動〕「弱める、精力を奪う」(接続法能相三人称単数現在)
- 3　tactosque (= tactos + que)＜tango〔動〕「触れる；接する；到達する」完了分詞 (男性複数対格)。286-5 artus を修飾。
- 4　remolliat＜remollio〔動〕「柔かくする、弱くする」(接続法能相三人称単数現在)
- 5　artus＜artus〔名〕m.「関節；四肢」(複数対格) 286-2・4 enervet, remolliat の目的語。

287
- 1　discite＜disco〔動〕「学ぶ、習得する」(命令法能相二人称複数現在)
- 2　causa〔名〕f.「原因、理由」(単数主格) 287-3 latet の主語。
- 3　latet＜lateo〔動〕「身を潜める；隠れる」(直説法能相三人称単数現在)
- 4　vis〔名〕f.「力；活力；暴力」(単数主格) 287-5 est の主語。
- 5　est＜sum 285-2 参照(直説法三人称単数現在)。
- 6　notissima＜notus〔形〕「知られた；有名な；悪名高い」最上級(女性単数主格)。287-4 vis に一致。287-5 est の補語。
- 7　fontis＜fons〔名〕m.「泉；源」(単数属格) 287-4 vis を修飾。＊286-1 Salmacis を指す。

288
- 1　Mercurio＜Mercurius〔名〕m.「メルクリウス、マーキュリー」(単数奪格) 288-4 Cythereide と共に288-5 natum を修飾。☆ユピテルとアトラスの娘マイアとの息子。ユピテルの使者で、盗人と商人の守護神。ギリシア神話のヘルメスに相当する。
- 2　puerum＜puer〔名〕m.「少年；息子」(単数対格) 289-3 enutrivere の目的語。☆メルクリウスとウェヌスの息子ヘルマフロディトゥス(383-1)を指す。プリュギアの山中で妖精に育てられた。
- 3　diva＜diva〔名〕f.「女神」(単数奪格) 288-4 Cythereide と同格。

"Learn how <the> Salmacis (should) be infamous: whereby (it should) enervate
and enfeeble <the> limbs touched (with) <its> evilly forcible
water. <The> cause is unknown: <the> violence (of) <the> fountain is (most) notorious.
<A> boy born (from) Mercury <and> <the> goddess Cythereis
naiads nourished in <a> cave of Mt Ida,
(and) his was <a> face in which both <his> mother and <his> father
could (be) recognised; <his> name also derived from them.

- 4 Cythereide＜Cythereis (= Cytherea)〔名〕f.「キュテラ島の女神（ウェヌス）」（単数奪格）＊190-4 参照。
- 5 natum＜natus〔形〕「生れた；〈名〉息子」（男性単数対格）288-2 puerum を修飾。＊名詞的用法で、puerum と同格とも解釈できる。

289
- 1 naides＜nais〔名〕f.「ナイス」（複数主格）289-3 enutrivere の主語。☆川や泉に棲む水の精。
- 2 Idaeis＜Idaeus〔形〕「イダ山の」（中性単数奪格）289-5 antris を修飾。☆ここは、パリスの審判などで知られる小アジア北西部ミュシアのイダ山を指す。
- 3 enutrivere (= enutriverunt)＜enutrio〔動〕「養育する」（直説法能相三人称複数完了過去）
- 4 sub〔前〕「〜の下に（下で）」奪格支配（289-5 antris）。289-3 enutrivere を修飾。
- 5 antris＜antrum〔名〕n.「洞窟」（複数奪格）

290
- 1 cuius＜qui〔関代〕男性単数属格。先行詞は 288-2 puerum。290-2 erat の補語。＊cuius erat facies = whose was <a> face : i.e. and his was a face
- 2 erat＜sum 285-2 参照（直説法三人称単数不完了過去）。
- 3 facies〔名〕f.「外観、姿；顔（顔付）」（単数主格）290-2 erat の主語。
- 4 in〔前〕「〜で(に)、〜の中(上)で」奪格支配（290-5 qua）。291-1 cognosci を修飾。

- 5 qua＜qui 290-1 参照（女性単数奪格）。先行詞は 290-3 facies。
- 6 materque (= mater + que)〔名〕f.「母」（単数主格）290-7 pater と共に 291-2 possent の主語。＊materque paterque = both <his> mother and <his> father
- 7 paterque (= pater + que)〔名〕m.「父」（単数主格）

291
- 1 cognosci＜cognosco〔動〕「知る；認識する」（不定法所相現在）291-2 possent の補語。
- 2 possent＜possum〔動〕「〜できる、能力がある」（接続法三人称複数不完了過去）
- 3 nomen〔名〕n.「名前」（単数主格）291-5 traxit の主語。☆「ヘルマフロディトゥス」は「ヘルメスとアフロディテ（メルクリウスとウェヌス）の息子」の謂。
- 4 quoque〔副〕「〜もまた、同様に」291-3 nomen を強調する。
- 5 traxit＜traho〔動〕「引っ張る；導く；惹きつける」（直説法能相三人称単数完了過去）＊「由来する」の謂。
- 6 ab〔前〕「〜（の中）から；〜側に；〜で」奪格支配（291-7 illis）。291-5 traxit を修飾。
- 7 illis＜ille〔代〕「あれ、それ；彼(彼女)」（男性複数奪格）290-6・7 materque paterque を指す。

is tria cum primum fecit quinquennia, montes
deseruit patrios Idaque altrice relicta
ignotis errare locis, ignota videre
flumina gaudebat, studio minuente laborem.　　　　　295
ille etiam Lycias urbes Lyciaeque propinquos
Caras adit : videt hic stagnum lucentis ad imum
usque solum lymphae ; non illic canna palustris

292
- 1　is〔代〕「この人(これ)、彼(彼女)」(男性単数主格) 292-5 fecit の主語。288-2 puerum を指す。＊296-1 ille も同断。
- 2　tria＜tres〔数〕「三つ(の)」(中性複数対格) 292-6 quinquennia を修飾。＊tria quinquennia = thrice five years
- 3　cum〔接〕「～した時；～なので；～だけれども」
- 4　primum〔副〕「最初に；初めて」292-3 cum を修飾。＊cum primum = for the first time when : i.e. as soon as
- 5　fecit＜facio〔動〕「建設する；為す；製造(製作)する」(直説法能相三人称単数　完了過去) ＊「過す」の謂。
- 6　quinquennia＜quinquennium〔名〕n.「五年」(複数対格) 292-5 fecit の目的語。
- 7　montes＜mons〔名〕m.「山」(複数対格) 293-1 deseruit の目的語。

293
- 1　deseruit＜desero〔動〕「放棄する；見捨てる」(直説法能相三人称単数完了過去) 295-2 gaudebat と共に主述部。292-1 is を受ける。
- 2　patrios＜patrius〔形〕「父親の；祖先の」(男性複数対格) 292-7 montes を修飾。
- 3　Idaque (= Ida + que)＜Ida〔名〕f.「イダ山」(単数奪格) 293-5 relicta と共に独立奪格構文を成す。＊Ida relicta = (with) Mt Ida (being) left : i.e. leaving Mt Ida
- 4　altrice＜altrix〔名〕f.「養母；乳母」(単数奪格) 293-3 Ida と同格。

- 5　relicta＜relinquo〔動〕「置き去りにする；放棄する」完了分詞(女性単数奪格)。

294
- 1　ignotis＜ignotus〔形〕「未知の、見知らぬ」(男性複数奪格) 294-3 locis を修飾。
- 2　errare＜erro〔動〕「放浪する；間違う」(不定法能相現在) 294-5 videre と共に 295-2 gaudebat の目的語。
- 3　locis＜locus〔名〕m.「場所；地位；位置」(複数奪格) 294-2 errare を修飾。
- 4　ignota＜ignotus 294-1 参照(中性複数対格)。295-1 flumina を修飾。
- 5　videre＜video〔動〕「見る；認知する；〈所〉見える」(不定法能相現在)

295
- 1　flumina＜flumen〔名〕n.「水流、川」(複数対格) 294-5 videre の目的語。
- 2　gaudebat＜gaudeo〔動〕「喜ぶ；気に入る」(直説法能相三人称単数不完了過去)
- 3　studio＜studium〔名〕n.「熱意、努力」(単数奪格) 295-4 minuente と共に独立奪格構文を成す。＊studio minuente laborem = (with) <his> enthusiasm diminishing <the> labour
- 4　minuente＜minuo〔動〕「小さくする、細裂く；減らす」現在分詞(中性単数奪格)。
- 5　laborem＜labor〔名〕m.「労働、努力；苦労、苦難」(単数対格) 295-4 minuente の目的語。

As soon as he spent thrice five years, (he) departed from
<the> paternal mountain and leaving Mt Ida, <his> foster-mother,
rejoiced (to) roam unknown places <and> see
unknown streams, diminishing <the> labour (with) <his>enthusiasm.
He approached even Lycian cities and <the> Carians
adjacent (to) Lycia: (he) saw here <a> pool (of) springwater pellucid down
to <the> deepest bottom; there <were> no marshy reeds,

296
- 1 ille〔代〕「あれ、それ；彼(彼女)」(男性単数主格) 297-2 adit の主語。
- 2 etiam〔副〕「今でも；同様に；確かに；更に」296-3 Lycias を修飾。
- 3 Lycias＜Lycius〔形〕「リュキアの」(女性複数対格) 296-4 urbes を修飾。☆リュキアは小アジアの南部に位置する地域。ヘルマフロディトゥスは小アジア西部を縦断したことになる。
- 4 urbes＜urbs〔名〕f.「(城壁で囲まれた)都市、町；ローマ」(複数対格) 297-1 Caras と共に 297-2 adit の目的語。
- 5 Lyciaeque (= Lyciae + que)＜Lycia〔名〕f.「リュキア」(単数与格) 296-6 propinquos の補語。
- 6 propinquos＜propinquus〔形〕「近い、隣接した」(男性複数対格) 297-1 Caras を修飾。

297
- 1 Caras＜Cares〔名〕m.pl.「カリア人たち」(複数対格) ☆カリアは小アジアの南西部、リュキアの北に隣接する地域。
- 2 adit＜adeo〔動〕「近づく」(直説法能相三人称単数現在)
- 3 videt＜video 294-5 参照(直説法能相三人称単数現在)。主述部。296-1 ille を受ける。
- 4 hic〔副〕「ここに；今ここで」297-3 videt を修飾。
- 5 stagnum＜stagnum〔名〕n.「水溜り、湖、沼沢」(単数対格) 297-3 videt の目的語。

- 6 lucentis＜luceo〔動〕「明るい、輝く」現在分詞(女性単数属格)。298-3 lymphae を修飾。＊「透明な」の謂。
- 7 ad〔前〕「～(の方)へ；～に対して(向かって)」対格支配(298-2 solum)。298-1 usque と共に 297-6 lucentis を修飾。＊lucentis ad usque solum = lucid down to <the> bottom
- 8 imum＜imus〔形〕「最も深い(低い)；〈名〉底、深淵」(中性単数対格) 298-2 solum を修飾。

298
- 1 usque〔副〕「続けて；ずっと；～まで」
- 2 solum＜solum〔名〕n.「底、土台；大地；土地」(単数対格)
- 3 lymphae＜lympha〔名〕f.「水、泉水」(単数属格) 297-5 stagnum を修飾。
- 4 non〔副〕「(全然)～ない」述部の省略。＊non illic canna = there <were> no reeds
- 5 illic〔副〕「そこに、向こうに」
- 6 canna〔名〕f.「葦、茎；葦笛」(単数主格)
- 7 palustris＜paluster〔形〕「沼地の、沼沢の」(女性単数主格) 298-6 canna を修飾。

nec steriles ulvae nec acuta cuspide iunci;
perspicuus liquor est; stagni tamen ultima vivo 300
caespite cinguntur semperque virentibus herbis.
nympha colit, sed nec venatibus apta nec arcus
flectere quae soleat nec quae contendere cursu,
solaque naiadum celeri non nota Dianae.
saepe suas illi fama est dixisse sorores 305

299
- 1・4 nec〔接〕「また～ない、～もない」
- 2 steriles＜sterilis〔形〕「不毛な」(女性複数主格) 299-3 ulvae を修飾。
- 3 ulvae＜ulva〔名〕f.「スゲ」(複数主格)
- 5 acuta＜acutus〔形〕「鋭い」(女性単数奪格) 299-6 cuspide を修飾。
- 6 cuspide＜cuspis〔名〕f.「端、先；槍」(単数奪格) 299-7 iunci を修飾。＊細長く尖った茎を指す。
- 7 iunci＜iuncus〔名〕m.「イグサ、トウシンソウ」(複数主格)

300
- 1 perspicuus〔形〕「透明な、澄んだ；明白な」(男性単数主格) 300-2 liquor に一致。300-3 est の補語。
- 2 liquor〔名〕m.「流体；液体」(単数主格) 300-3 est の主語。
- 3 est＜sum〔動〕「～である；存在する」(直説法三人称単数現在)
- 4 stagni＜stagnum〔名〕n.「水溜り、湖、沼沢」(単数属格) 300-6 ultima を修飾。
- 5 tamen〔副〕「しかし、にも拘らず」
- 6 ultima＜ultimus〔形〕「最も遠い(離れた)；究極の」(中性複数主格) 名詞の用法。301-2 cinguntur の主語。＊「最も離れた部分」の謂。
- 7 vivo＜vivus〔形〕「生きている；活発な、新鮮な」(男性単数奪格) 301-1 caespite を修飾。

301
- 1 caespite＜caespes〔名〕m.「芝生；草地」(単数奪格) 301-5 herbis と共に 301-2 cinguntur を修飾。
- 2 cinguntur＜cingo〔動〕「取り巻く、囲む；締める」(直説法所相三人称複数現在)
- 3 semperque (= semper + que)〔副〕「常に、永遠に」301-4 virentibus を修飾。
- 4 virentibus＜vireo〔動〕「〔動〕「緑色である；元気だ、栄えている」現在分詞(女性複数奪格)。301-5 herbis を修飾。
- 5 herbis＜herba〔名〕f.「草、牧草」(複数奪格)

302
- 1 nympha〔名〕f.「妖精、ニンフ」(単数主格) 302-2 colit の主語。☆サルマキス (306-1 Salmaci) を指す。
- 2 colit＜colo〔動〕「耕す；住む；保護する；称える；飾る」(直説法能相三人称単数現在)
- 3 sed〔接〕「しかし；～ではなくて」
- 4 nec〔副〕「また～ない、～もない」302-6 apta を修飾。
- 5 venatibus＜venatus〔名〕m.「狩猟」(複数与格) 302-6 apta の補語。
- 6 apta＜aptus〔形〕「相応しい、適した」(女性単数主格) 302-1 nympha に一致。叙述的用法。＊304-1 sola も同断。
- 7 nec 299-1・4 参照。＊303-4 nec と呼応する。
- 8 arcus＜arcus〔名〕m.「弓；円弧」(複数対格) 303-1 flectere の目的語。

nor sterile sedge, nor rushes (with) sharp stalks;
<its> water was transparent; <the> remotest (part) (of) <the> pool, however, (was) encircled
(by) lush sod and ever verdurous herbage.
<There> lived <a> nymph, but (one) who, not apt (at) hunting, was wont
neither (to) draw <a> bow nor (to) contend (in) coursing,
and solely (among) <the> naiads, <she was> not known (to) swift-footed Diana.
(There) was <a> rumour <that> her sisters (had) said (to) her,

303
・1 flectere＜flecto〔動〕「曲げる；向ける；説得する」(不定法能相現在) 303-6 contendere と共に 303-3 soleat の補語。
・2・5 quae＜qui〔関代〕女性単数主格。先行詞を含む複合用法。303-3 soleat の主語。＊302-1 nympha を受ける。
・3 soleat＜soleo〔動〕「～し慣れている、～する習慣である」(接続法三人称単数現在)
・4 nec 299-1・4 参照。
・6 contendere＜contendo〔動〕「張る；努力する；争う；主張する」(不定法能相現在)
・7 cursu＜cursus〔名〕m.「進行、進路」(単数奪格) 303-6 contendere を修飾。＊「競走」の謂。

304
・1 solaque (= sola + que)＜solus〔形〕「単独の；孤独な；寂しい」(女性単数主格)
・2 naiadum＜nais〔名〕f.「ナイス」(複数属格) 304-1 sola を修飾。
・3 celeri＜celer〔形〕「素早い」(女性単数与格) 304-6 Dianae を修飾。
・4 non〔副〕「(全然)～ない」述部の省略。＊non nota Dianae (est) = <was> not known (to) Diana
・5 nota＜notus〔形〕「知られた；有名な；悪名高い」(女性単数主格) 302-1 nympha に一致。
・6 Dianae＜Diana〔名〕f.「ディアナ」(単数与格) 304-5 nota の補語。☆ローマ神話の月の女神で、狩猟の守護神。ギリシア神話のアルテミスと同一視される。

305
・1 saepe〔副〕「しばしば」305-3 illi と共に 305-6 dixisse を修飾。
・2 suas＜suus〔代〕「彼(ら)の、彼女(ら)の、それ(ら)の」(女性複数対格) 305-7 sorores を修飾。
・3 illi＜ille〔代〕「あれ、それ；彼(彼女)」(女性単数与格) 302-1 nympha を指す。
・4 fama〔名〕f.「噂、伝承；評判；名声」(単数主格) 305-5 est の主語。不定法句を伴う。＊suas fama dixisse sorores = <a> rumour (for) her sisters (to have) said : i.e. a rumour that her sisters had said
・5 est＜sum〔動〕「～である；存在する」(直説法三人称単数現在)
・6 dixisse＜dico〔動〕「言う、話す、述べる；呼ぶ」(不定法能相現在)
・7 sorores＜soror〔名〕f.「姉妹」(複数対格) 305-6 dixisse の意味上の主語。＊304-2 naiadum を指す。

'Salmaci, vel iaculum vel pictas sume pharetras
et tua cum duris venatibus otia misce!'
nec iaculum sumit nec pictas illa pharetras,
nec sua cum duris venatibus otia miscet,
sed modo fonte suo formosos perluit artus,   310
saepe Cytoriaco deducit pectine crines
et, quid se deceat, spectatas consulit undas;

306
- 1 Salmaci＜Salmacis〔名〕f.「サルマキス」(単数呼格) ☆カリアの泉の精。ヘルマフロディトゥスに激しく恋をして、自分の泉に引き込み、遂には合体して、女体に男根を持つ両性具有の姿になった。
- 2・4 vel〔副〕「或いは、実際、確かに」＊vel…vel＝either…or
- 3 iaculum＜iaculum〔名〕n.「投げ矢、投げ槍」(単数対格) 306-7 pharetras と共に 306-6 sume の目的語。
- 5 pictas＜pictus〔形〕「多色の；装飾された」(女性複数対格) 306-7 pharetras を修飾。＊pingo の完了分詞。
- 6 sume＜sumo〔動〕「取る；着手する；獲得する」(命令法能相二人称単数現在)
- 7 pharetras＜pharetra〔名〕f.「箙」(複数対格)

307
- 1 et〔接〕「そして、また」
- 2 tua＜tuus〔形〕「あなたの」(中性複数対格) 307-6 otia を修飾。
- 3 cum〔前〕「～と共に；～を伴って；～で」奪格支配(307-5 venatibus)。307-7 misce を修飾。
- 4 duris＜durus〔形〕「硬い；粗野な；厳しい」(男性複数奪格) 307-5 venatibus を修飾。
- 5 venatibus＜venatus〔名〕m.「狩猟」(複数奪格)
- 6 otia＜otium〔名〕n.「余暇；暢気、怠惰」(複数対格) 307-7 misce の目的語。

- 7 misce＜misceo〔動〕「混ぜる；結合する」(命令法能相二人称単数現在)

308
- 1・4 nec〔接〕「また～ない、～もない」 ＊309-1 nec と呼応する。
- 2 iaculum 306-3 参照。308-7 pharetras と共に 308-3 sumit の目的語。
- 3 sumit＜sumo 306-6 参照(直説法能相三人称単数現在)。
- 5 pictas 306-5 参照。308-7 pharetras を修飾。
- 6 illa＜ille〔代〕「あれ、それ；彼(彼女)」(女性単数主格) 306-1 Salmaci を指す。308-3/ 309-7/ 310-6/ 311-3/ 312-6 sumit, miscet, perluit, deducit, consulit の主語。
- 7 pharetras 306-7 参照。

309
- 1 nec 308-1・4 参照。
- 2 sua＜suus〔代〕「彼(ら)の、彼女(ら)の、それ(ら)の」(中性複数対格) 309-6 otia を修飾。
- 3 cum 307-3 参照。奪格支配(309-5 venatibus)。309-7 miscet を修飾。
- 4 duris 307-4 参照。309-5 venatibus を修飾。
- 5 venatibus 307-5 参照。
- 6 otia 307-6 参照。309-7 miscet の目的語。
- 7 miscet＜misceo 307-7 参照(直説法能相三人称単数現在)。

'Salmacis, take either <a> javelin or <a> painted quiver
and mix thy leisure with hard hunting!'
She took neither <a> javelin nor <a> painted quiver,
nor mixed her leisure with hard hunting,
but merely bathed <her> lovely limbs (in) her fountain;
often combed <her> hair (with) <a> Cytorian comb,
and consulted <the> stared water (on) what (would) befit her;

310
- 1 sed〔接〕「しかし；〜ではなくて」
- 2 modo〔副〕「ただ；今、最近；すぐ」310-6 perluit を修飾。
- 3 fonte＜fons〔名〕m.「泉；源」(単数奪格) 310-6 perluit を修飾。
- 4 suo＜suus 309-2 参照(男性単数奪格)。310-3 fonte を修飾。
- 5 formosos＜formosus〔形〕「美しい、見事な」(男性複数対格) 310-7 artus を修飾。
- 6 perluit＜perluo〔動〕「洗う、水に浸す」(直説法能相三人称単数現在)
- 7 artus＜artus〔名〕m.「関節；四肢」(複数対格) 310-6 perluit の目的語。

311
- 1 saepe〔副〕「しばしば」311-4 pectine と共に 311-3 deducit を修飾。
- 2 Cytoriaco＜Cytoriacus〔形〕「キュトルス山の、柘植の」(男性単数奪格) 311-4 pectine を修飾。☆キュトルス山は小アジア北部パフラゴニアの山。柘植が豊富にあった。
- 3 deducit＜deduco〔動〕「連れ去る、除去する；導く；引き出す」(直説法能相三人称単数現在) ＊「(髪を)梳く」の謂。
- 4 pectine＜pecten〔名〕m.「櫛；馬鍬；撥」(単数奪格)
- 5 crines＜crinis〔名〕m.「毛、髪」(複数対格) 311-3 deducit を修飾。

312
- 1 et 307-1 参照。
- 2 quid＜quis〔疑〕「誰(何)」(中性単数主格) 312-4 deceat の主語。＊間接疑問文を導く。
- 3 se＜sui〔代〕「彼(彼女、それ)自身」(単数対格) 312-4 deceat の目的語。
- 4 deceat＜decet/ deceo〔動〕「相応しい」(接続法能相三人称単数現在)
- 5 spectatas＜specto〔動〕「見る、観察する」完了分詞(女性複数対格)。312-7 undas を修飾。＊spectatas consulit undas = consults <the> stared water
- 6 consulit＜consulo〔動〕「考慮する、配慮する；相談する」(直説法能相三人称単数現在)
- 7 undas＜unda〔名〕f.「波；水」(複数対格) 312-6 consulit の目的語。

nunc perlucenti circumdata corpus amictu
mollibus aut foliis aut mollibus incubat herbis,
saepe legit flores. et tum quoque forte legebat,
cum puerum vidit visumque optavit habere.

"Nec tamen ante adiit, etsi properabat adire,
quam se conposuit, quam circumspexit amictus
et finxit vultum et meruit formosa videri.

315

313
- 1 nunc〔副〕「目下；現状では」314-3・7 foliis, herbis と共に 314-6 incubat を修飾。
- 2 perlucenti＜perluceo〔動〕「光を通す；かすかに光る」現在分詞(男性単数奪格)。313-5 amictu を修飾。
- 3 circumdata＜circumdo〔動〕「取り巻く、囲む」308-6 illa に一致。叙述の用法。
- 4 corpus＜corpus〔名〕n.「身体；肉；屍」(単数対格) 副詞的用法。313-5 amictu と共に 313-3 circumdata を修飾。
  ＊perlucenti circumdata corpus amictu ＝ (getting) <her> body enwrapped (by) lucent attire : i.e. with her body enwrapped by lucent attire
- 5 amictu＜amictus〔名〕m.「羽織ること；上着」(単数奪格)

314
- 1 mollibus＜mollis〔形〕「柔軟な、柔和な、繊細な」(中性複数奪格) 314-3 foliis を修飾。
- 2・4 aut〔接〕「或いは」＊aut...aut ＝ either ...or
- 3 foliis＜folium〔名〕n.「葉；花弁」(複数奪格) 314-7 herbis と共に 314-6 incubat を修飾。
- 5 mollibus 314-1 参照(女性複数奪格)。314-7 herbis を修飾。
- 6 incubat＜incubo〔動〕「横たわる、もたれかかる」(直説法能相三人称単数現在) 315-2 legit と共に主述部。308-6 illa を

受ける。＊315-8/ 316-3・5 legebat, vidit, optavit も同断。
- 7 herbis＜herba〔名〕f.「草、牧草」(複数奪格)

315
- 1 saepe〔副〕「しばしば」315-2 legit を修飾。
- 2 legit＜lego〔動〕「集める；通過する；選ぶ；読む」(直説法能相三人称単数現在)
- 3 flores＜flos〔名〕m.「花；最高の状態」(複数対格) 315-2 legit の目的語。
- 4 et〔接〕「そして、また」
- 5 tum〔副〕「当時；現在；次に、その後」315-7 forte と共に 315-8 legebat を修飾。＊316-1 cum と呼応する。
- 6 quoque〔副〕「～もまた、同様に」315-5 tum を強調する。
- 7 forte〔副〕「偶然；多分」
- 8 legebat＜lego 315-2 参照(直説法能相三人称単数不完了過去)。

now (with) <her> body enwrapped (by) lucent attire,

(she) lay either (on) soft leaves or (on) soft herbage;

often (she) collected flowers. And casually (she was) collecting <them> then too,

when (she) saw <the> boy and desired (to) have <the> sighted (one).

"Hwever, (she) never approached, though (she was) hastening (to) approach, earlier

than (she) composed herself, than (she) inspected <her> attire

and fixed <her> visage and deserved (to) seem lovely.

316
- 1 cum〔接〕「～した時；～なので；～だけれども」
- 2 puerum＜puer〔名〕m.「少年；息子」（単数対格）316-3 vidit の目的語。
- 3 vidit＜video〔動〕「見る；認知する；〈所〉見える」（直説法能相三人称単数完了過去）
- 4 visumque (= visum + que)＜video 316-3 参照。完了分詞(男性単数対格)。名詞的用法。316-6 habere の目的語。＊316-2 puerum を指す。
- 5 optavit＜opto〔動〕「選ぶ；望む」（直説法能相三人称単数完了過去）＊不定法を伴う。
- 6 habere＜habeo〔動〕「持つ、所有する」（不定法能相現在）316-5 optavit の目的語。

317
- 1 Nec〔副〕「また～ない、～もない」317-3 ante と共に 317-4 adiit を修飾。＊318-1・4 quam と呼応する。
- 2 tamen〔副〕「しかし、にも拘らず」
- 3 ante〔副〕「前へ；以前に」
- 4 adiit＜adeo〔動〕「近づく」（直説法能相三人称単数完了過去）述述部。308-6 illa を受ける。＊以下の properabat, conposuit, circumspexit, finxit, meruit も同断。
- 5 etsi〔接〕「～にも拘らず」
- 6 properabat＜propero〔動〕「急ぐ；加速する」（直説法能相三人称単数不完了過去）＊不定法を伴う。

- 7 adire＜adeo 317-4 参照(不定法能相現在)。317-6 properabat の補語。

318
- 1・4 quam〔関副〕「如何に；～ほど；～より」
- 2 se＜sui〔代〕「彼(彼女、それ)自身」（単数対格）318-3 conposuit の目的語。
- 3 conposuit＜conpono〔動〕「結びつける；構成する；鎮める」（直説法能相三人称単数完了過去）
- 5 circumspexit＜circumspicio〔動〕「周囲を見る；見渡す；考察する」（直説法能相三人称単数完了過去）＊「点検する」の謂。
- 6 amictus＜amictus 313-5 参照(複数対格)。318-5 circumspexit の目的語。

319
- 1・4 et 315-4 参照。
- 2 finxit＜fingo〔動〕「触れる；形成する；想像する；考案する」（直説法能相三人称単数完了過去）＊「整える」の謂。
- 3 vultum＜vultus〔名〕m.「表情、容貌；外観」（単数対格）319-2 finxit の目的語。
- 5 meruit＜mereo〔動〕「～に値する；獲得する」（直説法能相三人称単数完了過去）＊不定法を伴う。
- 6 formosa＜formosus〔形〕「美しい、見事な」（女性単数主格）308-6 illa に一致。319-7 videri の補語。
- 7 videri＜video 316-3 参照(不定法所相現在)。319-5 meruit の目的語。

```
        tunc sic orsa loqui : 'puer o dignissime credi           320
    esse deus, seu tu deus es, potes esse Cupido,
    sive es mortalis, qui te genuere, beati,
    et frater felix, et fortunata profecto,
    si qua tibi soror est, et quae dedit ubera nutrix ;
    sed longe cunctis longeque beatior illa,              325
    si qua tibi sponsa est, si quam dignabere taeda.
```

320

- 1 tunc〔副〕「その時；今」320-3 orsa を修飾。
- 2 sic〔副〕「このように；そのように；次のように」320-4 loqui を修飾。
- 3 orsa (est)＜ordior〔所動〕「始める；話し始める」(直説法三人称単数完了過去) ＊54-2 参照。
- 4 loqui＜loquor〔所動〕「話す、述べる」(不定法現在) 320-3 orsa の目的語。
- 5 puer＜puer〔名〕m.「少年；息子」(単数呼格)
- 6 o〔間〕「おお、嗚呼」
- 7 dignissime＜dignus〔形〕「(〜に)値する、相応しい」最上級(男性単数呼格)。320-5 puer を修飾。＊不定法を伴う。
- 8 credi＜credo〔動〕「貸す；委ねる；信ずる」(不定法所相現在) 320-7 dignissime の補語。＊不定法を伴う。

321

- 1・8 esse＜sum〔動〕「〜である；存在する」(不定法現在) それぞれ 320-8 credi 及び 321-7 potes の補語。
- 2・4 deus〔名〕m.「神；神力」(単数主格) それぞれ 321-1 esse と 321-6 es の補語。
- 3 seu (= sive)〔接〕「或いはもし〜、或いは」 ＊322-1 sive と呼応する。
- 4 tu〔代〕「あなた」(単数主格) 321-6 es の主語。
- 6 es＜sum 321-1・8 参照(直説法二人称単数現在)。
- 7 potes＜possum〔動〕「〜できる、能力がある」(直説法二人称単数現在) 322-2 es と共に主述部。321-4 tu を受ける。 ＊326-8 dignabere も同断。
- 9 Cupido〔名〕m.「クピド、キューピッド」(単数主格) 321-8 esse の補語。☆ローマ神話の愛の神で、ウェヌスの息子。アモル(Amor)と呼ばれることもある。ギリシア神話のエロス(Eros) に相当する。

322

- 1 sive 321-3 参照。
- 2 es 321-6 参照。
- 3 mortalis〔形〕「死ぬ運命の；人間の；〈名〉人間」(男性単数主格) 322-2 es の補語。 ＊ヘルマフロディトゥスに関する言葉なので、男性単数形をとる。
- 4 qui〔関代〕男性複数主格。先行詞を含む複合用法。322-6 genuere の主語。述部(sunt = are) の省略。＊qui te genuere beati (sunt) = (those) who bore thee <are> blissful
- 5 te＜tu 321-4 参照(単数対格)。322-6 genuere の目的語。
- 6 genuere (= genuerunt)＜gigno〔動〕「生む；造り出す」(直説法能相三人称複数完了過去)
- 7 beati＜beatus〔形〕「幸福な、祝福された；豊かな」(男性複数主格) 322-4 qui に一致。

Then <she got> started (to) speak thus: 'Oh <a> boy (most) deserving (to be) believd
(to) be <a> god: if thou art <a> god, (thou) canst be Cupid,
<u>or if</u> (thou) art mortal, (those) who bore thee <are> blissful,
and <thy> brother felicitous, and undoubtedly fortunate <is she>,
if ever thou hast <a> sister, and <a> nurse who gave <her> breasts <to thee>;
but far <u>and far</u> (more) blissful (than) all <is> she,
if ever thou hast <a> betrothed, or <a> bride whom (thou wilt) honour.

323
- 1・4 et〔接〕「そして、また」
- 2 frater〔名〕m.「兄弟；〈複〉同胞」(単数主格) 主語。述部(est = is)の省略。
  ＊frater felix (est) = <thy> brother <is> felicitous
- 3 felix〔形〕「豊穣な；縁起の良い；幸福な」(男性単数主格) 323-2 frater に一致。
- 5 fortunata＜fortunatus〔形〕「繁栄した、幸運な」(女性単数主格) 324-4・10 soror, nutrix に一致。
- 6 profecto〔副〕「実際、確かに」

324
- 1 si〔接〕「もし～なら、～なので；～だとしても」
- 2 qua〔副〕「いずれにしても」324-1 si を修飾。＊si qua = if ever
- 3 tibi＜tu 321-4 参照(単数与格)。324-5 est の補語。＊tibi soror est = <a> sister is thine : i.e. thou hast a sister
- 4 soror〔名〕f.「姉妹」(単数主格) 324-10 nutrix と共に 324-5 est の主語。
- 5 est＜sum 321-1・8 参照(直説法三人称単数現在)。
- 6 et 323-1・4 参照。
- 7 quae＜qui 322-4 参照(女性単数主格)。先行詞は 324-10 nutrix。324-8 dedit の主語。
- 8 dedit＜do〔動〕「与える、為す；認める」(直説法能相三人称単数完了過去)
- 9 ubera＜uber〔名〕n.「乳首、乳房」(複数対格) 324-8 dedit の目的語。

- 10 nutrix〔名〕f.「乳母」(単数主格)

325
- 1 sed〔接〕「しかし；～ではなくて」
- 2・4 longe〔副〕「遠くに；長く」325-3 cunctis と共に 325-5 beatior を修飾。＊「遥かに」の謂。
- 3 cunctis＜cunctus〔形〕「全ての、～全体」(女性複数奪格) 名詞的用法。
- 5 beatior＜beatus 322-7 参照。比較級(女性単数主格)。325-6 illa に一致。
- 6 illa＜ille〔代〕「あれ、それ；彼(彼女)」(女性単数主格) 326-4・9 sponsa, taeda を指す。主語。

326
- 1・6 si 324-1 参照。
- 2 qua 324-2 参照。
- 3 tibi 324-3 参照。326-5 est の補語。
- 4 sponsa〔名〕f.「婚約者」(単数主格) 326-5 est の主語。＊spondeo の完了分詞。
- 5 est 324-5 参照。
- 7 quam＜qui 322-4 参照(女性単数対格)。先行詞は 326-9 taeda。326-8 dignabere の目的語。
- 8 dignabere (= dignaberis)＜dignor〔所動〕「尊重する、敬う」(直説法二人称単数未来)
- 9 taeda〔名〕f.「リギダ松；松明；婚姻」(単数主格) 主語。＊「花嫁」の謂。

haec tibi sive aliqua est, mea sit furtiva voluptas,
seu nulla est, ego sim, thalamumque ineamus eundem.'
nais ab his tacuit. pueri rubor ora notavit ;
nescit, enim, quid amor ; sed et erubuisse decebat：　　　　　330
hic color aprica pendentibus arbore pomis
aut ebori tincto est aut sub candore rubenti,
cum frustra resonant aera auxiliaria, lunae.

327
- 1　haec＜hic〔代〕「これ、この人；次のこと」(女性単数主格) 326-4・9 sponsa, taeda を指す。327-5 est の主語。
- 2　tibi＜tu〔代〕「あなた」(単数与格) 327-5 est の補語。
- 3　sive〔接〕「或いはもし〜、或いは」＊328-1 seu と呼応する。
- 4　aliqua＜aliqui〔形〕「或る」(女性単数主格) 327-1 haec を修飾。＊haec aliqua = any such
- 5　est＜sum〔動〕「〜である；存在する」(直説法三人称単数現在)
- 6　mea＜meus〔代〕「私の」(女性単数主格) 327-9 voluptas を修飾。
- 7　sit＜sum 327-5 参照(接続法三人称単数現在)。
- 8　furtiva＜furtivus〔形〕「盗んだ；秘密の」(女性単数主格) 327-9 voluptas に一致。327-7 sit の補語。
- 9　voluptas〔名〕f.「快楽、喜び」(単数主格) 327-7 sit の主語。

328
- 1　seu (= sive) 327-3 参照。
- 2　nulla＜nullus〔形〕「誰(何)も〜ない、一つの〜もない」(女性単数主格) 名詞的用法。328-3 est の主語。
- 3　est 327-5 参照。
- 4　ego〔代〕「私」(単数主格) 328-5 sim の主語。
- 5　sim＜sum 327-5 参照(接続法一人称単数現在)。

- 6　thalamumque (= thalamum + que)＜thalamus〔名〕m.「奥の部屋；寝室；新婚の床」(単数対格) 328-7 ineamus の目的語。
- 7　ineamus＜ineo〔動〕「入る；着手する」(接続法能相一人称複数現在) 述述部。
- 8　eundem＜idem〔代〕「同じ」(男性単数対格) 328-6 thalamum を修飾。

329
- 1　nais〔名〕f.「ナイス」(単数主格) 329-4 tacuit の主語。＊サルマキスを指す。334-2 nymphae も同断。
- 2　ab〔前〕「〜(の中)から；〜側に；〜で」奪格支配(329-3 his)。329-4 tacuit を修飾。＊ab his = after these (words)
- 3　his＜hic 327-1 参照(中性複数奪格)。
- 4　tacuit＜taceo〔動〕「沈黙する；語らない」(直説法能相三人称単数完了過去)
- 5　pueri＜puer〔名〕m.「少年；息子」(単数属格) 329-7 ora を修飾。
- 6　rubor〔名〕m.「赤さ；赤面」(単数主格) 329-8 notavit の主語。
- 7　ora＜os〔名〕n.「口；顔」(複数対格) 329-8 notavit の目的語。
- 8　notavit＜noto〔動〕「印を付ける；示す；注目する、気づく」(直説法能相三人称単数完了過去)＊「染める」の謂。

If thou hast any such, my pleasure (should) be furtive,
or if (there) is no (such), (let) me be <the one> and (let us) enter <the> same marriage bed.'
<The> naiad said nothing after these (words). Ruddiness tinged <the> boy's face;
for (he) never knew what love <should be>; but (to have) blushed (was) befitting too:
this colour belongs (to) <the> fruit pendent (on) <a> tree
in the sun, or (to) tinted ivory, or (to) <the> moon reddening under
<its> brightness when auspicious cymbals resound fruitlessly.

330
- 1 nescit＜nescio〔動〕「知らない」（直説法能相三人称単数現在）主述部。329-5 pueri を受ける。＊336-5 ait も同断。
- 2 enim〔接〕「実際；何故なら；例えば」
- 3 quid＜quis〔疑〕「誰(何)」（中性単数主格）間接疑問文を導く。述部 (sit) の省略。＊quid amor (sit) = what love <should be>
- 4 amor〔名〕m.「愛情；欲望」（単数主格）
- 5 sed〔接〕「しかし；～ではなくて」
- 6 et〔副〕「～もまた、～さえも」330-7 erubuisse を修飾。
- 7 erubuisse＜erubesco〔動〕「赤くなる；赤面する」（不定法能相完了）330-8 decebat の主語。
- 8 decebat＜decet/ deceo〔動〕「相応しい」（直説法能相三人称単数不完了過去）

331
- 1 hic 327-1 参照(男性単数主格)。形容詞用法。331-2 color を修飾。
- 2 color〔名〕m.「色、色合い」（単数主格）332-4 est の主語。
- 3 aprica＜apricus〔形〕「日の当る、日が照る」（女性単数奪格）331-5 arbore を修飾。
- 4 pendentibus＜pendeo〔動〕「掛かる、垂れ下がる；浮遊する；依存する」現在分詞(中性複数与格)。 331-6 pomis を修飾。
- 5 arbore＜arbor〔名〕f.「木；船」（単数奪格）331-4 pendentibus を修飾。
- 6 pomis＜pomum〔名〕n.「果実、果物、果樹」（複数与格）332-2/ 333-6 ebori, lunae と共に 332-4 est の補語。

332
- 1・5 aut〔接〕「或いは」
- 2 ebori＜ebur〔名〕n.「象牙」（単数与格）
- 3 tincto＜tingo〔動〕「濡らす、浸す；染める」完了分詞(中性単数与格)。332-2 ebori を修飾。
- 4 est 327-5 参照。
- 6 sub〔前〕「～の下に(下で)」奪格支配 (332-7 candore)。332-8 rubenti を修飾。
- 7 candore＜candor〔名〕m.「光輝；美しさ；率直、誠実」（単数奪格）
- 8 rubenti＜rubens〔形〕「赤い、赤味を帯びた」（女性単数与格）333-6 lunae を修飾。＊rubeo の現在分詞。

333
- 1 cum〔接〕「～した時；～なので；～だけれども」
- 2 frustra〔副〕「間違って；無駄に」333-3 resonant を修飾。
- 3 resonant＜resono〔動〕「鳴り響く；反響させる」（直説法能相三人称複数現在）
- 4 aera＜aes〔名〕n.「銅、青銅；〈複〉青銅製品、シンバル」（複数主格）333-3 resonant の主語。
- 5 auxiliaria＜auxiliarus〔形〕「役立つ；補助の」（中性複数主格）333-4 aera を修飾。☆月蝕の時、青銅器を打ち鳴らすと厄除けになると考えられていた。
- 6 lunae＜luna〔名〕f.「月」（単数与格）

poscenti nymphae sine fine sororia saltem
oscula iamque manus ad eburnea colla ferenti 335
'desinis, an fugio tecumque' ait 'ista relinquo?'
Salmacis extimuit 'loca'que 'haec tibi libera trado,
hospes' ait simulatque gradu discedere verso,
tum quoque respiciens, fruticumque recondita silva
delituit flexuque genu submisit; at ille, 340

334
- 1 poscenti＜posco〔動〕「乞う、要請する」現在分詞（女性単数与格）。335-7 ferenti と共に 334-2 nymphae を修飾。
- 2 nymphae＜nympha〔名〕f.「妖精、ニンフ」（単数与格）336-5 ait を修飾。
- 3 sine〔前〕「～のない、～なしに」奪格支配（334-4 fine）。334-1 poscenti を修飾。
- 4 fine＜finis〔名〕m.(f.)「境界；領域；結末」（単数奪格）
- 5 sororia＜sororius〔形〕「姉妹の、姉妹らしい」（中性複数対格）335-1 oscula を修飾。
- 6 saltem〔副〕「少なくとも、いずれにしても」335-1 oscula を修飾。

335
- 1 oscula＜osculum〔名〕n.「可愛い口；接吻」（複数対格）334-1 poscenti の目的語。
- 2 iamque (= iam + que)〔副〕「今；直前に；すぐ；既に」335-4 ad と共に 335-7 ferenti を修飾。
- 3 manus＜manus〔名〕f.「手；一団」（複数対格）335-7 ferenti の目的語。
- 4 ad〔前〕「～(の方)へ；～に対して(向かって)」対格支配(335-6 colla)。
- 5 eburnea＜eburneus〔形〕「象牙の」（中性複数対格）335-6 colla を修飾。
- 6 colla＜collum〔名〕n.「首」（複数対格）
- 7 ferenti＜fero〔動〕「支える、運ぶ；もたらす；堪える」現在分詞（女性単数与格）。

336
- 1 desinis＜desino〔動〕「止める；終る」（直説法能相二人称単数現在）主述部。
- 2 an〔接〕「或いは」＊疑問文を導く。
- 3 fugio〔動〕「逃れる；消滅する；避ける」（直説法能相一人称単数現在）336-7 relinquo と共に主述部。
- 4 tecumque (= te + cum + que)＜tu〔代〕「あなた」（単数奪格）
  cum〔前〕「～と共に；～を伴って；～で」奪格支配(336-4 te)。336-7 relinquo を修飾。
- 5 ait＜aio〔動〕「肯定する；言う、断言する」（直説法能相三人称単数現在）
- 6 ista＜iste〔代〕「これ、あれ、彼(彼女)」（中性複数対格）336-7 relinquo の目的語。＊「(今いる)この場所」の謂。
- 7 relinquo〔動〕「置き去りにする；放棄する」（直説法能相一人称単数現在）

337
- 1 Salmacis〔名〕f.「サルマキス」（単数主格）337-2/ 338-2・3/ 340-1・4 extimuit, ait, simulat, delituit, submisit の主語。
- 2 extimuit＜extimesco〔動〕「非常に怯える」（直説法能相三人称単数完了過去）
- 3 'loca'que (= loca + que)＜locus〔名〕m.「場所；地位；位置」（複数対格）337-7 trado の目的語。
- 4 haec＜hic〔代〕「これ、この人；次のこと」（中性複数対格）形容詞用法。337-3 loca を修飾。
- 5 tibi＜tu 336-4 参照（単数与格）。337-7 trado を修飾。

(To) <the> nymph requesting at least <a> sisterly kiss without

finishing and now reaching <her> hands towards <his> ivory neck,

'(Thou) desistest, or (shall I) flee,' (he) uttered, 'and relinquish this place to thee?'

Salmacis dreaded and uttered, '(I) yield this place free'

(to) thee, stranger,' and simulated (to) depart (with) <her> steps diverted,

then again looking back, and lurked hidden (in) thickets

(of) shrubs, and crouched (with) <her> knees bent; but he,

- 6 libera＜liber〔形〕「自由な、障害のない」(中性複数対格) 337-3 loca に一致。叙述的用法。
- 7 trado〔動〕「放棄する；委託する」(直説法能相一人称単数現在) 主述部。

338
- 1 hospes＜hospes〔名〕m.「訪問者；接待主；見知らぬ人」(単数呼格)
- 2 ait 336-5 参照。
- 3 simulatque (= simulat + que)＜simulo〔動〕「模倣する；偽装する」(直説法能相三人称単数現在)
- 4 gradu＜gradus〔名〕m.「歩み、足取り；段階、間隔」(単数奪格) 338-6 verso と共に独立奪格構文を成す。＊gradu verso = (with) <her> steps diverted : i.e. diverting her steps
- 5 discedere＜discedo〔動〕「分散する；去る；退く」(不定法能相現在) 338-3 simulat の目的語。
- 6 verso＜verto〔動〕「向ける；変える；覆す」完了分詞(男性単数奪格)。

339
- 1 tum〔副〕「当時；現在；次に、その後」339-3 respiciens を修飾。
- 2 quoque〔副〕「～もまた、同様に」339-1 tum を強調する。
- 3 respiciens＜respicio〔動〕「後方を見る、振り返る；注意する；配慮する」現在分詞(女性単数主格)。337-1 Salmacis に一致。叙述的用法。＊339-5 recondita も同断。

- 4 fruticumque (= fruticum + que)＜frutex〔名〕m.「灌木」(複数属格) 339-6 silva を修飾。
- 5 recondita＜recondo〔動〕「(再び) 閉じる、隠す」完了分詞(女性単数主格)。
- 6 silva＜silva〔名〕f.「森、森林地帯」(単数奪格) 340-1 delituit を修飾。＊「茂み」の謂。

340
- 1 delituit＜delitesco/ delitisco〔動〕「隠れる、潜む」(直説法能相三人称単数完了過去)
- 2 flexuque (= flexu + que)＜flecto〔動〕「曲げる；向ける；説得する」完了分詞(中性単数奪格)。340-3 genu と共に独立奪格構文を成す。＊flexu genu = (with) <her> knees bent
- 3 genu＜genu〔名〕n.「膝」(単数奪格)
- 4 submisit＜submitto〔動〕「下ろす、沈める；屈服させる」(直説法能相三人称 単数完了過去) ＊「(身を) 屈める」の謂。
- 5 at〔接〕「しかし、しかし一方」
- 6 ille〔代〕「あれ、それ；彼(彼女)」(男性単数主格) 342-2/343-6 it, tinguit の主語。329-5 pueri を指す。＊352-1 ille も同断。

scilicet ut vacuis et inobservatus in herbis,
huc it et hinc illuc et in adludentibus undis
summa pedum taloque tenus vestigia tinguit;
nec mora, temperie blandarum captus aquarum
mollia de tenero velamina corpore ponit.　　　　　　　　　　345
tum vero placuit, nudaeque cupidine formae
Salmacis exarsit; flagrant quoque lumina nymphae,
non aliter quam cum puro nitidissimus orbe

341

・1　scilicet〔副〕「確かに、明らかに」341-2 ut を強調する。
・2　ut〔関副〕「～した時、～するや否や；(丁度)～するように」
・3　vacuis＜vacuus〔形〕「空の；～のない；暇な」(女性複数奪格) 341-7 herbis を修飾。＊「人気のない」の謂。
・4　et〔副〕「～もまた、～さえも」
・5　inobservatus〔形〕「見張られていない、気づかれていない」(男性単数主格) 340-6 ille に一致。叙述的用法。＊344-5 captus も同断。
・6　in〔前〕「～で(に)、～の中(上)で」奪格支配(341-7 herbis)。341-5 inobservatus を修飾。
・7　herbis＜herba〔名〕f.「草、牧草」(複数奪格)

342

・1　huc〔副〕「ここへ；ここまで；更に」342-4・5 hinc, illuc と共に 342-2 it を修飾。
・2　it＜eo〔動〕「行く、進む」(直説法三人称単数現在)
・3・6　et〔接〕「そして、また」
・4　hinc〔副〕「ここから」
・5　illuc〔副〕「あそこへ；そこまで」
・7　in 341-6 参照。奪格支配(342-9 undis)。343-4 tenus と共に 343-6 tinguit を修飾。
・8　adludentibus＜adludo〔動〕「遊ぶ、戯れる」現在分詞(女性複数奪格)。342-9 undis を修飾。
・9　undis＜unda〔名〕f.「波；水」(複数奪格)

343

・1　summa＜summus〔形〕「最も高い；～の頂上；最高(至高)の」(中性複数対格)名詞的用法。343-5 vestigia と共に 343-6 tinguit の目的語。＊「つま先」の謂。
・2　pedum＜pes〔名〕m.「足」(複数属格) 343-1 summa を修飾。
・3　taloque (= talo + que)＜talus〔名〕m.「足首、踵」(単数奪格)
・4　tenus〔前〕「～まで」奪格支配(343-3 talo)。
・5　vestigia＜vestigium〔名〕n.「足裏；足跡；軌跡」(複数対格)
・6　tinguit＜tingo〔動〕「濡らす、浸す；染める」(直説法能相三人称単数現在)

344

・1　nec〔副〕「また～ない、～もない」344-2 mora を修飾。＊nec mora = <there is> no delay : i.e. without delay
・2　mora〔名〕f.「遅延、延滞」(単数主格)
・3　temperie＜temperies〔名〕f.「程よさ、温和」(単数奪格)
・4　blandarum＜blandus〔形〕「媚びる；心地よい」(女性複数属格) 344-6 aquarum を修飾。
・5　captus＜capio〔動〕「摑む；捉える；獲得する」完了分詞(男性単数主格)。
・6　aquarum＜aqua〔名〕f.「水」(複数属格) 344-3 temperie を修飾。

surely <u>as if</u> unobserved even on <the> deserted herbage,
went hither and hence thither, and in <the> dallying water,
dipped <the> tips (of) <his> feet and <the> soles <u>up to</u> <the> ankles;
without delay, captivated (by) <the> temperature (of) <the> fondling water,
(he) shed <his> soft vesture from <his> tender body.
Then verily (he) <u>was pleasing</u>, and (with) <the> desire (for) <his> naked form,
Salmacis inflamed; <the> nymph's eyes flared likewise,
no otherwise than when Phoebus, shiniest (with) <his> clear

345
- 1 mollia＜mollis〔形〕「柔軟な、柔和な、繊細な」(中性単数対格) 345-4 velamina を修飾。
- 2 de〔前〕「～から；～中に；～故に」奪格支配(345-5 corpore)。345-6 ponit を修飾。
- 3 tenero＜tener〔形〕「柔かい；若い」(中性単数奪格)。345-5 corpore を修飾。
- 4 velamina＜velamen〔名〕n.「被い、衣服」(複数対格) 345-6 ponit の目的語。
- 5 corpore＜corpus〔名〕n.「身体；肉；屍」(単数奪格)
- 6 ponit＜pono〔動〕「置く、据える」(直説法能相三人称単数現在) 主述部。340-6 ille を受ける。＊346-3 placuit も同断。

346
- 1 tum〔副〕「当時；現在；次に、その後」346-2 vero と共に 346-3 placuit を修飾。
- 2 vero〔副〕「実際、確かに」
- 3 placuit＜placeo〔動〕「喜ばす、満足させる」(直説法能相三人称単数完了過去)
- 4 nudaeque (= nudae + que)＜nudus〔形〕「裸の；空の」(女性単数属格) 346-6 formae を修飾。
- 5 cupidine＜cupido〔名〕f.「熱望、強欲」(単数奪格) 347-2 exarsit を修飾。
- 6 formae＜forma〔名〕f.「姿、形、外観」(単数属格) 346-5 cupidine を修飾。

347
- 1 Salmacis〔名〕f.「サルマキス」(単数主格) 347-2 exarsit の主語。
- 2 exarsit＜exardesco〔動〕「燃え上がる；激怒する」(直説法能相三人称単数完了過去)
- 3 flagrant＜flagro〔動〕「燃え上がる；興奮する」(直説法能相三人称単数現在) ＊以下、歴史的現在による叙述が続く。
- 4 quoque〔副〕「～もまた、同様に」347-3 flagrant を強調する。
- 5 lumina＜lumen〔名〕n.「光、灯り；眼」(複数主格) 347-3 flagrant の主語。
- 6 nymphae＜nympha〔名〕f.「妖精、ニンフ」(単数属格) 347-5 lumina を修飾。

348
- 1 non〔副〕「(全然)～ない」348-3 quam と共に 348-2 aliter を修飾。＊122-1 参照。
- 2 aliter〔副〕「別に、異なって」
- 3 quam〔関副〕「如何に；～ほど；～より」
- 4 cum〔接〕「～した時；～なので；～だけれども」
- 5 puro＜purus〔形〕「純粋な；純潔な」(男性単数奪格) 348-7 orbe を修飾。＊「曇りのない」の謂。
- 6 nitidissimus＜nitidus〔形〕「輝く；肥えた、元気な」最上級(男性単数主格)。349-5 Phoebus を修飾。
- 7 orbe＜orbis〔名〕m.「円、輪；世界、宇宙；国、地域」(単数奪格) 348-6 nitidissimus を修飾。

opposita speculi referitur imagine Phoebus;
vixque moram patitur, vix iam sua gaudia differt,　　　350
iam cupit amplecti, iam se male continet amens.
ille cavis velox adplauso corpore palmis
desilit in latices alternaque bracchia ducens
in liquidis translucet aquis, ut eburnea si quis
signa tegat claro vel candida lilia vitro.　　　355

349
・1　opposita＜oppositus〔形〕「対向する、正面の；対抗する」(女性単数奪格) 349-4 imagine と共に独立奪格構文を成す。＊opposita speculi imagine ＝ (with) <his> image (on) <a> mirror in front
・2　speculi＜speculum〔名〕n.「鏡」(単数属格) 349-4 imagine を修飾。
・3　referitur＜refero〔動〕「持ち帰る；返す；答える；報告する」(直説法所相三人称単数現在) ＊「反射する」の謂。
・4　imagine＜imago〔名〕f.「姿、像、絵」(単数奪格)
・5　Phoebus〔名〕m.「ポエブス」(単数主格) 349-3 referitur の主語。☆アポロの別称。「輝ける者」の謂。

350
・1・4　vixque (＝ vix + que)〔副〕「辛うじて、何とか」それぞれ 350-3 patitur, 350-8 differt を修飾。
・2　moram＜mora〔名〕f.「遅延、延滞」(単数対格) 350-3 patitur の目的語。
・3　patitur＜patior〔所動〕「堪える；被る；許す；従う」(直説法三人称単数現在) 350-8/351-2・7 differt, cupit, continet と共に主述部。347-1 Salmacis を受ける。
・5　iam〔副〕「今；直前に；すぐ；既に」350-8 differt を修飾。
・6　sua＜suus〔代〕「彼(ら)の、彼女(ら)の、それ(ら)の」(中性複数対格) 351-5 se と共に 347-1 Salmacis を指す。350-7 gaudia を修飾。

・7　gaudia＜gaudium〔名〕n.「喜び；快楽」(複数対格) 350-8 differt の目的語。
・8　differt＜differo〔動〕「撒き散らす；公表する；延期する」(直説法能相三人称単数現在)

351
・1・4　iam 350-5 参照。それぞれ 351-2 cupit, 351-7 continet を修飾。
・2　cupit＜cupio〔動〕「希望する」(直説法能相三人称単数現在)。＊不定法を伴う。
・3　amplecti＜amplector〔所動〕「取り巻く、抱擁する；尊重する」(不定法現在) 351-2 cupit の目的語。
・5　se＜sui〔代〕「彼(彼女、それ)自身」(単数対格) の目的語。
・6　male〔副〕「間違って；邪悪に；拙劣に；不完全に」351-7 continet を修飾。
・7　continet＜contineo〔動〕「纏める、囲む；閉じ込める；抑える」(直説法能相三人称単数現在)
・8　amens＜amens〔形〕「狂乱した」(女性単数主格) 347-1 Salmacis に一致。叙述的用法。

352
・1　ille〔代〕「あれ、それ；彼(彼女)」(男性単数主格) 353-1/ 354-3 desilit, translucet の主語。
・2　cavis＜cavus〔形〕「空ろな、凹んだ」(女性複数奪格) 352-6 palmis を修飾。
・3　velox〔形〕「迅速な」(男性単数主格) 352-1 ille に一致。叙述的用法。＊353-6 ducens も同断。

— 100 —

circle, (is) reflected (with) <his> image (on) <a> mirror in front;

and barely (does she) endure delay; now barely (does she) distract her joy;

now (she) craves (to) embrace <him>; now (being) frantic, (she) impatiently controls herself.

Clapping <his> body (with) concave palms, he fleetly

dives in <the> water and pulling <his> arms alternately,

gleams through <the> limpid water, as if someone embedded

ivory statues or fair lilies (in) clear glass.

- 4 adplauso＜adplaudo〔動〕「叩く」完了分詞(中性単数奪格)。352-5 corpore と共に独立奪格構文を成す。＊adplauso corpore = (with) <his> body (being) clapped : i.e. clapping his body
- 5 corpore＜corpus〔名〕n.「身体；肉；屍」(単数奪格)
- 6 palmis＜palma〔名〕f.「掌；手」(複数奪格) 352-4 adplauso を修飾。

353
- 1 desilit＜desilio〔動〕「跳び降りる、降りる」(直説法能相三人称単数現在)
- 2 in〔前〕「～(の中)へ、～に対して」対格支配(353-3 latices)。353-1 desilit を修飾。
- 3 latices＜latex〔名〕m.「液体」(複数対格)
- 4 alternaque (= alterna + que)＜alternus〔形〕「交互の」(中性複数対格) 353-5 bracchia を修飾。＊alterna bracchia ducens = pulling <his> alternate arms : i.e. pulling his arms alternately
- 5 bracchia＜bracchium〔名〕n.「前腕部；腕」(複数対格) 353-6 ducens の目的語。
- 6 ducens＜duco〔動〕「導く、引っ張る；促す」現在分詞(男性単数主格)。

354
- 1 in〔前〕「～で(に)、～の中(上)で」奪格支配(354-4 aquis)。354-3 translucet を修飾。
- 2 liquidis＜liquidus〔形〕「液体の；澄明な」(女性複数奪格) 354-4 aquis を修飾。
- 3 translucet＜transluceo〔動〕「(～を)通して光る」(直説法能相三人称単数現在)

- 4 aquis＜aqua〔名〕f.「水」(複数奪格)
- 5 ut〔関副〕「～した時、～するや否や；(丁度)～するように」354-7 si を修飾。＊ut si = as if
- 6 eburnea＜eburneus〔形〕「象牙の」(中性複数対格) 355-1 signa を修飾。
- 7 si〔接〕「もし～なら、～なので；～だとしても」
- 8 quis〔代〕「ある人(物)」(男性単数主格) 355-2 tegat の主語。

355
- 1 signa＜signum〔名〕n.「印；軍旗；合図；像」(複数対格) 355-6 lilia と共に 355-2 tegat の目的語。
- 2 tegat＜tego〔動〕「覆う；隠す」(接続法能相三人称単数現在)
- 3 claro＜clarus〔形〕「輝く；明確な；輝かしい」(中性単数奪格) 355-7 vitro を修飾。
- 4 vel〔副〕「或いは、実際、確かに」
- 5 candida＜candidus〔形〕「白い、輝く；美しい」(中性複数対格) 355-6 lilia を修飾。
- 6 lilia＜lilium〔名〕n.「百合」(複数対格)
- 7 vitro＜vitrum〔名〕n.「硝子；大青(青色染料)」(単数奪格) 355-2 tegat を修飾。

'vicimus et meus est' exclamat nais, et omni
veste procul iacta mediis inmittitur undis,
pugnantemque tenet, luctantiaque oscula carpit,
subiectatque manus, invitaque pectora tangit,
et nunc hac iuveni, nunc circumfunditur illac ;   360
denique nitentem contra elabique volentem
inplicat ut serpens, quam regia sustinet ales

356
- 1 vicimus＜vinco〔動〕「打ち破る、勝つ」(直説法能相一人称複数完了過去) 主述部。＊vici (= I won) の代用。
-2・7 et〔接〕「そして、また」
- 3 meus〔代〕「私の」(男性単数主格) 352-1 ille に一致。356-4 est の補語。
- 4 est＜sum〔動〕「～である；存在する」(直説法三人称単数現在) 主述部。352-1 ille を受ける。
- 5 exclamat＜exclamo〔動〕「叫ぶ」(直説法能相三人称単数現在)
- 6 nais〔名〕f.「ナイス」(単数主格) 356-5/357-5/358-2・5/359-1・5/360-6 exclamat, inmittitur, tenet, carpit, subiectat, tangit, circumfunditur の主語。＊347-1 Salmacis を指す。
- 8 omni＜omnis〔形〕「全ての、あらゆる」(女性単数奪格) 357-1 veste を修飾。

357
- 1 veste＜vestis〔名〕f.「衣服」(単数奪格) 357-3 iacta と共に独立奪格構文を成す。＊veste procul iacta = (with) <her> vesture (being) thrown away : i.e. throwing her vesture away
- 2 procul〔副〕「遠方に；ずっと以前に」357-3 iacta を修飾。
- 3 iacta＜iacio〔動〕「投げる；設立する」完了分詞(女性単数奪格)。
- 4 mediis＜medius〔形〕「真中(中間)の、～の真中 (中間)」(女性複数奪格) 357-6 undis を修飾。＊mediis undis = (in) <the> middle water : i.e. amid the water
- 5 inmittitur＜inmitto〔動〕「送り込む；送り出す」(直説法所相三人称単数現在) ＊所相で「身を投げかける」の謂。
- 6 undis＜unda〔名〕f.「波；水」(複数奪格) 357-5 inmittitur を修飾。

358
- 1 pugnantemque (= pugnantem + que)＜pugno〔動〕「戦う；対抗する；努力する」現在分詞(男性単数対格)。名詞的用法。358-2 tenet の目的語。＊352-1 ille を指す。361-2・5 nitentem, volentem も同断。
- 2 tenet＜teneo〔動〕「保持する；占める；制御する」(直説法能相三人称単数現在)
- 3 luctantiaque (= luctantia + que)＜luctans〔形〕「逆らう、嫌がる」(中性複数対格) 358-4 oscula を修飾。＊luctor の現在分詞。
- 4 oscula＜osculum〔名〕n.「可愛い口；接吻」(複数対格) 358-5 carpit の目的語。
- 5 carpit＜carpo〔動〕「抜く、抜き取る；衰弱させる、壊す；進む」(直説法能相三人称単数現在) ＊「奪う」の謂。

— 102 —

'(I) won and (he) is mine,' exclaims <the> naiad, and throwing

all <her> vestures away, (she) plunges amid <the> water,

and detains <the> struggling (one) and snatches reluctant kisses;

slides <her> hands and touches <his> unwilling breasts,

and now (is) twined (with) <the> youth here, <and> now there;

and eventually (she) tangles with <the> (one) striving against and wishing

(to) elude, as <a> serpent which <a> regal bird seizes

359
- 1 subiectatque (= subiectat + que)＜subiecto〔動〕「投げ下ろす、下に置く」(直説法能相三人称単数現在) ＊「下にあてがう」の謂。
- 2 manus＜manus〔名〕f.「手；一団」(複数対格) 359-1 subiectat の目的語。
- 3 invitaque (= invita + que)＜invitus〔形〕「気が進まない、不本意な」(中性複数対格) 359-4 pectora を修飾。
- 4 pectora＜pectus〔名〕n.「胸；心」(複数対格) 359-5 tangit の目的語。
- 5 tangit＜tango〔動〕「触れる；接する；到達する」(直説法能相三人称単数現在)

360
- 1 et 356-2・7 参照。
-2・5 nunc〔副〕「目下；現状では」360-3・7 hac, illac と共に 360-6 circumfunditur を修飾。
- 3 hac〔副〕「こちら側に、ここに」
- 4 iuveni＜iuvenis〔形〕「若い；〈名〉若者」(男性単数与格) 名詞的用法。360-6 circumfunditur の補語。
- 6 circumfunditur＜circumfundo〔動〕「周囲に注ぐ；取り囲む；〈所〉群がる」(直説法所相三人称単数現在) ＊「纏わりつく」の謂。与格を伴う。
- 7 illac〔副〕「そちらに、そこに」

361
- 1 denique〔副〕「それから、最後に；結局」362-2 ut と共に 362-1 inplicat を修飾。
- 2 nitentem＜nitor〔所動〕「寄りかかる；進む、登る；努力する」現在分詞(男性単数対格)。名詞的用法。361-5 volentem と共に 362-1 inplicat の目的語。
- 3 contra〔副〕「～に対面した；～に対抗して；～に叛いて」361-2 nitentem を修飾。
- 4 elabique (= elabi + que)＜elabor〔所動〕「逃れる」(不定法現在) 361-5 volentem の目的語。
- 5 volentem＜volo〔動〕「希望する、意図する」現在分詞(男性単数対格)。名詞的用法。＊不定法を伴う。

362
- 1 inplicat＜inplico〔動〕「絡ませる、囲む、摑む」(直説法能相三人称単数現在) 主述部。356-6 nais を受ける。
- 2 ut〔関副〕「～した時、～するや否や；(丁度)～するように」
- 3 serpens〔名〕m.f.「蛇；蛇座」(単数主格)
- 4 quam＜qui〔関代〕女性単数対格。先行詞は 362-3 serpens。362-6/ 363-2 sustinet, rapit の目的語。
- 5 regia＜regius〔形〕「王の；王らしい」(女性単数主格) 362-7 ales を修飾。
- 6 sustinet＜sustineo〔動〕「支える；抑止する；堪える」(直説法能相三人称単数現在)
- 7 ales〔形〕「翼のある；迅速な；〈名〉鳥」(女性単数主格) 名詞的用法。362-6/ 363-2 sustinet, rapit の主語。＊鷲を指す。

sublimemque rapit：pendens caput illa pedesque
adligat et cauda spatiantes inplicat alas；
utve solent hederae longos intexere truncos, 365
utque sub aequoribus deprensum polypus hostem
continet ex omni dimissis parte flagellis.
perstat Atlantiades sperataque gaudia nymphae
denegat；illa premit commissaque corpore toto

363
- 1 sublimemque (= sublimem + que)＜sublimis〔形〕「高揚した、高い；高名な、顕著な」(女性単数対格) 362-4 quam に一致。叙述的用法。
- 2 rapit＜rapio〔動〕「剥ぎ取る；駆る；掠奪する」(直説法能相三人称単数現在)
- 3 pendens＜pendeo〔動〕「掛かる、垂れ下がる；浮遊する；依存する」現在分詞(女性単数主格)。363-5 illa に一致。叙述的用法。
- 4 caput＜caput〔名〕n.「頭；頂上」(単数対格) 363-6 pedes と共に 364-1 adligat の目的語。
- 5 illa＜ille〔代〕「あれ、それ；彼(彼女)」(女性単数主格) 362-3 serpens を指す。364-1・5 adligat, inplicat の主語。
- 6 pedesque (= pedes + que)＜pes〔名〕m.「足」(複数対格)

364
- 1 adligat＜adligo〔動〕「結びつける；拘束する」(直説法能相三人称単数現在)
- 2 et〔接〕「そして、また」
- 3 cauda＜cauda〔名〕f.「尻尾」(単数奪格) 364-5 inplicat を修飾。
- 4 spatiantes＜spatior〔所動〕「広げる；散策する；進む」現在分詞(女性複数対格)。364-6 alas を修飾。
- 5 inplicat＜inplico〔動〕「絡ませる、囲む、掴む」(直説法能相三人称単数現在)
- 6 alas＜ala〔名〕f.「翼」(複数対格) 364-5 inplicat の目的語。

365
- 1 utve (= ut + ve)〔関副〕「〜した時、〜するや否や；(丁度)〜するように」＊-ve は接尾辞で、「或いは」の謂。
- 2 solent＜soleo〔動〕「〜し慣れている、〜する習慣である」(直説法三人称複数現在) ＊不定法を伴う。
- 3 hederae＜hedera〔名〕f.「蔦」(複数主格) 365-2 solent の主語。
- 4 longos＜longus〔形〕「長い；遠い」(男性複数対格) 365-6 truncos を修飾。
- 5 intexere＜intexo〔動〕「織り込む、織り交ぜる；編む」(不定法能相現在) 365-2 solent の補語。＊「絡む」の謂。
- 6 truncos＜truncus〔名〕m.「幹；胴体；茎」(複数対格) 365-5 intexere の目的語。

366
- 1 utque (= ut + que) 365-1 参照。
- 2 sub〔前〕「〜の下に(下で)」奪格支配 (366-3 aequoribus)。366-4 deprensum を修飾。
- 3 aequoribus＜aequor〔名〕n.「平面；海」(複数奪格)
- 4 deprensum＜deprendo/ deprehendo〔動〕「捕える；発見する；把握する」完了分詞(男性単数対格)。366-6 hostem を修飾。
- 5 polypus〔名〕m.「ポリープ」(単数主格) 367-1 continet の主語。☆腔腸動物の一形態。円筒形で、口と触手を持つ。
- 6 hostem＜hostis〔名〕m.f.「見知らぬ人；敵」(単数対格) 367-1 continet の目的語。

and sweeps high: (being) pendent, it grips <the> head
and feet and tangles with <the> spreading wings (with) <its> tail;
or as ivy is wont (to) cover long trunks,
and as <a> polyp constrains <an> enemy captured under
<the> ocean, (with) tentacles spread in all directions.
Atras's descendant persists and denies <the> joy aspired
(by) <the> nymph; she pressed and, as if (she were) adhering, combined <to him>

367
・1 continet＜contineo〔動〕「纏める、囲む；閉じ込める；抑える」(直説法能相三人称単数現在)
・2 ex〔前〕「～(の中)から；～に従って」奪格支配(367-5 parte)。367-4 dimissis を修飾。＊ex omni parte = in all parts：i.e. in all directions
・3 omni＜omnis〔形〕「全ての、あらゆる」(女性単数奪格) 367-5 parte を修飾。
・4 dimissis＜dimitto〔動〕「送り出す、撒き散らす；放棄する」完了分詞(中性複数奪格)。367-6 flagellis を修飾。
・5 parte＜pars〔名〕f.「部分、一部；役割」(単数奪格)
・6 flagellis＜flagellum〔名〕n.「鞭；触手」(複数奪格) 367-1 continet を修飾。

368
・1 perstat＜persto〔動〕「しっかり立つ；持続する；固執する」(直説法能相三人称単数現在)
・2 Atlantiades〔名〕m.「アトラスの子孫」(単数主格) 368-1/ 369-1 perstat, denegat の主語。☆ヘルマフロディトゥスを指す。ヘルメスの母マイアはアトラスの娘なので、ヘルマフロディトゥスは アトラスの曾孫に当る。
・3 sperataque (= sperata + que)＜spero〔動〕「希望する；期待する」完了分詞(中性複数対格)。368-5 nymphae と共に 368-4 gaudia を修飾。＊sperata gaudia nymphae = <the> nymph's aspired joy： i.e. the joy aspired by the nymph
・4 gaudia＜gaudium〔名〕n.「喜び；快楽」(複数対格) 369-1 denegat の目的語。
・5 nymphae＜nympha〔名〕f.「妖精、ニンフ」(単数属格)

369
・1 denegat＜denego〔動〕「拒絶する、否定する」(直説法能相三人称単数現在)
・2 illa 363-5 参照。368-5 nymphae を指す。369-3 /370-6 premit, dixit の主語。
・3 premit＜premo〔動〕「押える；(～に)位置する；(荷を)負わせる；強要する」(直説法能相三人称単数現在)
・4 commissaque (= commissa + que)＜committo〔動〕「結合する；委ねる；犯す」完了分詞(女性単数主格)。369-2 illa に一致。叙述の用法。
・5 corpore＜corpus〔名〕n.「身体；肉；屍」(単数奪格) 369-4 commissa を修飾。
・6 toto＜totus〔形〕「全ての、～全体」(中性単数奪格) 369-5 corpore を修飾。

sicut inhaerebat, 'pugnes licet, inprobe,' dixit, 370
'non tamen effugies. ita, di, iubeatis, et istum
nulla dies a me nec me deducat ab isto.'
vota suos habuere deos ; nam mixta duorum
corpora iunguntur, faciesque inducitur illis
una. velut, si quis conducat cortice ramos, 375
crescendo iungi pariterque adolescere cernit,
sic ubi conplexu coierunt membra tenaci,

370
・1 sicut〔副〕「(丁度)～ように」＊接続詞的用法。
・2 inhaerebat＜inhaereo〔動〕「付着する；執着する」(直説法能相三人称単数不完了過去) 主述部。369-2 illa を受ける。
・3 pugnes＜pugno〔動〕「戦う；対抗する；努力する」(接続法能相二人称単数現在)
・4 licet〔動〕「合法である、許される」(直説法三人称単数現在) ＊譲歩節を導く接続詞的用法。371-2 tamen と呼応する。
・5 inprobe＜inprobus〔形〕「悪辣な；悪質な」(男性単数呼格) 名詞的用法。
・6 dixit＜dico〔動〕「言う、話す、述べる；呼ぶ」(直説法能相三人称単数完了過去)

371
・1 non〔副〕「(全然)～ない」371-3 effugies を修飾。
・2 tamen〔副〕「しかし、にも拘らず」
・3 effugies＜effugio〔動〕「逃げる；逃れる、避ける」(直説法能相二人称単数未来)
・4 ita〔副〕「このように；次のように」371-6 iubeatis を修飾。
・5 di＜deus〔名〕m.「神；神力」(複数呼格)
・6 iubeatis＜iubeo〔動〕「命ずる」(接続法能相二人称複数現在) ＊祈願を表す接続法。372-7 deducat も同断。
・7 et〔接〕「そして、また」
・8 istum＜iste〔代〕「これ、あれ、彼(彼女)」(男性単数対格) 372-6 me と共に 372-7 deducat の目的語。＊368-2 Atlantiades を指す。372-9 isto も同断。

372
・1 nulla＜nullus〔形〕「誰(何)も～ない、一つの～もない」(女性単数主格) 372-2 dies を修飾。
・2 dies〔名〕m.f.「一日；期日；昼間、日光」(単数主格) 372-7 deducat の主語。
・3 a (= ab)〔前〕「～(の中)から；～側に；～で」奪格支配(372-4 me)。372-8 ab と共に 372-7 deducat を修飾。
・4 me＜ego〔代〕「私」(単数奪格)
・5 nec〔接〕「また～ない、～もない」
・6 me 372-4 参照(単数対格)。
・7 deducat＜deduco〔動〕「連れ去る、除去する；導く；引き出す」(接続法能相三人称単数現在)
・8 ab 372-3 参照。奪格支配(372-9 isto)。
・9 isto＜iste 371-8 参照(男性単数奪格)。

373
・1 vota＜votum〔名〕n.「誓約；願望」(複数主格) 373-3 habuere の主語。
・2 suos＜suus〔代〕「彼(ら)の、彼女(ら)の、それ(ら)の」(男性複数対格) 373-1 vota を指す。373-4 deos を修飾。
・3 habuere (= habuerunt)＜habeo〔動〕「持つ、所有する」(直説法能相三人称複数完了過去)
・4 deos＜deus 371-5 参照(複数対格)。373-3 habuere の目的語。＊suos habuere deos = had its gods : i.e. got gods' assent
・5 nam〔接〕「何故なら；確かに；さて」

(with) <her> whole body, said, 'Though (thou mayst) struggle, impudent (boy),

yet (thou wilt) not escape. Thus, gods, (may ye) order, and (may) no

day strip this from me nor me from this.'

<Her> wish got gods' assent; for <the> bodies (of) <the> two,

(being) mixed, (were) united and one figure (was) endued

(to) them. As, if someone connects branches (with) <a> bark,

(he) finds <them> (to be) united (by) growing and <u>grow bigger</u> together,

so, when <their> members conjoined (with) <a> tenacious embrace,

- 6 mixta＜misceo〔動〕「混ぜる；結合する」完了分詞(中性複数主格)。374-1 corpora に一致。叙述の用法。
- 7 duorum＜duo〔数〕「二つ(の)」(男性複数属格) 名詞的用法。374-1 corpora を修飾。

374
- 1 corpora＜corpus〔名〕n.「身体；肉；屍」(複数主格) 374-2 iunguntur の主語。
- 2 iunguntur＜iungo〔動〕「結合する；繋ぐ」(直説法所相三人称複数現在)
- 3 faciesque (= facies + que)〔名〕f.「外観、姿；顔(顔付)」(単数主格) 374-4 inducitur の主語。
- 4 inducitur＜induco〔動〕「導入する；広げる」(直説法所相三人称単数現在) ＊与格を伴う。
- 5 illis＜ille〔代〕「あれ、それ；彼(彼女)」(中性複数与格) 374-1 corpora を指す。374-4 inducitur を修飾。

375
- 1 una＜unus〔数〕「一つ(の)；同一の」(女性単数主格) 374-3 facies を修飾。
- 2 velut〔副〕「(丁度) 〜と同じように」＊377-1 sic と呼応する。
- 3 si〔接〕「もし〜なら、〜なので；〜だとしても」
- 4 quis〔代〕「ある人(物)」(男性単数主格) 375-5 conducat の主語。
- 5 conducat＜conduco〔動〕「集める、結合する；起用する」(接続法能相三人称単数現在) ＊「接合する」の謂。
- 6 cortice＜cortex〔名〕m.f.「樹皮、外皮」(単数奪格) 375-5 conducat を修飾。
- 7 ramos＜ramus〔名〕m.「枝」(複数対格) 375-5 conducat の目的語。

376
- 1 crescendo＜cresco〔動〕「生える；成長する、増大する；栄える」動名詞(奪格)。376-2 iungi を修飾。
- 2 iungi＜iungo 374-2 参照(不定法所相現在)。376-4 adolescere と共に 376-5 cernit の目的語。
- 3 pariterque (= pariter + que)〔副〕「等しく；同時に」376-4 adolescere を修飾。
- 4 adolescere＜adolesco〔動〕「成長する、成熟する」(不定法能相現在)
- 5 cernit＜cerno〔動〕「分離する；識別する；認識する」(直説法能相三人称単数現在) 主述部。375-4 quis を受ける。

377
- 1 sic〔副〕「このように；そのように；次のように」
- 2 ubi〔関副〕「〜する場所；〜する時」
- 3 conplexu＜conplexus〔名〕m.「包囲、抱擁、把握」(単数奪格) 377-4 coierunt を修飾。
- 4 coierunt＜coeo〔動〕「集合する；結合する」(直説法三人称複数完了過去)
- 5 membra＜membrum〔名〕n.「四肢；部分」(複数主格) 377-4 coierunt の主語。
- 6 tenaci＜tenax〔形〕「頑強な；堅固な；頑固な」(男性単数奪格) 377-3 conplexu を修飾。

nec duo sunt et forma duplex, nec femina dici
nec puer ut possit, neutrumque et utrumque videntur.
　　"Ergo ubi se liquidas, quo vir descenderat, undas　　　380
semimarem fecisse videt mollitaque in illis
membra, manus tendens, sed iam non voce virili
Hermaphroditus ait：'nato date munera vestro,
et pater et genetrix, amborum nomen habenti：

378
・1　nec〔副〕「また〜ない、〜もない」378-3 sunt を修飾。
・2　duo〔数〕「二つ(の)」(中性複数主格) 377-5 membra に一致。378-5 forma と共に 378-3 sunt の補語。
・3　sunt＜sum〔動〕「〜である；存在する」(直説法三人称複数現在) 379-8 videntur と共に主述部。377-5 membra を受ける。
・4　et〔接〕「そして、また」
・5　forma〔名〕f.「姿、形、外観」(単数主格)
・6　duplex＜duplex〔形〕「二重の；二倍の」(女性単数主格) 378-5 forma を修飾。
・7　nec〔接〕「また〜ない、〜もない」＊379-1 nec と呼応する。
・8　femina〔名〕f.「女性；雌」(単数主格) 379-2 puer と共に 378-9 dici の補語。
・9　dici＜dico〔動〕「言う、話す、述べる；呼ぶ」(不定法所相現在) 379-4 possit の補語。

379
・1　nec 378-7 参照。
・2　puer〔名〕m.「少年；息子」(単数主格)
・3　ut〔関副〕「〜した時、〜するや否や；(丁度)〜するように」
・4　possit＜possum〔動〕「〜できる、能力がある」(接続法三人称単数現在) 主述部。378-5 forma を受ける。＊possint (= they could) としている古版本もある。その場合は 377-5 membra を受ける。
・5　neutrumque (= neutrum + que)＜neuter〔形〕「(二者の)いずれでもない」(中性単数主格) 代名詞的用法。379-7 utrumque と共に 379-8 videntur の補語。＊neutrumque et utrumque = both neither and either
・6　et 378-4 参照。
・7　utrumque＜uterque〔代〕「(二者の)それぞれ、両方」(中性単数主格)
・8　videntur＜video〔動〕「見る；認知する；〈所〉見える」(直説法所相三人称複数現在)

380
・1　Ergo〔副〕「その結果、それ故」
・2　ubi〔関副〕「〜する場所；〜する時」
・3　se＜sui〔代〕「彼(彼女、それ)自身」(単数対格) 383-1 Hermaphroditus を指す。381-2 fecisse の目的語。
・4　liquidas＜liquidus〔形〕「液体の；澄明な」(女性複数対格) 380-8 undas を修飾。
・5　quo〔関副〕〜する所へ、〜まで」先行詞は 380-8 undas。
・6　vir〔名〕m.「(成人)男性；夫」(単数主格) 叙述的用法。＊vir descenderat = (he) descended (as) <a> man
・7　descenderat＜descendo〔動〕「降りる；下る」(直説法能相三人称単数全分過去) 381-3 videt と共に主述部。383-1 Hermaphroditus を受ける。
・8　undas＜unda〔名〕f.「波；水」(複数対格) 381-2 fecisse の意味上の主語。

(they) were not two, but <a> duplex form; neither girl nor
boy as (it) could (be) called, (they) seemed both neither and either.
  "Therefore when (he) sees <the> limpid water, where (he) descended (as) <a> man,
(have) made him half-male and <his> members enervated in
it, extending <his> hands, though (with) <a> voice not virile now,
Hermaphroditus utters: 'Both father and mother,
give <a> gift (to) your son inheriting <his> name (from) both (of you):

381
・1 semimarem＜semimas〔形〕「半分男性の、両性具有の」(男性単数対格) 380-3 se に一致。381-2 fecisse の補語。
・2 fecisse＜facio〔動〕「建設する；為す；製造(製作)する」(不定法能相完了) 381-3 videt の目的語。
・3 videt＜video 379-8 参照(直説法能相三人称単数現在)。
・4 mollitaque (= mollita + que)＜mollio〔動〕「軟らかくする；穏やかにする；女性化する」完了分詞(中性複数対格)。382-1 membra に一致。叙述の用法。
・5 in〔前〕「～で(に)、～の中(上)で」奪格支配(381-6 illis)。381-4 mollita を修飾。
・6 illis＜ille〔代〕「あれ、それ；彼(彼女)」(女性複数奪格) 380-8 undas を指す。

382
・1 membra＜membrum〔名〕n.「四肢；部分」(複数対格) 381-3 videt の目的語。
  ＊videt mollita membra = sees <his> members effeminated
・2 manus＜manus〔名〕f.「手；一団」(複数対格) 382-3 tendens の目的語。
・3 tendens＜tendo〔動〕「広げる、伸ばす；差し出す」現在分詞(男性単数主格)。383-1 Hermaphroditus に一致。叙述的用法。
・4 sed〔接〕「しかし；～ではなくて」
・5 iam〔副〕「今；直前に；すぐ；既に」382-6 non と共に 382-8 virili を修飾。
・6 non〔副〕「全然～ない」

・7 voce＜vox〔名〕f.「声、音；言葉、発言」(単数奪格) 383-2 ait を修飾。
・8 virili＜virilis〔形〕「男の、男らしい」(女性単数奪格) 382-7 voce を修飾。

383
・1 Hermaphroditus〔動〕「ヘルマフロディトゥス」(単数主格) 383-2 ait の主語。
・2 ait＜aio〔動〕「肯定する；言う、断言する」(直説法能相三人称単数現在)
・3 nato＜natus〔形〕「生れた；〈名〉息子」(男性単数与格) 名詞的用法。383-4 date の間接目的語。
・4 date＜do〔動〕「与える、為す；認める」(命令法二人称複数現在)
・5 munera＜munus〔名〕n.「任務；贈り物」(複数対格) 383-4 date の目的語。
・6 vestro＜vester〔代〕「あなた方の」(男性単数与格) 384-7 habenti と共に 383-3 nato を修飾。

384
・1・3 et 378-4 参照。
・2 pater＜pater〔名〕m.「父」(単数呼格)
・4 genetrix＜genetrix〔名〕f.「母親」(単数呼格)
・5 amborum＜ambo〔数〕「両方の」(男性複数属格) 名詞的用法。384-6 nomen を修飾。
・6 nomen＜nomen〔名〕n.「名前」(単数対格) 384-7 habenti の目的語。＊291-3 参照。
・7 habenti＜habeo〔動〕「持つ、所有する」現在分詞(男性単数与格)。

quisquis in hos fontes vir venerit, exeat inde 385
semivir et tactis subito mollescat in undis!'
motus uterque parens nati rata verba biformis
fecit et incesto fontem medicamine tinxit."
　　Finis erat dictis, et adhuc Minyeia proles
urguet opus spernitque deum festumque profanat, 390
tympana cum subito non adparentia raucis

385
・1　quisquis〔関代〕「〜する人（物）は誰（何）でも、〜する全ての人（物）」複合関係代名詞（男性単数主格）。形容詞用法。385-5 vir を修飾。
・2　in〔前〕「〜（の中）へ、〜に対して」対格支配（385-4 fontes）。385-6 venerit を修飾。
・3　hos＜hic〔代〕「これ、この人；次のこと」（男性複数対格）形容詞用法。385-4 fontes を修飾。
・4　fontes＜fons〔名〕m.「泉；源」（複数対格）
・5　vir〔名〕m.「（成人）男性；夫」（単数主格）385-6 venerit の主語。
・6　venerit＜venio〔動〕「来る」（直説法能相三人称単数未来完了）
・7　exeat＜exeo〔動〕「出る、去る」（接続法三人称単数現在）386-5 mollescat と共に主述部。385-5 vir を受ける。
・8　inde〔副〕「そこから；それから；その後」385-7 exeat を修飾。

386
・1　semivir〔名〕m.「半人；半男性、両性具有者」（単数主格）叙述的用法。
・2　et〔接〕「そして、また」
・3　tactis＜tango〔動〕「触れる；接する；到達する」完了分詞（女性複数奪格）。386-7 undis を修飾。＊tactis in undis ＝ in <the> bathed water : i.e. bathed in the water
・4　subito〔副〕「突然、即座に」386-6 in と共に 386-5 mollescat を修飾。

・5　mollescat＜mollesco〔動〕「柔かくなる；女性化する」（接続法能相三人称単数現在）
・6　in〔前〕「〜で(に)、〜の中(上)で」奪格支配（386-7 undis）。
・7　undis＜unda〔名〕f.「波；水」（複数奪格）

387
・1　motus＜moveo〔動〕「動かす；動揺（感動）させる」完了分詞（男性単数主格）。387-3 parens に一致。叙述的用法。
・2　uterque〔代〕「(二者の)それぞれ、両方」（男性単数主格）形容詞用法。387-3 parens を修飾。
・3　parens〔名〕m.f.「親、父、母」（単数主格）388-1・6 fecit, tinxit の主語。
・4　nati＜natus〔形〕「生れた；〈名〉息子」（男性単数属格）名詞の用法。387-6 verba を修飾。
・5　rata＜ratus〔形〕「計算した；確定した；認められた、確かな」（中性複数対格）387-6 verba に一致。388-1 fecit の補語。
・6　verba＜verbum〔名〕n.「言葉」（複数対格）388-1 fecit の目的語。
・7　biformis＜biformis〔形〕「両体の」（男性単数属格）387-4 nati を修飾。

388
・1　fecit＜facio〔動〕「建設する；為す；製造（製作）する」（直説法能相三人称単数　完了過去）
・2　et 386-2 参照。

whatever man (has) come into this fountain, (may he) emerge hence
(as) <a> half-man and suddenly effeminate, (being) bathed in <the> water!'
(Being) moved, both parents made <their> biform son's words
realised and contaminated <the> fountain (with) lewd medication."
<The> finish came (to) <her> sayings, and still Minyas's progeny
urge <the> task and scorn <the> god and profane <his> festival,
when tymbrels, <though> not visible, suddenly clang

- ·3 incesto＜incestus〔形〕「穢れた、罪深い；不貞な」(中性単数奪格) 388-5 medicamine を修飾。
- ·4 fontem＜fons 385-4 参照(単数対格)。388-6 tinxit の目的語。
- ·5 medicamine＜medicamen〔名〕n.「薬剤」(単数奪格) 388-6 tinxit を修飾。
- ·6 tinxit＜tingo〔動〕「濡らす、浸す；染める」(直説法能相三人称単数完了過去)

389
- ·1 Finis〔名〕m.(f.)「境界；領域；結末」(単数主格) 389-2 erat の主語。
- ·2 erat＜sum〔動〕「～である；存在する」(直説法三人称単数不完了過去)
- ·3 dictis＜dictum〔名〕n.「言葉、発言」(複数与格) 389-2 erat を修飾。
- ·4 et 386-2 参照。
- ·5 adhuc〔副〕「今まで、今でも；ここまで」390-1・3・6 urguet, spernit, profanat を修飾。
- ·6 Minyeia＜Minyeius〔形〕「ミニュアスの」(女性単数主格) 389-7 proles を修飾。
- ·7 proles〔名〕f.「子孫；子供」(単数主格) 390-1・3・6 urguet, spernit, profanat の主語。＊32-5 Minyeides を指す。

390
- ·1 urguet＜urgueo/ urgeo〔動〕「駆る；迫る；執着する」(直説法能相三人称単数現在) ＊35-4・5・6 famulas laboribus urguent を継承する。
- ·2 opus＜opus〔名〕n.「仕事、労働；作品；技巧」(単数対格) 390-1 urguet の目的語。

- ·3 spernitque (= spernit + que)＜sperno〔動〕「軽蔑する、拒絶する」(直説法能相三人称単数現在)
- ·4 deum＜deus〔名〕m.「神；神力」(単数対格) 390-3 spernit の目的語。＊273-7 Bacchus を指す。
- ·5 festumque (= festum + que)＜festum〔名〕n.「祝日、祝祭、祝宴」(単数対格) 390-6 profanat の目的語。
- ·6 profanat＜profano〔動〕「冒瀆する」(直説法能相三人称単数現在)

391
- ·1 tympana＜tympanum〔名〕n.「太鼓、タンバリン；車輪」(複数主格) 392-1 obstrepuere の主語。☆バックス信者たちは太鼓や笛の音に合わせて乱舞した。
- ·2 cum〔接〕「～した時；～なので；～だけれども」
- ·3 subito 386-4 参照。392-2 sonis と共に 392-1 obstrepuere を修飾。
- ·4 non〔副〕「(全然)～ない」391-5 adparentia を修飾。
- ·5 adparentia＜adpareo〔動〕「現れる；見える」現在分詞(中性複数主格)。391-1 tympana に一致。叙述的用法。
- ·6 raucis＜raucus〔形〕「しわがれた、耳障りな」(男性複数奪格) 392-2 sonis を修飾。

obstrepuere sonis, et adunco tibia cornu
　　　tinnulaque aera sonant ; redolent murraeque crocique,
　　　resque fide maior, coepere virescere telae
　　　inque hederae faciem pendens frondescere vestis ;　　　395
　　　pars abit in vites, et quae modo fila fuerunt,
　　　palmite mutantur ; de stamine pampinus exit ;
　　　purpura fulgorem pictis adcommodat uvis.
　　　iamque dies exactus erat, tempusque subibat,

392
- 1　obstrepuere (= obstrepuerunt)＜obstrepo〔動〕「反響する、鳴り響く；怒鳴る」(直説法能相三人称複数完了過去)
- 2　sonis＜sonus〔名〕m.「物音、音」(複数奪格)
- 3　et〔接〕「そして、また」
- 4　adunco＜aduncus〔形〕「屈曲した、鉤形の」(中性単数奪格) 392-6 cornu を修飾。
- 5　tibia〔名〕f.「頚骨；笛」(単数主格) 393-2 aera と共に 393-3 sonant の主語。
- 6　cornu＜cornu〔名〕n.「角；突端」(単数奪格) 392-5 tibia を修飾。

393
- 1　tinnulaque (= tinnula + que)＜tinnulus〔形〕「リンリン(ジャンジャン)鳴る」(中性複数主格) 393-2 aera を修飾。
- 2　aera＜aes〔名〕n.「銅、青銅；〈複〉青銅製品、シンバル」(複数主格)
- 3　sonant＜sono〔動〕「音を立てる；語る」(直説法能相三人称複数現在)
- 4　redolent＜redoleo〔動〕「匂う；(息など)を吐く」(直説法能相三人称複数現在)
- 5　murraeque (= murrae + que)＜murra〔名〕f.「ミルラ（没薬）」(複数主格) 393-6 croci と共に 393-4 redolent の主語。
- 6　crocique (= croci + que)＜crocus (m.) / crocum (n.)〔名〕「クロッカス、サフラン」(複数主格)

394
- 1　resque (= res + que)〔名〕f.「事象；情況」(単数主格) ＊独立句を成す。
- 2　fide＜fides〔名〕f.「信用；忠誠；保証」(単数奪格) 394-3 maior を修飾。
- 3　maior＜magnus〔形〕「大きい；多い；偉大な」比較級(女性単数主格)。394-1 res を修飾。＊res fide maior = <a> reality mightier (than) faith : i.e. a reality beyond belief
- 4　coepere (= coeperunt)＜coepio〔動〕「始める；始まる」(直説法能相三人称単数完了過去) ＊不定法を伴う。
- 5　virescere＜viresco〔動〕「緑色になる」(不定法能相現在) 395-5 frondescere と共に 394-4 coepere の目的語。
- 6　telae＜tela〔名〕f.「蜘蛛の巣；織機」(複数主格) 395-6 vestis と共に 394-4 coepere の主語。

395
- 1　inque (= in + que)〔前〕「～(の中)へ、～に対して」対格支配(395-3 faciem)。395-5 frondescere を修飾。
- 2　hederae＜hedera〔名〕f.「蔦」(単数属格) 395-3 faciem を修飾。
- 3　faciem＜facies〔名〕f.「外観、姿；顔(顔付)」(単数対格)
- 4　pendens＜pendeo〔動〕「掛かる、垂れ下がる；浮遊する；依存する」現在分詞(女性単数主格)。395-6 vestis を修飾。
- 5　frondescere＜frondesco〔動〕「葉を出す、葉が繁る」(不定法能相現在)
- 6　vestis〔名〕f.「衣服」(単数主格) ＊「織布」の謂。

変身物語　第四巻

(with) harsh sounds, and flutes (of) crooked cornu
and jangling cymbals resound; both myrrh and croci emit fragrance,
and <a> reality beyond belief, <their> looms begin (to) become green,
and <the> pendent cloth (to) foliate into <the> figure (of) ivy;
<a> part changes to vines, and what were lately threads
(are) mutated (to) twigs; from <the> warp vine-shoots sprout;
<the> purple-colour provides brightness (to) variegated grapes.
And now <the> day was over, and <the> time (was) creeping,

396
・1　pars〔名〕f.「部分、一部；役割」(単数主格) 396-2 abit の主語。
・2　abit＜abeo〔動〕「去る；消滅する；変形する」(直説法三人称単数現在)
・3　in 395-1 参照。対格支配(396-4 vites)。396-2 abit を修飾。
・4　vites＜vitis〔名〕f.「葡萄蔓；葡萄の小枝」(複数対格)
・5　et 392-3 参照。
・6　quae＜qui〔関代〕中性複数主格。先行詞を含む複合用法。396-9 fuerunt 及び397-2 mutantur の主語になる。＊性と数は 396-8 fila に一致している。
・7　modo〔副〕「ただ；今、最近；すぐ」396-9 fuerunt を修飾。
・8　fila＜filum〔名〕n.「糸、紐」(複数対格) 396-9 fuerunt の補語。
・9　fuerunt＜sum〔動〕「～である；存在する」(直説法三人称複数完了過去)

397
・1　palmite＜palmes〔名〕m.「葡萄の若枝、葡萄の芽」(単数奪格) 397-2 mutantur を修飾。
・2　mutantur＜muto〔動〕「変える、変形させる」(直説法所相三人称複数現在)
・3　de〔前〕「～から；～中に；～故に」奪格支配(397-4 stamine)。397-6 exit を修飾。
・4　stamine＜stamen〔名〕n.「経糸；糸、紐」(単数奪格)
・5　pampinus〔名〕m.「葡萄の巻きひげ、葡萄の葉」(単数主格) 397-6 exit の主語。
・6　exit＜exeo〔動〕「出る、去る」(直説法三人称単数現在) ＊「発芽する」の謂。

398
・1　purpura〔名〕f.「紫色；紫色の衣服」(単数主格) 398-4 adcommodat の主語。
・2　fulgorem＜fulgor〔名〕m.「閃光；輝き；栄誉」(単数対格) 398-4 adcommodat の目的語。
・3　pictis＜pictus〔形〕「多色の；装飾された」(女性複数与格) 398-5 uvis を修飾。
・4　adcommodat＜adcommodo〔動〕「付ける；順応する；提供する」(直説法能相三人称単数現在)
・5　uvis＜uva〔名〕f.「葡萄」(複数与格) 398-4 adcommodat を修飾。

399
・1　iamque (= iam + que)〔副〕「今；直前に；すぐ；既に」399-3・4 exactus erat を修飾。
・2　dies〔名〕m.f.「一日；期日；昼間、日光」(単数主格) 399-3・4 exactus erat の主語。
・3・4　exactus erat＜exigo〔動〕「突き出す、追放する；要求する；過す」(直説法所相三人称単数完了過去)
・5　tempusque (= tempus + que)〔名〕n.「時間；時期；時代」(単数主格) 399-6 subibat の主語。
・6　subibat＜subeo〔動〕「入る；近づく；継承する；思い浮かぶ」(直説法三人称単数不完了過去)

quod tu nec tenebras nec possis dicere lucem,　　　　　　400
sed cum luce tamen dubiae confinia noctis：
tecta repente quati pinguesque ardere videntur
lampades et rutilis conlucere ignibus aedes
falsaque saevarum simulacra ululare ferarum,
fumida iamdudum latitant per tecta sorores　　　　　　405
diversaeque locis ignes ac lumina vitant,
dumque petunt tenebras, parvos membrana per artus

400
- 1　quod＜qui〔関代〕中性単数対格。先行詞は 399-5 tempus。400-7 dicere の目的語。
- 2　tu〔代〕「あなた」(単数主格) 400-6 possis の主語。
- 3・5　nec〔接〕「また～ない、～もない」 ＊401-1・4 sed tamen と呼応する。
- 4　tenebras＜tenebrae〔名〕f.pl.「闇；夜」(複数対格) 400-8/401-6 lucem, confinia と共に 400-7 dicere の補語。
- 6　possis＜possum〔動〕「～できる、能力がある」(接続法二人称単数現在)
- 7　dicere＜dico〔動〕「言う、話す、述べる；呼ぶ」(不定法能相現在) 400-6 possis の補語。
- 8　lucem＜lux〔名〕f.「光、明るさ；日光、昼；日」(単数対格)

401
- 1　sed〔接〕「しかし；～ではなくて」
- 2　cum〔前〕「～と共に；～を伴って；～で」奪格支配(401-3 luce)。401-7 noctis と共に 401-6 confinia を修飾。 ＊cum luce confinia noctis = <the> confines (of) night and day
- 3　luce＜lux 400-8 参照(単数奪格)。
- 4　tamen〔副〕「しかし、にも拘らず」
- 5　dubiae＜dubius〔形〕「迷う；躊躇する；疑う」(女性単数属格) 401-7 noctis を修飾。 ＊「仄かな」の謂。
- 6　confinia＜confinium〔名〕n.「境；境界」(複数対格)

- 7　noctis＜nox〔名〕f.「夜；闇」(単数属格)

402
- 1　tecta＜tectum〔名〕n.「屋根；住居、避難所」(複数主格) 402-6 videntur の主語。 ＊403-1・6/ 404-3 lampades, aedes, simulacra も同断。
- 2　repente〔副〕「突然」402-6 videntur を修飾。
- 3　quati＜quatio〔動〕「揺する；砕く；興奮させる」(不定法所相現在) 402-6 videntur の補語。 ＊402-5/ 403-4/ 404-4 ardere, conlucere, ululare も同断。
- 4　pinguesque (= pingues + que)＜pinguis〔形〕「太った；豊かな；濃い」(女性複数主格) ＊「樹脂の多い」の謂。
- 5　ardere＜ardeo〔動〕「燃える」(不定法能相現在)
- 6　videntur＜video〔動〕「見る；認知する；〈所〉見える」(直説法所相三人称複数現在)

403
- 1　lampades＜lampas〔名〕f.「松明」(複数主格)
- 2　et〔接〕「そして、また」
- 3　rutilis＜rutilus〔形〕「赤い、黄褐色の」(男性複数奪格) 403-5 ignibus を修飾。
- 4　conlucere＜conluceo〔動〕「光り輝く」(不定法能相現在)
- 5　ignibus＜ignis〔名〕m.「火；輝き」(複数奪格) 403-4 conlucere を修飾。
- 6　aedes＜aedes/ aedis〔名〕f.「神殿；〈複〉住居」(複数主格)

— 114 —

which thou couldst call neither night nor day,
but yet <the> confines (of) faint night and day:
unexpectedly <the> residence seems (to) quake, and pitchy torches
(to) burn and <their> abode (to) glow (with) ruddy fire
and false simulacra (of) savage beasts (to) roar;
<the> sisters persistently sneak through <their> smoky residence
and (in) diverse places, (they) avoid fire and light,
and while (they) seek darkness, membranes spread over <their> slim

404
- 1 falsaque (= falsa + que)＜falsus〔形〕「偽りの、偽装の」(中性複数主格) 404-5 ferarum と共に 404-3 simulacra を修飾。
- 2 saevarum＜saevus〔形〕「荒れ狂う、獰猛な；残忍な」(女性複数属格) 404-5 ferarum を修飾。
- 3 simulacra＜simulacrum〔名〕n.「姿；像」(複数主格)
- 4 ululare＜ululo〔動〕「叫ぶ、泣き喚く」(不定法能相現在)
- 5 ferarum＜fera〔名〕f.「野獣」(複数属格)

405
- 1 fumida＜fumidus〔形〕「煙が立ちこめた、煙を出す」(中性複数対格) 405-5 tecta を修飾。
- 2 iamdudum〔副〕「以来ずっと、長い間」405-4 per と共に 405-3 latitant を修飾。
- 3 latitant＜latito〔動〕「隠れる、潜む」(直説法能相三人称複数現在)
- 4 per〔前〕「〜を横切って；〜を通して；〜によって」対格支配(405-5 tecta)。
- 5 tecta 402-1 参照(複数対格)。
- 6 sorores＜soror〔名〕f.「姉妹」(複数主格) 405-3/ 406-6 latitant, vitant の主語。＊389-7 proles を指す。

406
- 1 diversaeque (= diversae + que)＜diversus〔形〕「反対の；離れた；異なった」(女性複数主格) 405-6 sorores に一致。叙述の用法。＊diversa locis = (being) diverse in places : i.e. in diverse places

- 2 locis＜locus〔名〕m.「場所；地位；位置」(複数奪格) 406-1 diversae を修飾。
- 3 ignes＜ignis 403-5 参照(複数対格)。406-5 lumina と共に 406-6 vitant の目的語。
- 4 ac (= atque)〔接〕「そして、また」
- 5 lumina＜lumen〔名〕n.「光、灯り；眼」(複数対格)
- 6 vitant＜vito〔動〕「逃れる、避ける」(直説法能相三人称複数現在)

407
- 1 dumque (= dum + que)〔接〕「〜する間に(間は)；〜まで」
- 2 petunt＜peto〔動〕「目指す；攻撃する；懇請する；追求する」(直説法能相三人称複数現在) 主述部。405-6 sorores を受ける。＊以下の perdiderint, sustinuere, emittunt, peragunt, celebrant, volant, tenent も同断。
- 3 tenebras 400-4 参照。407-2 petunt の目的語。
- 4 parvos＜parvus〔形〕「小さい、些細な；短い；〈名〉些細なこと」(男性複数対格) 407-7 artus を修飾。
- 5 membrana〔名〕f.「皮膚、皮膜；皮」(単数主格) 408-1・3 porrigitur, includit の主語。☆王女たちは蝙蝠に変身した。
- 6 per 405-4 参照。対格支配(407-7 artus)。408-1 porrigitur を修飾。
- 7 artus＜artus〔名〕m.「関節；四肢」(複数対格)

porrigitur tenuique includit bracchia pinna ;
nec qua perdiderint veterem ratione figuram,
scire sinunt tenebrae : non illas pluma levavit, 410
sustinuere tamen se perlucentibus alis
conataeque loqui minimam et pro corpore vocem
emittunt peraguntque levi stridore querellas.
tectaque, non silvas celebrant lucemque perosae
nocte volant seroque tenent a vespere nomen. 415

408
・1 porrigitur＜porrigo〔動〕「伸ばす；差し出す」(直説法所相三人称単数現在)
・2 tenuique (= tenui + que)＜tenuis〔形〕「薄い；少ない、些細な；繊細な」(女性単数奪格) 408-5 pinna を修飾。
・3 includit＜includo〔動〕「閉じ込める；阻害する；包括する」(直説法能相三人称単数現在) ＊「包む」の謂。
・4 bracchia＜bracchium〔名〕n.「前腕部；腕」(複数対格) 408-3 includit の目的語。
・5 pinna＜pinna〔名〕f.「羽根；〈複〉翼」(単数奪格) 408-3 includit を修飾。

409
・1 nec〔接〕「また〜ない、〜もない」
・2 qua＜qui〔疑〕「誰(何)、どんな」(女性単数奪格) 409-5 ratione を修飾。＊間接疑問文を導く。
・3 perdiderint＜perdo〔動〕「破壊する、浪費する；喪失する」(接続法能相三人称複数完了過去)
・4 veterem＜vetus〔形〕「年老いた；古い；以前の」(女性単数対格) 409-6 figuram を修飾。
・5 ratione＜ratio〔名〕f.「計算；事柄；過程、方法」(単数奪格)
・6 figuram＜figura〔名〕f.「姿、形」(単数対格) 409-3 perdiderint の目的語。

410
・1 scire＜scio〔動〕「知る、理解する」(不定法能相現在) 410-2 sinunt の目的語。
・2 sinunt＜sino〔動〕「許す、容認する」(直説法能相三人称複数現在)
・3 tenebrae〔名〕f.pl.「闇；夜」(複数主格) 410-2 sinunt の主語。
・4 non〔副〕「(全然)〜ない」410-7 levavit を修飾。
・5 illas＜ille〔代〕「あれ、それ；彼(彼女)」(女性複数対格) 405-6 sorores を指す。410-7 levavit の目的語。
・6 pluma〔名〕f.「羽毛、羽根」(単数主格) 410-7 levavit の主語。
・7 levavit＜levo〔動〕「持ち上げる；軽減する」(直説法能相三人称単数完了過去)

411
・1 sustinuere (= sustinuerunt)＜sustineo〔動〕「支える；抑止する；堪える」(直説法能相三人称複数完了過去)
・2 tamen〔副〕「しかし、にも拘らず」
・3 se＜sui〔代〕「彼(彼女、それ)自身」(単数対格) 410-5 illas を受ける。411-1 sustinuere の目的語。
・4 perlucentibus＜perluceo〔動〕「光を通す；かすかに光る」現在分詞(女性複数奪格)。411-5 alis を修飾。
・5 alis＜ala〔名〕f.「翼」(複数奪格) 411-1 sustinuere を修飾。

412
・1 conataeque (= conatae + que)＜conor〔所動〕「試みる、努力する」完了分詞(女性複数主格)。405-6 sorores に一致。叙述的用法。＊414-6 perosae も同断。
・2 loqui＜loquor〔所動〕「話す、述べる」(不定法現在) 412-1 conatae の目的語。

limbs and (with) thin wings, envelop <their> arms;

　　　and <the> darkness never allows <them> (to) know (in) what manner

　　　(they) lost <their> old figure: plumes never floated them,

　　　yet (they) supported themselves (with) <their> lucent wings

　　　and trying (to) speak, (they) emitted minimal voices proportionate

　　　(to) <their> bodies and expressed <their> bewailment (with) slight creaks.

　　　(They) frequent residences, not forests, and detesting <the> daylight,

　　　flit (at) night and take <their> name from late evening.

・3　minimam＜parvus〔形〕「小さい、些細な；短い；〈名〉些細なこと」最上級（女性単数対格）。412-5 pro と共に 412-7 vocem を修飾。
・4　et〔接〕「そして、また」
・5　pro〔前〕「〜の前に；〜の為に；〜に代って」奪格支配（412-6 corpore）。＊「釣り合った」の謂。
・6　corpore＜corpus〔名〕n.「身体；肉；屍」（単数奪格）
・7　vocem＜vox〔名〕f.「声、音；言葉、発言」（単数対格）413-1 emittunt の目的語。

413
・1　emittunt＜emitto〔動〕「送り出す；放つ」（直説法能相三人称複数現在）
・2　peraguntque (= peragunt + que)＜perago〔動〕「貫く；遂行する」（直説法能相三人称複数現在）
・3　levi＜levis〔形〕「軽い；素早い；些細な」（男性単数奪格）413-4 stridore を修飾。
・4　stridore＜stridor〔名〕m.「キーキー（シューシュー）いう音（声）」（単数奪格）413-2 peragunt を修飾。
・5　querellas＜querella〔名〕f.「悲しみ、嘆き；苦情、非難」（複数対格）413-2 peragunt の目的語。

414
・1　tectaque (= tecta + que)＜tectum〔名〕n.「屋根；住居、避難所」（複数対格）414-3 silvas と共に 414-4 celebrant の目的語。
・2　non 410-4 参照。414-3 silvas を修飾。

・3　silvas＜silva〔名〕f.「森、森林地帯」（複数対格）
・4　celebrant＜celebro〔動〕「群れる、満たす；繰り返す；讃える」（直説法能相三人称複数現在）
・5　lucemque (= lucem + que)＜lux〔名〕f.「光、明るさ；日光、昼；日」（単数対格）414-6 perosae の補語。
・6　perosae＜perodi〔形〕「忌み嫌う」（女性複数主格）＊perodi の完了分詞。

415
・1　nocte＜nox〔名〕f.「夜；闇」（単数奪格）415-2 volant を修飾。
・2　volant＜volo〔動〕「飛ぶ；疾駆する」（直説法能相三人称複数現在）
・3　seroque (= sero + que)＜serus〔形〕「遅い；遅れた」（男性単数奪格）415-6 vespere を修飾。
・4　tenent＜teneo〔動〕「保持する；占める；制御する」（直説法能相三人称複数現在）
・5　a (= ab)〔前〕「〜（の中）から；〜側に；〜で」奪格支配（415-6 vespere）。415-4 tenent を修飾。
・6　vespere＜vesper〔名〕m.「宵の明星；夕暮れ」（単数奪格）
・7　nomen＜nomen〔名〕n.「名前」（単数対格）415-4 tenet の目的語。☆ラテン語で蝙蝠は vespertilio という。

Tum vero totis Bacchi memorabile Thebis
numen erat, magnasque novi matertera vires
narrat ubique dei de totque sororibus expers
una doloris erat, nisi quem fecere sorores：
adspicit hanc natis thalamoque Athamantis habentem　　　　420
sublimes animos et alumno numine Iuno

416

- 1　Tum〔副〕「当時；現在；次に、その後」416-2 vero と共に 416-5・417-2 memorabile erat を修飾。
- 2　vero〔副〕「実際、確かに」
- 3　totis＜totus〔形〕「全ての、～全体」(女性複数奪格) 416-6 Thebis を修飾。
- 4　Bacchi＜Bacchus〔名〕m.「バックス」(単数属格) 417-1 numen を修飾。
- 5　memorabile＜memorabilis〔形〕「記憶すべき、顕著な」(中性単数主格) 417-1 numen に一致。417-2 erat の補語。＊奪格を伴う。
- 6　Thebis＜Thebae〔名〕f.pl.「テーバエ」(複数奪格) 416-5 memorabile の補語。

417

- 1　numen〔名〕n.「神の意志；神」(単数主格) 417-2 erat の主語。
- 2　erat＜sum〔動〕「～である；存在する」(直説法三人称単数不完了過去)
- 3　magnasque(= magnas + que)＜magnus〔形〕「大きい；多い；偉大な」(女性複数対格) 418-3 dei と共に 417-6 vires を修飾。
- 4　novi＜novus〔形〕「新しい、新鮮な、若い」(男性単数属格) 418-3 dei を修飾。
- 5　matertera〔名〕f.「母の姉妹」(単数主格) 418-1/419-3 narrat, erat の主語。☆バックス母セメレの姉妹イノ(431-6)を指す。イノはセメレがユピテルの雷光に触れて焼死した後、バックスを育てた(第三巻313-315行参照)。
- 6　vires＜vis〔名〕f.「力；活力；暴力」(複数対格) 418-1 narrat の目的語。

418

- 1　narrat＜narro〔動〕「告げる、物語る；述べる」(直説法能相三人称単数現在)
- 2　ubique〔副〕「至る所で」418-1 narrat を修飾。
- 3　dei＜deus〔名〕m.「神；神力」(単数属格)
- 4　de〔前〕「～から；～中に；～故に」奪格支配(418-6 sororibus)。419-1 una を修飾。
- 5　totoque (= toto + que)〔形〕「これ程多数の」(無変化) 418-6 sororibus を修飾。
- 6　sororibus＜soror〔名〕f.「姉妹」(複数奪格) ☆カドムスとハルモニアの娘の四姉妹セメレ、アガウエ、イノ、アウトノエを指す。
- 7　expers〔形〕「～に関係ない；～がない」(女性単数主格) 417-5 matertera に一致。419-3 erat の補語。＊属格を伴う。

<The> divinity (of) Bacchus was then verily memorable
(to) whole Thebes, and <his> maternal aunt narrated <the> mighty power
(of) <the> new god everywhere, and among so many sisters (she) was alone
exempt from dolour, except (that) which <her> sisters caused:
Juno observed her having <a> sublime soul
(in) <her> sons and Athamas's bedchamber and <her> numinous foster child,

419
- 1 una＜unus〔数〕「一つ(の)；同一の」(女性単数主格) 417-5 matertera に一致。叙述的用法。
- 2 doloris＜dolor〔名〕m.「苦痛；悲しみ、嘆き；憤り」(単数属格) 418-7 expers の補語。
- 3 erat 417-2 参照。
- 4 nisi〔接〕「もし〜でなければ；〜以外」
- 5 quem＜qui〔関代〕男性単数対格。先行詞を含む複合用法。419-6 fecere の目的語。＊419-2 doloris を受ける。
- 6 fecere (= fecerunt)＜facio〔動〕「建設する；為す；製造(製作)する」(直説法能相三人称複数完了過去)
- 7 sorores＜soror 418-6 参照(複数主格)。419-6 fecere の主語。

420
- 1 adspicit＜adspicio〔動〕「見る；観察する；考慮する」(直説法能相三人称単数現在)
- 2 hanc＜hic〔代〕「これ、この人；次のこと」(女性単数対格) 417-5 matertera を指す。420-1 adspicit の目的語。
- 3 natis＜natus〔形〕「生れた；〈名〉息子」(男性複数奪格) 名詞的用法。420-4/ 421-4 thalamo, alumno と共に 420-6 habentem を修飾。☆イノにはレアルコスとメリケルテスという息子がいた。
- 4 thalamoque (= thalamo + que)＜thalamus〔名〕m.「奥の部屋；寝室；新婚の床」(単数奪格)
- 5 Athamantis＜Athamas〔名〕m.「アタマス」(単数属格) 420-4 thalamo を修飾。☆テッサリアの王。イノの夫。妻と共に幼いバックスを養育した為、ユピテルの正妻であるユノに憎まれた。
- 6 habentem＜habeo〔動〕「持つ、所有する」現在分詞(女性単数対格)。420-2 hanc に一致。叙述的用法。

421
- 1 sublimes＜sublimis〔形〕「高揚した、高い；高名な、顕著な」(男性複数対格) 421-2 animos を修飾。
- 2 animos＜animus〔名〕m.「理性；知性、精神」(複数対格) 420-6 habentem の目的語。
- 3 et〔接〕「そして、また」
- 4 alumno＜alumnus〔名〕m.「養子」(単数奪格) ☆バックスを指す。
- 5 numine＜numen 417-1 参照(単数奪格)。421-4 alumno と同格。
- 6 Iuno〔名〕f.「ユノ、ジューノー」(単数主格) 420-1/ 422-2 adspicit, tulit の主語。

nec tulit et secum : "potuit de paelice natus
vertere Maeonios pelagoque inmergere nautas
et laceranda suae nati dare viscera matri
et triplices operire novis Minyeidas alis　　　　　　　　　　　425
nil poterit Iuno nisi inultos flere dolores?
idque mihi satis est? haec una potentia nostra est?

422
- 1　nec〔接〕「また～ない、～もない」
- 2　tulit＜fero〔動〕「支える、運ぶ；もたらす；堪える」(直説法能相三人称単数完了過去)
- 3　et〔接〕「そして、また」
- 4　secum (= se + cum)＜sui〔代〕「彼(彼女、それ)自身」(単数奪格) 421-6 Iuno を指す。cum〔前〕「～と共に；～を伴って；～で」奪格支配(422-4 se)。＊述部(dixit = said) の省略。
- 5　potuit＜possum〔動〕「～できる、能力がある」(直説法三人称単数完了過去)
- 6　de〔前〕「～から；～中に；～故に」奪格支配(422-7 paelice)。422-8 natus を修飾。
- 7　paelice＜paelex〔名〕f.「愛人、情婦」(単数奪格) ☆ユピテルに愛され、バックスを生んだセメレを指す。
- 8　natus〔形〕「生れた；〈名〉息子」(男性単数主格) 名詞的用法。422-5 potuit の主語。

423
- 1　vertere＜verto〔動〕「向ける；変える；覆す」(不定法能相現在) 423-4/ 424-5/ 425-3 inmergere, dare, operire と共に 422-5 potuit の補語。
- 2　Maeonios＜Maeonius〔形〕「マエオニアの；エトルリアの」(男性複数対格) 423-5 nautas を修飾。☆マエオニアはエトルリア(イタリア北西部) の別名。
- 3　pelagoque (= pelago + que)＜pelagus 〔名〕n.「海洋」(単数奪格) 423-4 inmergere を修飾。
- 4　inmergere＜inmergo〔動〕「浸す、沈める」(不定法能相現在)
- 5　nautas＜nauta〔名〕m.「船乗り」(複数対格) 423-1・4 vertere, inmergere の目的語。☆バックスを欺こうとしてイルカに変えられたエトルリアの海賊を指す(第三巻 582-686 参照)。

424
- 1　et 422-3 参照。
- 2　laceranda＜lacero〔動〕「引き裂く、引きちぎる」動形容詞(中性複数対格)。424-6 viscera に一致。叙述的用法。＊laceranda dare viscera = (to) cause <his> bowels <to be> lacerated
- 3　suae＜suus〔代〕「彼(ら)の、彼女(ら)の、それ(ら)の」(女性単数与格) 424-4 nati を指す。424-7 matri を修飾。
- 4　nati＜natus 422-8 参照(男性単数属格)。名詞的用法。424-6 viscera を修飾。☆母親たちに野猪と間違えられ、八つ裂きにされたテーバエの王ペンテウスを指す(第三巻 701-731 参照)。
- 5　dare＜do〔動〕「与える、為す；認める」(不定法能相現在)
- 6　viscera＜viscus〔名〕n.「内部、内臓；内奥」(複数対格) 424-5 dare の目的語。
- 7　matri＜mater〔名〕f.「母」(単数与格) 424-2 laceranda を修飾。☆ペンテウスの母アガウエを指す。＊動作主を表す与格。

and never tolerated and <said> to herself : "<The> son of <his> mistress was able

(to) transform <the> Maeonian sailors and immerse <them> (in) <the> sea

and (to) cause <a> son's bowels <to be> lacerated (by) his mother

and (to) enwrap <the> triple daughters of Minyas (with) new wings:

can Juno do nothing but (to) weep <her> unavenged dolour?

And is this satisfactory (to) me? Is this my only power?

425
- 1　et 422-3 参照。
- 2　triplices＜triplex〔形〕「三重の、三部の」(女性複数対格) 425-5 Minyeidas を修飾。
- 3　operire＜operio〔動〕「覆う；隠す」(不定法能相現在)
- 4　novis＜novus〔形〕「新しい、新鮮な、若い」(女性複数奪格) 425-6 alis を修飾。
- 5　Minyeidas＜Minyeis〔名〕f.「ミニュアスの娘」(複数対格) 425-3 operire の目的語。＊32-5 参照。
- 6　alis＜ala〔名〕f.「翼」(複数奪格) 425-3 operire を修飾。

426
- 1　nil (= nihil)＜nil〔名〕n.「無」(単数対格) 426-2 poterit の目的語。＊426-4 nisi と呼応する。
- 2　poterit＜possum 422-5 参照(直説法三人称単数未来)。＊他動詞用法。
- 3　Iuno〔名〕f.「ユノ、ジューノー」(単数主格) 426-2 poterit の主語。
- 4　nisi〔接〕「もし〜でなければ；〜以外」
- 5　inultos＜inultus〔形〕「満たされていない、復讐されていない；無傷の」(男性複数対格) 426-7 dolores を修飾。
- 6　flere＜fleo〔動〕「泣く、嘆く」(不定法能相現在)
- 7　dolores＜dolor〔名〕m.「苦痛；悲しみ、嘆き；憤り」(複数対格) 426-6 flere の目的語。

427
- 1　idque (= id + que)＜is〔代〕「この人(これ)、彼(彼女)」(中性単数主格) 426-6 flere を指す。427-4 est の主語。
- 2　mihi＜ego〔代〕「私」(単数与格) 427-3 satis の補語。
- 3　satis〔形〕「充分な、満足な」(無変化) 427-4 est の補語。＊与格を伴う。
- 4・9　est＜sum〔動〕「〜である；存在する」(直説法三人称単数現在)
- 5　haec＜hic〔代〕「これ、この人；次のこと」(女性単数主格) 427-9 est の主語。＊性・数は 427-7 potentia に一致している。
- 6　una＜unus〔数〕「一つ(の)；同一の」(女性単数主格) 427-8 nostra と共に 427-7 potentia を修飾。
- 7　potentia〔名〕f.「力；権力」(単数主格) 427-9 est の補語。
- 8　nostra＜noster〔代〕「我々の」(女性単数主格) ＊mea (= my) の代用。

ipse docet, quid agam (fas est et ab hoste doceri),
quidque furor valeat, Penthea caede satisque
ac super ostendit : cur non stimuletur eatque   430
per cognata suis exempla furoribus Ino ? "
　　　Est via declivis funesta nubila taxo :
ducit ad infernas per muta silentia sedes ;
Styx nebulas exhalat iners, umbraeque recentes

428
- 1　ipse〔代〕「〜自身」(男性単数主格) 422-8 natus を指す。叙述的用法。
- 2　docet＜doceo〔動〕「教える、示す」(直説法能相三人称単数現在) 430-3 ostendit と共に主述部。422-8 natus を受ける。
- 3　quid＜quis〔疑〕「誰(何)」(中性単数対格) 428-4 agam の目的語。＊429-1 quid と共に間接疑問文を導く。
- 4　agam＜ago〔動〕「動かす；前進させる；駆る；為す」(接続法能相一人称単数現在) 主述部。
- 5　fas〔名〕n.「神の掟；正義、権利」(無変化) 428-6 est の補語。＊fas est =(it) is justice : i.e. it is proper
- 6　est＜sum〔動〕「〜である；存在する」(直説法三人称単数現在) 主述部。＊非人称的構文。
- 7　et〔副〕「〜もまた、〜さえも」428-5 fas を修飾。
- 8　ab〔前〕「〜(の中)から；〜側に；〜で」奪格支配(428-9 hoste)。428-10 doceri を修飾。
- 9　hoste＜hostis〔名〕m.f.「見知らぬ人；敵」(単数奪格)
-10　doceri＜doceo 428-2 参照(不定法所相現在)。428-6 est の主語。

429
- 1　quidque (= quid + que) 428-3 参照。＊副詞的用法。「如何に」の謂。
- 2　furor〔名〕m.「熱狂、激情」(単数主格) 429-3 valeat の主語。
- 3　valeat＜valeo〔動〕「強い；効力を持つ、成功する」(接続法能相三人称単数現在)
- 4　Penthea＜Pentheus〔形〕「ペンテウスの」(女性単数奪格) 429-5 caede を修飾。
- 5　caede＜caedes〔名〕f.「殺戮」(単数奪格) 429-6・430-1・2 satis ac super と共に 430-3 ostendit を修飾。
- 6　satisque (= satis + que)〔副〕「充分に、満足に」＊satis ac super = satisfactorily and moreover : i.e. more than satisfactorily

430
- 1　ac (= atque)〔接〕「そして、また」
- 2　super〔副〕「上方に；更に」
- 3　ostendit＜ostendo〔動〕「見せる；誇示する」(直説法能相三人称単数現在)
- 4　cur〔疑〕「何故」
- 5　non〔副〕「(全然)〜ない」430-6・7 stimuletur eatque を修飾。
- 6　stimuletur＜stimulo〔動〕「駆り立てる、刺激する」(接続法所相三人称単数現在)
- 7　eatque (= eat + que)＜eo〔動〕「行く、進む」(接続法三人称単数現在) ＊「(模範、前例などに) 倣う」の謂。

431
- 1　per〔前〕「〜を横切って；〜を通して；〜によって」対格支配(431-4 exempla)。430-7 eat を修飾。
- 2　cognata＜cognatus〔形〕「血縁の；同族の；関連した、類似した」(中性複数対格) 431-4 exempla を修飾。☆ペンテウスを惨殺したアガウエ、アウトノエを指す。

変身物語　第四巻

(He) himself teaches what (I should) do — (it) is also proper (to be) taught by <an> enemy —
and how frenzy (would) affect, (he) shows (by) Pentheus's slaughter
satisfactorily and moreover: why (should) Ino not (be) stimulated
(by) her frenzy and go after <her> kindreds' example?"
　(There) is <a> steep way shady (by) deadly yews;
(it) leads through dead silence to <the> nether regions;
<The> sluggish Styx exhales mists, and recent shadows

・3　suis＜suus〔代〕「彼(ら)の、彼女(ら)の、それ(ら)の」(男性複数奪格) 431-6 Ino を指す。431-5 furoribus を修飾。
・4　exempla＜exemplum〔名〕n.「見本；型、例」(複数対格)
・5　furoribus＜furor 429-2 参照(複数奪格)。430-6 stimuletur を修飾。
・6　Ino〔名〕f.「イノ」(単数主格) 430-6・7 stimuletur eatque の主語。

432
・1　Est 428-6 参照。
・2　via〔名〕f.「道、通路；旅」(単数主格) 432-1 Est の主語。
・3　declivis＜declivis〔形〕「下り坂の；〈名〉下り坂」(女性単数主格) 432-5 nubila と共に 432-2 via を修飾。
・4　funesta＜funestus〔形〕「命に係わる、破壊的な、陰惨な；悲運な」(女性単数奪格) 432-6 taxo を修飾。☆櫟の種や葉には毒があるので、死と連想された。
・5　nubila＜nubilus〔形〕「曇った；暗い、陰鬱な」(女性単数主格) ＊「蔭になった」の謂。
・6　taxo＜taxus〔名〕f.「櫟の木」(単数奪格) 432-5 nubila を修飾。

433
・1　ducit＜duco〔動〕「導く、引っ張る；促す」(直説法能相三人称単数現在) 主述部。432-2 via を受ける。＊「通ずる」の謂。
・2　ad〔前〕「～(の方)へ；～に対して(向かって)」対格支配(433-7 sedes)。433-4 per と共に 433-1 ducit を修飾。

・3　infernas＜infernus〔形〕「下の；地下の、冥界の」(女性複数対格) 433-7 sedes を修飾。
・4　per 431-1 参照。対格支配(433-6 silentia)。
・5　muta＜mutus〔形〕「喋れない、無音の；静かな」(中性複数対格) 433-6 silentia を修飾。＊per muta silentia = through mute silence : i.e. through dead silence
・6　silentia＜silentium〔名〕n.「沈黙、静寂」(複数対格)
・7　sedes＜sedes〔名〕f.「座席；住居；土台」(複数対格)

434
・1　Styx〔名〕f.「ステュクス」(単数主格) 434-3 exhalat の主語。
・2　nebulas＜nebula〔名〕f.「霧、雲」(複数対格) 434-3 exhalat の目的語。
・3　exhalat＜exhalo/ exalo〔動〕「吐き出す、発散する」(直説法能相三人称単数現在)
・4　iners＜iners〔形〕「拙い；不活発な」(女性単数主格) 434-1 Styx を修飾。
・5　umbraeque (= umbrae + que)＜umbra〔名〕f.「影；日陰；亡霊」(複数主格) 435-3 simulacra と共に 435-1 descendunt の主語。
・6　recentes＜recens〔形〕「最近の、新鮮な、若い」(女性複数主格) 434-5 umbrae を修飾。

— 123 —

descendunt illac simulacraque functa sepulcris: 435
pallor hiemsque tenent late loca senta, novique,
qua sit iter, manes, Stygiam quod ducat ad urbem,
ignorant, ubi sit nigri fera regia Ditis.
mille capax aditus et apertas undique portas
urbs habet, utque fretum de tota flumina terra, 440

435

- 1 descendunt＜descendo〔動〕「降りる；下る」(直説法能相三人称複数現在)
- 2 illac〔副〕「そちらに、そこに」435-1 descendunt を修飾。
- 3 simulacraque (= simulacra + que)＜simulacrum〔名〕n.「姿；像」(複数主格) ☆死者たちは生前の似姿をした亡霊になっていると考えられた。
- 4 functa＜fungor〔所動〕「従事する、遂行する」完了分詞(中性複数主格)。435-3 simulacra を修飾。＊「経験する」の謂。奪格を伴う。
- 5 sepulcris＜sepulcrum〔名〕n.「墓」(複数奪格) 435-4 functa の補語。＊simulacra functa sepulcris = ghosts interred (in) sepulchres

436

- 1 pallor〔名〕m.「蒼白さ」(単数主格) 436-2 hiems と共に 436-3 tenent の主語。
- 2 hiemsque (= hiems + que)〔名〕f.「冬；嵐；冷たさ」(単数主格)
- 3 tenent＜teneo〔動〕「保持する；占める；制御する」(直説法能相三人称複数現在)
- 4 late〔副〕「広く」436-3 tenent を修飾。
- 5 loca＜locus〔名〕m.「場所；地位；位置」(複数対格) 436-3 tenent の目的語。
- 6 senta＜sentus〔形〕「棘だらけの、凸凹の」(中性複数対格) 436-5 loca を修飾。
- 7 novique (= novi + que)＜novus〔形〕「新しい、新鮮な、若い」(男性複数主格) 437-4 manes を修飾。

437

- 1 qua〔疑〕「何処へ；如何に；どれ程」＊間接疑問文を導く。438-2 ubi も同断。
- 2 sit＜sum〔動〕「～である；存在する」(接続法三人称単数現在)
- 3 iter〔名〕n.「旅；道、経路」(単数主格) 437-2 sit の主語。
- 4 manes〔名〕m.pl.「亡霊；冥界」(複数主格) 438-1 ignorant の主語。
- 5 Stygiam＜Stygius〔形〕「ステュクスの、冥界の」(女性単数対格) 437-9 urbem を修飾。
- 6 quod＜qui〔関代〕中性単数主格。先行詞は 437-3 iter。437-7 ducat の主語。
- 7 ducat＜duco〔動〕「導く、引っ張る；促す」(接続法能相三人称単数現在)
- 8 ad〔前〕「～(の方)へ；～に対して(向かって)」対格支配(437-9 urbem)。437-7 ducat を修飾。
- 9 urbem＜urbs〔名〕f.「(城壁で囲まれた)都市、町；ローマ」(単数対格)

and <the> ghosts interred (in) sepulchres descend thither:
pallor and cold pervade <the> rugged places extensively and new
shades are ignorant where <the> route (should) be which (should) lead to <the> Stygian city,
where <the> dread palace (of) black Dis (should) be.
<A> thousand accesses <the> capacious city has, and open
gates everywhere, and as <the> sea <accepts> <the> streams from <the> whole earth,

438
- 1 ignorant＜ignoro〔動〕「知らない、誤解する；無視する」(直説法能相三人称複数現在)
- 2 ubi〔疑〕「何処に」＊437-9 urbem を先行詞とする関係副詞とも解釈できる。
- 3 sit 437-2 参照。
- 4 nigri＜niger〔形〕「黒い、暗い；陰鬱な」(男性単数属格) 438-7 Ditis を修飾。
- 5 fera＜ferus〔形〕「野生の；野蛮な」(女性単数主格) 438-7 Ditis と共に 438-6 regia を修飾。
- 6 regia〔名〕f.「王宮、城、邸宅」(単数主格) 438-3 sit の主語。
- 7 Ditis＜Dis〔名〕m.「ディス」(単数属格) ☆冥界の支配者プルート(Pluto)の別称。ギリシア神話のハデスに相当する。

439
- 1 mille〔数〕「千(の)」(無変化) 439-3 aditus を修飾。＊mille は単数では形容詞として用いられ、無変化。複数では、第三変化の中性名詞として扱われ、格変化する。
- 2 capax＜capax〔形〕「容量の大きい；能力のある」(女性単数主格) 440-1 urbs を修飾。
- 3 aditus＜aditus〔名〕m.「接近；入口」(複数対格) 439-7 portas と共に 440-2 habet の目的語。
- 4 et〔接〕「そして、また」
- 5 apertas＜apertus〔形〕「覆いのない；開いた」(女性複数対格) 439-7 portas を修飾。

- 6 undique〔副〕「至る所に、四方八方」440-2 habet を修飾。
- 7 portas＜porta〔名〕f.「門；入口、通路」(複数対格)

440
- 1 urbs 437-9 参照(単数主格)。440-2 habet の主語。
- 2 habet＜habeo〔動〕「持つ、所有する」(直説法能相三人称単数現在)
- 3 utque (= ut + que)〔関副〕「～した時、～するや否や；(丁度)～するように」＊441-1 sic と呼応する。
- 4 fretum〔名〕n.「海峡；海」(単数主格) 述部(accipit)の省略。＊ut fretum flumina (accipit) = as <the> sea <accepts> <the> streams
- 5 de〔前〕「～から；～中に；～故に」奪格支配(440-8 terra)。440-7 flumina を修飾。
- 6 tota＜totus〔形〕「全ての、～全体」(女性単数奪格) 440-8 terra を修飾。
- 7 flumina＜flumen〔名〕n.「水流、川」(複数対格)
- 8 terra＜terra〔名〕f.「大地、陸地」(単数奪格)

sic omnes animas locus accipit ille nec ulli
exiguus populo est turbamve accedere sentit.
errant exsangues sine corpore at ossibus umbrae,
parsque forum celebrant, pars imi tecta tyranni,
pars aliquas artes, antiquae imitamina vitae　　　　　　　　　445
(exercent, aliam partem sua poena coercet).

441
- 1　sic〔副〕「このように；そのように；次のように」441-5 accipit を修飾。
- 2　omnes＜omnis〔形〕「全ての、あらゆる」(女性複数対格) 441-3 animas を修飾。
- 3　animas＜anima〔名〕f.「息吹；大気；息；生命；精神」(複数対格) 441-5 accipit の目的語。
- 4　locus〔名〕m.「場所；地位；位置」(単数主格) 441-5/ 442-3・6 accipit, est, sentit の主語。
- 5　accipit＜accipio〔動〕「受け取る；受け入れる；歓迎する」(直説法能相三人称単数現在)
- 6　ille〔代〕「あれ、それ；彼(彼女)」(男性単数主格) 形容詞用法。441-4 locus を修飾。
- 7　nec〔接〕「また～ない、～もない」
- 8　ulli＜ullus〔形〕「如何なる、どのような」(男性単数与格) 442-2 populo を修飾。

442
- 1　exiguus〔形〕「厳密な、小さな、短い、貧しい」(男性単数主格) 441-4 locus に一致。442-3 est の補語。＊与格を伴う。
- 2　populo＜populus〔名〕m.「民族；人民；市民」(単数与格) 442-1 exiguus の補語。
- 3　est＜sum〔動〕「～である；存在する」(直説法三人称単数現在)
- 4　turbamve (= turbam + ve)＜turba〔名〕f.「混乱；群衆、集団；多数」(単数対格) 442-5 accedere の意味上の主語。＊-ve は接尾辞で「或いは」の謂。

- 5　accedere＜accedo〔動〕「近寄る；加わる」(不定法能相現在) 442-6 sentit の目的語。＊「増加する」の謂。
- 6　sentit＜sentio〔動〕「感ずる；認知する；考える」(直説法能相三人称単数現在) ＊不定法を伴う。

443
- 1　errant＜erro〔動〕「放浪する；間違う」(直説法能相三人称複数現在) ☆冥界の死者の霊は蒼白い影のようになって、「アスポデロスの野」をさまよい、生前と同じ生業を営んでいると考えられていた。
- 2　exsangues＜exsanguis〔形〕「血のない、命のない；蒼白い、弱い」(女性複数主格) 443-3 sine と共に 443-7 umbrae を修飾。
- 3　sine〔前〕「～のない、～なしに」奪格支配(443-4・6 corpore, ossibus)。
- 4　corpore＜corpus〔名〕n.「身体；肉；屍」(複数奪格)
- 5　at〔接〕「しかし、しかし一方」
- 6　ossibus＜os〔名〕n.「骨；骨髄」(複数奪格)
- 7　umbrae＜umbra〔名〕f.「影；日陰；亡霊」(複数主格) 443-1 errant の主語。

so that place accepts all <the> souls <u>and never</u> is

　　insufficient (for) any people nor senses <the> throng (to) augment.

　　<There> roam bloodless shadows without bodies and bones,

　　<u>and <a> part</u> frequents <the> forum, <a> part <the> nether ruler's residence;

　　<a> part, some trades — imitations (of) <their> former lives,

　　[executes; another part, their penalty constrains].

444
- 1・4 parsque (= pars + que)〔名〕f.「部分、一部;役割」(単数主格) 445-1 pars と共に 444-3 celebrant の主語。＊pars はしばしば複数形の動詞を伴う。
- 2 forum＜forum〔名〕n.「公共広場;市場」(単数対格) 444-6 tecta と共に 444-3 celebrant の目的語。
- 3 celebrant＜celebro〔動〕「群れる、満たす;繰り返す;讃える」(直説法能相三人称複数現在)
- 5 imi＜imus〔形〕「最も深い(低い);〈名〉底、深淵」(男性単数属格) 444-7 tyranni を修飾。＊「冥界の」の謂。
- 6 tecta＜tectum〔名〕n.「屋根;住居、避難所」(複数対格)
- 7 tyranni＜tyrannus〔名〕m.「君主、支配者;僭主」(単数属格) 444-6 tecta を修飾。＊438-7 Ditis を指す。

445
- 1 pars 444-1・4 参照。446-1 exercent の主語。
- 2 aliquas＜aliqui〔形〕「或る」(女性複数対格) 445-3 artes を修飾。
- 3 artes＜ars〔名〕f.「技術、技巧;策略」(複数対格) 446-1 exercent の目的語。
- 4 antiquae＜antiquus〔形〕「古代の;古い」(女性単数属格) 445-6 vitae を修飾。＊「生前の」の謂。
- 5 imitamina＜imitamen〔名〕n.「模倣、像」(複数対格) 445-3 artes と同格。
- 6 vitae＜vita〔名〕f.「生命;生活;一生」(単数属格) 445-5 imitamina を修飾。

＊　＊　＊　＊　＊

446（この行はオウィディウスのものではないと看做され、本文から除かれている版が多いが、文構造上は 445 行と整合している。）
- 1 exercent＜exerceo〔動〕「動かす;使う;実践する」(直説法能相三人称複数現在)
- 2 aliam＜alius〔形〕「他の、別の」(女性単数対格) 446-3 partem を修飾。
- 3 partem＜pars 444-1・4 参照(単数対格)。446-6 coercet の目的語。
- 4 sua＜suus〔代〕「彼(ら)の、彼女(ら)の、それ(ら)の」(女性単数主格) 446-2・3 aliam partem を受ける。446-5 poena を修飾。
- 5 poena〔名〕f.「代償、罰」(単数主格) 446-6 coercet の主語。
- 6 coercet＜coerceo〔動〕「取り巻く;束縛する、抑制する」(直説法能相三人称単数現在)

Sustinet ire illuc caelesti sede relicta
　　(tantum odiis iraeque dabat) Saturnia Iuno ;
　　quo simul intravit sacroque a corpore pressum
　　ingemuit limen, tria Cerberus extulit ora　　　　　　　　450
　　et tres latratus semel edidit ; illa sorores
　　Nocte vocat genitas, grave et inplacabile numen :
　　carceris ante fores clausas adamante sedebant

447

- 1 Sustinet＜sustineo〔動〕「支える；抑止する；堪える」(直説法能相三人称単数現在) ＊不定法を伴う。
- 2 ire＜eo〔動〕「行く、進む」(不定法現在) 447-1 Sustinet の目的語。
- 3 illuc〔副〕「あそこへ；そこまで」447-2 ire を修飾。＊433-3・7 infernas sedes を指す。
- 4 caelesti＜caelestis〔形〕「天の；神々しい；〈名〉神々」(女性単数奪格) 447-5 sede を修飾。
- 5 sede＜sedes〔名〕f.「座席；住居；土台」(単数奪格) 447-6 relicta と共に独立奪格構文を成す。＊caelesti sede relicta =(with) <her> celestial region left : i.e. leaving her celestial region
- 6 relicta＜relinquo〔動〕「置き去りにする；放棄する」完了分詞(女性単数奪格)。

448

- 1 tantum＜tantus〔形〕「これ程大きな；〈名〉これ程多量(多数)」(中性単数対格) 名詞的用法。448-4 dabat の目的語。
- 2 odiis＜odium〔名〕n.「憎悪、嫌悪；嫌悪するもの」(複数与格) 448-3 irae と共に 448-4 dabat の間接目的語。
- 3 iraeque (= irae + que)＜ira〔名〕f.「憤怒」(単数与格)
- 4 dabat＜do〔動〕「与える、為す；認める」(直説法能相三人称単数不完了過去) 主述部。448-6 Iuno を受ける。＊449-3 intravit も同断。

- 5 Saturnia＜Saturnius〔形〕「サトゥルヌスの」(女性単数主格) 名詞的用法。448-6 Iuno と同格。＊「サトゥルヌスの娘」の謂。
- 6 Iuno〔名〕f.「ユノ、ジューノー」(単数主格) 447-1 Sustinet の主語。

449

- 1 quo〔関副〕「～する所へ、～まで」先行詞は 447-3 illuc。
- 2 simul〔副〕「一緒に；同時に」＊接続詞的用法。455-2 simul も同断。
- 3 intravit＜intro〔動〕「入る；貫く」(直説法能相三人称単数完了過去)
- 4 sacroque (= sacro + que)＜sacer〔形〕「神聖な；気高い」(中性単数奪格) 449-6 corpore を修飾。
- 5 a (= ab)〔前〕「～(の中)から；～側に；～で」奪格支配(449-6 corpore)。449-7 pressum を修飾。
- 6 corpore＜corpus〔名〕n.「身体；肉；屍」(単数奪格)
- 7 pressum＜premo〔動〕「押える；(～に)位置する；(荷を)負わせる；強要する」完了分詞(中性単数主格)。450-2 limen を修飾。

450

- 1 ingemuit＜ingemo〔動〕「嘆く、呻く」(直説法能相三人称単数完了過去)
- 2 limen〔名〕n.「框、敷居；入口；住居」(単数主格) 450-1 ingemuit の主語。
- 3 tria＜tres〔数〕「三つ(の)」(中性複数対格) 450-6 ora を修飾。

― 128 ―

Leaving <her> celestial region, Saturn's (daughter) Juno dared
(to) go thither — (she was) giving <her> odium and rage so much rein —;
immediately (she) entered there and <the> threshold pressed by <her> sacred
body groaned, Cerberus raised <his> tree faces
and emitted three barks simultaneously; she called
<the> sisters, grave and implacable deities, born (of) Night:
before <the> doors (of) <the> prison closed (with) adamant, (they were) sitting

- 4 Cerberus〔名〕m.「ケルベルス」(単数主格) 450-5/ 451-5 extulit, edidit の主語。☆冥界の番犬で、三つの頭を持つ。
- 5 extulit＜effero〔動〕「持ち出す；持ち上げる」(直説法能相三人称単数完了過去)
- 6 ora＜os〔名〕n.「口；顔」(複数対格) 450-5 extulit の目的語。

451
- 1 et〔接〕「そして、また」
- 2 tres＜tres 450-3 参照(男性複数対格)。451-3 latratus を修飾。
- 3 latratus＜latratus〔名〕m.「咆哮」(複数対格) 451-5 edidit の目的語。
- 4 semel〔副〕「一度；ある時」451-5 edidit を修飾。＊「一斉に」の謂。
- 5 edidit＜edo〔動〕「出す；生む；明かす、述べる」(直説法能相三人称単数完了過去)
- 6 illa＜ille〔代〕「あれ、それ；彼(彼女)」(女性単数主格) 448-6 Iuno を指す。452-2 vocat の主語。
- 7 sorores＜soror〔名〕f.「姉妹」(複数対格) 452-2 vocat の目的語。☆正義と復讐の三姉妹フリアエ (アレクト、メガエラ、ティシフォネ) を指す。冥界の底にあるタルタルスで罪人たちに責苦を与えている。ギリシア神話のエリニュエスに相当する。

452
- 1 Nocte＜nox〔名〕f.「夜；闇」(単数奪格) 452-3 genitas を修飾。☆夜の女神ニュクスを指す。

- 2 vocat＜voco〔動〕「呼ぶ、呼び集める；訴える」(直説法能相三人称単数現在)
- 3 genitas＜gigno〔動〕「生む；造り出す」完了分詞(女性複数対格)。451-7 sorores を修飾。
- 4 grave＜gravis〔形〕「重い；重苦しい；重大な」(中性単数対格) 452-6 inplacabile と共に 452-7 numen を修飾。
- 5 et 451-1 参照。
- 6 inplacabile＜inplacabilis〔形〕「宥め難い、容赦ない」(中性単数対格)
- 7 numen＜numen〔名〕n.「神の意志；神」(単数対格) 451-7 sorores と同格。

453
- 1 carceris＜carcer〔名〕m.「牢獄」(単数属格) 453-4 clausas と共に 453-3 fores を修飾。☆タルタルスを指す。ティテュオス、タンタルス、イクシオンなどの重罪人たちがここで劫罰を受けている。
- 2 ante〔前〕「～の前方に；～以前に」対格支配(453-3 fores)。453-6 sedebant を修飾。
- 3 fores＜foris〔名〕f.「戸、門；〈複〉扉」(複数対格)
- 4 clausas＜claudo〔動〕「閉じる；閉じ込める」完了分詞(女性複数対格)。
- 5 adamante＜adamas〔名〕m.「金剛、鋼鉄」(単数奪格) 453-4 clausas を修飾。
- 6 sedebant＜sedeo〔動〕「座る；存在する」(直説法能相三人称複数不完了過去) 454-4 pectebant と共に主述部。451-7 sorores を受ける。

deque suis atros pectebant crinibus angues.
　　　quam simul agnorunt inter caliginis umbras,　　　　　　455
　　　surrexere deae ; sedes scelerata vocatur：
　　　viscera praebebat Tityos lanianda novemque
　　　iugeribus distentus erat ; tibi, Tantale, nullae
　　　deprenduntur aquae, quaeque inminet, effugit arbor ;
　　　aut petis aut urgues rediturum, Sisyphe, saxum ;　　　　460

454
- 1　deque (= de + que)〔前〕「～から；～中に；～故に」奪格支配(454-5 crinibus)。454-4 pectebant を修飾。
- 2　suis＜suus〔代〕「彼(ら)の、彼女(ら)の、それ(ら)の」(男性複数奪格) 454-5 crinibus を修飾。
- 3　atros＜ater〔形〕「黒い、暗い；陰鬱な」(男性複数対格) 454-6 angues を修飾。
- 4　pectebant＜pecto〔動〕「梳く」(直説法能相三人称複数不完了過去)
- 5　crinibus＜crinis〔名〕m.「毛、髪」(複数奪格)
- 6　angues＜anguis〔名〕m.f.「蛇；竜座、蛇座」(複数対格) 454-4 pectebant の目的語。☆フリアエは真鍮の翼と爪を持ち、頭髪は蛇とされる。

455
- 1　quam＜qui〔関代〕女性単数対格。先行詞は 451-6 illa。455-3 agnorunt の目的語。
- 2　simul〔副〕「一緒に；同時に」
- 3　agnorunt (= agnoveunt)＜agnosco〔動〕「認識する；認める」(直説法能相三人称複数完了過去) 主述部。456-2 deae を受ける。
- 4　inter〔前〕「～の間で、～の中で」対格支配(455-6 umbras)。455-3 agnorunt を修飾。＊inter caliginis umbras = in ＜the＞ shadow (of) darkness : i.e. in total darkness
- 5　caliginis＜caligo〔名〕f.「霧、蒸気；闇」(単数属格) 455-6 umbras を修飾。
- 6　umbras＜umbra〔名〕f.「影；日陰；亡霊」(複数対格)

456
- 1　surrexere (= surrexerunt)＜surgo〔動〕「起き上がる；上る」(直説法能相三人称複数完了過去)
- 2　deae＜dea〔名〕f.「女神」(複数主格) 456-1 surrexere の主語。＊451-7 sorores を指す。
- 3　sedes〔名〕f.「座席；住居；土台」(単数主格) 456-5 vocatur の補語。
- 4　scelerata＜sceleratus〔形〕「穢れた；不敬な、邪悪な」(女性単数主格) 456-3 sedes を修飾。456-5 vocatur の補語。
- 5　vocatur＜voco〔動〕「呼ぶ、呼び集める；訴える」(直説法所相三人称単数現在) 主述部。453-1 carceris を受ける。

457
- 1　viscera＜viscus〔名〕n.「内部、内臓；内奥」(複数対格) 457-2 praebebat の目的語。
- 2　praebebat＜praebeo〔動〕「差し出す；供給する；提供する」(直説法能相三人称単数不完了過去)
- 3　Tityos (= Tityus)〔名〕m.「ティテュオス」(単数主格) 457-2/ 458-2・3 praebebat, distentus erat の主語。☆ガイア(大地)の息子で、巨人。アポロとディアナ兄妹の母ラトーナを凌辱しようとした罰として、二羽の禿鷹に肝臓を啄まれている。

and from their hair, combing dark snakes.
(And) immediately (they) perceived her in <the> shadow (of) darkness,
<the> goddesses rose; (it is) called <the> region of damnation:
Tityos (is) offering <his> bowels <to be> lacerated and is
distended (over) nine iugera; (for) thee, Tantalus, no
water (is) intercepted, and <the> tree which overhangs <thee> escapes;
either (thou) chasest or shovest, Sisyphos, <a> reverting rock;

・4 lanianda＜lanio〔動〕「引き裂く、掻きむしる」動形容詞(中性複数対格)。457-1 viscera を修飾。叙述的用法。＊viscera praebebat lanianda = (was) offering <his> bowels <to be> lacerated
・5 novemque (= novem + que)〔数〕「九つ(の)」(無変化) 458-1 iugeribus を修飾。

458
・1 iugeribus＜iugerum〔名〕n.「ユゲルム」(複数奪格) 458-2・3 distentus erat を修飾。☆古代ローマの広さの単位。およそ0.6エイカー。
・2・3 distentus erat＜distendo〔動〕「広げる」(直説法所相三人称単数全分過去)
・4 tibi＜tu〔代〕「あなた」(単数与格) 459-1 deprenduntur を修飾。＊利害関係を表す与格。
・5 Tantale＜Tantalus〔名〕m.「タンタルス」(単数呼格) ☆ユピテルと妖精プルトの息子。息子の肉を神々の食卓に供するなどの罪を犯した為、首まで水に漬かり、頭上の果物を見ながら、渇きと飢えに苦しんでいる。
・6 nullae＜nullus〔形〕「誰(何)も～ない、一つの～もない」(女性複数主格) 459-2 aquae を修飾。

459
・1 deprenduntur＜deprendo/ deprehendo〔動〕「捕える；発見する；把握する」(直説法所相三人称複数現在)
・2 aquae＜aqua〔名〕f.「水」(複数主格) 459-1 deprenduntur の主語。

・3 quaeque(= quae + que)＜qui 455-1 参照 (女性単数主格)。先行詞は 459-6 arbor。459-4 inminet の主語。
・4 inminet＜inmineo〔動〕「(～の上に)張り出す、懸かる；隣接する」(直説法能相三人称単数現在)
・5 effugit＜effugio〔動〕「逃げる；逃れる、避ける」(直説法能相三人称単数現在)
・6 arbor〔名〕f.「木；船」(単数主格) 459-5 effugit の主語。

460
・1・3 aut〔接〕「或いは」 ＊aut … aut = either … or
・2 petis＜peto〔動〕「目指す；攻撃する；懇請する；追求する」(直説法能相二人称単数現在) ＊「追いかける」の謂。
・4 urgues＜urgueo〔動〕「駆る；迫る；執着する」(直説法能相二人称単数現在) ＊「押す」の謂。
・5 rediturum＜redeo〔動〕「帰る、戻る」未来分詞(中性単数対格)。460-7 saxum を修飾。
・6 Sisyphe＜Sisyphos/ Sisyphus〔名〕m.「シシュフォス」(単数呼格) ☆エピュラ(コリント)の創建者。悪知恵と狡猾さで名高く、神々を欺いた為、岩を際限なく丘に押し上げる劫罰を受けている。
・7 saxum＜saxum〔名〕n.「岩」(単数対格) 460-2・4 petis, urgues の目的語。

volvitur Ixion et se sequiturque fugitque,
molirique suis letum patruelibus ausae
adsiduae repetunt, quas perdant, Belides undas.
　　　Quos omnes acie postquam Saturnia torva
vidit et ante omnes Ixiona, rursus ab illo　　　　　　　　　465
Sisyphon adspiciens "cur hic e fratribus" inquit

461
- ・1　volvitur＜volvo〔動〕「回転させる、転がす；〈所〉転がる」(直説法所相三人称単数現在)
- ・2　Ixion〔名〕m.「イクシオン」(単数主格) 461-1・5・6 volvitur, sequitur, fugit の主語。☆テッサリアの王。ユノを誘惑しようとした罰として、永劫に廻る火焔車輪に縛りつけられている。
- ・3　et〔接〕「そして、また」
- ・4　se＜sui〔代〕「彼(彼女、それ)自身」(単数対格) 461-5・6 sequiturque fugitque の目的語。
- ・5　sequiturque (= sequitur + que)＜sequor〔所動〕「後を追う；後を継ぐ；従う」(直説法三人称単数現在)
- ・6　fugitque (= fugit + que)＜fugio〔動〕「逃れる；消滅する；避ける」(直説法能相三人称単数現在)

462
- ・1　molirique (= moliri + que)＜molior〔所動〕「努力する；動かす；企てる」(不定法現在) 462-5 ausae の補語。
- ・2　suis＜suus〔代〕「彼(ら)の、彼女(ら)の、それ(ら)の」(男性複数与格) 463-5 Belides を指す。462-4 patruelibus を修飾。
- ・3　letum＜letum〔名〕n.「死」(単数対格) 462-1 moliri の目的語。
- ・4　patruelibus＜patruelis〔形〕「父の兄弟の；従兄弟の」(男性複数与格) 名詞的用法。462-1 moliri を修飾。☆アラビア王アイギュストゥスの息子たちを指す。従姉妹に当るリビュア王ダナウスの娘たちを娶ったが、リュンケウスを除く兄弟は新床で花嫁たちに刺殺された。
- ・5　ausae＜audeo〔動〕「敢えて～する」完了分詞(女性複数主格)。463-1 adsiduae と共に 463-5 Belides に一致。叙述的用法。

463
- ・1　adsiduae＜adsiduus〔形〕「付き添う；絶え間ない」(女性複数主格)
- ・2　repetunt＜repeto〔動〕「再び攻撃する；取り戻す；繰り返す；思い出す」(直説法能相三人称複数現在) ＊「繰り返し注ぐ」の謂。
- ・3　quas＜qui〔関代〕女性複数対格。先行詞は 463-6 undas。463-4 perdant の目的語。
- ・4　perdant＜perdo〔動〕「破壊する、浪費する；喪失する」(接続法能相三人称複数現在) 主述部。463-5 Belides を受ける。
- ・5　Belides〔名〕f.pl.「ベルスの子孫たち」(複数主格) 463-2 repetunt の主語。☆ダナウスの娘たち(ダナイデス)を指す。長女のヒュペルムネストラ以外は父の命令に従って、新婚の床で従兄弟たちを殺した。姉妹たちはタルタルスで穴のあいた壺に水を汲み入れる苦役を受けている。
- ・6　undas＜unda〔名〕f.「波；水」(複数対格) 463-2 repetunt の目的語。

Ixion (is) revolved and both chases and flees himself,
and, (having) dared (to) devise deaths (to) their cousins,
Danaids assiduously pour water, which (they should) lose.
After Saturn's (daughter) saw them all (with) <a> grim
look and above all Ixion, observing Sisyphos back again
from him, "Why (does) he, among <his> brothers," (she) said,

464
- 1 Quos＜qui 463-3 参照(男性複数対格)。先行詞は Tityos, Tantale, Sisyphe, Ixion 及び Belides。465-5 Ixiona と共に 465-1 vidit の目的語。
- 2 omnes＜omnis〔形〕「全ての、あらゆる」(男性複数対格) 464-1 Quos を修飾。
- 3 acie＜acies〔名〕f.「先端；視線；戦列」(単数奪格) 465-1 vidit を修飾。
- 4 postquam〔接〕「～した後、～した時」
- 5 Saturnia＜Saturnius〔形〕「サトゥルヌスの」(女性単数主格) 名詞的用法。465-1 vidit の主語。
- 6 torva＜torvus〔形〕「鋭い、厳しい、残酷な」(女性単数奪格) 464-3 acie を修飾。

465
- 1 vidit＜video〔動〕「見る；認知する；〈所〉見える」(直説法能相三人称単数完了過去)
- 2 et 461-3 参照。
- 3 ante〔前〕「～の前方に；～以前に」対格支配(465-4 omnes)。465-5 Ixiona を修飾。＊ante omnes = above all
- 4 omnes 464-2 参照。名詞的用法。
- 5 Ixiona＜Ixion 461-2 参照(単数対格)。
- 6 rursus〔副〕「反対に；再び、応じて」466-2 adspiciens を修飾。
- 7 ab〔前〕「～(の中)から；～側に；～で」奪格支配(465-8 illo)。465-6 rursus を修飾。
- 8 illo＜ille〔代〕「あれ、それ；彼(彼女)」(男性単数奪格) 465-5 Ixiona を指す。

466
- 1 Sisyphon＜Sisyphus/ Sisyphos〔名〕m.「シシュフォス」(単数対格) 466-2 adspiciens の目的語。
- 2 adspiciens＜adspicio〔動〕「見る；観察する；考慮する」現在分詞(女性単数主格)。464-5 Saturnia に一致。叙述的用法。
- 3 cur〔疑〕「何故」
- 4 hic〔代〕「これ、この人；次のこと」(男性単数主格) 466-1 Sisyphon を指す。467-2 patitur の主語。
- 5 e (= ex)〔前〕「～(の中)から；～に従って」奪格支配(466-6 fratribus)。466-4 hic を修飾。
- 6 fratribus＜frater〔名〕m.「兄弟；〈複〉同胞」(複数奪格) ☆シシュフォスはアタマス、クレテウス、サルモネウス、デイオンなどと共に、アエオリス人の祖アエオルスの息子であった。
- 7 inquit＜inquam〔動〕「言う」(直説法能相三人称単数現在) 469-3/ 470-2・4 exponit, velit, vellet と共に主述部。464-5 Saturnia を受ける。

"perpetuas patitur poenas, Athamanta superbum
regia dives habet, qui me cum coniuge semper
sprevit?" et exponit causas odiique viaeque,
quidque velit : quod vellet, erat, ne regia Cadmi　　　470
staret, et in facinus traherent Athamanta sorores.
imperium, promissa, preces confundit in unum
sollicitatque deas : sic haec Iunone locuta,

467
- 1　perpetuas＜perpetuus〔形〕「継続する、恒常的な、永続的な」(女性複数対格) 467-3 poenas を修飾。
- 2　patitur＜patior〔所動〕「堪える；被る；許す；従う」(直説法三人称単数現在)
- 3　poenas＜poena〔名〕f.「代償、罰」(複数対格) 467-2 patitur の目的語。
- 4　Athamanta＜Athamas〔名〕m.「アタマス」(単数対格) 468-3 habet の目的語。＊420-5 参照。
- 5　superbum＜superbus〔形〕「傲慢な、横柄な；誇り高い」(男性単数対格) 467-4 Athamanta を修飾。

468
- 1　regia〔名〕f.「王宮、城、邸宅」(単数主格) 468-3 habet の主語。
- 2　dives＜dives〔形〕「裕福な；豊富な；貴重な」(女性単数主格) 468-1 regia を修飾。
- 3　habet＜habeo〔動〕「持つ、所有する」(直説法能相三人称単数現在)
- 4　qui〔関代〕男性単数主格。先行詞は 467-4 Athamanta。469-1 sprevit の主語。
- 5　me＜ego〔代〕「私」(単数対格) 469-1 sprevit の目的語。
- 6　cum〔前〕「～と共に；～を伴って；～で」奪格支配(468-7 coniuge)。468-8 semper と共に 469-1 sprevit を修飾。
- 7　coniuge＜coniunx〔名〕m.f.「配偶者、夫、妻」(単数奪格) ＊431-6 Ino を指す。
- 8　semper〔副〕「常に、永遠に」

469
- 1　sprevit＜sperno〔動〕「軽蔑する、拒絶する」(直説法能相三人称単数完了過去)
- 2　et〔接〕「そして、また」
- 3　exponit＜expono〔動〕「提示する；示す；説明する」(直説法能相三人称単数現在)
- 4　causas＜causa〔名〕f.「原因、理由」(複数対格) 470-1 quid と共に 469-3 exponit の目的語。
- 5　odiique (= odii + que)＜odium〔名〕n.「憎悪、嫌悪；嫌悪するもの」(単数属格) 469-6 viae と共に 469-4 causas を修飾。
- 6　viaeque (= viae + que)＜via〔名〕f.「道、通路；旅」(単数属格)

470
- 1　quidque (= quid + que)＜quis〔疑〕「誰(何)」(中性単数対格) ＊間接疑問文を導く。
- 2　velit＜volo〔動〕「希望する、意図する」(接続法能相三人称単数現在)
- 3　quod＜qui 468-4 参照(中性単数対格)。先行詞を含む複合用法。470-4 vellet 及び 470-5 erat の主語となる。
- 4　vellet＜volo 470-2 参照(接続法能相三人称単数不完了過去)。
- 5　erat＜sum〔動〕「～である；存在する」(直説法三人称単数不完了過去)
- 6　ne〔接〕「～するといけないので、～しないように；～ではないかと」
- 7　regia 468-1 参照。471-1 staret の主語。
- 8　Cadmi＜Cadmus〔名〕m.「カドムス」(単数属格) 470-7 regia を修飾。

"suuffer perpetual penalty, <and> <a> grand palace
houses haughty Athamas, who always scorned me with
<his> consort?" and explained <the> causes both (of) <her> odium and journey,
and what (she would) wish: what (she would) wish was that Cadmus's palace
(wouldn't) survive and <that> <the> sisters (would) tempt Athamas into crime.
(She) commingled <her> command, promises <and> prayers into one
and stimulated <the> goddesses: so Juno (having) spoken these,

471
・1 staret＜sto〔動〕「立っている、留まる；位置する、在る」(接続法能相三人称単数不完了過去) ＊「存続する」の謂。
・2 et 469-2 参照。
・3 in〔前〕「～(の中)へ、～に対して」対格支配(471-4 facinus)。471-5 traherent を修飾。
・4 facinus＜facinus〔名〕n.「行為；悪業、罪」(単数対格)
・5 traherent＜traho〔動〕「引っ張る；導く；惹きつける」(接続法能相三人称複数不完了過去)
・6 Athamanta 467-4 参照。471-5 traherent の目的語。
・7 sorores＜soror〔名〕f.「姉妹」(複数主格) 471-5 traherent の主語。＊451-7 sorores を指す。473-2 deas も同断。

472
・1 imperium＜imperium〔名〕n.「命令；権力；主権、支配；王国」(単数対格) 472-2・3 promissa, preces と共に 472-4 confundit の目的語。
・2 promissa＜promissum〔名〕n.「約束」(複数対格) ＊promitto の完了分詞。
・3 preces＜prex〔名〕f.「祈願、要請」(複数対格)
・4 confundit＜confundo〔動〕「混ぜる；混乱させる」(直説法能相三人称単数現在) 473-1 sollicitat と共に主述部。464-5 Saturnia を受ける。
・5 in 471-3 参照。対格支配(472-6 unum)。

472-4 confundit を修飾。＊in unum = into one；together
・6 unum＜unus〔数〕「一つ(の)；同一の」(中性単数対格) 名詞的用法。

473
・1 sollicitatque (= sollicitat + que)＜sollicito〔動〕「揺する；乱す；刺激する；唆す」(直説法能相三人称単数現在)
・2 deas＜dea〔名〕f.「女神」(複数対格) 473-1 sollicitat の目的語。
・3 sic〔副〕「このように；そのように；次のように」473-6 locuta を修飾。
・4 haec＜hic〔代〕「これ、この人；次のこと」(中性複数対格) 473-6 locuta の目的語。
・5 Iunone＜Iuno〔名〕f.「ユノ、ジューノー」(単数奪格) 473-6 locuta と共に独立奪格構文を成す。＊haec Iunone locuta = Juno (having) spoken these
・6 locuta＜loquor〔所動〕「話す、述べる」完了分詞(女性単数奪格)。

Tisiphone canos, ut erat, turbata capillos
movit et obstantes reiecit ab ore colubras　　　　　　　　　　475
atque ita "non longis opus est ambagibus," inquit ;
"facta puta, quaecumque iubes ; inamabile regnum
desere teque refer caeli melioris ad auras."
laeta redit Iuno, quam caelum intrare parantem
roratis lustravit aquis Thaumantias Iris.　　　　　　　　　　480

474
- 1　Tisiphone〔名〕f.「ティシフォネ」(単数主格) 475-1・4/ 476-8 movit, reiecit, inquit の主語。＊451-7 参照。
- 2　canos＜canus〔形〕「白い；〈名〉白髪」(男性複数対格) 474-6 capillos を修飾。
- 3　ut〔関副〕「～なので；たとえ～でも、～にも拘らず」
- 4　erat＜sum〔動〕「～である；存在する」(直説法三人称単数不完了過去) 主述部。474-1 Tisiphone を受ける。＊ut erat, turbata = (being) dishevelled, as (she) was
- 5　turbata＜turbo〔動〕「乱れる；混乱させる」完了分詞(女性単数主格)。474-1 Tisiphone に一致。叙述的用法。
- 6　capillos＜capillus〔名〕m.「髪、毛髪」(複数対格) 475-1 movit の目的語。

475
- 1　movit＜moveo〔動〕「動かす；動揺(感動)させる」(直説法能相三人称単数現在)
- 2　et〔接〕「そして、また」
- 3　obstantes＜obsto〔動〕「邪魔する、妨害する」現在分詞(女性複数対格)。475-7 colubras を修飾。
- 4　reiecit＜reicio〔動〕「投げ返す；排除する；拒絶する」(直説法能相三人称単数完了過去)
- 5　ab〔前〕「～(の中)から；～側に；～で」奪格支配(475-6 ore)。475-4 reiecit を修飾。
- 6　ore＜os〔名〕n.「口；顔」(単数奪格)
- 7　colubras＜colubra〔名〕f.「雌蛇、蛇」(複数対格) 475-4 reiecit の目的語。＊454-6 参照。

476
- 1　atque〔接〕「そして、また」
- 2　ita〔副〕「このように；次のように」476-8 inquit を修飾。
- 3　non〔副〕「(全然)～ない」476-6 est を修飾。
- 4　longis＜longus〔形〕「長い；遠い」(女性複数奪格) 476-7 ambagibus を修飾。
- 5　opus〔名〕n.「仕事、労働；作品；技巧」(単数主格) 476-6 est の主語。＊non opus est = (There) is no need
- 6　est＜sum 474-4 参照(直説法三人称単数現在)。
- 7　ambagibus＜ambages〔名〕f.「迂回、迂回；言い逃れ；謎」(複数奪格) 476-5・6 opus est を修飾。＊「長広舌」の謂。
- 8　inquit＜inquam〔動〕「言う」(直説法能相三人称単数現在)

477
- 1　facta＜facio〔動〕「建設する；為す；製造(製作)する」完了分詞(中性複数対格)。477-3 quaecumque に一致。叙述的用法。
- 2　puta＜puto〔動〕「評価する；判断する；考慮する」(命令法能相二人称単数現在)
- 3　quaecumque＜quicumque〔関代〕「～する人(物)は誰(何)でも、～する全ての」(中性複数対格) 477-2 puta 及び 477-4 iubes の目的語。

変身物語 第四巻

(being) dishevelled, as (she) was, Tisiphone shook <her> grey

locks and flung obstructing snakes off <her> face,

and said thus, "(There) is no need (for) long harangues;

consider whatever (you) order accomplished; leave <this> abominable

realm and restore yourself to <the> better air (of) <the> heavens."

(Being) joyful Juno returned, whom, <while> preparing (to) enter <the> heavens,

<u>Thaumas's daughter</u> Iris purified (by) spraying water.

・4 iubes＜iubeo〔動〕「命ずる」(直説法能相二人称単数現在) 主述部。
・5 inamabile＜inamabilis〔形〕「嫌悪すべき、忌まわしい」(中性単数対格) 477-6 regnum を修飾。
・6 regnum＜regnum〔名〕n.「王権；支配権；王国」(単数対格) 478-1 desere の目的語。
　☆冥界はプルートが君臨する王国と考えられた。

478
・1 desere＜desero〔動〕「放棄する；見捨てる」(命令法能相二人称単数現在)
・2 teque (= te + que)＜tu〔代〕「あなた」(単数対格) 478-3 refer の目的語。
・3 refer＜refero〔動〕「持ち帰る；返す；答える；報告する」(命令法能相二人称単数現在)
・4 caeli＜caelum〔名〕n.「天空、空」(単数属格) 478-5 melioris と共に 478-7 auras を修飾。
・5 melioris (= meliores)＜bonus〔形〕「良い；〈名〉良い人(物)」比較級(女性複数対格)。
・6 ad〔前〕「～(の方)へ；～に対して(向かって)」対格支配(478-7 auras)。478-3 refer を修飾。
・7 auras＜aura〔名〕f.「息吹、風；大気」(複数対格)

479
・1 laeta＜laetus〔形〕「裕福な；嬉しい、喜んだ；愉快な」(女性単数主格) 479-3 Iuno を修飾。叙述的用法。
・2 redit＜redeo〔動〕「帰る、戻る」(直説法三人称単数現在)
・3 Iuno〔名〕f.「ユノ、ジューノー」(単数主格) 479-2 redit の主語。
・4 quam＜qui〔関代〕女性単数対格。先行詞は 479-3 Iuno。480-2 lustravit の目的語。
・5 caelum＜caelum 478-4 参照(単数対格)。479-6 intrare の目的語。
・6 intrare＜intro〔動〕「入る；貫く」(不定法能相現在) 479-7 parantem の目的語。
・7 parantem＜paro〔動〕「準備する、手配する；意図する」現在分詞(女性単数対格)。479-4 quam を修飾。

480
・1 roratis＜roro〔動〕「(滴を) 散布する；滴る」完了分詞(女性複数奪格)。480-3 aquis と共に独立奪格構文を成す。
　＊roratis aquis = (with) water (being) sprayed : i.e. by spraying water
・2 lustravit＜lustro〔動〕「調べる；巡回する；清める」(直説法能相三人称単数完了過去)
・3 aquis＜aqua〔名〕f.「水」(複数奪格)
・4 Thaumantias〔名〕f.「タウマスの娘」(単数主格) 480-5 Iris と同格。☆タウマスはポントゥスとガイアの息子で、古い海神。
・5 Iris〔名〕f.「イリス」(単数主格) 480-2 lustravit の主語。☆「虹」の謂で、天と地を結ぶ架け橋と考えられた。

Nec mora, Tisiphone madefactam sanguine sumit
inportuna facem, fluidoque cruore rubentem
induitur pallam, tortoque incingitur angue
egrediturque domo.　Luctus comitatur euntem
et Pavor et Terror trepidoque Insania vultu.　　　　　　　　485
limine constiterat : postes tremuisse feruntur
Aeolii pallorque fores infecit acernas
solque locum fugit.　monstris est territa coniunx,

481
・1　Nec〔副〕「また〜ない、〜もない」　481-2 mora を修飾。＊Nec mora ＝〈There is〉no delay : i.e. with no delay
・2　mora〔名〕f.「遅延、延滞」(単数主格)
・3　Tisiphone〔名〕f.「ティシフォネ」(単数主格) 481-6/ 483-1・4/ 484-1 sumit, induitur, incingitur, egreditur の主語。
・4　madefactam＜madefacio〔動〕「濡らす、浸す」完了分詞(女性単数対格)。482-2 facem を修飾。
・5　sanguine＜sanguis〔名〕m.「血；血統」(単数奪格) 481-4 madefactam を修飾。
・6　sumit＜sumo〔動〕「取る；着手する；獲得する」(直説法能相三人称単数現在)

482
・1　inportuna＜inportunus〔形〕「不適な；厄介な；無礼な」(女性単数主格) 481-3 Tisiphone を修飾。＊「容赦ない」の謂。
・2　facem＜fax〔名〕f.「松明；火炎」(単数対格) 481-6 sumit の目的語。
・3　fluidoque (＝ fluido + que)＜fluidus〔形〕「流体の、湿った；緩慢な」(男性単数奪格) 482-4 cruore を修飾。
・4　cruore＜cruor〔名〕m.「血、流血」(単数奪格) 482-5 rubentem を修飾。
・5　rubentem＜rubeo〔動〕「赤い；赤くなる」現在分詞(女性単数対格)。483-2 pallam を修飾。

483
・1　induitur＜induo〔動〕「着る；着せる、覆う；包む」(直説法所相三人称単数現在)

・2　pallam＜palla〔名〕f.「外套、衣」(単数対格) 483-1 induitur の補語。
・3　tortoque (＝ torto + que)＜tortus〔形〕「捩れた」(男性単数奪格) 483-5 angue を修飾。＊torqueo の完了分詞。
・4　incingitur＜incingo〔動〕「囲む、取り巻く」(直説法所相三人称単数現在)　＊「締める」の謂。
・5　angue＜anguis〔名〕m.f.「蛇；竜座、蛇座」(単数奪格) 483-4 incingitur を修飾。

484
・1　egrediturque (＝ egreditur + que)＜egredior〔所動〕「出る；登る」(直説法三人称単数現在)
・2　domo＜domus〔名〕f.「家；住居；家庭」(単数奪格) 484-1 egreditur を修飾。
・3　Luctus〔名〕m.「悲しみ、嘆き」(単数主格) 485-2・4・6 Pavor, Terror, Insania と共に 484-4 comitatur の主語。
・4　comitatur＜comitor〔所動〕「随伴する、仕える、従う」(直説法三人称単数現在)
・5　euntem＜eo〔動〕「行く、進む」現在分詞(女性単数対格)。名詞的用法。484-4 comitatur の目的語。＊481-3 Tisiphone を指す。

(With) no delay, relentless Tisiphone takes <a> torch

moistened (with) blood, and (get) dressed (in) <a> mantle red

(with) fluid gore, and girded (with) <a> twisted snake

and proceeds (from) <her> home. Lamentation accompanies <the> departing (one),

and Fear and Terror and Insanity (with) <a> trepid visage.

(At) <the> threshold (she) halted: <the> doorposts of Aeolus's descendent (are) said

(to have) trembled and pallor discoloured <the> maple-wood doors

and <the> sun fled <the> place. (By) <the> marvels <the> consort was terrified;

485
- 1・3 et〔接〕「そして、また」
- 2 Pavor〔名〕m.「震え、恐れ」(単数主格)
- 4 Terror〔名〕m.「恐怖」(単数主格)
- 5 trepidoque (= trepido + que)＜trepidus〔形〕「心配な、不安な、怯えた」(男性単数奪格) 485-7 vultu を修飾。
- 6 Insania〔名〕f.「狂気、無分別」(単数主格)
- 7 vultu＜vultus〔名〕m.「表情、容貌；外観」(単数奪格) 485-6 Insania を修飾。

486
- 1 limine＜limen〔名〕n.「框、敷居；入口；住居」(単数奪格) 486-2 constiterat を修飾。＊アタマスの邸宅を指す。
- 2 constiterat＜consisto〔動〕「停止する；位置を取る；起こる、存在する」(直説法能相三人称単数完了過去) 主述部。481-3 Tisiphone を受ける。
- 3 postes＜postis〔名〕m.「支柱；〈複〉戸」(複数主格) 486-5 feruntur の主語。
- 4 tremuisse＜tremo〔動〕「(～に) 震える」(不定法能相完了) 486-5 feruntur の補語。
- 5 feruntur＜fero〔動〕「(～と)言う、述べる」(直説法所相三人称複数現在)

487
- 1 Aeolii＜Aeolius〔形〕「アエオルスの；アエオルスの子孫の」(男性複数主格) 486-3 postes を修飾。＊489-3 Athamas を指す。466-6 参照。
- 2 pallorque (= pallor + que)〔名〕m.「蒼白さ」(単数主格) 487-4 infecit の主語。
- 3 fores＜foris〔名〕f.「戸、門；〈複〉扉」(複数対格) 487-4 infecit の目的語。
- 4 infecit＜inficio〔動〕「染める；穢す、汚染する」(直説法能相三人称単数完了過去)
- 5 acernas＜acernus〔形〕「楓材の」(女性複数対格) 487-3 fores を修飾。

488
- 1 solque (= sol + que)〔名〕m.「太陽；日光；ソル(太陽神)」(単数主格) 488-3 fugit の主語。
- 2 locum＜locus〔名〕m.「場所；地位；位置」(単数対格) 488-3 fugit の目的語。
- 3 fugit＜fugio〔動〕「逃れる；消滅する；避ける」(直説法能相三人称単数完了過去)
- 4 monstris＜monstrum〔名〕n.「前兆、奇跡；怪物」(複数奪格) 488-5・6/ 489-1・2 est territa, territus est を修飾。
- 5・6 est territa＜terreo〔動〕「恐れさせる、脅えさせる」(直説法所相三人称単数完了過去)
- 7 coniunx〔名〕m.f.「配偶者、夫、妻」(単数主格) 488-5・6 est territa の主語。☆イノを指す。

territus est Athamas, tectoque exire parabant：
　　obstitit infelix aditumque obsedit Erinys,　　　　　　　　　490
　　　nexaque vipereis distendens bracchia nodis
　　　caesariem excussit：motae sonuere colubrae,
　　　　parsque iacent umeris, pars circum pectora lapsae
　　　sibila dant saniemque vomunt linguisque coruscant.
　　　　inde duos mediis abrumpit crinibus angues　　　　　　　495

489
- ・1・2 territus est＜terreo〔動〕「恐れさせる、脅えさせる」(直説法所相三人称単数完了過去)
- ・3 Athamas〔名〕m.「アタマス」(単数主格) 489-1・2 territus est の主語。
- ・4 tectoque (= tecto + que)＜tectum〔名〕n.「屋根；住居、避難所」(単数奪格) 489-5 exire を修飾。
- ・5 exire＜exeo〔動〕「出る、去る」(不定法現在) 489-6 parabant の目的語。
- ・6 parabant＜paro〔動〕「準備する、手配する；意図する」(直説法能相三人称複数不完了過去) 主述部。488-7/ 489-3 coniunx, Athamas を受ける。

490
- ・1 obstitit＜obsto〔動〕「邪魔する、妨害する」(直説法能相三人称単数完了過去)
- ・2 infelix＜infelix〔形〕「不毛な；不幸な」(女性単数主格) 490-5 Erinys を修飾。＊「災厄をもたらす」の謂。
- ・3 aditumque (= aditum + que)＜aditus〔名〕m.「接近；入口」(単数対格) 490-4 obsedit の目的語。＊「通路」の謂。
- ・4 obsedit＜obsideo〔動〕「包囲する；占有する」(直説法能相三人称単数完了過去) ＊「塞ぐ」の謂。
- ・5 Erinys〔名〕f.「エリニュス」(単数主格) 490-1・4/ 492-2 obstitit, obsedit, excussit の主語。☆フリアエのギリシア名(複数はエリニュエス)。481-3 Tisiphone を指す。

491
- ・1 nexaque (= nexa + que)＜necto〔動〕「縛る、結合する」完了分詞(中性複数対格)。491-4 bracchia を修飾。
- ・2 vipereis＜vipereus〔形〕「蛇の」(男性複数奪格) 491-5 nodis を修飾。＊vipereis nodis = (with) snaky knots：i.e. with knotted snakes
- ・3 distendens＜distendo〔動〕「広げる」現在分詞(女性単数主格)。490-5 Erinys に一致。叙述的用法。
- ・4 bracchia＜bracchium〔名〕n.「前腕部；腕」(複数対格) 491-3 distendens の目的語。
- ・5 nodis＜nodus〔名〕m.「結び目」(複数奪格) 491-1 nexa を修飾。

492
- ・1 caesariem＜caesaries〔名〕f.「毛、髪」(単数対格) 492-2 excussit の目的語。
- ・2 excussit＜excutio〔動〕「送り出す；振り落とす、捨てる」(直説法能相三人称単数完了過去)
- ・3 motae＜moveo〔動〕「動かす；動揺(感動)させる」完了分詞(女性複数主格)。492-5 colubrae を修飾。
- ・4 sonuere (= sonuerunt)＜sono〔動〕「音を立てる；語る」(直説法能相三人称複数完了過去)
- ・5 colubrae＜colubra〔名〕f.「雌蛇、蛇」(複数主格) 492-4 sonuere の主語。

Athamas was terrified, <u>and (from) <their> residence</u> (they were) preparing (to) exit:

calamitous Erinys opposed and obstructed <their> passage,

and extending <her> arms entwined (with) knotted snakes,

ruffled <her> tresses: shaken snakes hissed,

<u>and <a> part</u> hanged (on) <her> shoulders; <a> part, sliding around <her> breasts,

gave sibilations and vomited spurum and quivered <their> tongues.

Then (she) plucked two snakes (from) <the> middle of <her> hair

493
- 1・4 parsque (= pars + que)〔名〕f.「部分、一部；役割」(単数主格) それぞれ 493-2 iacent と 494-2・4・6 dant, vomunt, coruscant の主語。
- 2 iacent＜iaceo〔動〕「横たわる；斃れ伏す；垂れ下がる」(直説法能相三人称複数現在)
- 3 umeris＜umerus〔名〕m.「上腕部、肩」(複数奪格) 493-2 iacent を修飾。
- 5 circum〔前〕「〜の周囲に；〜の近くに」対格支配 (493-6 pectora)。493-7 lapsae を修飾。
- 6 pectora＜pectus〔名〕n.「胸；心」(複数対格)
- 7 lapsae＜labor〔所動〕「滑る、流れる；衰退する、滅ぶ」完了分詞 (女性単数主格)。492-5 colubrae に一致。叙述的用法。

494
- 1 sibila＜sibila〔名〕n.pl.「シュー(ヒュー)という音」(複数対格) 494-2 dant の目的語。
- 2 dant＜do〔動〕「与える、為す；認める」(直説法能相三人称複数現在)
- 3 saniemque (= saniem + que)＜saries〔名〕f.「膿；涎」(単数対格) 494-4 vomunt の目的語。
- 4 vomunt＜vomo〔動〕「吐く；放出する」(直説法能相三人称複数現在)
- 5 linguisque (= linguis + que)＜lingua〔名〕f.「舌；発言、言葉」(複数奪格) 494-6 coruscant を修飾。
- 6 coruscant＜corusco〔動〕「振る；振動する；点滅する」(直説法能相三人称複数現在)

495
- 1 inde〔副〕「そこから；それから；その後」495-5 crinibus と共に 495-4 abrumpit を修飾。
- 2 duos＜duo〔数〕「二つ(の)」(男性複数対格) 495-6 angues を修飾。
- 3 mediis＜medius〔形〕「真中(中間)の、〜の真中(中間)」(男性複数奪格) 495-5 crinibus を修飾。＊mediis crinibus = (from) <her> middle hair : i.e. from the middle of her hair
- 4 abrumpit＜abrumpo〔動〕「引き裂く、引きちぎる」(直説法能相三人称単数現在) 496-4 inmisit と共に主述部。490-5 Erinys を受ける。
- 5 crinibus＜crinis〔名〕m.「毛、髪」(複数奪格)
- 6 angues＜anguis〔名〕m.f.「蛇；竜座、蛇座」(複数対格) 495-4 abrumpit の目的語。

```
    pestiferaque manu raptos inmisit, at illi
    Inoosque sinus Athamanteosque pererrant
    inspirantque graves animas ; nec vulnera membris
    ulla ferunt : mens est, quae diros sentiat ictus.
    attulerat secum liquidi quoque monstra veneni,                500
    oris Cerberei spumas et virus Echidnae
    erroresque vagos caecaeque oblivia mentis
```

496
- 1 pestiferaque (= pestifera + que)＜pestifer〔形〕「破壊的な、有害な」(女性単数奪格) 496-2 manu を修飾。
- 2 manu＜manus〔名〕f.「手；一団」(単数奪格) 496-4 inmisit を修飾。
- 3 raptos＜rapio〔動〕「剥ぎ取る；駆る；掠奪する」完了分詞(男性複数対格)。名詞的用法。496-4 inmisit の目的語。＊495-6 angues を受ける。
- 4 inmisit＜inmitto〔動〕「送り込む；送り出す」(直説法能相三人称単数完了過去)
- 5 at〔接〕「しかし、しかし一方」
- 6 illi＜ille〔代〕「あれ、それ；彼(彼女)」(男性複数主格) 496-3 raptos を指す。497-4/ 498-1 pererrant, inspirant の主語。

497
- 1 Inoosque (= Inoos + que)＜Inous〔形〕「イノの」(男性複数対格) 497-3 Athamanteos と共に 497-2 sinus を修飾。
- 2 sinus＜sinus〔名〕m.「曲面、湾曲；胸」(複数対格) 497-4 pererrant の目的語。
- 3 Athamanteosque (= Athamanteos + que)＜Athamanteus〔形〕「アタマスの」(男性複数対格)
- 4 pererrant＜pererro〔動〕「(〜を) 放浪する」(直説法能相三人称複数現在)

498
- 1 inspirantque (= inspirant + que)＜inspiro〔動〕「吹きかける；吹き込む」(直説法能相三人称複数現在)
- 2 graves＜gravis〔形〕「重い；重苦しい；重大な」(女性複数対格) 498-3 animas を修飾。
- 3 animas＜anima〔名〕f.「息吹；大気；息；生命；精神」(複数対格) 498-1 inspirant の目的語。
- 4 nec〔副〕「また〜ない、〜もない」499-2 ferunt を修飾。
- 5 vulnera＜vulnus〔名〕n.「傷；打撃；損害、災難」(複数対格) 499-2 ferunt の目的語。
- 6 membris＜membrum〔名〕n.「四肢；部分」(複数与格) 499-2 ferunt を修飾。

499
- 1 ulla＜ullus〔形〕「如何なる、どのような」(中性複数対格) 498-5 vulnera を修飾。
- 2 ferunt＜fero〔動〕「支える、運ぶ；もたらす；堪える」(直説法能相三人称複数現在) 主述部。498-3 animas を受ける。
- 3 mens〔名〕f.「心、精神；知性」(単数主格) 499-4 est の補語。
- 4 est＜sum〔動〕「〜である；存在する」(直説法三人称単数現在)
- 5 quae＜qui〔関代〕女性単数主格。先行詞を含む複合用法。499-7 sentiat 及び 499-4 est の主語となる。＊499-3 mens に一致。
- 6 diros＜dirus〔形〕「不吉な；残酷な；恐しい」(男性複数対格) 499-8 ictus を修飾。
- 7 sentiat＜sentio〔動〕「感ずる；認知する；考える」(接続法能相三人称単数現在)

and (with) <her> pestilential hand, loosed <the> ripped (ones), and they
wriggled over both Ino's bosom and Athamas's
and blew noxious breaths; (they) never brought any
wounds (to) <their> limbs: <their> minds were what sensed <the> dire blows.
(She) brought with her marvels (of) liquid venom too:
spume (of) Cerberus's mouth and Echidna's slime
and vagrant delusion and oblivion (of) blind mind

・8 ictus＜ictus〔名〕m.「一撃、一刺し、傷」（複数対格）499-7 sentiat の目的語。

500
・1 attulerat＜adfero〔動〕「もたらす；適用する；知らせる；付与する」（直説法能相三人称単数全分過去）主述部。490-5 Erinys を受ける。＊以下の coxerat, vergit, movit, consequitur, redit, recingitur も同断。
・2 secum (= se + cum)＜sui〔代〕「彼（彼女、それ）自身」（単数対格）490-5 Erinys を指す。
cum〔前〕「～と共に；～を伴って；～で」奪格支配(500-2 se)。500-1 attulerat を修飾。
・3 liquidi＜liquidus〔形〕「液体の；澄明な」（中性単数属格）500-6 veneni を修飾。
・4 quoque〔副〕「～もまた、同様に」500-5 monstra を強調する。
・5 monstra＜monstrum〔名〕n.「前兆、奇跡；怪物」（複数対格）500-1 attulerat の目的語。
・6 veneni＜venenum〔名〕n.「薬物；猛毒；媚薬」（単数属格）500-5 monstra を修飾。

501
・1 oris＜os〔名〕n.「口；顔」（単数属格）501-3 spumas を修飾。
・2 Cerberei＜Cerbereus〔形〕「ケルベルスの」（中性単数属格）501-1 oris を修飾。
・3 spumas＜spuma〔名〕f.「泡」（複数対格）501-5 virus と共に 500-5 monstra と同格。＊以下の errores, oblivia, scelus, lacrima, rabiem, amorem も同断。
・4 et〔接〕「そして、また」
・5 virus＜virus〔名〕n.「薬液、毒液」（単数対格）
・6 Echidnae＜Echidna〔名〕f.「エキドナ」（単数属格）501-5 virus を修飾。☆ケルベルスの母で、上半身は美女、下半身は獰猛な蛇の姿をした怪物。

502
・1 erroresque(= errores + que)＜error〔名〕m.「放浪；逸脱；過誤」（複数対格）＊「錯乱」の謂。
・2 vagos＜vagus〔形〕「放浪する；不安定な」（男性複数対格）502-1 errores を修飾。
・3 caecaeque (= caecae + que)＜caecus〔形〕「盲目の；見えない；暗い」（女性単数属格）502-5 mentis を修飾。
・4 oblivia＜oblivium〔名〕n.「忘却」（複数対格）
・5 mentis＜mens 499-3 参照（単数属格）。502-4 oblivia を修飾。

et scelus et lacrimas rabiemque et caedis amorem,
omnia trita simul, quae sanguine mixta recenti
coxerat aere cavo viridi versata cicuta;   505
dumque pavent illi, vergit furiale venenum
pectus in amborum praecordiaque intima movit.
tum face iactata per eundem saepius orbem
consequitur motis velociter ignibus ignes.

503
- 1・3・6 et〔接〕「そして、また」
- 2 scelus＜scelus〔名〕n.「悪業、罪」(単数対格)
- 4 lacrimas＜lacrima〔名〕f.「涙」(複数対格)
- 5 rabiemque (= rabiem + que)＜rabies〔名〕f.「憤激；激情」(単数対格)
- 7 caedis＜caedes〔名〕f.「殺戮」(単数属格) 503-8 amorem を修飾。＊感情の対象を表す属格。
- 8 amorem＜amor〔名〕m.「愛情；欲望」(単数対格)

504
- 1 omnia＜omnis〔形〕「全ての、あらゆる」(中性複数対格) 名詞的用法。500-5 monstra と同格。
- 2 trita＜tero〔動〕「擦る、挽く；磨く；消耗させる」完了分詞(中性複数対格)。504-1 omnia を修飾。叙述的用法。
- 3 simul〔副〕「一緒に；同時に」504-2 trita を修飾。
- 4 quae＜qui〔関代〕中性複数対格。先行詞は 504-1 omnia。505-1 coxerat の目的語。
- 5 sanguine＜sanguis〔名〕m.「血；血統」(単数奪格) 504-6 mixta を修飾。
- 6 mixta＜misceo〔動〕「混ぜる；結合する」完了分詞(中性複数対格)。505-5 versata と共に 504-4 quae に一致。叙述的用法。＊quae sanguine mixta recenti coxerat = which (being) mixed (with) fresh blood, (she had) boiled (them): i.e. mixing which with fresh blood, she had boiled them
- 7 recenti＜recens〔形〕「最近の、新鮮な、若い」(男性単数奪格) 504-5 sanguine を修飾。

505
- 1 coxerat＜coquo〔動〕「調理する、煮る、焼く」(直説法能相三人称単数全分過去)
- 2 aere＜aes〔名〕n.「銅、青銅；〈複〉青銅製品、シンバル」(単数奪格) 505-1 coxerat を修飾。＊aere cavo = (in)〈a〉hollow bronze: i.e. in a bronze cauldron
- 3 cavo＜cavus〔形〕「空ろな、凹んだ」(中性単数奪格) 505-2 aere を修飾。
- 4 viridi＜viridis〔形〕「緑の；新鮮な、元気な」(女性単数奪格) 505-6 cicuta を修飾。
- 5 versata＜verso〔動〕「転がす；動転させる」完了分詞(中性複数主格)。＊「掻き混ぜる」の謂。
- 6 cicuta＜cicuta〔名〕f.「ドクニンジン」(単数奪格) 505-5 versata を修飾。

506
- 1 dumque (= dum + que)〔接〕「～する間に(間は)；～まで」
- 2 pavent＜paveo〔動〕「怯える、身震いする」(直説法能相三人称複数現在)
- 3 illi＜ille〔代〕「あれ、それ；彼(彼女)」(男性複数主格) 507-3 amborum を指す。506-2 pavent の主語。
- 4 vergit＜vergo〔動〕「曲げる；傾ける」(直説法能相三人称単数現在)

and crime and tears <u>and ire</u> and love (of) murder;

all blended together, mixing which (with) fresh blood,

(she had) boiled (them), stirring (with) \<a> green hemlock, (in) \<a> bronze cauldron;

<u>and while</u> they quailed, (she) dribbled \<the> virulent venom

on \<the> breasts (of) \<the> two and upset \<the> cores (of) \<their> hearts.

Then whirling \<her> torch in \<the> same circle repeatedly,

(she) chases \<the> fire fleetly (with) brandished fire.

・5　furiale＜furialis〔形〕「フリアエの、荒れ狂う、恐しい」(中性単数対格) 506-6 venenum を修飾。
・6　venenum＜venenum〔名〕n.「薬物；猛毒；媚薬」(単数対格) 506-4 vergit の目的語。

507
・1　pectus＜pectus〔名〕n.「胸；心」(単数対格)
・2　in〔前〕「～(の中)へ、～に対して」対格支配(507-1 pectus)。506-4 vergit を修飾。
・3　amborum＜ambo〔数〕「両方の」(男性複数属格) 名詞的用法。507-1 pectus を修飾。＊497-1・3 Inoosque Athamanteosque を受ける。
・4　praecordiaque (= praecordia + que)＜praecordia〔名〕n.pl.「横隔膜；内臓；胸、心臓」(複数対格) 507-6 movit の目的語。
・5　intima＜intimus/ intumus〔形〕「内奥の；深遠な；親密な」(中性複数対格) 507-4 praecordia を修飾。＊praecordia intima = \<their> innermost hearts : i.e. \<the> cores of their hearts
・6　movit＜moveo〔動〕「動かす；動揺(感動)させる」(直説法能相三人称単数現在)

508
・1　tum〔副〕「当時；現在；次に、その後」509-1 consequitur を修飾。
・2　face＜fax〔名〕f.「松明；火炎」(単数奪格) 508-3 iactata と共に独立奪格構文を成す。＊face iactata = \<her> torch (being) whirled : i.e. whirling her torch

・3　iactata＜iacto〔動〕「投げる；振り回す；発する」完了分詞(女性単数奪格)。
・4　per〔前〕「～を横切って；～を通して；～によって」対格支配(508-7 orbem)。508-6 saepius と共に 508-3 iactata を修飾。
・5　eundem＜idem〔代〕「同じ」(男性単数対格) 508-7 orbem を修飾。
・6　saepius＜saepe〔副〕「しばしば」比較級。＊「何度も」の謂。
・7　orbem＜orbis〔名〕m.「円、輪；世界、宇宙；国、地域」(単数対格)

509
・1　consequitur＜consequor〔所動〕「追跡する；達する；獲得する」(直説法三人称単数現在) ＊輪を描くように回す有様を形容している。
・2　motis＜moveo 507-6 参照。完了分詞(男性複数奪格)。509-4 ignibus を修飾。
・3　velociter〔副〕「迅速に」509-4 ignibus と共に 509-1 consequitur を修飾。
・4　ignibus＜ignis〔名〕m.「火；輝き」(複数奪格)
・5　ignes＜ignis 509-4 参照(複数対格)。509-1 consequitur の目的語。

　　　　sic victrix iussique potens ad inania magni　　　　　　　　510
　　　　regna redit Ditis sumptumque recingitur anguem.
　　　　　　Protinus Aeolides media furibundus in aula
　　　　clamat "io, comites, his retia tendite silvis!
　　　　hic modo cum gemina visa est mihi prole leaena"
　　　　utque ferae sequitur vestigia coniugis amens　　　　　　　　515
　　　　deque sinu matris ridentem et parva Learchum

510
・1　sic〔副〕「このように；そのように；次のように」510-2 victrix を修飾。
・2　victrix〔名〕f.「女勝者」(単数主格) 510-4 potens と共に叙述的用法。
・3　iussique (= iussi + que)＜iussum〔名〕n.「命令、法令」(単数属格) 510-4 potens の補語。＊iubeo の完了分詞。
・4　potens＜potens〔形〕「能力がある、力強い」(女性単数主格) 490-5 Erinys に一致。＊possum の現在分詞。属格を伴う。
・5　ad〔前〕「～(の方)へ；～に対して(向かって)」対格支配(511-1 regna)。511-2 redit を修飾。
・6　inania＜inanis〔形〕「空の；～のない；無益な」(中性複数対格) 511-3 Ditis と共に 511-1 regna を修飾。☆「ディスの王国」(冥界)には、実体をもたない死者の霊が住んでいる。
・7　magni＜magnus〔形〕「大きい；多い；偉大な」(男性単数属格) 511-3 Ditis を修飾。

511
・1　regna＜regnum〔名〕n.「王権；支配権；王国」(複数対格)
・2　redit＜redeo〔動〕「帰る、戻る」(直説法三人称単数現在)
・3　Ditis＜Dis〔名〕m.「ディス」(単数属格)
・4　sumptumque (= sumptum + que)＜sumo〔動〕「取る；着手する；獲得する」完了分詞(男性単数対格)。511-6 anguem を修飾。＊「(帯などを) 締める」の謂。

・5　recingitur＜recingo〔動〕「解く、弛める、脱ぐ」(直説法所相三人称単数現在)
・6　anguem＜anguis〔名〕m.f.「蛇；竜座、蛇座」(単数対格) 副詞的用法。511-5 recingitur を修飾。

512
・1　Protinus〔副〕「前方へ；続けて；即座に」513-1 clamat を修飾。
・2　Aeolides〔名〕m.「アエオルスの息子(子孫)」(単数主格) 513-1/ 515-3/ 517-3/ 518-2/ 519-1 clamat, sequitur, rapit, rotat, discutit の主語。＊489-3 Athamas を指す。
・3　media＜medius〔形〕「真中(中間)の、～の真中(中間)」(女性単数奪格) 512-6 aula を修飾。
・4　furibundus〔形〕「錯乱した；怒り狂った」(男性単数主格) 512-2 Aeolides を修飾。叙述的用法。
・5　in〔前〕「～で(に)、～の中(上)で」奪格支配(512-6 aula)。512-4 furibundus を修飾。
・6　aula＜aula〔名〕f.「前庭；宮殿」(単数奪格)

513
・1　clamat＜clamo〔動〕「呼ぶ、叫ぶ；呼びかける」(直説法能相三人称単数現在)
・2　io〔間〕「ほう；そら」
・3　comites＜comes〔名〕m.f.「仲間；従者」(複数呼格)
・4　his＜hic〔代〕「これ、この人；次のこと」(女性複数奪格) 513-7 silvis を修飾。

So (being) <a> victress and capable enough (for) <her> duty, (she) returned to <the> immaterial realm (of) mighty Dis and ungirt <the> fastened snake.
　　Promptly Aeolus's son, frenzied in <the> middle of <his> court, exclaimed, "Ho, comrades, extend nets (in) this forest! Here <a> lioness with <its> twin offspring was just seen (by) me," and frantically followed <the> traces (of) <his> consort, as if <those> (of) <a> wild beast, and from <the> mother's bosom ripped Learchus, <while> smiling and

・5　retia＜rete〔名〕n.「網；罠」(複数対格) 513-6 tendite の目的語。
・6　tendite＜tendo〔動〕「広げる、伸ばす；差し出す」(命令法能相二人称複数現在)
・7　silvis＜silva〔名〕f.「森、森林地帯」(複数奪格) 513-6 tendite を修飾。

514
・1　hic〔副〕「ここに；今ここで」514-2・7 modo, mihi と共に 514-5・6 visa est を修飾。
・2　modo〔副〕「ただ；今、最近；すぐ」
・3　cum〔前〕「～と共に；～を伴って；～で」奪格支配(514-8 prole)。514-9 leaena を修飾。
・4　gemina＜geminus〔形〕「双子の；対の」(女性単数奪格) 514-8 prole を修飾。
・5・6　visa est＜video〔動〕「見る；認知する；〈所〉見える」(直説法所相三人称単数完了過去)
・7　mihi＜ego〔代〕「私」(単数与格)
・8　prole＜proles〔名〕f.「子孫；子供」(単数奪格)
・9　leaena〔名〕f.「雌ライオン」(単数主格) 514-5・6 visa est の主語。

515
・1　utque (= ut + que)〔関副〕「～した時、～するや否や；(丁度)～するように」515-3 sequitur を修飾。＊ut ferae = as if <those> (of) <a> wild beast
・2　ferae＜fera〔名〕f.「野獣」(単数属格)
・3　sequitur＜sequor〔所動〕「後を追う；後を継ぐ；従う」(直説法三人称単数現在)

・4　vestigia＜vestigium〔名〕n.「足裏；足跡；軌跡」(複数対格) 515-3 sequitur の目的語。
・5　coniugis＜coniunx〔名〕m.f.「配偶者、夫、妻」(単数属格) 515-4 vestigia を修飾。
・6　amens〔形〕「狂乱した」(男性単数主格) 512-2 Aeolides に一致。叙述的用法。＊519-3 ferox も同断。

516
・1　deque (= de + que)〔前〕「～から；～中に；～故に」奪格支配(516-2 sinu)。517-3 rapit を修飾。
・2　sinu＜sinus〔名〕m.「曲面、湾曲；胸」(単数奪格)
・3　matris＜mater〔名〕f.「母」(単数属格) 516-2 sinu を修飾。＊515-5 coniugis を指す。
・4　ridentem＜rideo〔動〕「笑う；微笑む；軽蔑する」現在分詞(男性単数対格)。516-7 Learchum を修飾。＊517-2 tendentem も同断。
・5　et〔接〕「そして、また」
・6　parva＜parvus〔形〕「小さい、些細な；短い；〈名〉些細なこと」(中性複数対格) 517-1 bracchia を修飾。
・7　Learchum＜Learchus〔名〕m.「レアルクス」(単数対格) 517-3/ 518-2 rapit, rotat の目的語。☆アタマスとイノの息子。522-5 Melicerta も同断。

bracchia tendentem rapit et bis terque per auras
more rotat fundae rigidoque infantia saxo
discutit ora ferox ; tum denique concita mater,　　　　　　　　　　520
seu dolor hoc fecit seu sparsi causa veneni,
exululat passisque fugit male sana capillis
teque ferens parvum nudis, Melicerta, lacertis
"euhoe Bacche" sonat : Bacchi sub nomine Iuno

517
- 1 bracchia＜bracchium〔名〕n.「前腕部 ; 腕」(複数対格) 517-2 tendentem の目的語。
- 2 tendentem＜tendo〔動〕「広げる、伸ばす ; 差し出す」現在分詞(男性単数対格)。
- 3 rapit＜rapio〔動〕「剥ぎ取る ; 駆る ; 掠奪する」(直説法能相三人称単数現在)
- 4 et〔接〕「そして、また」
- 5 bis〔副〕「二度」517-6 ter と共に 518-2 rotat を修飾。＊517-7/ 518-1 per, more も同断。
- 6 terque (= ter + que)〔副〕「三度」
- 7 per〔前〕「〜を横切って ; 〜を通して ; 〜によって」対格支配(517-8 auras)。
- 8 auras＜aura〔名〕f.「息吹、風 ; 大気」(複数対格)

518
- 1 more＜mos〔名〕m.「仕方 ; 習慣」(単数奪格)
- 2 rotat＜roto〔動〕「回転させる」(直説法能相三人称単数現在)
- 3 fundae＜funda〔名〕f.「投石器」(単数属格) 518-1 more を修飾。＊more fundae = (in) <the> mode (of) <a> sling : i.e. like a sling
- 4 rigidoque (= rigido + que)＜rigidus〔形〕「硬い ; 厳格な」(中性単数奪格) 518-6 saxo を修飾。
- 5 infantia＜infans〔形〕「喋れない ; 口下手な ;〈名〉幼児」(中性複数対格) 519-2 ora を修飾。
- 6 saxo＜saxum〔名〕n.「岩」(単数奪格) 519-1 discutit を修飾。

519
- 1 discutit＜discutio〔動〕「砕く ; 散らす」(直説法能相三人称単数現在)
- 2 ora＜os〔名〕n.「口 ; 顔」(複数対格) 519-1 discutit の目的語。
- 3 ferox〔形〕「大胆な、勇敢な ; 凶暴な」(男性単数主格)
- 4 tum〔副〕「当時 ; 現在 ; 次に、その後」519-5 denique と共に 521-1 exululat を修飾。
- 5 denique〔副〕「それから、最後に ; 結局」
- 6 concita＜concio/ concieo〔動〕「集める ; 揺り動かす ; 刺激する」完了分詞(女性単数主格)。519-7 mater を修飾。
- 7 mater〔名〕f.「母」(単数主格) 521-1・3/ 523-3 exululat, fugit, sonat の主語。

— 148 —

extending <his> little arms, and swung <him> twice and thrice in
<the> air like <a> sling, and ferociously dashed <the> infant
face (against) <a> rough rock; then eventually <the> agitated mother,
whether <her> dolour caused this or <the> effect (of) <the> scattered venom <did>,
howled and fled, hardly sane, (with) <her> locks disordered,
and bearing thee, little Melicertes, (in) <her> naked arms,
shrieks, "O ho, Bacchus" : at <the> name (of) Bacchus, Juno

520
- 1・5 seu (= sive)〔接〕「或いはもし〜、或いは」＊seu … seu = whether … or
- 2 dolor〔名〕m.「苦痛；悲しみ、嘆き；憤り」(単数主格) 520-7 causa と共に 520-4 fecit の主語。
- 3 hoc＜hic〔代〕「これ、この人；次のこと」(中性単数対格) 520-4 fecit の目的語。
- 4 fecit＜facio〔動〕「建設する；為す；製造(製作)する」(直説法能相三人称単数 完了過去)
- 6 sparsi＜spargo〔動〕「撒く；鏤める」完了分詞(中性単数属格)。520-8 veneni を修飾。
- 7 causa〔名〕f.「原因、理由」(単数主格)
- 8 veneni＜venenum〔名〕n.「薬物；猛毒；媚薬」(単数属格) 520-7 causa を修飾。

521
- 1 exululat＜exululo〔動〕「泣き喚く」(直説法能相三人称単数現在)
- 2 passisque (= passis + que)＜passus〔形〕「広がった、開いた；乾いた」(男性複数奪格) 521-6 capillis と共に独立奪格構文を成す。＊passis capillis = (with) <her> locks disordered
- 3 fugit＜fugio〔動〕「逃れる；消滅する；避ける」(直説法能相三人称単数現在)
- 4 male〔副〕「間違って；邪悪に；拙劣に；不完全に」521-5 sana を修飾。
- 5 sana＜sanus〔形〕「健全な；正常な」(女性単数主格) 522-2 ferens と共に 519-7 mater に一致。叙述的用法。
- 6 capillis＜capillus〔名〕m.「髪、毛髪」(複数奪格)

522
- 1 teque (= te + que)＜tu〔代〕「あなた」(単数対格) 522-2 ferens の目的語。
- 2 ferens＜fero〔動〕「支える、運ぶ；もたらす；堪える」現在分詞(女性単数主格)。
- 3 parvum＜parvus〔形〕「小さい、些細な；短い；〈名〉些細なこと」(男性単数対格) 522-1 te を修飾。
- 4 nudis＜nudus〔形〕「裸の；空の」(男性複数奪格) 522-6 lacertis を修飾。
- 5 Melicerta＜Melicerta (= Melicertes)〔名〕m.「メリケルテス」(単数呼格)
- 6 lacertis＜lacertus〔名〕m.「上腕部；腕」(複数奪格) 522-2 ferens を修飾。

523
- 1 euhoe〔間〕「エウホー」☆バックス信者の叫び声。
- 2 Bacche＜Bacchus〔名〕m.「バックス」(単数呼格)
- 3 sonat＜sono〔動〕「音を立てる；語る」(直説法能相三人称単数現在)
- 4 Bacchi＜Bacchus 523-2 参照(単数属格)。523-6 nomine を修飾。
- 5 sub〔前〕「〜の下に (下で)」奪格支配 (523-6 nomine)。524-1 risit を修飾。
- 6 nomine＜nomen〔名〕n.「名前」(単数奪格)
- 7 Iuno〔名〕f.「ユノ、ジューノー」(単数主格) 524-1・7 risit, dixit の主語。

risit et "hos usus praestet tibi" dixit "alumnus!"
　　　inminet aequoribus scopulus : pars ima cavatur　　　525
　　　fluctibus et tectas defendit ab imbribus undas,
　　　summa riget frontemque in apertum porrigit aequor;
　　　occupat hunc (vires insania fecerat) Ino
　　　seque super pontum nullo tardata timore
　　　mittit onusque suum ; percussa recanduit unda.　　　530

524
- 1　risit＜rideo〔動〕「笑う；微笑む；軽蔑する」(直説法能相三人称単数完了過去)
- 2　et〔接〕「そして、また」
- 3　hos＜hic〔代〕「これ、この人；次のこと」(男性複数対格) 524-4 usus を修飾。
- 4　usus＜usus〔名〕m.「使用；習慣；経験；有効性」(複数対格) 524-5 praestet の目的語。＊「恩恵」の謂。
- 5　praestet＜praesto〔動〕「卓越している；保証する；遂行する；保持する」(接続法能相三人称単数現在)
- 6　tibi＜tu〔代〕「あなた」(単数与格) 524-8 alumnus を修飾。＊tibi alumnus = <the> foster-child (to) thee : i.e. thy foster-child
- 7　dixit＜dico〔動〕「言う、話す、述べる；呼ぶ」(直説法能相三人称単数完了過去)
- 8　alumnus〔名〕m.「養子」(単数主格) 524-5 praestet の主語。＊バックスを指す。

525
- 1　inminet＜inmineo〔動〕「(～の上に)張り出す、懸かる；隣接する」(直説法能相三人称単数現在) ＊与格を伴う。
- 2　aequoribus＜aequor〔名〕n.「平面；海」(複数与格) 525-1 inminet を修飾。
- 3　scopulus〔名〕m.「岩頂、岩；障害、危険、困難」(単数主格) 525-1 inminet の主語。
- 4　pars〔名〕f.「部分、一部；役割」(単数主格) 525-6/ 526-4 cavatur, defendit の主語。

- 5　ima＜imus〔形〕「最も深い(低い)；〈名〉底、深淵」(女性単数主格) 525-4 pars を修飾。
- 6　cavatur＜cavo〔動〕「掘る」(直説法所相三人称単数現在)

526
- 1　fluctibus＜fluctus〔名〕m.「上げ潮、大波；混乱」(複数奪格) 525-6 cavatur を修飾。
- 2　et 524-2 参照。
- 3　tectas＜tego〔動〕「覆う；隠す」完了分詞(女性複数対格)。526-7 undas を修飾。
- 4　defendit＜defendo〔動〕「撃退する；防御する」(直説法能相三人称単数現在)
- 5　ab〔前〕「～(の中)から；～側に；～で」奪格支配(526-6 imbribus)。526-4 defendit を修飾。
- 6　imbribus＜imber〔名〕m.「雨、豪雨；雨雲」(複数奪格)
- 7　undas＜unda〔名〕f.「波；水」(複数対格) 526-4 defendit の目的語。

527
- 1　summa＜summus〔形〕「最も高い；～の頂上；最高(至高)の」(女性単数主格)名詞的用法。527-2・6 riget, porrigit の主語。＊525-4 pars を受ける。
- 2　riget＜rigeo〔動〕「硬直する；逆立つ」(直説法能相三人称単数現在)
- 3　frontemque (= frontem + que)＜frons〔名〕f.「額、顔；正面」(単数対格) 527-6 porrigit の目的語。

sneered and said, "(May) thy foster child provide these benefits!"
<A> cliff overhung <the> ocean: <its> lowest part (was) excavated
(by) <the> waves and defended <the> covered water from deluges;
<the> summit rose and stretched <its> front into <the> open ocean;
Ino occupied this — insanity gave <the> vigour —
and, deterred (by) no dread, cast herself and her
burden above <the> sea; <the> smashed water whitened.

- 4 in〔前〕「～(の中)へ、～に対して」対格支配(527-7 aequor)。527-6 porrigit を修飾。
- 5 apertum＜apertus〔形〕「覆いのない；開いた」(中性単数対格) 527-7 aequor を修飾。
- 6 porrigit＜porrigo〔動〕「伸ばす；差し出す」(直説法能相三人称単数現在)
- 7 aequor＜aequor 525-2 参照(単数対格)。

528
- 1 occupat＜occupo〔動〕「獲得する；占める」(直説法能相三人称単数現在)
- 2 hunc＜hic 524-3 参照(男性単数対格)。525-3 scopulus を指す。528-1 occupat の目的語。
- 3 vires＜vis〔名〕f.「力；活力；暴力」(複数対格) 528-5 fecerat の目的語。
- 4 insania〔名〕f.「狂気、無分別」(単数主格) 528-5 fecerat の主語。
- 5 fecerat＜facio〔動〕「建設する；為す；製造(製作)する」(直説法能相三人称単数全分過去)
- 6 Ino〔名〕f.「イノ」(単数主格) 528-1/ 530-1 occupat, mittit の主語。

529
- 1 seque (= se + que)＜sui〔代〕「彼(彼女、それ)自身」(単数対格) 530-2 onus と共に 530-1 mittit の目的語。
- 2 super〔前〕「～の上へ；～に加えて」対格支配(529-3 pontum)。530-1 mittit を修飾。
- 3 pontum＜pontus〔名〕m.「海」(単数対格)

- 4 nullo＜nullus〔形〕「誰(何)も～ない、一つの～もない」(男性単数奪格) 529-6 timore を修飾。
- 5 tardata＜tardo〔動〕「遅らせる、妨げる」完了分詞(女性単数主格)。528-6 Ino に一致。叙述の用法。
- 6 timore＜timor〔名〕m.「恐怖」(単数奪格) 529-5 tardata を修飾。

530
- 1 mittit＜mitto〔動〕「送る；投げる；送り出す」(直説法能相三人称単数現在)
- 2 onusque (= onus + que)＜onus〔名〕n.「荷物；重荷」(単数対格) ＊メリケルテスを指す。
- 3 suum＜suus〔代〕「彼(ら)の、彼女(ら)の、それ(ら)の」(中性単数対格) 530-2 onus を修飾。
- 4 percussa＜percutio〔動〕「突き通す；強打する」完了分詞(女性単数主格)。530-6 unda を修飾。
- 5 recanduit＜recandesco〔動〕「再び白くなる；再び白熱する」(直説法能相三人称単数完了過去) ＊海面が白く泡立つ有様を描写したもの。
- 6 unda 526-7 参照(単数主格)。530-5 recanduit の主語。

At Venus, inmeritae neptis miserata labores,
sic patruo blandita suo est "o numen aquarum,
proxima cui caelo cessit, Neptune, potestas,
magna quidem posco, sed tu miserere meorum,
iactari quos cernis in Ionio inmenso,   535
et dis adde tuis. aliqua et mihi gratia ponto est,
si tamen in medio quondam concreta profundo

531
- 1 At〔接〕「しかし、しかし一方」
- 2 Venus〔名〕f.「ウェヌス、ヴィーナス；愛」(単数主格) 532-3・5 blandita est の主語。
- 3 inmeritae＜inmeritus〔形〕「無実の」(女性単数属格) 531-4 neptis を修飾。
- 4 neptis＜neptis〔名〕f.「孫娘」(単数属格) 531-6 labores を修飾。☆イノの母ハルモニアはウェヌスとマルスの娘である。
- 5 miserata＜miseror〔所動〕「悲しむ；憐れむ」完了分詞(女性単数主格)。531-2 Venus を修飾。叙述的用法。
- 6 labores＜labor〔名〕m.「労働、努力；苦労、苦難」(複数対格) 531-5 miserata の目的語。

532
- 1 sic〔副〕「このように；そのように；次のように」532-2 patruo と共に 532-3・5 blandita est を修飾。
- 2 patruo＜patruus〔名〕m.「(父方の) 伯父・叔父」(単数与格) ☆533-5 Neptune を指す。一説にはウェヌスはユピテルとディオネの娘とされるので、ネプトゥヌスは伯父に当る。
- 3・5 blandita est＜blandior〔所動〕「媚びる、諂う」(直説法三人称単数完了過去) ＊与格を伴う。
- 4 suo＜suus〔代〕「彼(ら)の、彼女(ら)の、それ(ら)の」(男性単数与格) 532-2 patruo を修飾。
- 6 o〔間〕「おお、嗚呼」

- 7 numen＜numen〔名〕n.「神の意志；神」(単数呼格)
- 8 aquarum＜aqua〔名〕f.「水」(複数属格) 532-7 numen を修飾。

533
- 1 proxima＜proximus〔形〕「一番近い、隣の；最近の；次の」(女性単数主格) 533-6 potestas を修飾。＊与格を伴う。
- 2 cui＜qui〔関代〕男性単数与格。先行詞は 533-5 Neptune。533-4 cessit を修飾。
- 3 caelo＜caelum〔名〕n.「天空、空」(単数与格) 533-1 proxima の補語。☆ユピテルを指す。
- 4 cessit＜cedo〔動〕「引き下がる；〜の所有となる；〜に譲る；〜に従う」(直説法能相三人称単数完了過去)
- 5 Neptune＜Neptunus〔名〕m.「ネプトゥヌス」(単数呼格) 532-7 numen と同格。☆ユピテルの兄で、海洋の支配者。ギリシア神話のポセイドンに相当する。
- 6 potestas〔名〕f.「力、能力；権力、支配権」(単数主格) 533-4 cessit の主語。

534
- 1 magna＜magnus〔形〕「大きい；多い；偉大な」(中性複数対格) 名詞的用法。534-3 posco の目的語。
- 2 quidem〔副〕「確かに、実際；しかし」534-3 posco を修飾。
- 3 posco〔動〕「乞う、要請する」(直説法能相一人称単数現在) 主述部。
- 4 sed〔接〕「しかし；〜ではなくて」

変身物語　第四巻

But Venus, lamenting <the> calamity (of) <her> innocent grand-daughter,

thus fawned upon her uncle, "Oh <the> deity (of) <the> waters,

Neptune, (to) whom fell <the> potency next (to) <the> heavens,

(I) request much indeed, but do commiserate my (family),

whom (you) discern (to) throw (themselves) in <the> immense Ionian (sea),

and add <them> (to) thy gods. I also have some affinity (with) <the> sea,

if, however, (I) was once congealed spume in

・5　tu〔代〕「あなた」(単数主格) ＊534-6 miserere を強調する。
・6　miserere＜misereor〔所動〕「憐れむ、同情する」(命令法二人称単数現在) ＊属格を伴う。
・7　meorum＜meus〔代〕「私の」(男性複数属格) 名詞の用法。534-6 miserere の補語。＊「我が一族」の謂。

535
・1　iactari＜iacto〔動〕「投げる；振り回す；発する」(不定法所相現在) 535-3 cernis の目的語。
・2　quos＜qui 533-2 参照(男性複数対格)。先行詞は 534-7 meorum。535-1 iactari の意味上の主語。
・3　cernis＜cerno〔動〕「分離する；識別する；認識する」(直説法能相二人称単数現在) 主述部。534-5 tu を受ける。＊不定法句を伴う。
・4　in〔前〕「～で(に)、～の中(上)で」奪格支配(535-5 Ionio)。535-1 iactari を修飾。
・5　Ionio＜Ionius〔形〕「イオニア海の」(中性単数奪格) 名詞の用法。
・6　inmenso＜inmensus〔形〕「果てしない、莫大な」(中性単数奪格) 535-5 Ionio を修飾。

536
・1　et〔接〕「そして、また」
・2　dis＜deus〔名〕m.「神；神力」(複数与格) 536-3 adde を修飾。
・3　adde＜addo〔動〕「付ける；加える」(命令法能相二人称単数現在)

・4　tuis＜tuus〔形〕「あなたの」(男性複数与格) 536-2 dis を修飾。
・5　aliqua＜aliqui〔形〕「或る」(女性単数主格) 536-9 ponto と共に 536-8 gratia を修飾。＊aliqua gratia ponto = some affinity (with) <the> sea
・6　et〔副〕「～もまた、～さえも」536-7 mihi を修飾。
・7　mihi＜ego〔代〕「私」(単数与格) 536-10 est の補語。＊et mihi est = is mine too : i.e. I also have
・8　gratia〔名〕f.「好意、配慮；友誼；感謝」(単数主格) 536-10 est の主語。
・9　ponto＜pontus〔名〕m.「海」(単数奪格)
・10　est＜sum〔動〕「～である；存在する」(直説法三人称単数現在)

537
・1　si〔接〕「もし～なら、～なので；～だとしても」
・2　tamen〔副〕「しかし、にも拘らず」
・3　in 535-4 参照。奪格支配(537-7 profundo)。538-1 spuma を修飾。
・4　medio＜medius〔形〕「真中(中間)の、～の真中(中間)」(中性単数奪格) 537-7 profundo を修飾。
・5　quondam〔副〕「嘗て；時折；いつか」538-2 fui を修飾。
・6　concreta＜concretus〔形〕「濃縮した；凝結した」(女性単数主格) 538-1 spuma を修飾。
・7　profundo＜profundum〔名〕n.「深淵；深海」(単数奪格)

spuma fui Graiumque manet mihi nomen ab illa."
adnuit oranti Neptunus et abstulit illis,
quod mortale fuit, maiestatemque verendam　　　　　　　　540
inposuit nomenque simul faciemque novavit
Leucothoeque deum cum matre Palaemona dixit.
　　Sidoniae comites, quantum valuere secutae
signa pedum, primo videre novissima saxo ;

538

- 1　spuma〔名〕f.「泡」(単数主格) 538-2 fui の補語。☆別の説では、サトゥルヌスが父カエルスの男根を切り取った時、精液が海に滴り、その泡が集まってウェヌスが生れたという。
- 2　fui＜sum〔動〕「～である；存在する」(直説法一人称単数完了過去) 主述部。
- 3　Graiumque (= Graium + que)＜Graius〔形〕「ギリシアの」(中性単数主格) 538-6 nomen を修飾。
- 4　manet＜maneo〔動〕「残る；留まる」(直説法能相三人称単数現在)
- 5　mihi＜ego〔代〕「私」(単数与格) 538-4 manet を修飾。
- 6　nomen〔名〕n.「名前」(単数主格) 538-4 manet の主語。☆ウェヌスと同一視されるギリシア神話のアフロディテは「泡から生れた」の謂。
- 7　ab〔前〕「～(の中)から；～側に；～で」奪格支配(538-8 illa)。538-6 nomen を修飾。
- 8　illa＜ille〔代〕「あれ、それ；彼(彼女)」(女性単数奪格) 538-1 spuma を指す。

539

- 1　adnuit＜adnuo〔動〕「頷く；同意する」(直説法能相三人称単数完了過去) ＊与格を伴う。
- 2　oranti＜oro〔動〕「論ずる；請う」現在分詞(女性単数与格)。名詞的用法。539-1 adnuit を修飾。＊531-2 Venus を指す。
- 3　Neptunus〔名〕m.「ネプトゥヌス」(単数主格) 539-1・5/ 541-1・5/ 542-6 adnuit, abstulit, inposuit, novavit, dixit の主語。
- 4　et〔接〕「そして、また」
- 5　abstulit＜aufero〔動〕「除去する；運び去る；盗む」(直説法能相三人称単数完了過去)
- 6　illis＜ille 538-8 参照(男性単数奪格)。534-7 meorum を指す。539-5 abstulit を修飾。

540

- 1　quod＜qui〔関代〕中性単数対格。先行詞を含む複合用法。539-5 abstulit の目的語、及び 540-3 fuit の主語となる。
- 2　mortale＜mortalis〔形〕「死ぬ運命の；人間の；〈名〉人間」(中性単数主格) 540-1 quod に一致。540-3 fuit の補語。
- 3　fuit＜sum　538-2 参照(直説法三人称単数完了過去)。
- 4　maiestatemque (= maiestatem + que) ＜ maiestas〔名〕f.「威厳；壮麗さ」(単数対格) 541-1 inposuit の目的語。
- 5　verendam＜verendus〔形〕「畏敬すべき、厳かな」(女性単数対格) 540-4 maiestatem を修飾。

541

- 1　inposuit＜inpono〔動〕「置く、設置する；載せる；課す」(直説法能相三人称単数完了過去) ＊「授ける」の謂。
- 2　nomenque (= nomen + que)＜nomen 538-6 参照(単数対格)。541-4 faciem と共に 541-5 novavit の目的語。

<the> middle of <an> abyss and <my> Greek name after that remains (with) me."
Neptune assented (to) <the> pleading (one) and deprived what
was mortal (of) them, and implanted venerable
majesty and changed both <their> names and figures
and called <the> god Palaemon with <his> mother Leucothea.
　　<Her> Sidonian comrades, following <the> prints (of) <her> feet
as far as (they) could, saw <the> newest (ones) (on) <the> head of <the> rock;

・3　simul〔副〕「一緒に；同時に」＊nomen simul faciemque = both <their> names and figures
・4　faciemque (= faciem + que) ＜ facies〔名〕f.「外観、姿；顔(顔付)」(単数対格)
・5　novavit ＜ novo〔動〕「改める、更新する；変える」(直説法能相三人称単数完了過去) ☆海に身を投げたイノとメリケルテスは海神になり、レウコテア(542-1)とパラエモン(542-5)と呼ばれた。

542
・1　Leucothoeque (= Leucothoe + que) ＜ Leucothea/ Leucothoe〔名〕f.「レウコテア」(単数奪格) 542-4 matre と同格。
・2　deum ＜ deus〔名〕m.「神；神力」(単数対格) 542-6 dixit の目的語。
・3　cum〔前〕「～と共に；～を伴って；～で」奪格支配(542-4 matre)。542-6 dixit を修飾。
・4　matre ＜ mater〔名〕f.「母」(単数奪格)
・5　Palaemona ＜ Palaemon〔名〕m.「パラエモン」(単数対格) 542-6 dixit の補語。
・6　dixit ＜ dico〔動〕「言う、話す、述べる；呼ぶ」(直説法能相三人称単数完了過去)

543
・1　Sidoniae ＜ Sidonius〔形〕「シドンの」(女性複数主格) 543-2 comites を修飾。☆シドンは地中海東岸フェニキアの海港都市。ここはテーバエの始祖カドムスがシドンの出身であることへの言及。
・2　comites ＜ comes〔名〕m.f.「仲間；従者」(複数主格) 544-4 videre の主語。
・3　quantum〔副〕「～と同量、～する限り；どれ程多く」543-4 valuere を修飾。接続詞的用法。＊quantum valuere = as far as (they) were capable : i.e. as far as they could
・4　valuere (= valuerunt) ＜ valeo〔動〕「強い；効力を持つ、成功する」(直説法三人称複数完了過去) 主述部。543-2 comites を受ける。＊546-1/ 548-2 deplanxere, fecere も同断。
・5　secutae ＜ sequor〔所動〕「後を追う；後を継ぐ；従う」完了分詞(女性複数主格)。543-2 comites に一致。叙述的用法。＊545-5/ 546-3 ratae, scissae も同断。

544
・1　signa ＜ signum〔名〕n.「印；軍旗；合図；像」(複数対格) 543-5 secutae の目的語。
・2　pedum ＜ pes〔名〕m.「足」(複数属格) 544-1 signa を修飾。
・3　primo ＜ primus〔形〕「最初の；第一の」(中性単数奪格) 544-6 saxo を修飾。＊「～の先端」の謂。
・4　videre (= viderunt) ＜ video〔動〕「見る；認知する；〈所〉見える」(直説法能相三人称複数完了過去)
・5　novissima ＜ novus〔形〕「新しい、新鮮な、若い」最上級(中性複数対格)。名詞的用法。544-4 videre の目的語。＊544-1 signa を受ける。
・6　saxo ＜ saxum〔名〕n.「岩」(単数奪格) ＊525-3 scopulus を指す。

nec dubium de morte ratae Cadmeida palmis　　　　　　545
　　　deplanxere domum scissae cum veste capillos,
　　　utque parum iustae nimiumque in paelice saevae
　　　invidiam fecere deae. convicia Iuno
　　　non tulit et "faciam vos ipsas maxima" dixit
　　　"saevitiae monimenta meae"; res dicta secuta est.　　　550
　　　nam quae praecipue fuerat pia, "persequar" inquit

545
- 1 nec〔副〕「また～ない、～もない」545-2 dubium を修飾。＊nec dubium (est) = <there is> no doubt
- 2 dubium＜dubius〔形〕「迷う；躊躇する；疑う」(中性単数主格) 名詞的用法。
- 3 de〔前〕「～から；～中に；～故に」奪格支配(545-4 morte)。545-2 dubium を修飾。＊「～に関して」の謂。
- 4 morte＜mors〔名〕f.「死；屍」(単数奪格)
- 5 ratae＜ratus〔形〕「計算した；確定した；認められた、確かな」(女性複数主格) ＊reor の完了分詞。
- 6 Cadmeida＜Cadmeis〔形〕「カドムスの」(女性単数対格) 546-2 domum を修飾。
- 7 palmis＜palma〔名〕f.「掌；手」(複数奪格) 546-1 deplanxere を修飾。☆悲嘆を表すために、掌で胸を打つ仕種(554-5 plangore) を指す。

546
- 1 deplanxere＜deplango〔動〕「嘆き悲しむ」(直説法能相三人称複数完了過去)
- 2 domum＜domus〔名〕f.「家；住居；家庭」(単数対格) 546-1 deplanxere の目的語。
- 3 scissae＜scindo〔動〕「切る、引き裂く、割る；分割する」完了分詞(女性複数主格)。＊scissae capillos = (with) <their> locks torn : i.e. tearing their locks
- 4 cum〔前〕「～と共に；～を伴って；～で」奪格支配(546-5 veste)。546-3 scissae を修飾。

- 5 veste＜vestis〔名〕f.「衣服」(単数奪格)
- 6 capillos＜capillus〔名〕m.「髪、毛髪」(複数対格) 副詞的用法。

547
- 1 utque (= ut + que)〔関副〕「～なので；たとえ～でも、～にも拘らず」
- 2 parum〔副〕「不十分に」547-3 iustae を修飾。
- 3 iustae＜iustus〔形〕「正当な；適切な；〈名〉権利；正義」(女性単数与格) 547-7 saevae と共に 548-3 deae に一致。叙述的用法。＊ut parum iustae nimiumque saevae = as (being) poorly just and excessively severe
- 4 nimiumque (= nimium + que)〔副〕「余りに；非常に」547-7 saevae を修飾。
- 5 in〔前〕「～で(に)、～の中(上)で」奪格支配(547-6 paelice)。547-7 saevae を修飾。
- 6 paelice＜paelex〔名〕f.「愛人、情婦」(単数奪格) ＊イノを指す。
- 7 saevae＜saevus〔形〕「荒れ狂う、獰猛な；残忍な」(女性単数与格)

548
- 1 invidiam＜invidia〔名〕f.「悪意、嫉妬」(単数対格) 548-2 fecere の目的語。
- 2 fecere (= fecerunt)＜facio〔動〕「建設する；為す；製造(製作)する」(直説法能相三人称複数完了過去)
- 3 deae＜dea〔名〕f.「女神」(単数与格) 548-2 fecere を修飾。＊548-5 Iuno を指す。

変身物語　第四巻

convinced < there is> no doubt about <her> death, (they) bewailed <the> Cadmean house <beating> (with) <their> palms <and> tearing <their> locks and <their> vestures, and expressed enmity (against) <the> goddess for (being) poorly just <u>and excessively severe to <the> mistress</u>. Juno never tolerated <their> censure and said, "(I shall) make you, yourselves, <the> mightiest monuments (of) my severity" ; <the> reality ensued from <her> sayings. For (one) who was especially loyal said, "(I will) follow

- 4　convicia＜convicium〔名〕n.「叫び声；非難」(複数対格) 549-2 tulit の目的語。
- 5　Iuno〔名〕f.「ユノ、ジューノー」(単数主格) 549-2・8 tulit, dixit の主語。

549
- 1　non〔副〕「(全然)～ない」549-2 tulit を修飾。
- 2　tulit＜fero〔動〕「支える、運ぶ；もたらす；堪える」(直説法能相三人称単数完了過去)
- 3　et〔接〕「そして、また」
- 4　faciam＜facio 548-2 参照(直説法能相三人称単数未来)。主述部。
- 5　vos＜tu〔代〕「あなた」(複数対格) 549-4 faciam の目的語。
- 6　ipsas＜ipse〔代〕「～自身」(女性複数対格) 549-5 vos を強調する。＊543-2 comites を受けるので、女性複数形をとる。
- 7　maxima＜magnus〔形〕「大きい；多い；偉大な」最上級(中性複数対格)。550-1 saevitiae と共に 550-2 monimenta を修飾。
- 8　dixit＜dico〔動〕「言う、話す、述べる；呼ぶ」(直説法能相三人称単数完了過去)

550
- 1　saevitiae＜saevitia〔名〕f.「乱暴、獰猛、残酷」(単数属格)
- 2　monimenta＜monimentum (= monumentum)〔名〕n.「記念品、記念碑；伝統」(複数対格) 549-4 faciam の補語。
- 3　meae＜meus〔代〕「私の」(女性単数属格) 550-1 saevitiae を修飾。

- 4　res〔名〕f.「事象；情況」(単数主格) 550-6・7 secuta est の主語。
- 5　dicta＜dictum〔名〕n.「言葉、発言」(複数対格) 550-6・7 secuta est の目的語。
- 6・7　secuta est＜sequor〔所動〕「後を追う；後を継ぐ；従う」(直説法三人称単数完了過去)

551
- 1　nam〔接〕「何故なら；確かに；さて」
- 2　quae＜qui〔関代〕女性単数主格。先行詞を含む複合用法。551-4 fuerat 及び 551-7/553-3・6 inquit, potuit, cohaesit の主語となる。
- 3　praecipue〔副〕「主に、著しく」551-4 fuerat を修飾。
- 4　fuerat＜sum〔動〕「～である；存在する」(直説法三人称単数全分過去)
- 5　pia＜pius〔形〕「敬虔な；神聖な」(女性単数主格) 551-2 quae に一致。551-4 fuerat の補語。＊「忠実な」の謂。
- 6　persequar＜persequor〔所動〕「追跡する；遂行する」(直説法一人称単数未来) 主述部。
- 7　inquit＜inquam〔動〕「言う」(直説法能相三人称単数完了過去)

"in freta reginam" saltumque datura moveri
haud usquam potuit scopuloque adfixa cohaesit ;
altera, dum solito temptat plangore ferire
pectora, temptatos sensit riguisse lacertos ; 555
illa, manus ut forte tetenderat in maris undas ;
saxea facta manus in easdem porrigit undas ;
huius, ut arreptum laniabat vertice crinem,
duratos subito digitos in crine videres :

552
- 1 in〔前〕「〜(の中)へ、〜に対して」対格支配(552-2 freta)。551-6 persequar を修飾。
- 2 freta＜fretum〔名〕n.「海峡；海」(複数対格)
- 3 reginam＜regina〔名〕f.「女王；王妃」(単数対格) 551-6 persequar の目的語。
- 4 saltumque (= saltum + que)＜saltus〔名〕m.「跳躍」(単数対格) 552-5 datura の目的語。
- 5 datura＜do〔動〕「与える、為す；認める」未来分詞(女性単数主格)。551-2 quae に一致。叙述的用法。＊553-5 adfixa も同断。
- 6 moveri＜moveo〔動〕「動かす；動揺(感動)させる」(不定法所相現在) 553-3 potuit の補語。

553
- 1 haud〔副〕「(決して)〜ない」553-2 usquam と共に 553-3 potuit を修飾。
- 2 usquam〔副〕「何処にも；全然」
- 3 potuit＜possum〔動〕「〜できる、能力がある」(直説法三人称単数完了過去)
- 4 scopuloque (= scopulo + que)＜scopulus〔名〕m.「岩頂、岩；障害、危険、困難」(単数奪格) 553-6 cohaesit を修飾。
- 5 adfixa＜adfigo〔動〕「固定する、取り付ける」完了分詞(女性単数主格)。
- 6 cohaesit＜cohaereo〔動〕「結合する；付着する」(直説法能相三人称単数完了過去)

554
- 1 altera＜alter〔代〕「もう一人の人(物)；別の人(物)」(女性単数主格) 555-3 sensit の主語。＊556-1/ 558-1 illa, huius と呼応する。
- 2 dum〔接〕「〜する間に(間は)；〜まで」
- 3 solito＜solitus〔形〕「慣れた、通常の」(男性単数奪格) 554-5 plangore を修飾。
- 4 temptat＜tempto〔動〕「試す；試みる」(直説法能相三人称単数現在) 主述部。554-1 altera を受ける。
- 5 plangore＜plangor〔名〕m.「殴打；嘆き」(単数奪格) 554-6 ferire を修飾。
- 6 ferire＜ferio〔動〕「打つ；打ち殺す、殺す」(不定法能相現在) 554-4 temptat の目的語。

555
- 1 pectora＜pectus〔名〕n.「胸；心」(複数対格) 554-6 ferire の目的語。
- 2 temptatos＜tempto 554-4 参照。完了分詞(男性複数対格)。555-5 lacertos を修飾。
- 3 sensit＜sentio〔動〕「感ずる；認知する；考える」(直説法能相三人称単数完了過去) ＊不定法句を伴う。
- 4 riguisse＜rigesco〔動〕「硬くなる、固まる」(不定法能相完了) 555-3 sensit の目的語。
- 5 lacertos＜lacertus〔名〕m.「上腕部；腕」(複数対格) 555-4 riguisse の意味上の主語。

<my> queen into <the> sea," but (going to) give <a> leap, (she) could

not possibly move and adhered fixedly (on) <the> cliff;

another, while (she) attempted (to) smite <her> breasts (with) customary

beating, sensed <her> raised arms (to have) stiffened;

another, as (she) extended <her> hands casually towards <the> waters (of) <the> sea,

getting petrified, stretched <the> hands towards <the> same waters;

(you would) see <the> fingers (of) another suddenly hardened in

<her> hair as (she was) lacerating <the> grasped hair (from) <her> head:

556
- 1 illa＜ille〔代〕「あれ、それ；彼(彼女)」(女性単数主格) 557-6 porrigit の主語。
- 2 manus＜manus〔名〕f.「手；一団」(複数対格) 556-5 tetenderat の目的語。
- 3 ut〔関副〕「～した時、～するや否や；(丁度)～するように」
- 4 forte〔副〕「偶然；多分」556-6 in と共に 556-5 tetenderat を修飾。
- 5 tetenderat＜tendo〔動〕「広げる、伸ばす；差し出す」(直説法能相三人称単数全分過去) 述部。556-1 illa を受ける。
- 6 in 552-1 参照。対格支配(556-8 undas)。
- 7 maris＜mare〔名〕n.「海；海水」(単数属格) 556-8 undas を修飾。
- 8 undas＜unda〔名〕f.「波；水」(複数対格)

557
- 1 saxea＜saxeus〔形〕「岩の」(女性単数主格) 557-2 facta と共に 556-1 illa に一致。facta の補語。＊saxea facta ＝ (being) made of rock : i.e. getting petrified
- 2 facta＜facio〔動〕「建設する；為す；製造(製作)する」完了分詞(女性単数主格)。叙述的用法。
- 3 manus 556-2 参照。557-6 porrigit の目的語。
- 4 in 552-1 参照。対格支配(557-7 undas)。557-6 porrigit を修飾。
- 5 easdem＜idem〔代〕「同じ」(女性複数対格) 557-7 undas を修飾。
- 6 porrigit＜porrigo〔動〕「伸ばす；差し出す」(直説法能相三人称単数現在)
- 7 undas 556-8 参照。

558
- 1 huius＜hic〔代〕「これ、この人；次のこと」(女性単数属格) 559-3 digitos を修飾。
- 2 ut 556-3 参照。
- 3 arreptum＜arripio〔動〕「攫む；捕える」完了分詞(男性単数対格)。558-6 crinem を修飾。
- 4 laniabat＜lanio〔動〕「引き裂く、掻きむしる」(直説法能相三人称単数不完了過去) 主述部。558-1 huius を受ける。
- 5 vertice＜vertex〔名〕m.「渦；頭頂；頂上」(単数奪格) 558-4 laniabat を修飾。
- 6 crinem＜crinis〔名〕m.「毛、髪」(単数対格) 558-4 laniabat の目的語。

559
- 1 duratos＜duro〔動〕「固める；硬くする；硬くなる」完了分詞(男性複数対格)。559-3 digitos を修飾。
- 2 subito〔副〕「突然、即座に」559-4 in と共に 559-1 duratos を修飾。
- 3 digitos＜digitus〔名〕m.「指」(複数対格) 559-6 videres の目的語。
- 4 in〔前〕「～で(に)、～の中(上)で」奪格支配(559-5 crine)。
- 5 crine＜crinis 558-6 参照(単数奪格)。
- 6 videres＜video〔動〕「見る；認知する；〈所〉見える」(接続法能相二人称単数不完了過去) 主述部。

quo quaeque in gestu deprensa est, haesit in illo.　　　　　　560
pars volucres factae, quae nunc quoque gurgite in illo
aequora destringunt summis Ismenides alis.
　　　Nescit Agenorides natam parvumque nepotem
aequoris esse deos ; luctu serieque malorum
victus et ostentis, quae plurima viderat, exit　　　　　　　　565
conditor urbe sua, tamquam fortuna locorum,

560
- 1　quo＜qui〔関代〕男性単数奪格。先行詞は 560-9 illo。形容詞用法。560-4 gestu を修飾。＊quo in gestu = in which gesture : i.e. in the gesture where
- 2　quaeque＜quisque〔代〕「誰(何)であろうと、全ての人(物)」(女性単数主格) 560-5・6 deprensa est の主語。
- 3　in〔前〕「～で(に)、～の中(上)で」奪格支配(560-4 gestu)。560-5・6 deprensa est を修飾。
- 4　gestu＜gestus〔名〕m.「姿勢、動作」(単数奪格)
- 5・6　deprensa est＜deprendo/ deprehendo〔動〕「捕える；発見する；把握する」(直説法所相三人称単数完了過去)
- 7　haesit＜haereo〔動〕「付着する；執着する；困惑する」(直説法能相三人称単数完了過去) 主述部。560-2 quaeque を受ける。
- 8　in 560-3 参照。奪格支配(560-9 illo)。560-7 haesit を修飾。
- 9　illo＜ille〔代〕「あれ、それ；彼(彼女)」(男性単数奪格) 560-4 gestu を指す。

561
- 1　pars〔名〕f.「部分、一部；役割」(単数主格) 561-3 factae (sunt) の主語。
- 2　volucres＜volucris〔名〕f.「鳥、昆虫」(複数主格) 561-3 factae (sunt) の補語。
- 3　factae (= factae sunt)＜facio〔動〕「建設する；為す；製造(製作)する」(直説法所相三人称複数完了過去) ＊sunt の省略。

- 4　quae＜qui 560-1 参照(女性複数主格)。先行詞は 561-2 volucres。562-2 destringunt の主語。
- 5　nunc〔副〕「目下；現状では」562-5 alis と共に 562-2 destringunt を修飾。
- 6　quoque〔副〕「～もまた、同様に」561-5 nunc を強調する。
- 7　gurgite＜gurges〔名〕m.「渦；積水、海」(単数奪格)
- 8　in 560-3 参照。奪格支配(561-7 gurgite)。562-1 aequora を修飾。
- 9　illo 560-9 参照。形容詞用法。561-7 gurgite を修飾。

562
- 1　aequora＜aequor〔名〕n.「平面；海」(複数対格) 562-2 destringunt の目的語。
- 2　destringunt＜destringo〔動〕「抜く；触れる、かすめる」(直説法能相三人称単数現在)
- 3　summis＜summus〔形〕「最も高い；～の頂上；最高(至高)の」(女性複数奪格) 562-5 alis を修飾。 ＊summis alis = (with) <their> farthermost wings : i.e. with the tips of their wings
- 4　Ismenides＜Ismenis〔名〕f.「テーバエの女」(複数主格) 561-4 quae と同格。叙述的用法。
- 5　alis＜ala〔名〕f.「翼」(複数奪格)

— 160 —

in <the> gesture where everyone was surprised, (she) remained in that.

Some <were> turned (to) fowls, which, <once> Theban women, even now skim <the> surface of that gulf (with) <the> tips of <their> wings.

　Agenor's son never knew <his> daughter and <his> little grandson were deities (of) <the> ocean; overwhelmed (by) lamentation and <a> series (of) misfortunes and portents, which (he had) seen plentifully, <the> founder exit (from) his city, as if <the> fortune (of) <the> place,

563
- 1　Nescit＜nescio〔動〕「知らない」(直説法能相三人称単数現在)
- 2　Agenorides〔名〕m.「アゲノルの息子(子孫)」(単数主格) 563-1 Nescit の主語。＊572-1 Cadmus を指す。566-1 conditor も同断。
- 3　natam＜nata〔名〕f.「娘」(単数対格) 563-5 nepotem と共に 564-2 esse の意味上の主語。＊イノを指す。
- 4　parvumque (= parvum + que)＜parvus〔形〕「小さい、些細な；短い；〈名〉些細なこと」(男性単数対格) 563-5 nepotem を修飾。
- 5　nepotem＜nepos〔名〕m.「孫息子；子孫」(単数対格) ＊メリケルテスを指す。

564
- 1　aequoris＜aequor 562-1 参照(単数属格)。564-3 deos を修飾。
- 2　esse＜sum〔動〕「～である；存在する」(不定法現在) 563-1 Nescit の目的語。
- 3　deos＜deus〔名〕m.「神；神力」(複数対格) 564-2 esse の補語。
- 4　luctu＜luctus〔名〕m.「悲しみ、嘆き」(単数奪格) 564-5・6/ 565-3 serie malorum, ostentis と共に 565-1 victus を修飾。
- 5　serieque (= serie + que)＜series〔名〕f.「列、連続」(単数奪格)
- 6　malorum＜malum〔名〕n.「害悪、災難、不幸」(複数属格) 564-5 serie を修飾。

565
- 1　victus＜vinco〔動〕「打ち破る、勝つ」完了分詞(男性単数主格)。566-1 conditor に一致。叙述の用法。＊567-7 actus も同断。
- 2　et〔接〕「そして、また」
- 3　ostentis＜ostentum〔名〕n.「前兆」(複数奪格) ＊ostendo の完了分詞。
- 4　quae＜qui 560-1 参照(中性複数対格)。先行詞は 565-3 ostentis。565-6 viderat の目的語。
- 5　plurima＜multus〔形〕「多数の；多量の」最上級(中性複数対格) 565-4 quae を修飾。
- 6　viderat＜video〔動〕「見る；認知する〈所〉見える」(直説法能相三人称単数全分過去) 主述部。566-1 conditor を受ける。
- 7　exit＜exeo〔動〕「出る、去る」(直説法三人称単数現在)

566
- 1　conditor〔名〕m.「設立者、創始者」(単数主格) 565-7/ 568-1 exit, contigit の主語。
- 2　urbe＜urbs〔名〕f.「(城壁で囲まれた)都市、町；ローマ」(単数奪格) 565-7 exit を修飾。☆テーバエ市を指す。
- 3　sua＜suus〔代〕「彼(ら)の、彼女(ら)の、それ(ら)の」(女性単数奪格) 566-2 urbe を修飾。
- 4　tamquam〔副〕「(丁度) ～のように」
- 5　fortuna〔名〕f.「運、幸運；運命の女神」(単数主格) 567-4 premeret の主語。
- 6　locorum＜locus〔名〕m.「場所；地位；位置」(複数属格) 566-5 fortuna を修飾。＊566-2 urbe を指す。

non sua se premeret, longisque erroribus actus
　　　contigit Illyricos profuga cum coniuge fines.
　　　iamque malis annisque graves dum prima retractant
　　　fata domus releguntque suos sermone labores,　　　　　　　570
　　　"num sacer ille mea traiectus cuspide serpens"
　　　Cadmus ait "fuerat, tum cum Sidone profectus

567
- 1　non〔副〕「(全然)〜ない」567-2 sua を修飾。
- 2　sua＜suus〔代〕「彼(ら)の、彼女(ら)の、それ(ら)の」(女性単数主格) 名詞的用法。566-5 fortuna と同格。＊fortuna locorum, non sua ＝ <the> fortune (of) <the> place, not his (own)
- 3　se＜sui〔代〕「彼(彼女、それ)自身」(単数対格) 567-4 premeret の目的語。
- 4　premeret＜premo〔動〕「押える;(〜に)位置する;(荷を)負わせる;強要する」(接続法能相三人称単数不完了過去)
- 5　longisque (＝ longis + que)＜longus〔形〕「長い;遠い」(男性複数奪格) 567-6 erroribus を修飾。
- 6　erroribus＜error〔名〕m.「放浪;逸脱;過誤」(複数奪格) 567-7 actus を修飾。
- 7　actus＜ago〔動〕「動かす;前進させる;駆る;為す」完了分詞(男性単数主格)。

568
- 1　contigit＜contingo〔動〕「触れる、掴む;達する;(〜に)起る」(直説法能相三人称単数完了過去)
- 2　Illyricos＜Illyricus〔形〕「イリュリアの」(男性複数対格) 568-6 fines を修飾。
　　☆イリュリアはギリシアの北方、アドリア海沿岸の地域。
- 3　profuga＜profugus〔形〕「逃亡中の;流浪の;追放された」〈名〉逃亡者」(女性単数奪格) 568-5 coniuge を修飾。
- 4　cum〔前〕「〜と共に;〜を伴って;〜で」奪格支配(568-5 coniuge)。568-1 contigit を修飾。
- 5　coniuge＜coniunx〔名〕m.f.「配偶者、夫、妻」(単数奪格) ☆ハルモニアを指す。
- 6　fines＜finis〔名〕m.(f.)「境界;領域;結末」(複数対格) 568-1 contigit の目的語。

569
- 1　iamque (＝ iam + que)〔副〕「今;直前に;すぐ;既に」569-7 retractant を修飾。
- 2　malis＜malum〔名〕n.「害悪、災難、不幸」(複数奪格) 569-3 annis と共に 569-4 graves を修飾。
- 3　annisque (＝ annis + que)＜annus〔名〕m.「年」(複数奪格)
- 4　graves＜gravis〔形〕「重い;重苦しい;重大な」(男性複数主格) 566-1・568-4・5 conditor cum coniuge に一致。叙述的用法。
- 5　dum〔接〕「〜する間に(間は);〜まで」
- 6　prima＜primus〔形〕「最初の;第一の」(中性複数対格) 570-2 domus と共に 570-1 fata を修飾。
- 7　retractant＜retracto〔動〕「再び扱う;再考する、見直す」(直説法能相三人称複数現在) 570-3 relegunt と共に主述部。566-1・568-4・5 conditor cum coniuge を受ける。

— 162 —

not his (own), compelled him, and driven (by) long roaming,

reached <the> Illyrian confines with <his> fugitive consort.

<u>And now</u> while, gloomy (with) <their> misfortunes <u>and ages</u>, (they) retraced <the> primary

fate (of) <their> house, <u>and recounted</u> their calamities (in) <the> conversation,

"Then, was that serpent transfixed (with) my spear

sacred," uttered Cadmus, "just when, (having) sailed (from) Sidon,

570
- 1 fata＜fatum〔名〕n.「預言；運命；死」(複数対格) 569-7 retractant の目的語。
- 2 domus＜domus〔名〕f.「家；住居；家庭」(単数属格)
- 3 releguntque (= relegunt + que)＜relego〔動〕「再び集める；繰り返す」(直説法能相三人称複数現在) ＊「物語る」の謂。
- 4 suos＜suus 567-2 参照(男性複数対格)。570-6 labores を修飾。
- 5 sermone＜sermo〔名〕m.「会話、談話；議論」(単数奪格) 570-3 relegunt を修飾。
- 6 labores＜labor〔名〕m.「労働、努力；苦労、苦難」(複数対格) 570-3 relegunt の目的語。

571
- 1 num〔副〕「～なのか」＊疑問文を導く。
- 2 sacer〔形〕「神聖な；気高い」(男性単数主格) 571-7 serpens に一致。572-3 fuerat の補語。
- 3 ille＜ille〔代〕「あれ、それ；彼(彼女)」(男性単数主格) 形容詞用法。571-5 traiectus と共に 571-7 serpens を修飾。
- 4 mea＜meus〔代〕「私の」(女性単数奪格) 571-6 cuspide を修飾。
- 5 traiectus＜traicio〔動〕「横断させる；刺し貫く；横切る」完了分詞(男性単数主格)。
- 6 cuspide＜cuspis〔名〕f.「端、先；槍」(単数奪格) 571-5 traiectus を修飾。
- 7 serpens〔名〕m.f.「蛇；蛇座」(単数主格) 572-3 fuerat の主語。☆ボエオティアのマルスの泉を護っていた龍を指す(第三巻 32-32 行参照)。カドムスはこの龍を退治し、アテナ女神の指示に従って龍の歯を地面に播いた。

572
- 1 Cadmus〔名〕m.「カドムス」(単数主格) 572-2 ait の主語。
- 2 ait＜aio〔動〕「肯定する；言う、断言する」(直説法能相三人称単数現在)
- 3 fuerat＜sum〔動〕「～である；存在する」(直説法三人称単数全分過去)
- 4 tum〔副〕「当時；現在；次に、その後」572-5 cum を強調する。＊tum cum = <u>at the time</u> when
- 5 cum〔接〕「～した時；～なので；～だけれども」
- 6 Sidone＜Sidon〔名〕f.「シドン」(単数奪格)
- 7 profectus＜proficiscor〔所動〕「出る；始める；起こる」完了分詞(男性単数主格)。叙述的用法。＊カドムス自身に関する叙述なので、男性単数形をとる(575-1 ipse も同断)。カドムスは父アゲノルの命で、妹エウロパを探す旅に出た(第三巻 3-5 行参照)。

vipereos sparsi per humum, nova semina, dentes?
quem si cura deum tam certa vindicat ira,
ipse precor serpens in longam porrigar alvum."   575
dixit, et ut serpens in longam tenditur alvum
durataeque cuti squamas increscere sentit
nigraque caeruleis variari corpora guttis
in pectusque cadit pronus, commissaque in unum

573
- 1 vipereos＜vipereus〔形〕「蛇の」(男性複数対格) 573-7 dentes を修飾。
- 2 sparsi＜spargo〔動〕「撒く；鏤める」(直説法能相一人称単数完了過去) 主述部。＊575-2・6 precor, porrigar も同断。
- 3 per〔前〕「～を横切って；～を通して；～によって」対格支配(573-4 humum)。573-2 sparsi を修飾。
- 4 humum＜humus〔名〕f.「大地、地面；国」(単数対格)
- 5 nova＜novus〔形〕「新しい、新鮮な、若い」(中性複数対格) 573-6 semina を修飾。
- 6 semina＜semen〔名〕n.「種；源」(複数対格) 573-7 dentes と同格。
- 7 dentes＜dens〔名〕m.「歯」(複数対格) 573-2 sparsi の目的語。

574
- 1 quem＜qui〔関代〕男性単数対格。先行詞は 571-7 serpens。574-7 vindicat の目的語。
- 2 si〔接〕「もし～なら、～なので；～だとしても」
- 3 cura〔名〕f.「努力；心配」(単数主格) 574-7 vindicat の主語。
- 4 deum＜deus〔名〕m.「神；神力」(複数属格) 574-3 cura を修飾。
- 5 tam〔副〕「それ (あれ) 程」574-6 certa を修飾。
- 6 certa＜certus〔形〕「決まった；確実な」(女性単数奪格) 574-8 ira を修飾。
- 7 vindicat＜vindico〔動〕「要求する；保護する；復讐する」(直説法能相三人称単数現在)
- 8 ira＜ira〔名〕f.「憤怒」(単数奪格) 574-7 vindicat を修飾。

575
- 1 ipse〔代〕「～自身」(男性単数主格) 叙述的用法。
- 2 precor〔所動〕「請う、懇願する」(直説法一人称単数現在)
- 3 serpens〔名〕m.f.「蛇；蛇座」(単数主格) 叙述的用法。＊serpens porrigar =(I shall be) stretched (as) ＜a＞ serpent
- 4 in〔前〕「～(の中)へ、～に対して」対格支配(575-7 alvum)。575-6 porrigar を修飾。
- 5 longam＜longus〔形〕「長い；遠い」(女性単数対格) 575-7 alvum を修飾。
- 6 porrigar＜porrigo〔動〕「伸ばす；差し出す」(接続法所相一人称単数現在)
- 7 alvum＜alvus〔名〕f.「内臓、腹、子宮」(単数対格)

(I) strewed <the> snake's teeth, new seeds, over <the> ground?

If gods' care avenges that (with) so ineludible rage,

(I) pray, (I) myself (shall be) stretched (as) <a> serpent into <a> long trunk."

(He) said <so>, and (was) extended, as <is><a> serpent, into <a> long trunk,

and sensed scales (to) grow (on) <the> rough skin

and <the> black body (to be) variegated (with) ultramarine spots,

and fell prone on <his> breast and <his> legs, combined into

576
- 1 dixit＜dico〔動〕「言う、話す、述べる；呼ぶ」(直説法能相三人称単数完了過去) 主述部。572-1 Cadmus を受ける。
  ＊以下の tenditur, sentit, cadit も同断。
- 2 et〔接〕「そして、また」
- 3 ut〔関副〕「～した時、～するや否や；(丁度)～するように」
- 4 serpens 575-3 参照。☆蛇に変身する運命は、カドムスがマルスの龍を殺した時、預言されていた(第三巻 97-98 行参照)。
- 5 in 575-4 参照。対格支配(576-8 alvum)。576-7 tenditur を修飾。
- 6 longam 575-5 参照。576-8 alvum を修飾。
- 7 tenditur＜tendo〔動〕「広げる、伸ばす；差し出す」(直説法所相三人称単数現在)
- 8 alvum 575-7 参照。

577
- 1 durataeque (= duratae + que)＜durus〔形〕「硬い；粗野な；厳しい」(女性単数与格) 577-2 cuti を修飾。
- 2 cuti＜cutis〔名〕f.「皮膚」(単数与格) 577-4 increscere を修飾。
- 3 squamas＜squama〔名〕f.「鱗；(鎧の)小札」(複数対格) 577-4 increscere の意味上の主語。
- 4 increscere＜incresco〔動〕「生える；増大する」(不定法能相現在) 577-5 sentit の目的語。＊578-3 variari も同断。
- 5 sentit＜sentio〔動〕「感ずる；認知する；考える」(直説法能相三人称単数現在)

578
- 1 nigraque (= nigra + que)＜niger〔形〕「黒い、暗い；陰鬱な」(中性複数対格) 578-4 corpora を修飾。
- 2 caeruleis＜caeruleus〔形〕「蒼い、群青の」(女性複数奪格) 578-5 guttis を修飾。
- 3 variari＜vario〔動〕「多様化する；変える」(不定法所相現在) ＊「斑にする」の謂。
- 4 corpora＜corpus〔名〕n.「身体；肉；屍」(複数対格) 578-3 variari の意味上の主語。
- 5 guttis＜gutta〔名〕f.「滴；斑点」(複数奪格) 578-3 variari を修飾。

579
- 1・6 in 575-4 参照。対格支配(579-2 pectus/ 579-7 unum)。それぞれ 579-3 cadit と 579-5 commissa を修飾。
- 2 pectusque (= pectus + que)＜pectus〔名〕n.「胸；心」(単数対格)
- 3 cadit＜cado〔動〕「落ちる；倒れる；死ぬ」(直説法能相三人称単数現在)
- 4 pronus〔形〕「下り坂の、前傾した」(男性単数主格) 572-1 Cadmus に一致。叙述的用法。＊「うつ伏せに」の謂。
- 5 commissaque (= commissa + que)＜committo〔動〕「結合する；委ねる；犯す」完了分詞(中性複数主格)。叙述的用法。
- 7 unum＜unus〔数〕「一つ(の)；同一の」(中性単数対格) 名詞的用法。

paulatim tereti tenuantur acumine crura.   580
bracchia iam restant: quae restant bracchia tendit
et lacrimis per adhuc humana fluentibus ora
"accede, o coniunx, accede, miserrima" dixit,
dumque aliquid superest de me, me tange "manumque
accipe, dum manus est, dum non totum occupat anguis."   585
ille quidem vult plura loqui, sed lingua repente

580
- 1 paulatim〔副〕「徐々に、次第に」580-4 acumine と共に 580-3 tenuantur を修飾。
- 2 tereti＜teres〔形〕「丸い、滑らかな」(中性単数奪格) 580-4 acumine を修飾。
- 3 tenuantur＜tenuo〔動〕「薄くする、細くする；薄める、弱める」(直説法所相三人称複数現在)
- 4 acumine＜acumen〔名〕n.「尖端；鋭さ」(単数奪格) ＊尻尾を指す。
- 5 crura＜crus〔名〕n.「脚、脛」(複数主格) 580-3 tenuantur の主語。

581
- 1 bracchia＜bracchium〔名〕n.「前腕部；腕」(複数主格) 581-3 restant の主語。
- 2 iam〔副〕「今；直前に；すぐ；既に」581-3 restant を修飾。
-3・5 restant＜resto〔動〕「対抗する；残る」(直説法能相三人称複数現在)
- 4 quae＜qui〔関代〕中性複数主格。先行詞は 581-6 bracchia。581-5 restant の主語。
- 6 bracchia 581-1 参照(複数対格)。581-7 tendit の目的語。
- 7 tendit＜tendo〔動〕「広げる、伸ばす；差し出す」(直説法能相三人称単数現在) 583-6 dixit と共に主述部。572-1 Cadmus を受ける。

582
- 1 et〔接〕「そして、また」
- 2 lacrimis＜lacrima〔名〕f.「涙」(複数奪格) 582-6 fluentibus と共に独立奪格構文を成す。＊lacrimis per fluentibus ora = (with) tears flowing over <his> face : i.e. shedding tears over his face
- 3 per〔前〕「～を横切って；～を通して；～によって」対格支配(582-7 ora)。582-6 fluentibus を修飾。
- 4 adhuc〔副〕「今まで、今でも；ここまで」582-5 humana を修飾。
- 5 humana＜humanus〔形〕「人間(人類)の」(中性複数対格) 582-7 ora を修飾。
- 6 fluentibus＜fluo〔動〕「流れる」現在分詞(女性複数奪格)。
- 7 ora＜os〔名〕n.「口；顔」(複数対格)

583
-1・4 accede＜accedo〔動〕「近寄る；加わる」(命令法能相二人称単数現在)
- 2 o〔間〕「おお、嗚呼」
- 3 coniunx＜coniunx〔名〕m.f.「配偶者、夫、妻」(単数呼格)
- 5 miserrima＜miser〔形〕「惨めな、哀れな」最上級(女性単数呼格)。583-3 coniunx を修飾。
- 6 dixit＜dico〔動〕「言う、話す、述べる；呼ぶ」(直説法能相三人称単数完了過去)

one, (were) attenuated gradually (into) <a> round tail.

Now <his> arms resisted: (he) extended <the> arms which resisted

and said, (with) tears flowing over <his> yet human

face, "Come, oh, come, <my> (most) miserable consort,

<u>and while</u> something remains of me, touch me and take

<my> hand while (it) is <a> hand, while <a> snake (does) not occupies <the> whole (body)."

He indeed wished (to) speak more, but suddenly <his> tongue

584
- 1 dumque (= dum + que)〔接〕「〜する間に(間は)；〜まで」
- 2 aliquid＜aliquis〔代〕「或る人(物)」(中性単数主格) 584-3 superest の主語。
- 3 superest＜supersum〔動〕「残る；生き残る」(直説法能相三人称単数現在)
- 4 de〔前〕「〜から；〜中に；〜故に」奪格支配(584-5 me)。584-3 superest を修飾。
- 5 me＜ego〔代〕「私」(単数奪格)
- 6 me 584-5 参照(単数対格)。 584-7 tange の目的語。
- 7 tange＜tango〔動〕「触れる；接する；到達する」(命令法能相二人称単数現在)
- 8 manumque (= manum + que)＜manus〔名〕f.「手；一団」(単数対格) 585-1 accipe の目的語。

585
- 1 accipe＜accipio〔動〕「受け取る；受け入れる；歓迎する」(命令法能相二人称単数現在)
-2・5 dum 584-1 参照。
- 3 manus 584-8 参照(単数主格)。585-4 est の補語。
- 4 est＜sum〔動〕「〜である；存在する」(直説法三人称単数現在) 主述部。584-8 manum を受ける。
- 6 non〔副〕「(全然)〜ない」 585-8 occupat を修飾。
- 7 totum＜totus〔形〕「全ての、〜全体」(中性単数対格) 名詞的用法。585-8 occupat の目的語。

- 8 occupat＜occupo〔動〕「獲得する；占める」(直説法能相三人称単数現在)
- 9 anguis〔名〕m.f.「蛇；竜座、蛇座」(単数主格) 585-8 occupat の主語。

586
- 1 ille〔代〕「あれ、それ；彼(彼女)」(男性単数主格) 589-3 illi と共に 572-1 Cadmus を指す。586-3 vult の主語。
- 2 quidem〔副〕「確かに、実際；しかし」 586-3 vult を修飾。＊586-6 sed と呼応する。
- 3 vult＜volo〔動〕「希望する、意図する」(直説法能相三人称単数現在) ＊不定法を伴う。
- 4 plura＜multus〔形〕「多数の；多量の」比較級(中性複数対格)。名詞の用法。586-5 loqui の目的語。
- 5 loqui＜loquor〔所動〕「話す、述べる」(不定詞現在) 586-3 vult の目的語。
- 6 sed〔接〕「しかし；〜ではなくて」
- 7 lingua〔名〕f.「舌；発言、言葉」(単数主格) 587-3・4 est fissa の主語。
- 8 repente〔副〕「突然」587-1 in と共に 587-3・4 est fissa を修飾。

in partes est fissa duas, nec verba volenti
sufficiunt, quotiensque aliquos parat edere questus,
sibilat : hanc illi vocem natura reliquit.
nuda manu feriens exclamat pectora coniunx :   590
"Cadme, mane teque, infelix, his exue monstris!
Cadme, quid hoc? ubi pes, ubi sunt umerique manusque
et color et facies et, dum loquor, omnia? cur non
me quoque, caelestes, in eandem vertitis anguem?"

587
- 1 in〔前〕「～(の中)へ、～に対して」対格支配(587-2 partes)。
- 2 partes＜pars〔名〕f.「部分、一部；役割」(複数対格)
- 3・4 est fissa＜findo〔動〕「裂く、分割する」(直説法所相三人称単数完了過去)
- 5 duas＜duo〔数〕「二つ(の)」(女性複数対格) 587-2 partes を修飾。
- 6 nec〔接〕「また～ない、～もない」
- 7 verba＜verbum〔名〕n.「言葉」(複数主格) 588-1 sufficiunt の主語。
- 8 volenti＜volo〔動〕「希望する、意図する」現在分詞(男性単数与格)。名詞的用法。588-1 sufficiunt の補語。

588
- 1 sufficiunt＜sufficio〔動〕「染める；補う；提供する；足りる」(直説法能相三人称複数現在)
- 2 quotiensque (= quotiens + que)〔関副〕「～するたびに」
- 3 aliquos＜aliqui〔形〕「或る」(男性複数対格) 588-6 questus を修飾。
- 4 parat＜paro〔動〕「準備する、手配する；意図する」(直説法能相三人称単数現在) 589-1 sibilat と共に主述部。586-1 ille を受ける。＊不定法を伴う。
- 5 edere＜edo〔動〕「出す；生む；明かす、述べる」(不定法能相現在) 588-4 parat の目的語。
- 6 questus＜questus〔名〕m.「不平」(複数対格) 588-5 edere の目的語。

589
- 1 sibilat＜sibilo〔動〕「シュー(ヒュー)と音をたてる」(直説法能相三人称単数現在)
- 2 hanc＜hic〔代〕「これ、この人；次のこと」(女性単数対格) 形容詞用法。589-4 vocem を修飾。
- 3 illi＜ille〔代〕「あれ、それ；彼(彼女)」(男性単数与格) 589-6 reliquit を修飾。
- 4 vocem＜vox〔名〕f.「声、音；言葉、発言」(単数対格) 589-6 reliquit の目的語。
- 5 natura〔名〕f.「天性；性質；自然」(単数主格) 589-6 reliquit の主語。
- 6 reliquit＜relinquo〔動〕「置き去りにする；放棄する」(直説法能相三人称単数完了過去)＊「遺す」の謂。

590
- 1 nuda＜nudus〔形〕「裸の；空の」(中性複数対格) 590-5 pectora を修飾。
- 2 manu＜manus〔名〕f.「手；一団」(単数奪格) 590-3 feriens を修飾。
- 3 feriens＜ferio〔動〕「打つ；打ち殺す、殺す」現在分詞(女性単数主格)。590-6 coniunx を修飾。叙述的用法。
- 4 exclamat＜exclamo〔動〕「叫ぶ」(直説法能相三人称単数現在)
- 5 pectora＜pectus〔名〕n.「胸；心」(複数対格) 590-3 feriens の目的語。
- 6 coniunx〔名〕m.f.「配偶者、夫、妻」(単数主格) 590-4 exclamat の主語。

was split into two parts, <u>and never</u> sufficed <his> words

(for) <the> wishing (one), <u>and whenever</u> (he) prepared (to) express some complaint,

(he) sibilated: nature left this voice (with) him.

Smiting <her> naked breasts (with) <her> hands, <his> consort exclaimed:

"Cadmus, remain and strip thyself, infelicitous (one) (from) these marvels!

Cadmus, what <is> this? Where <are> <thy> feet; where are <u>both <thy> shoulders and hands</u>

and <thy> colour and features and <thy> everything, while (I) speak? Why don't

(you) convert me too, gods, into <the> same snake?"

591
- 1 Cadme＜Cadmus〔名〕m.「カドムス」(単数呼格)
- 2 mane＜maneo〔動〕「残る；留まる」(命令法能相二人称単数現在)
- 3 teque (= te + que)＜tu〔代〕「あなた」(単数対格) 591·6 exue の目的語。
- 4 infelix＜infelix〔形〕「不毛な；不幸な」(男性単数呼格) 名詞的用法。591·1 Cadme と同格。
- 5 his＜hic 589·2 参照(中性複数奪格)。591·7 monstris を修飾。
- 6 exue＜exuo〔動〕「取り外す；脱ぐ」(命令法能相二人称単数現在)
- 7 monstris＜monstrum〔名〕n.「前兆、奇跡；怪物」(複数奪格) 591·6 exue を修飾。

592
- 1 Cadme 591·1 参照。
- 2 quid＜quis〔疑〕「誰(何)」(中性単数主格) 592·3 hoc に一致。＊592·4 ubi と共に述部(est = is)の省略。
- 3 hoc＜hic 589·2 参照(中性単数主格)。
-4·6 ubi〔疑〕「何処に」
- 5 pes〔名〕m.「足」(単数主格)
- 7 sunt＜sum〔動〕「～である；存在する」(直説法三人称複数現在)
- 8 umerique (= umeri + que)＜umerus〔名〕m.「上腕部、肩」(複数主格) 592·9/593·2·4·8 manus, color, facies, omnia と共に 592·7 sunt の主語。
- 9 manusque (= manus + que)＜manus〔名〕f.「手；一団」(複数主格)

593
-1·3·5 et〔接〕「そして、また」
- 2 color〔名〕m.「色、色合い」(単数主格)
- 4 facies〔名〕f.「外観、姿；顔(顔付)」(単数主格)
- 6 dum〔接〕「～する間に(間は)；～まで」
- 7 loquor〔所動〕「話す、述べる」(直説法一人称単数現在) 主述部。
- 8 omnia＜omnis〔形〕「全ての、あらゆる」(中性複数主格) 名詞的用法。
- 9 cur〔疑〕「何故」
-10 non〔副〕「(全然)～ない」594·6 vertitis を修飾。

594
- 1 me＜ego〔代〕「私」(単数対格) 594·6 vertitis の目的語。
- 2 quoque〔副〕「～もまた、同様に」594·1 me を強調する。
- 3 caelestes＜caelestis〔形〕「天の；神々しい；〈名〉神々」(男性複数呼格) 名詞的用法。
- 4 in 587·1 参照。対格支配(594·7 anguem)。594·6 vertitis を修飾。
- 5 eandem＜idem〔代〕「同じ」(女性単数対格) 594·7 anguem を修飾。
- 6 vertitis＜verto〔動〕「向ける；変える；覆す」(直説法能相二人称複数現在) 主述部。594·3 caelestes を受ける。
- 7 anguem＜anguis〔名〕m.f.「蛇；竜座、蛇座」(単数対格)

dixerat, ille suae lambebat coniugis ora　　　　　　　　　　595
inque sinus caros, veluti cognosceret, ibat
et dabat amplexus adsuetaque colla petebat.
quisquis adest (aderant comites), terretur ; at illa
lubrica permulcet cristati colla draconis,
et subito duo sunt iunctoque volumine serpunt,　　　　　　600
donec in adpositi nemoris subiere latebras,

595

- 1　dixerat＜dico〔動〕「言う、話す、述べる；呼ぶ」(直説法能相三人称単数全分過去) 主述部。590-6 coniunx を受ける。
- 2　ille＜ille〔代〕「あれ、それ；彼(彼女)」(男性単数主格) 591-1/ 592-1 Cadme を指す。595-4/ 596-6/ 597-2·6 lambebat, ibat, dabat, petebat の主語。
- 3　suae＜suus〔代〕「彼(ら)の、彼女(ら)の、それ(ら)の」(女性単数属格) 595-5 coniugis を修飾。
- 4　lambebat＜lambo〔動〕「舐める、触れる」(直説法能相三人称単数不完了過去)
- 5　coniugis＜coniunx〔名〕m. f.「配偶者、夫、妻」(単数属格) 595-6 ora を修飾。
- 6　ora＜os〔名〕n.「口；顔」(複数対格) 595-4 lambebat の目的語。

596

- 1　inque (= in + que)〔前〕「～(の中)へ、～に対して」対格支配(596-2 sinus)。596-6 ibat を修飾。
- 2　sinus＜sinus〔名〕m.「曲面、湾曲；胸」(複数対格)
- 3　caros＜carus〔形〕「貴重な、最愛の」(男性複数対格) 596-2 sinus を修飾。
- 4　veluti (= velut)〔副〕「(丁度)～と同じように」
- 5　cognosceret＜cognosco〔動〕「知る；認識する」(接続法能相三人称単数不完了過去) 主述部。595-2 ille を受ける。
- 6　ibat＜eo〔動〕「行く、進む」(直説法三人称単数不完了過去)

597

- 1　et〔接〕「そして、また」
- 2　dabat＜do〔動〕「与える、為す；認める」(直説法能相三人称単数不完了過去)
- 3　amplexus＜amplexus〔名〕m.「包囲；抱擁」(複数対格) 597-2 dabat の目的語。
- 4　adsuetaque (= adsueta + que)＜adsetus〔形〕「慣れた、普段の」(中性複数対格) 597-5 colla を修飾。
- 5　colla＜collum〔名〕n.「首」(複数対格) 597-6 petebat の目的語。
- 6　petebat＜peto〔動〕「目指す；攻撃する；懇請する；追求する」(直説法能相三人称単数不完了過去)

598

- 1　quisquis〔関代〕「～する人(物)は誰(何)でも、～する全ての人(物)」(男性単数主格) 598-2 adest 及び 598-5 terretur の主語となる。
- 2　adest＜adsum〔動〕「側にいる；援助する」(直説法能相三人称単数現在)
- 3　aderant＜adsum 598-2 参照(直説法三人称複数不完了過去)。
- 4　comites＜comes〔名〕m.f.「仲間；従者」(複数主格) 598-3 aderant の主語。
- 5　terretur＜terreo〔動〕「恐れさせる、脅えさせる」(直説法所相三人称単数現在)
- 6　at〔接〕「しかし、しかし一方」
- 7　illa＜ille 595-2 参照(女性単数主格)。595-5 coniugis を指す。599-2 permulcet の主語。

— 170 —

(She) said <so>; he (was) licking his consort's face

and going on <her> dear chest, <u>as if</u> (he) recognised <it>,

and giving embraces and seeking <her> familiar neck.

Whoever <u>was present</u> — <their> comrades <u>were present</u> — (was) terrified; but she

caressed <the> crested serpent's sleek neck,

and suddenly (there) were two (serpents), and (they) crawled (in) <a> united coil,

until (they) slid into <the> recesses (of) <the> adjacent grove;

599

- 1 lubrica＜lubricus〔形〕「滑りやすい；危い」(中性複数対格) 599-5 draconis と共に 599-4 colla を修飾。＊「滑らかな」の謂。
- 2 permulcet＜permulceo〔動〕「愛撫する；優しく触る」(直説法能相三人称単数現在)
- 3 cristati＜cristatus〔形〕「鶏冠(冠毛)を持つ」(男性単数属格) 599-5 draconis を修飾。
- 4 colla 597-5 参照。599-2 permulcet の目的語。
- 5 draconis＜draco〔名〕m.「大蛇、龍」(単数属格)

600

- 1 et 597-1 参照。
- 2 subito〔副〕「突然、即座に」600-4 sunt を修飾。
- 3 duo〔数〕「二つ(の)」(男性複数主格) 名詞的用法。600-4・7 sunt, serpunt の主語。☆マルスが娘のハルモニアと婿のカドムスを憐れんで、二人を柔和な大蛇に変身させた。
- 4 sunt＜sum〔動〕「～である；存在する」(直説法能相三人称複数現在)
- 5 iunctoque (= iuncto + que)＜iungo〔動〕「結合する；繋ぐ」完了分詞(中性単数奪格)。600-6 volumine を修飾。
- 6 volumine＜volumen〔名〕n.「渦巻、輪；巻物」(単数奪格) 600-7 serpunt を修飾
- 7 serpunt＜serpo〔動〕「這う；漸進する；蔓延する」(直説法能相三人称複数現在)

601

- 1 donec〔接〕「～まで；～する間」
- 2 in 596-1 参照。対格支配(601-6 latebras)。601-5 subiere を修飾。
- 3 adpositi＜adpositus〔形〕「隣接する；相応しい」(中性単数属格) 601-4 nemoris を修飾。＊adpono の完了分詞。
- 4 nemoris＜nemus〔名〕n.「木立；森」(単数属格) 601-6 latebras を修飾。
- 5 subiere (= subierunt)＜subeo〔動〕「入る；近づく；継承する；思い浮かぶ」(直説法能相三人称複数完了過去) 主述部。600-3 duo を受ける。
- 6 latebras＜latebra〔名〕f.「隠れ場所、隠れ家；口実」(複数対格) 601-5 subiere の目的語。

nunc quoque nec fugiunt hominem nec vulnere laedunt
quidque prius fuerint, placidi meminere dracones.
　　Sed tamen ambobus versae solacia formae
magna nepos dederat, quem debellata colebat　　　　　　605
India, quem positis celebrabat Achaia templis；
solus Abantiades ab origine cretus eadem
Acrisius superest, qui moenibus arceat urbis

602
- 1　nunc〔副〕「目下；現状では」602-4・8/ 603-5 fugiunt, laedunt, meminere を修飾。
- 2　quoque〔副〕「～もまた、同様に」602-1 nunc を強調する。
- 3・6　nec〔接〕「また～ない、～もない」
- 4　fugiunt＜fugio〔動〕「逃れる；消滅する；避ける」(直説法能相三人称複数現在)
- 5　hominem＜homo〔名〕m.f.「人間、人類」(単数対格) 602-4・8 fugiunt, laedunt の目的語。
- 7　vulnere＜vulnus〔名〕n.「傷；打撃；損害、災難」(単数奪格) 602-8 laedunt を修飾。
- 8　laedunt＜laedo〔動〕「傷つける；悩ます、苦しめる」(直説法能相三人称複数現在)

603
- 1　quidque (= quid + que)＜quis〔疑〕「誰(何)」(中性単数主格) ＊間接疑問文を導く。
- 2　prius〔副〕「以前に、先に；むしろ」603-3 fuerint を修飾。
- 3　fuerint＜sum〔動〕「～である；存在する」(接続法三人称複数完了過去) 主述部。603-6 dracones を受ける。
- 4　placidi＜placidus〔形〕「穏かな」(男性複数主格) 603-6 dracones を修飾。
- 5　meminere (= meminerunt)＜memini〔動〕「覚えている、思い出す」(直説法能相三人称複数完了過去) ＊完了系時称でのみ用いられる。

- 6　dracones＜draco〔名〕m.「大蛇、龍」(複数主格) 602-4・8/ 603-5 fugiunt, laedunt, meminere の主語。

604
- 1　Sed〔接〕「しかし；～ではなくて」
- 2　tamen〔副〕「しかし、にも拘らず」604-1 Sed を強調する。＊Sed tamen = but still
- 3　ambobus＜ambo〔数〕「両方の」(男性複数与格) 名詞的用法。605-3 dederat の間接目的語。
- 4　versae＜verto〔動〕「向ける；変える；覆す」完了分詞(女性単数属格)。604-6 formae を修飾。
- 5　solacia＜solacium〔名〕n.「慰め」(複数対格) 605-3 dederat の目的語。
- 6　formae＜forma〔名〕f.「姿、形、外観」(単数属格) 604-3 ambobus を修飾。

605
- 1　magna＜magnus〔形〕「大きい；多い；偉大な」(中性複数対格) 604-5 solacia を修飾。
- 2　nepos〔名〕m.「孫息子；子孫」(単数主格) 605-3 dederat の主語。☆カドムスとハルモニアの孫に当るバックス神を指す。609-3/ 613-3 deum も同断。
- 3　dederat＜do〔動〕「与える、為す；認める」(直説法能相三人称単数全分過去)
- 4　quem＜qui〔関代〕男性単数対格。606-2 quem と共に先行詞は 605-2 nepos。605-6 colebat の目的語。

変身物語　第四巻

　　even now <the> placid serpents neither flee nor afflict

　　humans (with) wounds, and remember what (they) were previously.

　　　　But still (to) <the> two (in) <their> converted forms, <their> grandson

　　gave mighty solace, whom subdued India

　　adored; whom Achaia celebrated (with) <his> temples erected;

　　Solely Acrisius, Abas's son descended from <the> same

　　origin, remained, who repulsed <him> (from) <the> walls (of) <the> city

・5　debellata＜debello〔動〕「戦い抜く；征服する」完了分詞(女性単数主格)。606-1 India を修飾。
・6　colebat＜colo〔動〕「耕す；住む；保護する；称える；飾る」(直説法能相三人称単数不完了過去)

606
・1　India〔名〕f.「インド」(単数主格) 605-6 colebat の主語。☆バックスは遍歴を重ね、エジプトからエウプラテス(ユーフラテス)川を経て、インドのガンジス川に達した。
・2　quem 605-4 参照。606-4 celebrabat の目的語。
・3　positis＜pono〔動〕「置く、据える」完了分詞(中性複数奪格)。606-6 templis と共に独立奪格構文を成す。＊positis templis ＝ (with) <his> temples erected : i.e. erecting his temples
・4　celebrabat＜celebro〔動〕「群れる、満たす；繰り返す；讃える」(直説法能相三人称単数不完了過去)
・5　Achaia〔名〕f.「アカイア；ギリシア」(単数主格) 606-4 celebrabat の主語。☆ペロポネソス半島北西部の地域。
・6　templis＜templum〔名〕n.「占い所；聖域；神殿」(複数奪格)

607
・1　solus〔形〕「単独の；孤独な；寂しい」(男性単数主格) 608-1 Acrisius を修飾。叙述的用法。
・2　Abantiades〔名〕m.「アバスの息子(子孫)」(単数主格) 608-2 superest の主語。☆アバスはアクリシウスの父。
・3　ab〔前〕「～(の中)から；～側に；～で」奪格支配(607-4 origine)。607-5 cretus を修飾。
・4　origine＜origo〔名〕f.「始原、元祖、起源」(単数奪格)
・5　cretus＜cresco〔動〕「生える；成長する、増大する；栄える」完了分詞(男性単数主格)。607-2 Abantiades を修飾。＊「血を引く」の謂。
・6　eadem＜idem〔代〕「同じ」(女性単数奪格) 607-4 origine を修飾。☆カドムス、バックス、アクリシウスは共にネプトゥヌスとリビュエの血統に属している。

608
・1　Acrisius〔名〕m.「アクリシウス」(単数主格) 607-2 Abantiades と同格。☆アルゴスの王。ダナエの父。バックスが神であることを認めなかった。
・2　superest＜supersum〔動〕「残る；生き残る」(直説法三人称単数現在)
・3　qui 605-4 参照(男性単数主格)。先行詞は 607-2 Abantiades。608-5/ 609-4/ 610-2 arceat, ferat, putet の主語。
・4　moenibus＜moenia〔名〕n.pl.「防壁；外壁」(複数奪格) 608-5 arceat を修飾。
・5　arceat＜arceo〔動〕「閉じ込める；退ける」(接続法能相三人称単数現在)
・6　urbis＜urbs〔名〕f.「(城壁で囲まれた)都市、町；ローマ」(単数属格) 608-4 moenibus を修飾。

Argolicae contraque deum ferat arma genusque
non putet esse Iovis : neque enim Iovis esse putabat 610
Persea, quem pluvio Danae conceperat auro.
mox tamen Acrisium (tanta est praesentia veri)
tam violasse deum quam non agnosse nepotem
paenitet : inpositus iam caelo est alter, at alter

609
- 1 Argolicae＜Arglicus〔形〕「アルゴスの、アルゴリスの；ギリシアの」(女性単数属格) 608-6 urbis を修飾。☆アルゴスはギリシア中部、アルゴリス地方の首都。
- 2 contraque (= contra + que)〔前〕「～に対面した；～に対抗して；～に叛いて」対格支配(609-3 deum)。609-4 ferat を修飾。
- 3 deum＜deus〔名〕m.「神；神力」(単数対格)
- 4 ferat＜fero〔動〕「支える、運ぶ；もたらす；堪える」(接続法能相三人称単数現在)＊「行使する」の謂。
- 5 arma＜arma〔名〕n.pl.「道具；甲冑；武器」(複数対格) 609-4 ferat の目的語。
- 6 genusque (= genus + que)＜genus〔名〕n.「種族、民族；家系、出生」(単数対格) 610-3 esse の補語。

610
- 1 non〔副〕「(全然)～ない」610-2 putet を修飾。
- 2 putet＜puto〔動〕「評価する；判断する；考慮する」(接続法能相三人称単数現在)
- 3・8 esse＜sum〔動〕「～である；存在する」(不定法現在) それぞれ 610-2 putet 及び 610-9 putabat の目的語。
- 4 Iovis＜Iuppiter〔名〕m.「ユピテル、ジュピター」(単数属格) 609-6 genus を修飾。
- 5 neque (= nec)〔副〕「また～ない、～もない」
- 6 enim〔接〕「実際；何故なら；例えば」
- 7 Iovis 610-4 参照。610-8 esse の補語。＊(to) be ＜that＞ (of) Jupiter's
- 9 putabat＜puto 610-2 参照(直説法能相三人称単数不完了過去)。

611
- 1 Persea＜Perseus〔名〕m.「ペルセウス」(単数対格) 610-8 esse の意味上の主語。☆ユピテルとダナエの息子。ゴルゴンの一人メドゥサを退治した後、アンドロメダを海の怪物から救った。
- 2 quem＜qui〔関代〕男性単数対格。先行詞は 611-1 Perseus。611-5 conceperat の目的語。
- 3 pluvio＜pluvius〔形〕「雨の、雨をもたらす」(中性単数奪格) 611-6 auro を修飾。＊pluvio auro = (by) rainy gold : i.e. by golden rain
- 4 Danae〔名〕f.「ダナエ」(単数主格) 611-5 conceperat の主語。
- 5 conceperat＜concipio〔動〕「受け入れる；孕む；想像する」(直説法能相三人称単数全分過去)
- 6 auro＜aurum〔名〕n.「黄金；金色」(単数奪格) 611-5 conceperat を修飾。☆アクリシウスはダナエを青銅の塔 (一説には、青銅製の扉で護られた石の塔) に幽閉していたが、ユピテルは黄金の雨に姿を変えてダナエに降り注ぎ、身籠ったダナエからペルセウスが生れた。

of Argos and took arms against <the> god, and never

considered <him> (to) be Jupiter's descendant: nor indeed (was he) considering Perseus (to) be

<that> (of) Jupiter's, whom Danae (had) conceived (by) golden rain.

Soon however — such is <the> effect (of) verity — (to have) violated

<the> god as much as not (to have) acknowledged <his> grandson plagued

Acrisius: now <the> one (has) been placed (in) heaven, while <the> other,

612
- 1 mox〔副〕「すぐに；やがて、後に」614-1 paenitet を修飾。
- 2 tamen〔副〕「しかし、にも拘らず」
- 3 Acrisium＜Acrisius〔名〕m.「アクリシウス」(単数対格) 614-1 paenitet の目的語。
- 4 tanta＜tantus〔形〕「これ程大きな；〈名〉これ程多量(多数)」(女性単数主格) 612-6 praesentia に一致。612-5 est の補語。
- 5 est＜sum〔動〕「～である；存在する」(直説法三人称単数現在)
- 6 praesentia〔名〕f.「存在；効力」(単数主格) 612-5 est の主語。
- 7 veri＜verum〔名〕n.「真実、事実、現実」(単数属格) 612-6 praesentia を修飾。

613
- 1 tam〔副〕「それ(あれ)程」613-2 violasse を修飾。＊613-4 quam と呼応する。
- 2 violasse (= violavisse)＜violo〔動〕「侵害する、穢す；侵略する」(不定法能相完了) 614-1 paenitet の主語。
- 3 deum 609-3 参照。613-2 violasse の目的語。
- 4 quam〔関副〕「如何に；～ほど；～より」
- 5 non 610-1 参照。613-6 agnosse を修飾。
- 6 agnosse (= agnovisse)＜agnosco〔動〕「認識する；認める」(不定法能相完了) ☆アクリシウスは、ダナエの生む子に殺されるであろうという神託を受けていたので、ペルセウスが生れると母子を木の箱に閉じ込めて海に流した。

- 7 nepotem＜nepos〔名〕m.「孫息子；子孫」(単数対格) ＊611-1 Persea を指す。

614
- 1 paenitet＜paeniteo〔動〕「後悔させる；悲しませる；後悔する」(直説法能相三人称単数現在) ＊非人称構文。
- 2・5 inpositus est＜inpono〔動〕「置く、設置する；載せる；課す」(直説法所相三人称単数完了過去)
- 3 iam〔副〕「今；直前に；すぐ；既に」614-4 caelo と共に 614-2・5 inpositus est を修飾。
- 4 caelo＜caelum〔名〕n.「天空、空」(単数奪格)
- 6 alter〔代〕「もう一人の人(物)；別の人(物)」(男性単数主格) 614-2・5 inpositus est の主語。＊613-3 deum を指す。☆バックスは諸国遍歴の後、神として天上に迎えられた。
- 7 at〔接〕「しかし、しかし一方」
- 8 alter 614-6 参照。616-2 carpebat の主語。＊613-7 nepotem を指す。617-4 victor も同断。

viperei referens spolium memorabile monstri　　　　　　　615
　　　aera carpebat tenerum stridentibus alis,
　　　cumque super Libycas victor penderet harenas,
　　　Gorgonei capitis guttae cecidere cruentae;
　　　quas humus exceptas varios animavit in angues,
　　　unde frequens illa est infestaque terra colubris.　　　　　620

615
- 1　viperei＜vipereus〔形〕「蛇の」(中性単数属格) 615-5 monstri を修飾。☆メドゥサ(655-7)の髪は一本一本が蛇であった。
- 2　referens＜refero〔動〕「持ち帰る；返す；答える；報告する」現在分詞(男性単数主格)。614-8 alter を修飾。叙述的用法。
- 3　spolium＜spolium〔名〕n.「(獣の)皮膚；〈複〉戦利品」(単数対格) 615-2 referens の目的語。
- 4　memorabile＜memorabilis〔形〕「記憶すべき、顕著な」(中性単数対格) 615-5 monstri と共に 615-3 spolium を修飾。
- 5　monstri＜monstrum〔名〕n.「前兆、奇跡；怪物」(単数属格) ☆ゴルゴン三姉妹の一人メドゥサを指す。618-1 Gorgonei も同断。

616
- 1　aera＜aer〔名〕m.「空気、大気」(単数対格) 616-2 carpebat の目的語。
- 2　carpebat＜carpo〔動〕「抜く、抜き取る；衰弱させる、壊す；進む」(直説法能相三人称単数不完了過去)
- 3　tenerum＜tener〔形〕「柔かい；若い」(男性単数対格) 616-1 aera を修飾。
- 4　stridentibus＜strideo〔動〕「シュー(ビュー)と音をたてる」現在分詞(女性複数奪格)。616-5 alis を修飾。
- 5　alis＜ala〔名〕f.「翼」(複数奪格) 616-2 carpebat を修飾。☆ペルセウスはメルクリウスから貰った翼のある靴(タラリア)で空を飛んだ。667-4 参照。

617
- 1　cumque (= cum + que)〔接〕「～した時；～なので；～だけれども」
- 2　super〔前〕「～の上へ；～に加えて」対格支配(617-6 harenas)。617-5 penderet を修飾。
- 3　Libycas＜Libycus〔形〕「リビュアの；(北)アフリカの」(女性複数対格) 617-6 harenas を修飾。☆リビュアは北アフリカ一帯を指す。
- 4　victor〔名〕m.「征服者、勝者」(単数主格) 617-5 penderet の主語。＊614-8 alter を指す。
- 5　penderet＜pendeo〔動〕「掛かる、垂れ下がる；浮遊する；依存する」(接続法能相三人称単数不完了過去)
- 6　harenas＜harena〔名〕f.「砂；砂浜」(複数対格)

fetching <the> memorable spoils (of) <a> snake-haired monster,
(was) traversing <the> tender air (on) whizzing wings,
and when <the> victor hovered above <the> Libyan sands,
drops of blood (of) <the> Gorgonian head fell;
receiving which, <the> ground animated (them) into various snakes;
therefore that territory is filled and infested (with) snakes.

618
・1 Gorgonei＜Gorgoneus〔形〕「ゴルゴンの」(中性単数属格) 618-2 capitis を修飾。☆ゴルゴンはステンノ、エウリュアレ、メドゥサの醜怪な三人姉妹。姉二人は不死身だったが、メドゥサはペルセウスに退治された。
・2 capitis＜caput〔名〕n.「頭；頂上」(単数属格) 618-5 cruentae と共に 618-3 guttae を修飾。
・3 guttae＜gutta〔名〕f.「滴；斑点」(複数主格) 618-4 cecidere の主語。
・4 cecidere (= ceciderunt)＜cado〔動〕「落ちる；倒れる；死ぬ」(直説法能相三人称複数完了過去)
・5 cruentae＜cruentus〔形〕「血まみれの；残虐な」(女性複数主格) ＊guttae cruentae = bloody drops : i.e. drops of blood

619
・1 quas＜qui〔関代〕女性複数対格。先行詞は 618-3 guttae。619-5 animavit の目的語。
・2 humus〔名〕f.「大地、地面；国」(単数主格) 619-5 animavit の主語。
・3 exceptas＜excipio〔動〕「取り出す；除外する；捉える」完了分詞(女性複数対格)。619-1 quas を修飾。叙述的用法。＊quas humus exceptas animavit = which, (they being) received, the ground animated : i.e. receiving which, the ground animated them

・4 varios＜varius〔形〕「多色の、斑の；多様な、変化に富んだ；変り易い」(男性複数対格) 619-7 angues を修飾。
・5 animavit＜animo〔動〕「活気づける、生命を吹き込む」(直説法能相三人称単数完了過去)
・6 in〔前〕「～(の中)へ、～に対して」対格支配(619-7 angues)。619-5 animavit を修飾。
・7 angues＜anguis〔名〕m.f.「蛇；竜座、蛇座」(複数対格)

620
・1 unde〔副〕「そこから；その結果」
・2 frequens＜frequens〔形〕「通常の；頻繁な；混んだ」(女性単数主格) 620-5 infesta と共に 620-6 terra に一致。620-4 est の補語。
・3 illa＜ille〔代〕「あれ、それ；彼(彼女)」(女性単数主格) 形容詞用法。617-3 Libycas を指す。620-6 terra を修飾。
・4 est＜sum〔動〕「～である；存在する」(直説法三人称単数現在)
・5 infestaque (= infesta + que)＜infestus〔形〕「不穏な；危険な」(女性単数主格)
・6 terra〔名〕f.「大地、陸地」(単数主格) 620-4 est の主語。
・7 colunbris＜colubra〔名〕f.「雌蛇、蛇」(複数奪格) 620-2・5 frequens infestaque を修飾。

Inde per inmensum ventis discordibus actus
nunc huc, nunc illuc exemplo nubis aquosae
fertur et ex alto seductas aethere longe
despectat terras totumque supervolat orbem.
ter gelidas Arctos, ter Cancri bracchia vidit, 625
saepe sub occasus, saepe est ablatus in ortus,
iamque cadente die, veritus se credere nocti,

621

- 1 Inde〔副〕「そこから；それから；その後」623-1 fertur を修飾。＊622-2・4・5 huc, illuc, exemplo も同断。
- 2 per〔前〕「〜を横切って；〜を通して；〜によって」対格支配(621-3 inmensum)。621-4 ventis と共に 621-6 actus を修飾。
- 3 inmensum＜inmensum〔名〕n.「莫大、広大、無限」(単数対格)
- 4 ventis＜ventus〔名〕m.「風」(複数奪格)
- 5 discordibus＜discors〔形〕「調和しない；相克する」(男性複数奪格) 621-4 ventis を修飾。
- 6 actus＜ago〔動〕「動かす；前進させる；駆る；為す」完了分詞(男性単数主格)。614-8 alter に一致。叙述的用法。＊627-4 veritus も同断。

622

- 1・3 nunc〔副〕「目下；現状では」それぞれ 622-2 huc 及び 622-4 illuc を修飾。
- 2 huc〔副〕「ここへ；ここまで；更に」
- 4 illuc〔副〕「あそこへ；そこまで」
- 5 exemplo＜exemplum〔名〕n.「見本；範例」(単数奪格) ＊exemplo nubis = (after) <the> example (of) <a> cloud : i.e. like a cloud
- 6 nubis＜nubes〔名〕f.「雲、霧；集団」(単数属格) 622-5 exemplo を修飾。
- 7 aquosae＜aquosus〔形〕「水分の多い、湿った、雨の」(女性単数属格) 622-6 nubis を修飾。

623

- 1 fertur＜fero〔動〕「支える、運ぶ；もたらす；堪える」(直説法所相三人称単数現在) 主述部。614-8 alter を受ける。＊以下の despectat, supervolat, vidit, est ablatus, constitit, petit も同断。
- 2 et〔接〕「そして、また」
- 3 ex〔前〕「〜(の中)から；〜に従って」奪格支配(623-6 aethere)。624-1 despectat を修飾。
- 4 alto＜altus〔形〕「高い、深い」(男性単数奪格) 623-6 aethere を修飾。
- 5 seductas＜seductus〔形〕「遠い、離れた」(女性複数対格) 624-2 terras を修飾。
- 6 aethere＜aether〔名〕m.「アエテル；天空」(単数奪格)
- 7 longe〔副〕「遠くに；長く」623-5 seductas を修飾。

624

- 1 despectat＜despecto〔動〕「見下ろす；眺める」(直説法能相三人称単数現在)
- 2 terras＜terra〔名〕f.「大地、陸地」(複数対格) 624-1 despectat の目的語。
- 3 totumque (= totum + que)＜totus〔形〕「全ての、〜全体」(男性単数対格) 624-5 orbem を修飾。
- 4 supervolat＜supervolo〔動〕「上空を飛ぶ、飛び越える」(直説法能相三人称単数現在)
- 5 orbem＜orbis〔名〕m.「円、輪；世界、宇宙；国、地域」(単数対格) 624-4 supervolat の目的語。

— 178 —

変身物語　第四巻

　　Thereafter, driven (by) discordant winds over immense space,
　　(he was) borne now hither, now thither, (after) <the> example (of) <a> rain
　　cloud, and from <the> high ether, overlooked <the> earth
　　far below, and overflew <the> whole world.
　　(He) saw <the> freezing Bears thrice, <the> Crab's arms thrice;
　　often (he) was swept towards <the> occident, often to <the> orient;
　　and now, (with) <the> day declining, afraid (to) entrust himself (to) <the> night,

625
- 1・4　ter〔副〕「三度」　625-7 vidit を修飾。
- 2　gelidas＜gelidus〔形〕「極寒の、凍てつく」(女性複数対格) 625-3 Arctos を修飾。
- 3　Arctos＜Arctos〔名〕f.「大熊座・小熊座」(複数対格) 625-6 bracchia と共に 625-7 vidit の目的語。
- 5　Cancri＜Cancer〔名〕m.「蟹；蟹座；腫瘍、潰瘍」(単数属格) 625-6 bracchia を修飾。
- 6　bracchia＜bracchium〔名〕n.「前腕部；腕」(複数対格)
- 7　vidit＜video〔動〕「見る；認知する；〈所〉見える」(直説法能相三人称単数完了過去)

626
- 1・4　saepe〔副〕「しばしば」626-2・7 sub, in と共に 626-5・6 est ablatus を修飾。
- 2　sub〔前〕「〜の下へ；〜の方へ；〜の後に」対格支配(626-3 occasus)。
- 3　occasus＜occasus〔名〕m.「降下；日没、西」(複数対格)
- 5・6　est ablatus＜aufero〔動〕「除去する；運び去る；盗む」(直説法所相三人称単数完了過去)
- 7　in〔前〕「〜(の中)へ、〜に対して」対格支配(626-8 ortus)。
- 8　ortus＜ortus〔名〕m.「上昇；起源」(複数対格) ＊「日の出、東」の謂。

627
- 1　iamque (= iam + que)〔副〕「今；直前に；すぐ；既に」628-1 constitit を修飾。
- 2　cadente＜cado〔動〕「落ちる；倒れる；死ぬ」現在分詞(男性単数奪格)。627-3 die と共に独立奪格構文を成す。
　　＊cadente die = (with) <the> day declining : i.e. when the day was declining
- 3　die＜dies〔名〕m.f.「一日；期日；昼間、日光」(単数奪格)
- 4　veritus＜vereor〔所動〕「尊敬する；恐れる」完了分詞(男性単数主格)。＊不定法を伴う。
- 5　se＜sui〔代〕「彼(彼女、それ)自身」(単数対格) 627-6 credere の目的語。
- 6　credere＜credo〔動〕「貸す；委ねる；信ずる」(不定法能相現在) 627-4 veritus の補語。
- 7　nocti＜nox〔名〕f.「夜；闇」(単数与格) 627-6 credere を修飾。

— 179 —

```
constitit Hesperio, regnis Atlantis, in orbe
exiguamque petit requiem, dum Lucifer ignes
evocet Aurorae, currus Aurora diurnos.                    630
hic hominum cunctos ingenti corpore praestans
Iapetionides Atlas fuit : ultima tellus
rege sub hoc et pontus erat, qui Solis anhelis
aequora subdit equis et fessos excipit axes.
```

628
- 1 constitit＜consisto〔動〕「停止する；位置を取る；起こる、存在する」(直説法能相三人称単数完了過去)
- 2 Hesperio＜Hesperius〔形〕「ヘスペルスの、西の」(男性単数奪格) 628-6 orbe を修飾。☆ヘスペルスは宵の明星。
- 3 regnis＜regnum〔名〕n.「王権；支配権；王国」(複数奪格) ＊628-3・4 regnis Atlantis が 628-2・5・6 Hesperio in orbe と対句を成している。
- 4 Atlantis＜Atlas〔名〕m.「アトラス」(単数属格) 628-3 regnis を修飾。☆イアペトゥスとオケアヌス娘クリュメネとの息子で、ティタン神族の一人。世界の西の端に立って、双肩で天空を支えていると考えられた。
- 5 in〔前〕「～で(に)、～の中(上)で」奪格支配(628-6 orbe)。
- 6 orbe＜orbis〔名〕m.「円、輪；世界、宇宙；国、地域」(単数奪格)

629
- 1 exiguamque (= exiguam + que)＜exiguus〔形〕「厳密な、小さな、短い、貧しい」(女性単数対格) 629-3 requiem を修飾。
- 2 petit＜peto〔動〕「目指す；攻撃する；懇請する；追求する」(直説法能相三人称単数現在)
- 3 requiem＜requies〔名〕f.「休息、休憩」(単数対格) 629-2 petit の目的語。
- 4 dum〔接〕「～する間に(間は)；～まで」

- 5 Lucifer〔名〕m.「ルキフェル」(単数主格) 630-4 Aurora と共に 630-1 evocet の主語。☆暁の明星。ギリシア神話のフォスフォルスに当る。
- 6 ignes＜ignis〔名〕m.「火；輝き」(複数対格) 630-3 currus と共に 630-1 evocet の目的語。

630
- 1 evocet＜evoco〔動〕「呼び出す；誘い出す」(接続法能相三人称単数現在)
- 2 Aurorae＜Aurora〔名〕f.「アウロラ；曙」(単数属格) 629-6 ignes を修飾。☆曙の女神。太陽神ソル(ヘリオス)と月の女神ルナ(セレネ)の姉妹。二頭の馬が牽く戦車を駆って、ソルと共に空を翔けた。
- 3 currus＜currus〔名〕m.「車、二輪馬車」(複数対格)
- 4 Aurora 630-2 参照(単数主格)。
- 5 diurnos＜diurnus〔形〕「昼間の；日々の」(男性複数対格) 630-3 currus を修飾。

631
- 1 hic〔副〕「ここに；今ここで」632-3 fuit を修飾。＊628-2・5・6 Hesperio in orbe を指す。
- 2 hominum＜homo〔名〕m.f.「人間、人類」(複数属格) 631-3 cunctos を修飾。
- 3 cunctos＜cunctus〔形〕「全ての、～全体」(男性複数対格) 名詞的用法。631-6 praestans の目的語。
- 4 ingenti＜ingens〔形〕「並外れた、巨大な」(中性単数奪格) 631-5 corpore を修飾。

(he) stopped in Hesperus's land, (in) Atlas's realm,

and sought <a> little rest until Lucifer (should) <u>lead out</u>

Aurora's fire <and> Aurora <the> chariot <u>of <the> day</u>.

Here was <u>Iapetus's son</u> Atlas, excelling all

(of) <the> humans (in) <his> huge body: under this

king was <the> remotest land and <the> sea, which underlaid <its> surface

(to) Sol's panting horses and received <his> exhausted axles.

・5 corpore＜corpus〔名〕n.「身体；肉；屍」（単数奪格）631-6 praestans を修飾。
・6 praestans＜praesto〔動〕「卓越している；保証する；遂行する；保持する」現在分詞（男性単数主格）。632-2 Atlas を修飾。

632
・1 Iapetionides〔名〕m.「イアペトゥスの子孫」（単数主格）632-2 Atlas と同格。☆イアペトゥスはカエルス（天空）とテルス（＝テルラ：大地）との息子で、ティタン神族の一人。アトラス、プロメテウス、エピメテウス、メノイティウスの父。
・2 Atlas 628-4 参照（単数主格）。632-3 fuit の主語。
・3 fuit＜sum〔動〕「～である；存在する」（直説法三人称単数完了過去）
・4 ultima＜ultimus〔形〕「最も遠い（離れた）；究極の」（女性単数主格）632-5 tellus を修飾。
・5 tellus〔名〕f.「地球；大地；国；テルス（大地の女神）」（単数主格）633-5 pontus と共に 633-6 erat の主語。

633
・1 rege＜rex〔名〕m.「王、専制君主；暴君」（単数奪格）
・2 sub〔前〕「～の下に（下で）」奪格支配（633-1 rege）。633-6 erat を修飾。
・3 hoc＜hic〔代〕「これ、この人；次のこと」（男性単数奪格）形容詞用法。633-1 rege を修飾。
・4 et〔接〕「そして、また」

・5 pontus〔名〕m.「海」（単数主格）
・6 erat＜sum 632-3 参照（直説法三人称単数不完了過去）。
・7 qui〔関代〕男性単数主格。先行詞は 633-5 pontus。634-2・6 subdit, excipit の主語。
・8 Solis＜sol〔名〕m.「太陽；日光；ソル（太陽神）」（単数属格）633-9 anhelis と共に 634-3 equis を修飾。＊170-3 参照。
・9 anhelis＜anhelus〔形〕「息を切らした、喘ぐ」（男性複数与格）

634
・1 aequora＜aequor〔名〕n.「平面；海」（複数対格）634-2 subdit の目的語。
・2 subdit＜subdo〔動〕「下に当てる；下に置く」（直説法能相三人称単数現在）
・3 equis＜equus〔名〕m.「馬」（複数与格）634-2 subdit を修飾。
・4 et 633-4 参照。
・5 fessos＜fessus〔形〕「疲れた；衰弱した」（男性複数対格）634-7 axes を修飾。
・6 excipit＜excipio〔動〕「取り出す；除外する；捉える」（直説法能相三人称単数現在）
・7 axes＜axis〔名〕m.「車軸；車両、馬車；地軸；天空」（複数対格）634-6 excipit の目的語。

mille greges illi totidemque armenta per herbas   635
errabant, et humum vicinia nulla premebat;
arboreae frondes auro radiante nitentes
ex auro ramos, ex auro poma tegebant.
"hospes" ait Perseus illi, "seu gloria tangit
te generis magni, generis mihi Iuppiter auctor;   640
sive es mirator rerum, mirabere nostras;

635
- 1　mille〔数〕「千(の)」(無変化) 635-3 illi と共に 635-2 greges を修飾。
- 2　greges＜grex〔名〕m.「群；集団」(複数主格) 635-5 armenta と共に 636-1 errabant の主語。
- 3　illi＜ille〔代〕「あれ、それ；彼(彼女)」(男性複数主格) 形容詞用法。632-2 Atlas を指す。＊639-4/ 642-5 illi, ille も同断。
- 4　totidemque (= totidem + que)〔形〕「同数の」(無変化) 635-5 armenta を修飾。
- 5　armenta＜armentum〔名〕n.「耕牛、牛；群」(複数主格)
- 6　per〔前〕「～を横切って；～を通して；～によって」対格支配(635-7 herbas)。636-1 errabant を修飾。
- 7　herbas＜herba〔名〕f.「草、牧草」(複数対格)

636
- 1　errabant＜erro〔動〕「放浪する；間違う」(直説法能相三人称複数不完了過去)
- 2　et〔接〕「そして、また」
- 3　humum＜humus〔名〕f.「大地、地面；国」(単数対格) 636-6 premebat の目的語。
- 4　vicinia〔名〕f.「隣接、近隣；隣人」(単数主格) 636-6 premebat の主語。
- 5　nulla＜nullus〔形〕「誰(何)も～ない、一つの～もない」(女性単数主格) 636-4 vicinia を修飾。
- 6　premebat＜premo〔動〕「押える；(～に)位置する；(荷を)負わせる；強要する」(直説法能相三人称単数不完了過去)＊「迫近する」の謂。

637
- 1　arboreae＜arboreus〔形〕「木の」(女性複数主格) 637-5 nitentes と共に 637-2 frondes を修飾。
- 2　frondes＜frons〔名〕f.「葉の茂った枝、群葉；葉冠」(複数主格) 638-7 tegebant の主語。
- 3　auro＜aurum〔名〕n.「黄金；金色」(単数奪格) 637-5 nitentes を修飾。☆ヘスペリスの果樹園(646-4 pomaria)にあった黄金の林檎への言及。アトラスの娘たちが大蛇ラドン(647-6 draconi)に助けられて、その林檎を護っていた。
- 4　radiante＜radians〔形〕「光る、輝く」(中性単数奪格) 637-3 auro を修飾。＊radio の現在分詞。
- 5　nitentes＜nitens〔形〕「輝く；見事な」(女性複数主格)＊niteo の現在分詞。

　　　　His thousand flocks <u>and as many</u> herds (were) roaming over
　　　　<the> herbage, and no neighbourhood adjoined <the> ground;
　　　　arboreal foliage shining (with) radiant gold
　　　　covered <its> branches of gold <and> <the> fruit of gold.
　　　　"<My> host," uttered Perseus (to) him, "if glory (of) eminent
　　　　birth touches thee, Jupiter <is> <the> begetter (of) my birth;
　　　　<u>or if</u> (thou) art <an> admirer (of) exploits, (thou wilt) admire mine;

638
- 1・4　ex〔前〕「～（の中）から；～に従って」奪格支配(638-2/ 638-5 auro)。それぞれ 638-3 ramos 及び 638-6 poma を修飾。＊材料を表す。
- 2・5　auro 637-3 参照。
- 3　ramos＜ramus〔名〕m.「枝」(複数対格) 638-6 poma と共に 638-7 tegebant の目的語。
- 6　poma＜pomum〔名〕n.「果実、果物、果樹」(複数対格)
- 7　tegebant＜tego〔動〕「覆う；隠す」(直説法能相三人称複数不完了過去)

639
- 1　hospes＜hospes〔名〕m.「訪問者；接待主；見知らぬ人」(単数呼格)
- 2　ait＜aio〔動〕「肯定する；言う、断言する」(直説法能相三人称単数現在)
- 3　Perseus〔名〕m.「ペルセウス」(単数主格) 639-2 ait の主語。
- 4　illi 635-3 参照(男性単数与格)。639-2 ait を修飾。
- 5　seu(= sive)〔接〕「或いはもし～、或いは」＊641-1 sive と呼応する。
- 6　gloria〔名〕f.「栄光、名誉、栄誉」(単数主格) 639-7 tangit の主語。
- 7　tangit＜tango〔動〕「触れる；接する；到達する」(直説法能相三人称単数現在) ＊「(こころに) 触れる」の謂。

640
- 1　te＜tu〔代〕「あなた」(単数対格) 639-7 tangit の目的語。
- 2・4　generis＜genus〔名〕n.「種族、民族；家系、出生」(単数属格) それぞれ 639-6 gloria 及び 640-7 auctor を修飾。
- 3　magni＜magnus〔形〕「大きい；多い；偉大な」(中性単数属格) 640-2 generis を修飾。
- 5　mihi＜ego〔代〕「私」(単数与格) 640-4 generis を修飾。
- 6　Iuppiter〔名〕m.「ユピテル、ジュピター」(単数主格) 主語。述部(est = is) の省略。＊generis mihi Iuppiter auctor (est) = Jupiter <is> <the> begetter (of) my birth
- 7　auctor〔名〕m.f.「親、父；元祖、原因」(単数主格)

641
- 1　sive 639-5 参照。
- 2　es＜sum〔動〕「～である；存在する」(直説法二人称単数現在) 641-5 mirabere と共に主述部。
- 3　mirator〔名〕m.「礼讃者」(単数主格) 641-2 es の補語。
- 4　rerum＜res〔名〕f.「事象；情況」(複数属格) 641-3 mirator を修飾。＊「業績」の謂。
- 5　mirabere (= miraberis)＜miror〔所動〕「驚嘆する、称賛する」(直説法二人称単数未来)
- 6　nostras＜noster〔代〕「我々の」(女性複数対格) 名詞的用法。641-5 mirabere の目的語。＊meas (= mine) の代用。641-4 rerum を受ける。

hospitium requiemque peto." memor ille vetustae
sortis erat ; Themis hanc dederat Parnasia sortem：
"tempus, Atlas, veniet, tua quo spoliabitur auro
arbor, et hunc praedae titulum Iove natus habebit."   645
id metuens solidis pomaria clauserat Atlas
moenibus et vasto dederat servanda draconi
arcebatque suis externos finibus omnes.

642
- 1 hospitium＜hospitium〔名〕n.「歓待；友情」(単数対格) 642-2 requiem と共に 642-3 peto の目的語。
- 2 requiemque(= requiem + que)＜requies〔名〕f.「休息、休憩」(単数対格)
- 3 peto〔動〕「目指す；攻撃する；懇請する；追求する」(直説法能相一人称単数現在) 主述部。
- 4 memor〔形〕「記憶して、留意して」(男性単数主格) 642-5 ille に一致。643-2 erat の補語。＊属格を伴う。
- 5 ille＜ille〔代〕「あれ、それ；彼(彼女)」(男性単数主格) 643-2 erat の主語。
- 6 vetustae＜vetustus〔形〕「古い、昔の」(女性単数属格) 643-1 sortis を修飾。

643
- 1 sortis＜sors〔名〕f.「籤；預言；運命」(単数属格) 642-4 memor の補語。☆いつかユピテルの息子が黄金の林檎を盗みに来るであろう、という警告をアトラスは受けていた。
- 2 erat＜sum〔動〕「〜である；存在する」(直説法三人称単数不完了過去)
- 3 Themis〔名〕f.「テミス」(単数主格) 643-5 dederat の主語。☆イアペトゥスの最初の妻。預言の術に秀でていた。
- 4 hanc＜hic〔代〕「これ、この人；次のこと」(女性単数対格) 形容詞用法。643-7 sortem を修飾。
- 5 dederat＜do〔動〕「与える、為す；認める」(直説法能相三人称単数全分過去)

- 6 Parnasia＜Parnasius〔形〕「パルナッソス山の」(女性単数主格) 643-3 Themis を修飾。☆テミスがアポロ以前にパルナッソス山麓のデルフィ神託所を所有していたことへの言及。
- 7 sortem＜sors 643-1 参照(単数対格)。643-5 dederat の目的語。

644
- 1 tempus〔名〕n.「時間；時期；時代」(単数主格) 644-3 veniet の主語。
- 2 Atlas＜Atlas〔名〕m.「アトラス」(単数呼格)
- 3 veniet＜venio〔動〕「来る」(直説法能相三人称単数未来)
- 4 tua＜tuus〔形〕「あなたの」(女性単数主格) 645-1 arbor を修飾。
- 5 quo＜qui〔関代〕中性単数奪格。先行詞は 644-1 tempus。＊関係副詞的用法。
- 6 spoliabitur＜spolio〔動〕「剥ぎ取る；略奪する」(直説法所相三人称単数未来)
- 7 auro＜aurum〔名〕n.「黄金；金色」(単数奪格) 644-6 spoliabitur を修飾。
    ＊spoliabitur auro = (will be) stripped (of) <its> gold

645
- 1 arbor〔名〕f.「木；船」(単数主格) 644-6 spoliabitur の主語。
- 2 et〔接〕「そして、また」
- 3 hunc＜hic 643-4 参照(男性単数対格)。形容詞用法。645-4 praedae と共に 645-5 titulum を修飾。

(I) seek <thy> hospitality and rest." He was mindful

(of) <an> old oracle; Parnasian Themis (had) given this oracle:

"(The) time (will) come, Atlas, (at) which thy tree (will be) stripped

(of) <its> gold and Jupiter's son (will) have <the> repute (for) this plunder."

Fearing that, Atlas (had) enclosed <the> orchard (with) solid

walls and had <it> guarded (by) <an> enormous dragon

and excluded all outsiders (from) its borders.

・4 praedae＜praeda〔名〕f.「戦利品、略奪物；獲物」(単数属格)
・5 titulum＜titulus〔名〕m.「銘、表象；名誉；名声」(単数対格) 645-8 habebit の目的語。
・6 Iove＜Iuppiter〔名〕m.「ユピテル、ジュピター」(単数奪格) 645-7 natus を修飾。
・7 natus〔形〕「生れた；〈名〉息子」(男性単数主格) 名詞的用法。645-8 habebit の主語。
・8 habebit＜habeo〔動〕「持つ、所有する」(直説法能相三人称単数未来)

646
・1 id＜is〔代〕「この人 (これ)、彼 (彼女)」(中性単数対格) 644-1 tempus を指す。646-2 metuens の目的語。
・2 metuens＜metuo〔動〕「恐れる、危惧する」現在分詞(男性単数主格)。646-6 Atlas を修飾。叙述的用法。
・3 solidis＜solidus〔形〕「完全な；堅固な；信頼できる」(中性複数奪格) 647-1 moenibus を修飾。
・4 pomaria＜pomarius〔形〕「果樹の；〈名〉果樹園」(中性複数対格) 名詞的用法。646-5 clauserat の目的語。☆ヘスペルスの果樹園を指す。
・5 clauserat＜claudo〔動〕「閉じる；閉じ込める」(直説法能相三人称単数全分過去)
・6 Atlas 644-2 参照(単数主格)。646-5/ 647-4/ 648-1 clauserat, dederat, arcebat の主語。

647
・1 moenibus＜moenia〔名〕n.pl.「防壁；外壁」(複数奪格) 646-5 clauserat を修飾。
・2 et〔接〕「そして、また」
・3 vasto＜vastus〔形〕「空虚な；莫大な；荒涼とした」(男性単数与格) 647-6 draconi を修飾。
・4 dederat 643-5 参照。
・5 servanda＜servo〔動〕「護る；保持する；見張る」動形容詞(中性複数対格)。646-4 pomaria に一致。叙述的用法。
・6 draconi＜draco〔名〕m.「大蛇、龍」(単数与格) 647-5 servanda を修飾。☆百頭の怪龍(大蛇)ラドンを指す。＊動作主を表す与格。

648
・1 arcebatque (= arcebat + que)＜arceo〔動〕「閉じ込める；抑止する」(直説法能相三人称単数不完了過去) ＊「締め出す」の謂。
・2 suis＜suus〔代〕「彼(ら)の、彼女(ら)の、それ(ら)の」(男性複数奪格) 648-4 finibus を修飾。
・3 externos＜externus〔形〕「外部の；外国の；〈名〉部外者」(男性複数対格) 名詞的用法。648-1 arcebat の目的語。
・4 finibus＜finis〔名〕m.(f.)「境界；領域；結末」(複数奪格) 648-1 arcebat を修飾。
・5 omnes＜omnis〔形〕「全ての、あらゆる」(男性複数対格) 648-3 externos を修飾。

huic quoque "vade procul, ne longe gloria rerum,
　　quam mentiris" ait, "longe tibi Iuppiter absit!"　　　　650
　　vimque minis addit manibusque expellere temptat
　　cunctantem et placidis miscentem fortia dictis.
　　viribus inferior (quis enim par esset Atlantis
　　viribus?) "at, quoniam parvi tibi gratia nostra est,
　　accipe munus!" ait laevaque a parte Medusae　　　　655

649

- 1　huic＜hic〔代〕「これ、この人；次のこと」(男性単数与格) 650-3 ait を修飾。639-3 Perseus を指す。
- 2　quoque〔副〕「～もまた、同様に」649-1 huic を強調する。
- 3　vade＜vado〔動〕「赴く、急行する」(命令法能相二人称単数現在)
- 4　procul〔副〕「遠方に；ずっと以前に」649-3 vade を修飾。
- 5　ne〔接〕「～するといけないので、～しないように；～ではないかと」
- 6　longe〔副〕「遠くに；長く」650-4 longe と共に 650-7 absit を修飾。
- 7　gloria〔名〕f.「栄光、名誉、栄誉」(単数主格) 650-6 Iuppiter と共に 650-7 absit の主語。
- 8　rerum＜res〔名〕f.「事象；情況」(複数属格) 649-7 gloria を修飾。

650

- 1　quam＜qui〔関代〕女性単数対格。先行詞は 649-7 gloria。650-2 mentiris の目的語。
- 2　mentiris＜mentior〔所動〕「嘘を言う、欺く」(直説法二人称単数現在) 主述部。
- 3　ait＜aio〔動〕「肯定する；言う、断言する」(直説法能相三人称単数現在) 主述部。646-6 Atlas を受ける。＊651-3・6 addit, temptat も同断。
- 4　longe 649-6 参照。
- 5　tibi＜tu〔代〕「あなた」(単数与格) 650-7 absit の補語。

- 6　Iuppiter〔名〕m.「ユピテル、ジュピター」(単数主格)
- 7　absit＜absum〔動〕「居ない；離れている；足りない」(接続法三人称単数現在)
　　＊与格を伴う。

651

- 1　vimque (= vim + que)＜vis〔名〕f.「力；活力；暴力」(単数対格) 651-3 addit の目的語。
- 2　minis＜minae〔名〕f.pl.「脅威、威嚇」(複数与格) 651-3 addit を修飾。
- 3　addit＜addo〔動〕「付ける；加える」(直説法能相三人称単数現在)
- 4　manibusque (= manibus + que)＜manus〔名〕f.「手；一団」(複数奪格) 651-5 expellere を修飾。
- 5　expellere＜expello〔動〕「追い払う；追放する」(不定法能相現在) 651-6 temptat の目的語。
- 6　temptat＜tempto〔動〕「試す；試みる」(直説法能相三人称単数現在)

652

- 1　cunctantem＜cunctor〔所動〕「手間どる、躊躇する」現在分詞(男性単数対格)。名詞的用法。651-5 expellere の目的語。＊639-3 Perseus を指す。652-4 miscentem も同断。
- 2　et〔接〕「そして、また」
- 3　placidis＜placidus〔形〕「穏かな」(中性複数与格) 652-6 dictis を修飾。
- 4　miscentem＜misceo〔動〕「混ぜる；結合する」現在分詞(男性単数対格)。

(To) this alike, (he) uttered, "Go afar, lest <the> glory (of) <thy> exploits,

which (thou) feignest, <and> Jupiter (should) fail thee very much!"

and (he) added vigour (to) <his> threats and (with) <his> hands attempted (to) expel

<the> (one) lingering and mingling force (with) placid sayings.

(Being) inferior (in) vigour — indeed who (should) be equal (to) Atlas's

vigour? — "but, since my gratitude is (of) little (value) (to) thee,

accept <my> gift!" (he) uttered and with <his> left hand, himself

- 5　fortia＜fortis〔形〕「強力な；頑強な」(中性複数対格) 名詞的用法。652-4 miscentem の目的語。
- 6　dictis＜dictum〔名〕n.「言葉、発言」(複数与格) 652-4 miscentem を修飾。

653
- 1　viribus＜vis 651-1 参照(複数奪格)。653-2 inferior を修飾。
- 2　inferior＜inferus〔形〕「低い、下の；冥界の」比較級(男性単数主格)。叙述的用法。＊ペルセウスに関する叙述なので、男性単数形をとる。656-1・3 ipse, versus も同断。
- 3　quis〔疑〕「誰(何)」(男性単数主格) 653-6 esset の主語。
- 4　enim〔接〕「実際；何故なら；例えば」
- 5　par〔形〕「等しい；相応しい」(男性単数主格) 653-3 quis に一致。653-6 esset の補語。＊与格を伴う。
- 6　esset＜sum〔動〕「～である；存在する」(接続法三人称単数不完了過去)
- 7　Atlantis＜Atlas〔名〕m.「アトラス」(単数属格) 654-1 viribus を修飾。

654
- 1　viribus 653-1 参照(複数与格)。653-5 par の補語。
- 2　at〔接〕「しかし、しかし一方」
- 3　quoniam〔接〕「今後、～なので」
- 4　parvi＜parvus〔形〕「小さい、些細な；短い；〈名〉些細なこと」(中性単数属格) 名詞的用法。654-8 est の補語。＊parvi est = is (of) little (value)

- 5　tibi 650-5 参照。654-4・8 parvi est を修飾。
- 6　gratia〔名〕f.「好意、配慮；感謝」(単数主格) 654-8 est の主語。
- 7　nostra＜noster〔代〕「我々の」(女性単数主格) 654-6 gratia を修飾。＊mea(= my) の代用。
- 8　est＜sum 653-6 参照(直説法三人称単数現在)。

655
- 1　accipe＜accipio〔動〕「受け取る；受け入れる；歓迎する」(命令法能相二人称単数現在)
- 2　munus＜munus〔名〕n.「任務；贈り物」(単数対格) 655-1 accipe の目的語。
- 3　ait 650-3 参照。656-5 protulit と共に主述部。652-1・2・4 cunctantem et miscentem を受ける。
- 4　laevaque (= laeva + que)＜laevus〔形〕「左(側)の；〈名〉左側」(女性単数奪格) 655-6 parte を修飾。＊laeva a parte = from <his> left part : i.e. with his left hand
- 5　a (= ab)〔前〕「～(の中)から；～側に；～で」奪格支配(655-6 parte)。656-5 protulit を修飾。
- 6　parte＜pars〔名〕f.「部分、一部；役割」(単数奪格)
- 7　Medusae＜Medusa〔名〕f.「メドゥサ」(単数属格) 656-4 squalentia と共に 656-6 ora を修飾。

ipse retro versus squalentia protulit ora.
quantus erat, mons factus Atlas : nam barba comaeque
in silvas abeunt, iuga sunt umerique manusque,
quod caput ante fuit, summo est in monte cacumen,
ossa lapis fiunt ; tum partes altus in omnes　　　　　660
crevit in inmensum (sic, di, statuistis) et omne
cum tot sideribus caelum requievit in illo.

656
- 1　ipse〔代〕「〜自身」(男性単数主格) 656-3 versus と共に叙述的用法。
- 2　retro〔副〕「後方へ；後方で」656-3 versus を修飾。
- 3　versus＜verto〔動〕「向ける；変える；覆す」完了分詞(男性単数主格)。
- 4　squalentia＜squaleo〔動〕「堅苦しい；汚れている、むさ苦しい」現在分詞(中性複数対格)。656-6 ora を修飾。
- 5　protulit＜profero〔動〕「運び出す；持ち出す；産み出す」(直説法能相三人称単数完了過去)
- 6　ora＜os〔名〕n.「口；顔」(複数対格) 656-5 protulit の目的語。

657
- 1　quantus〔形〕「どれ程大きい(多い)；〜程大きい(多い)」(男性単数主格) 657-5 Atlas に一致。657-2 erat の補語。
- 2　erat＜sum〔動〕「〜である；存在する」(直説法三人称単数不完了過去)
- 3　mons〔名〕m.「山」(単数主格) 657-4 factus の補語。☆メドゥサの顔を見て、アトラスは石化し、広大な山になった。
- 4　factus＜facio〔動〕「建設する；為す；製造(製作)する」完了分詞(男性単数主格)。657-5 Atlas を修飾。
- 5　Atlas〔名〕m.「アトラス」(単数主格) 657-2 erat の主語。
- 6　nam〔接〕「何故なら；確かに；さて」
- 7　barba〔名〕f.「顎鬚」(単数主格) 657-8 comae と共に 658-3 abeunt の主語。

- 8　comaeque (= comae + que)＜coma〔名〕f.「毛髪」(複数主格)

658
- 1　in〔前〕「〜(の中)へ、〜に対して」対格支配(658-2 silvas)。658-3 abeunt を修飾。
- 2　silvas＜silva〔名〕f.「森、森林地帯」(複数対格)
- 3　abeunt＜abeo〔動〕「去る；消滅する；変形する」(直説法三人称複数現在)
- 4　iuga＜iugum〔名〕n.「軛、襟；峯」(複数主格) 658-5 sunt の補語。
- 5　sunt＜sum　657-2 参照(直説法三人称複数現在)。
- 6　umerique (= umeri + que)＜umerus〔名〕m.「上腕部、肩」(複数主格) 658-7 manus と共に 658-5 sunt の主語。
　＊ umerique manusque = both <his> shoulders and hands
- 7　manusque (= manus + que)＜manus〔名〕f.「手；一団」(複数主格)

659
- 1　quod＜qui〔関代〕中性単数主格。先行詞を含む複合用法。659-4 fuit 及び 659-6 est の主語となる。
- 2　caput〔名〕n.「頭；頂上」(単数主格) 659-4 fuit の補語。
- 3　ante〔副〕「前へ；以前に」659-4 fuit を修飾。
- 4　fuit＜sum　657-2 参照(直説法三人称単数完了過去)。

(being) diverted rearwards, protruded Medusa's squalid face.

So great was Atlas changed (to) <a> mountain: for <his> beard and hair

altered to forests; both <his> shoulders and hands were ridges;

what (had) been <his> head before was <the> summit on <the> highest mountain;

<his> bones became stone; then (getting) high in all directions,

(he) increased into <an> immense bulk — So, gods, (you) provided — and all

<the> heavens with so many stars rested on him.

- 5　summo＜summus〔形〕「最も高い；〜の頂上；最高(至高)の」(男性単数奪格) 659-8 monte を修飾。
- 6　est＜sum 657-2 参照(直説法三人称単数現在)。
- 7　in〔前〕「〜で(に)、〜の中(上)で」奪格支配(659-8 monte)。659-9 cacumen を修飾。
- 8　monte＜mons 657-3 参照(単数奪格)。
- 9　cacumen〔名〕n.「先端、頂上」(単数主格) 659-6 est の補語。

660
- 1　ossa＜os〔名〕n.「骨；骨髄」(複数主格) 660-3 fiunt の主語。
- 2　lapis〔名〕m.「石」(単数主格) 660-3 fiunt の補語。
- 3　fiunt＜fio〔動〕「起きる；作られる；なる」(直説法三人称複数現在)
- 4　tum〔副〕「当時；現在；次に、その後」661-2 in と共に 661-1 crevit を修飾。
- 5　partes＜pars〔名〕f.「部分、一部；役割」(複数対格)
- 6　altus〔形〕「高い、深い」(男性単数主格) 657-5 Atlas に一致。叙述的用法。
- 7　in 658-1 参照。対格支配(660-5 partes)。660-6 altus を修飾。
- 8　omnes＜omnis〔形〕「全ての、あらゆる」(女性複数対格) 660-5 partes を修飾。
　　＊partes in omnes ＝ in all directions

661
- 1　crevit＜cresco〔動〕「生える；成長する、増大する；栄える」(直説法能相三人称単数完了過去) 主述部。657-5 Atlas を受ける。
- 2　in 658-1 参照。対格支配(661-3 inmensum)。
- 3　inmensum＜inmensum〔名〕n.「莫大、広大、無限」(単数対格)
- 4　sic〔副〕「このように；そのように；次のように」661-6 statuistis を修飾。
- 5　di＜deus〔名〕m.「神；神力」(複数呼格)
- 6　statuistis＜statuo〔動〕「設立する；建設する；設定する；決定する」(直説法能相二人称複数完了過去) 主述部。
- 7　et〔接〕「そして、また」
- 8　omne＜omnis 660-8 参照(中性単数主格)。662-1 cum と共に 662-4 caelum を修飾。

662
- 1　cum〔前〕「〜と共に；〜を伴って；〜で」奪格支配(662-3 sideribus)。
- 2　tot〔形〕「これ程多数の」(無変化) 662-3 sideribus を修飾。
- 3　sideribus＜sidus〔名〕n.「星座；星；天空」(複数奪格)
- 4　caelum〔名〕n.「天空、空」(単数主格) 662-5 requievit の主語。＊628-4 参照。
- 5　requievit＜requiesco〔動〕「休息する；支えられている」(直説法能相三人称単数完了過去)
- 6　in 659-7 参照。奪格支配(662-7 illo)。662-5 requievit を修飾。
- 7　illo＜ille〔代〕「あれ、それ；彼(彼女)」(男性単数奪格) 657-5 Atlas を指す。

　　　　Clauserat Hippotades Aetnaeo carcere ventos,
　　　admonitorque operum caelo clarissimus alto
　　　Lucifer ortus erat：pennis ligat ille resumptis　　　　　　665
　　　parte ab utraque pedes teloque accingitur unco
　　　et liquidum motis talaribus aera findit.
　　　gentibus innumeris circumque infraque relictis
　　　Aethiopum populos Cepheaque conspicit arva.

663
 ・1　Clauserat＜claudo〔動〕「閉じる；閉じ込める」(直説法能相三人称単数全分過去)
 ・2　Hippotades〔名〕m.「ヒッポテスの子孫」(単数主格) 663-1 Clauserat の主語。
　　　☆風の支配者アエオルスを指す。
 ・3　Aetnaeo＜Aetnaeus〔形〕「エトナ山の」(男性単数奪格) 663-4 carcere を修飾。
　　　☆エトナ山はシシリア島の火山。
 ・4　carcere＜carcer〔名〕m.「牢獄」(単数奪格) 663-1 Clauserat を修飾。
 ・5　ventos＜ventus〔名〕m.「風」(複数対格) 663-1 Clauserat の目的語。
664
 ・1　admonitorque (= admonitor + que)〔名〕m.「勧告者」(単数主格) 665-1 Lucifer と同格。
 ・2　operum＜opus〔名〕n.「仕事、労働；作品；技巧」(複数属格) 664-1 admonitor を修飾。
 ・3　caelo＜caelum〔名〕n.「天空、空」(単数奪格) 665-2・3 ortus erat を修飾。
 ・4　clarissimus＜clarus〔形〕「輝く；明確な；輝かしい」最上級(男性単数主格)。665-1 Lucifer を修飾。
 ・5　alto＜altus〔形〕「高い、深い」(中性単数奪格) 664-3 caelo を修飾。
665
 ・1　Lucifer〔名〕m.「ルキフェル(暁の明星)」(単数主格) 665-2・3 ortus erat の主語。
 ・2・3　ortus erat＜orior〔所動〕「起こる；生ずる；現れる」(直説法三人称単数完了過去)
 ・4　pennis＜penna〔名〕f.「羽根；〈複〉翼」(複数与格) 665-5 ligat を修飾。
 ・5　ligat＜ligo〔動〕「結ぶ、縛る；結合する」(直説法能相三人称単数現在)
 ・6　ille＜ille〔代〕「あれ、それ；彼(彼女)」(男性単数主格) 639-3 Perseus を指す。665-5/ 666-6/ 667-6 ligat, accingitur, findit の主語。
 ・7　resumptis＜resumo〔動〕「再び取り上げる、取り戻す」完了分詞(女性複数与格)。665-4 pennis を修飾。
666
 ・1　parte＜pars〔名〕f.「部分、一部；役割」(単数奪格)
 ・2　ab〔前〕「〜(の中)から；〜側に；〜で」奪格支配(666-1 parte)。666-4 pedes を修飾。
 ・3　utraque＜uterque〔代〕「(二者の)それぞれ、両方」(女性単数奪格) 666-1 parte を修飾。
 ・4　pedes＜pes〔名〕m.「足」(複数対格) 665-5 ligat の目的語。
 ・5　teloque (= telo + que)＜telum〔名〕n.「矢、槍；武器；刀」(単数奪格) 666-6 accingitur を修飾。
 ・6　accingitur＜accingo〔動〕「締める、帯びる；装備する」(直説法所相三人称単数現在)
 ・7　unco＜uncus〔形〕「鉤になった、屈曲した」(中性単数奪格) 666-5 telo を修飾。

変身物語　第四巻

<u>Hippotes's son</u> (had) closed <his> winds (in) <the> Etnaean prison,
and brightest Lucifer, <the> admonisher (of) tasks, had
risen (in) <the> high heavens: he fastened <his> feet on
both sides (to) <the> resumed wings and (was) armed (with) <his> hooked sword
and moving <the> talaria, swept <the> limpid air.
Leaving innumerable races <u>both around and below</u>,
(he) sighted <the> Ethiopian people <u>and Cepheus's</u> plains.

667
・1　et〔接〕「そして、また」
・2　liquidum＜liquidus〔形〕「液体の ; 澄明な」(男性単数対格) 667-5 aera を修飾。
・3　motis＜moveo〔動〕「動かす ; 動揺(感動)させる」完了分詞(中性複数奪格)。667-4 talaribus と共に独立奪格構文を成す。＊motis talaribus =(with) <the> talaria moved : i.e. moving the talaria
・4　talaribus＜talaria〔名〕n.pl.「タラリア」(複数奪格) ☆メルクリウスやイリスが空を飛ぶのに用いた羽のある靴。
・5　aera＜aer〔名〕m.「空気、大気」(単数対格) 667-6 findit の目的語。
・6　findit＜findo〔動〕「裂く、分割する」(直説法能相三人称単数現在) ＊「突き進む」の謂。

668
・1　gentibus＜gens〔名〕f.「氏族 ; 民族」(複数奪格) 668-5 relictis と共に独立奪格構文を成す。＊gentibus innumeris relictis = (with) innumerable races left : i.e. leaving innumerable races
・2　innumeris＜innumerus〔形〕「無数の」(女性複数奪格) 668-1 gentibus を修飾。
・3　circumque (= circum + que)〔副〕「周囲に ; 近くに」668-4 infra と共に 668-5 relictis を修飾。＊circumque infraque = <u>both around and below</u>
・4　infraque (= infra + que)〔副〕「下に」
・5　relictis＜relinquo〔動〕「置き去りにする ; 放棄する」完了分詞(女性複数奪格)。

669
・1　Aethiopum＜Aethiops〔名〕m.「エチオピア人 ; エジプト人」(複数属格) 669-2 populos を修飾。＊Aethiopum populos = <the> people (of) <the> Ethiopians : i.e. the Ethiopian people
・2　populos＜populus〔名〕m.「民族 ; 人民 ; 市民」(複数対格) 669-5 arva と共に 669-4 conspicit の目的語。
・3　Cepheaque(= Cephea + que)＜Cepheus〔形〕「ケペウスの、エチオピアの」(中性複数対格) 669-5 arva を修飾。☆ケペウスはエチオピアのケペネス人の王で、アンドロメダ(671-1)の父。
・4　conspicit＜conspicio〔動〕「見つめる、見つける」(直説法能相三人称単数現在) 主述部。665-6 ille を受ける。
・5　arva＜arvum〔名〕n.「耕地 ;〈複〉平野」(複数対格)

— 191 —

illic inmeritam maternae pendere linguae 670
Andromedan poenas iniustus iusserat Ammon ;
quam simul ad duras religatam bracchia cautes
vidit Abantiades, nisi quod levis aura capillos
moverat et tepido manabant lumina fletu,
marmoreum ratus esset opus ; trahit inscius ignes 675
et stupet et visae correptus imagine formae

670
- 1 illic〔副〕「そこに、向こうに」671-4 iusserat を修飾。
- 2 inmeritam＜inmeritus〔形〕「無実の」(女性単数対格) 671-1 Andromedan を修飾。
- 3 maternae＜maternus〔形〕「母親の」(女性単数属格) 670-5 linguae を修飾。☆ケフェウスの王妃で、アンドロメダの母カッシオペア(738-1)を指す。
- 4 pendere＜pendo〔動〕「支える；被る；考量する」(不定法能相現在) 671-4 iusserat の目的語。
- 5 linguae＜lingua〔名〕f.「舌；発言、言葉」(単数属格) 671-2 poenas を修飾。☆カッシオペアは、海神ネレウスの娘たちより自分の娘の方が美しいと自慢した為、海神ネプトゥヌスの怒りを被った。

671
- 1 Andromedan＜Andromeda〔名〕f.「アンドロメダ」(単数対格) 670-4 pendere の意味上の主語。
- 2 poenas＜poena〔名〕f.「代償、罰」(複数対格) 670-4 pendere の目的語。＊原因を表す属格を伴う。
- 3 iniustus〔形〕「無分別な、不適切な；不当な」(男性単数主格) 671-5 Ammon を修飾。☆アムモンの神託は、アンドロメダを海蛇の生贄に捧げなければならないと告げた。
- 4 iusserat＜iubeo〔動〕「命ずる」(直説法能相三人称単数完了過去)
- 5 Ammon (= Hammon)〔名〕m.「アムモン」(単数主格) 671-4 iusserat の主語。☆エジプトの神。リビュアのアムモン神殿で神託を与えた。

672
- 1 quam＜qui〔関代〕女性単数対格。先行詞は 671-1 Andromedan。673-1 vidit の目的語。
- 2 simul〔副〕「一緒に；同時に」＊接続詞的用法。
- 3 ad〔前〕「～(の方)へ；～に対して(向かって)」対格支配(672-7 cautes)。672-5 religatam を修飾。
- 4 duras＜durus〔形〕「硬い；粗野な；厳しい」(女性複数対格) 672-7 cautes を修飾。
- 5 religatam＜religo〔動〕「縛り付ける；係留する」(女性単数対格) 672-1 quam を修飾。叙述的用法。
- 6 bracchia＜bracchium〔名〕n.「前腕部；腕」(複数対格) 副詞的用法。672-5 religatam を修飾。＊ad religatam bracchia cautes = (with) <her> arms bound to a crag
- 7 cautes＜cautes〔名〕f.「ごつごつした岩、岩壁」(複数対格)

There unjust Ammon (had) ordered innocent
Andromeda (to) pay <the> penalty (for) <her> mother's tongue;
(and) immediately Abas's son saw her (with) <her> arms bound to
<a> rough crag, if light airs (had) never moved
<her> locks nor (had) <her> eyes (been) running (with) tepid tears,
(he would) have reckoned <her> <a> marble work; unwittingly (he) got <the> fire of love
and was stunned and, captivated (by) <the> image (of) <the> sighted form,

673
- 1 vidit＜video〔動〕「見る；認知する；〈所〉見える」(直説法能相三人称単数完了過去)
- 2 Abantiades〔名〕m.「アバスの息子(子孫)」(単数主格) ☆ペルセウスを指す。アバスはダナエ (611-4) の祖父。ペルセウスの曽祖父に当る。
- 3 nisi〔接〕「もし〜でなければ；〜以外」
- 4 quod〔接〕「〜なので；〜すること」 *nisi quod = except that ; if ... not
- 5 levis〔形〕「軽い；素早い；些細な」(男性単数主格) 673-6 aura を修飾。
- 6 aura〔名〕f.「息吹、風；大気」(単数主格) 674-1 moverat の主語。
- 7 capillos＜capillus〔名〕m.「髪、毛髪」(複数対格) 674-1 moverat の目的語。

674
- 1 moverat＜moveo〔動〕「動かす；動揺(感動)させる」(直説法能相三人称単数全分過去)
- 2 et〔接〕「そして、また」
- 3 tepido＜tepidus〔形〕「生温かい」(男性単数奪格) 674-6 fletu を修飾。
- 4 manabant＜mano〔動〕「流れる、滴る」(直説法能相三人称複数不完了過去)
- 5 lumina＜lumen〔名〕n.「光、灯り；眼」(複数主格) 674-4 manabant の主語。
- 6 fletu＜fletus〔名〕m.「泣くこと、嘆くこと」(単数奪格) 674-4 manabant を修飾。

675
- 1 marmoreum＜marumoreus〔形〕「大理石の；大理石のような」(中性単数対格) 675-4 opus を修飾。
- 2・3 ratus esset＜reor〔所動〕「計算する；考える；判断する」(直説法三人称単数完了過去) 主述部。673-2 Abantiades を受ける。*以下の trahit, stupet, est oblitus, stetit, dixit も同断。
- 4 opus＜opus〔名〕n.「仕事、労働；作品；技巧」(単数対格) 675-2・3 ratus esset の補語。
- 5 trahit＜traho〔動〕「引っ張る；導く；惹きつける」(直説法能相三人称単数現在)
- 6 inscius〔形〕「知らない、無知な」(男性単数主格) 673-2 Abantiades に一致。叙述的用法。*676-5 correptus も同断。
- 7 ignes＜ignis〔名〕m.「火；輝き」(複数対格) 675-5 trahit の目的語。*「情火」の謂。

676
- 1・3 et 674-2 参照。
- 2 stupet＜stupeo〔動〕「麻痺する、呆然とする」(直説法能相三人称単数現在)
- 4 visae＜video 673-1 参照。完了分詞(女性単数属格)。676-7 formae を修飾。
- 5 correptus＜corripio〔動〕「掴む、捕える；攻撃する」完了分詞(男性単数主格)。
- 6 imagine＜imago〔名〕f.「姿、像、絵」(単数奪格) 676-5 correptus を修飾。
- 7 formae＜forma〔名〕f.「姿、形、外観」(単数属格) 676-6 imagine を修飾。

paene suas quatere est oblitus in aere pennas.
ut stetit, "o" dixit "non istis digna catenis,
sed quibus inter se cupidi iunguntur amantes,
pande requirenti nomen terraeque tuumque,   680
et cur vincla geras." primo silet illa nec audet
adpellare virum virgo, manibusque modestos
celasset vultus, si non religata fuisset；

677
- 1 paene〔副〕「殆ど」677-4・5 est oblitus を修飾。
- 2 suas＜suus〔代〕「彼(ら)の、彼女(ら)の、それ(ら)の」(女性複数対格) 677-8 pennas を修飾。
- 3 quatere＜quatio〔動〕「揺する；砕く；興奮させる」(不定法能相現在) 677-4・5 est oblitus の目的語。
-4・5 est oblitus＜obliviscor〔所動〕「忘れる；怠る」(直説法三人称単数完了過去) ＊不定法を伴う。
- 6 in〔前〕「～で(に)、～の中(上)で」奪格支配(677-7 aere)。677-3 quatere を修飾。
- 7 aere＜aer〔名〕m.「空気、大気」(単数奪格)
- 8 pennas＜penna〔名〕f.「羽根；〈複〉翼」(複数対格) 677-3 quatere の目的語。

678
- 1 ut〔関副〕「～した時、～するや否や；(丁度)～するように」
- 2 stetit＜sto〔動〕「立っている、留まる；位置する、在る」(直説法能相三人称単数完了過去)
- 3 o〔間〕「おお、嗚呼」
- 4 dixit＜dico〔動〕「言う、話す、述べる；呼ぶ」(直説法能相三人称単数完了過去)
- 5 non〔副〕「(全然)～ない」678-7 digna を修飾。679-1 sed と呼応する。＊non istis catenis, sed quibus = not these bonds, but <those> (by) which
- 6 istis＜iste〔代〕「これ、あれ、彼(彼女)」(女性複数奪格) 678-8 catenis を修飾。
- 7 digna＜dignus〔形〕「(～に)値する、相応しい」(女性単数呼格) 名詞的用法。＊奪格を伴う。
- 8 catenis＜catena〔名〕f.「鎖、枷」(複数奪格) 678-7 digna の補語。

679
- 1 sed〔接〕「しかし；～ではなくて」
- 2 quibus＜qui〔関代〕女性複数奪格。先行詞は 678-8 catenis。
- 3 inter〔前〕「～の間で、～の中で」対格支配(679-4 se)。679-6 iunguntur を修飾。＊inter se iunguntur = (are) united between themselves : i.e. are united to each other
- 4 se＜sui〔代〕「彼(彼女、それ)自身」(複数対格) 679-7 amantes を指す。
- 5 cupidi＜cupidus〔形〕「熱心な；熱烈な」(男性複数主格) 679-7 amantes を修飾。
- 6 iunguntur＜iungo〔動〕「結合する；繋ぐ」(直説法所相三人称複数現在)
- 7 amantes＜amans〔形〕「愛している；〈名〉愛人」(男性複数主格) 679-6 iunguntur の主語。

almost forgot (to) beat his wings in <the> air.

When (he) alighted, (he) said, "Oh, <a> (virgin) deserving not those bonds,

but <those> (by) which ardent lovers (are) united to each other;

unfold <the> name (of) <thy> country and thine (to) <the> inquirer,

and why (thou shouldst) suffer <the> fetters." Primarily she remained silent and never,
  (being) <a> virgin,

dared (to) address <the> man, and (with) <her> hands, (would have) concealed

<her> modest visage, if (she had) not been bound;

680
- 1 pande＜pando〔動〕「広げる；明かす」（命令法能相二人称単数現在）
- 2 requirenti＜requiro〔動〕「探す；尋ねる」現在分詞(男性単数与格)。名詞の用法。680-1 pande を修飾。＊ペルセウス自身を指す。685-2 instanti も同断。
- 3 nomen＜nomen〔名〕n.「名前」(単数対格) 681-2 cur と共に 680-1 pande の目的語。
- 4 terraeque (= terrae + que)＜terra〔名〕f.「大地、陸地」(単数属格) 680-5 tuum と共に 680-3 nomen を修飾。
- 5 tuumque (= tuum + que)＜tuus〔形〕「あなたの」(中性単数対格)

681
- 1 et〔接〕「そして、また」
- 2 cur〔疑〕「何故」＊間接疑問文を導く。
- 3 vincla＜vinclum〔名〕n.「縛るもの(帯、紐、綱など)；拘束」(複数対格) 681-4 geras の目的語。
- 4 geras＜gero〔動〕「保持する；遂行する」(接続法能相二人称単数現在) 主述部。
- 5 primo〔副〕「最初は、初めに」681-6 silet を修飾。
- 6 silet＜sileo〔動〕「沈黙する」(直説法能相三人称単数現在)
- 7 illa＜ille〔代〕「あれ、それ；彼(彼女)」(女性単数主格) 671-1 Andromedan を指す。681-6・9/ 683-1 silet, audet, celasset の主語。
- 8 nec〔接〕「また～ない、～もない」
- 9 audet＜audeo〔動〕「敢えて～する」(直説法能相三人称単数現在)＊不定法を伴う。

682
- 1 adpellare＜adpello〔動〕「話しかける；要請する；名づける」(不定法能相現在) 681-9 audet の目的語。
- 2 virum＜vir〔名〕m.「(成人)男性；夫」(単数対格) 682-1 adpellare の目的語。
- 3 virgo〔名〕f.「処女；乙女」(単数主格) 叙述的用法。
- 4 manibusque (= manibus + que)＜manus〔名〕f.「手；一団」(複数奪格) 683-1 celasset を修飾。
- 5 modestos＜modestus〔形〕「慎ましい、穏やかな」(男性複数対格) 683-2 vultus を修飾。

683
- 1 celasset (= celavisset)＜celo〔動〕「隠す」(接続法能相三人称単数全分過去)
- 2 vultus＜vultus〔名〕m.「表情、容貌；外観」(複数対格) 683-1 celasset の目的語。
- 3 si〔接〕「もし～なら、～なので；～だとしても」
- 4 non 678-5 参照。683-6 fuisset を修飾。
- 5 religata＜religo〔動〕「縛り付ける；係留する」完了分詞(女性単数主格)。681-7 illa に一致。683-6 fuisset の補語。
- 6 fuisset＜sum〔動〕「～である；存在する」(接続法三人称単数全分過去) 主述部。681-7 illa を受ける。＊以下の potuit, inplevit, videretur, indicat も同断。

lumina, quod potuit, lacrimis inplevit obortis.
　　　saepius instanti, sua ne delicta fateri　　　　　　　685
　　　nolle videretur, nomen terraeque suumque,
　　　quantaque maternae fuerit fiducia formae,
　　　indicat, et nondum memoratis omnibus unda
　　　insonuit, veniensque inmenso belua ponto
　　　inminet et latum sub pectore possidet aequor.　　　690
　　　conclamat virgo : genitor lugubris et una

684
- ・1　lumina＜lumen〔名〕n.「光、灯り；眼」（複数対格）684-5 inplevit の目的語。
- ・2　quod〔接〕「～なので；～すること」
- ・3　potuit＜possum〔動〕「～できる、能力がある」(直説法三人称単数完了過去)
- ・4　lacrimis＜lacrima〔名〕f.「涙」（複数奪格）684-5 inplevit を修飾。
- ・5　inplevit＜inpleo〔動〕「満たす；満足させる；実行する」(直説法能相三人称単数完了過去)
- ・6　obortis＜oborior〔所動〕「起こる、現れる」完了分詞（女性複数奪格）。684-4 lacrimis を修飾。＊「込み上げる」の謂。

685
- ・1　saepius＜saepe〔副〕「しばしば」比較級。685-2 instanti を修飾。＊「執拗に」の謂。
- ・2　instanti＜insto〔動〕「近づく；悩ます；迫る；催促する」現在分詞（男性単数与格）。名詞的用法。688-1 indicat を修飾。
- ・3　sua＜suus〔代〕「彼(ら)の、彼女(ら)の、それ(ら)の」（中性複数対格）681-7 illa を指す。685-5 delicta を修飾。＊686-5 suum も同断。
- ・4　ne〔接〕「～するといけないので、～しないように；～ではないかと」
- ・5　delicta＜delictum〔名〕n.「過失、罪」（複数対格）685-6 fateri の目的語。
- ・6　fateri＜fateor〔所動〕「告白する、認める」(不定法現在) 686-1 nolle の目的語。

686
- ・1　nolle＜nolo〔動〕「望まない」(不定法能相現在) 686-2 videretur の補語。＊不定法を伴う。
- ・2　videretur＜video〔動〕「見る；認知する；〈所〉見える」(接続法所相三人称単数不完了過去) ＊不定法を伴う。
- ・3　nomen＜nomen〔名〕n.「名前」（単数対格）687-1 quanta と共に 688-1 indicat の目的語。
- ・4　terraeque (= terrae + que)＜terra〔名〕f.「大地、陸地」（単数奪格）686-5 suum と共に 686-3 nomen を修飾。
- ・5　suumque (= suum + que)＜suus〔代〕「彼(ら)の、彼女(ら)の、それ(ら)の」（中性単数対格）

687
- ・1　quantaque (= quanta + que)＜quantus〔形〕「どれ程大きい（多い）；～程大きい（多い）」（女性単数主格）687-4 fiducia に一致。＊間接疑問文を導く。
- ・2　maternae＜maternus〔形〕「母親の」（女性単数属格）687-5 formae を修飾。
- ・3　fuerit＜sum〔動〕「～である；存在する」(接続法三人称単数完了過去)
- ・4　fiducia〔名〕f.「信用、信頼；自信」（単数主格）687-3 fuerit の主語。
- ・5　formae＜forma〔名〕f.「姿、形、外観」（単数属格）687-4 fiducia を修飾。＊対象を表す属格。

(she) plenished, as (she) could, <her> eyes (with) flooding tears.

(To) <the> (one) insisting persistently, lest (she should) seem (to) decline (to) confess

her faults, (she) indicated <the> name (of) <her> country

and hers, and how great <her> mother's confidence (in) <her> form

(had) been, and all (being) not yet mentioned, <the> waters

resounded, and <a> monster coming (on) <the> immense ocean

approached and filled <a> large surface under <its> breast.

<The> virgin exclaimed: <her> sorrowful begetter and alike

688
- 1 indicat＜indico〔動〕「宣言する、公表する」(直説法能相三人称単数現在)
- 2 et〔接〕「そして、また」
- 3 nondum〔副〕「未だ～ない」688-4 memoratis を修飾。
- 4 memoratis＜memoro〔動〕「語る、述べる」完了分詞(中性複数奪格)。688-5 omnibus と共に独立奪格構文を成す。
  ＊nondum memoratis omnibus = all (being) not yet mentioned
- 5 omnibus＜omnis〔形〕「全ての、あらゆる」(中性複数奪格) 名詞的用法。
- 6 unda〔名〕f.「波；水」(単数主格) 689-1 insonuit の主語。

689
- 1 insonuit＜insono〔動〕「鳴り響く、反響する」(直説法能相三人称単数完了過去)
- 2 veniensque (= veniens + que)＜venio〔動〕「来る」現在分詞(女性単数主格)。689-4 belua を修飾。
- 3 inmenso＜inmensus〔形〕「果てしない、莫大な」(男性単数奪格) 689-5 ponto を修飾。
- 4 belua〔名〕f.「野獣、怪物」(単数主格) 690-1・6 inminet, possidet の主語。
- 5 ponto＜pontus〔名〕m.「海」(単数奪格) 689-2 veniens を修飾。

690
- 1 inminet＜inmineo〔動〕「(～の上に)張り出す、懸かる；隣接する」(直説法能相三人称単数現在) ＊「迫り来る」の謂。
- 2 et 688-2 参照。
- 3 latum＜latus〔形〕「広大な」(中性単数対格) 690-7 aequor を修飾。
- 4 sub〔前〕「～の下に(下で)」奪格支配 (690-5 pectore)。690-6 possidet を修飾。
- 5 pectore＜pectus〔名〕n.「胸；心」(単数奪格)
- 6 possidet＜possideo〔動〕「保持する；占める」(直説法能相三人称単数現在)
- 7 aequor＜aequor〔名〕n.「平面；海」(単数対格) 690-6 possidet の目的語。

691
- 1 conclamat＜conclamo〔動〕「叫ぶ」(直説法能相三人称単数現在)
- 2 virgo〔名〕f.「処女；乙女」(単数主格) 691-1 conclamat の主語。
- 3 genitor〔名〕m.「父親、創造主；源」(単数主格) 692-1 mater と共に 692-2 adest の主語。
- 4 lugubris〔形〕「哀悼の；悲惨な；悲しみに満ちた」(男性単数主格) 691-3 genitor を修飾。
- 5 et 688-2 参照。
- 6 una＜unus〔数〕「一つ(の)；同一の」(女性単数主格) 692-1 mater を修飾。

mater adest, ambo miseri, sed iustius illa,
nec secum auxilium, sed dignos tempore fletus
plangoremque ferunt vinctoque in corpore adhaerent,
cum sic hospes ait "lacrimarum longa manere   695
tempora vos poterunt, ad opem brevis hora ferendam est.
hanc ego si peterem Perseus Iove natus et illa,
quam clausam inplevit fecundo Iuppiter auro,

692
- 1 mater〔名〕f.「母」(単数主格)
- 2 adest＜adsum〔動〕「側にいる；援助する」(直説法三人称単数現在)
- 3 ambo〔数〕「両方の」(男性複数主格) 名詞的用法。主語。述部(sunt)の省略。
　＊ambo miseri (sunt) = both <were> miserable
- 4 miseri＜miser〔形〕「惨めな、哀れな」(男性複数主格) 692-3 ambo に一致。
- 5 sed〔接〕「しかし；〜ではなくて」
- 6 iustius＜iuste〔副〕「正当に；適切に」比較級。692-7 illa を修飾。
- 7 illa＜ille〔代〕「あれ、それ；彼(彼女)」(女性単数主格) 692-1 mater を指す。

693
- 1 nec〔接〕「また〜ない、〜もない」
　＊693-4 sed と呼応する。
- 2 secum (= se + cum)＜sui〔代〕「彼(彼女、それ)自身」(複数奪格)
　cum〔前〕「〜と共に；〜を伴って；〜で」奪格支配(693-2 se)。694-2 ferunt を修飾。
- 3 auxilium＜auxilium〔名〕n.「援助」(単数対格) 693-7/ 694-1 fletus, plangorem と共に 694-2 ferunt の目的語。
- 4 sed 692-5 参照。
- 5 dignos＜dignus〔形〕「(〜に) 値する、相応しい」(男性複数対格) 693-7 fletus を修飾。＊奪格を伴う。
- 6 tempore＜tempus〔名〕n.「時間；時期；時代」(単数奪格) 693-5 dignos の補語。

- 7 fletus＜fletus〔名〕m.「泣くこと、嘆くこと」(複数対格)

694
- 1 plangoremque (= plangorem + que)＜plangor〔名〕m.「殴打；嘆き」(単数対格)
- 2 ferunt＜fero〔動〕「支える、運ぶ；もたらす；堪える」(直説法能相三人称複数現在) 694-6 adhaerent と共に主述部。692-3 ambo を受ける。
- 3 vinctoque (= vincto + que)＜vincio〔動〕「縛る、囲む；束縛する」完了分詞(中性単数奪格)。694-5 corpore を修飾。
- 4 in〔前〕「〜で(に)、〜の中(上)で」奪格支配(694-5 corpore)。694-6 adhaerent を修飾。
- 5 corpore＜corpus〔名〕n.「身体；肉；屍」(単数奪格)
- 6 adhaerent＜adhaereo〔動〕「付着する；執着する」(直説法能相三人称複数現在) ＊「縋りつく」の謂。

695
- 1 cum〔接〕「〜した時；〜なので；〜だけれども」
- 2 sic〔副〕「このように；そのように；次のように」695-4 ait を修飾。
- 3 hospes〔名〕m.「訪問者；接待主；見知らぬ人」(単数主格) 695-4 ait の主語。
- 4 ait＜aio〔動〕「肯定する；言う；断言する」(直説法能相三人称単数現在)
- 5 lacrimarum＜lacrima〔名〕f.「涙」(複数属格) 695-6 longa と共に 696-1 tempora を修飾。

— 198 —

<her> mother were present; both <were> miserable, — but she (more) justly <so> —,
and no aid (they) brought with them, but weeping suitable
(for) <the> time and breast-beating, and clang (to) <her> fettered body,
when <a> stranger uttered thus, "<A> long time (with) tears
(will) be possible (to) await you: brief is <the> hour for help (to be) brought.
If I (should) seek her (as) Perseus, <a> son (of) Jupiter and <the> one
whom, (while) confined, Jupiter impregnated (as) fertile gold,

- 6 longa＜longus〔形〕「長い；遠い」(中性複数主格)
- 7 manere＜maneo〔動〕「残る；留まる」(不定法能相現在) 696-3 poterunt の補語。＊「待ち受ける」の謂。

696
- 1 tempora＜tempus 693-6 参照(複数主格)。696-3 poterunt の主語。
- 2 vos＜tu〔代〕「あなた」(複数対格) 695-7 manere の目的語。
- 3 poterunt＜possum〔動〕「〜できる、能力がある」(直説法三人称複数未来)
- 4 ad〔前〕「〜(の方)へ；〜に対して(向かって)」対格支配(696-5 opem)。696-7 hora を修飾。＊「〜の為の」の謂。
- 5 opem＜ops〔名〕f.「援助；力；富」(単数対格)
- 6 brevis＜brevis〔形〕「短い；小さい；低い；浅い」(女性単数主格) 696-7 hora に一致。696-9 est の補語。
- 7 hora〔名〕f.「一時間；時節、季節」(単数主格) 696-9 est の主語。
- 8 ferendam＜fero 694-2 参照。動形容詞(女性単数対格)。696-5 opem を修飾。
- 9 est＜sum〔動〕「〜である；存在する」(直説法三人称単数現在)

697
- 1 hanc＜hic〔代〕「これ、この人；次のこと」(女性単数対格) 691-2 virgo を指す。697-4 peterem の目的語。
- 2 ego〔代〕「私」(単数主格) 697-4 peterem の主語。
- 3 si〔接〕「もし〜なら、〜なので；〜だとしても」
- 4 peterem＜peto〔動〕「目指す；攻撃する；懇請する；追求する」(接続法能相一人称単数不完了過去)
- 5 Perseus〔名〕m.「ペルセウス」(単数主格) 699-3 Perseus と共に 697-2 ego と同格。
- 6 Iove＜Iuppiter〔名〕m.「ユピテル、ジュピター」(単数奪格) 697-9 illa と共に 697-7 natus を修飾。
- 7 natus〔形〕「生れた；〈名〉息子」(男性単数主格) 名詞的用法。697-5 Perseus と同格。
- 8 et〔接〕「そして、また」
- 9 illa 692-7 参照(女性単数奪格)。☆ダナエ(611-4)を指す。

698
- 1 quam＜qui〔関代〕女性単数対格。先行詞は 697-9 illa。698-3 inplevit の目的語。
- 2 clausam＜claudo〔動〕「閉じる；閉じ込める」完了分詞(女性単数対格)。698-1 quam を修飾。叙述的用法。
- 3 inplevit＜inpleo〔動〕「満たす；満足させる；実行する」(直説法能相三人称単数完了過去) ＊「孕ませる」の謂。
- 4 fecundo＜fecundus〔形〕「豊穣な、肥沃な；豊富な」(中性単数奪格) 698-6 auro を修飾。
- 5 Iuppiter 697-6 参照(単数主格)。698-3 inplevit の主語。
- 6 auro＜aurum〔名〕n.「黄金；金色」(単数奪格) 698-3 inplevit を修飾。

  Gorgonis anguicomae Perseus superator et alis
 aerias ausus iactatis ire per auras,   700
praeferrer cunctis certe gener ; addere tantis
 dotibus et meritum, faveant modo numina, tempto :
ut mea sit servata mea virtute, paciscor."
accipiunt legem (quis enim dubitaret?) et orant
 promittuntque super regnum dotale parentes.   705

699
- 1 Gorgonis＜Gorgon/ Gorgo〔名〕f.「ゴルゴン」(単数属格) 699-4 superator を修飾。
- 2 anguicomae＜anguicomus〔形〕「蛇髪の」(女性単数属格) 699-1 Gorgonis を修飾。＊615-1 参照。
- 3 Perseus〔名〕m.「ペルセウス」(単数主格)
- 4 superator〔名〕m.「征服者」(単数主格) 700-2 ausus と共に 699-3 Perseus と同格。
- 5 et〔接〕「そして、また」
- 6 alis＜ala〔名〕f.「翼」(複数奪格) 700-3 iactatis と共に独立奪格構文を成す。＊alis iactatis = (with) wings (being) beaten : i.e. beating wings

700
- 1 aerias＜aerius〔形〕「空気の ; 高い」(女性複数対格) 700-6 auras を修飾。
- 2 ausus＜audeo〔動〕「敢えて～する」完了分詞(男性単数主格)。名詞的用法。＊ausus ire per auras = <the> (one) audacious <enough> (to) go through <the> air
- 3 iactatis＜iacto〔動〕「投げる ; 振り回す ; 発する」完了分詞(女性複数奪格)。
- 4 ire＜eo〔動〕「行く、進む」(不定法現在) 700-2 ausus の補語。
- 5 per〔前〕「～を横切って ; ～を通して ; ～によって」対格支配(700-6 auras)。700-4 ire を修飾。
- 6 auras＜aura〔名〕f.「息吹、風 ; 大気」(複数対格)

701
- 1 praeferrer＜praefero〔動〕「前に運ぶ、差し出す ; 提示する ; ～より好む」(接続法所相一人称単数不完了過去) 702-7/ 703-7 tempto, paciscor と共に主述部。697-2 ego を受ける。＊与格を伴う。
- 2 cunctis＜cunctus〔形〕「全ての、～全体」(男性複数与格) 名詞的用法。701-1 praeferrer を修飾。＊praeferrer cunctis gener = (I should be) preferred (to) all (as) <a> son-in-law
- 3 certe〔副〕「確かに、きっと」
- 4 gener〔名〕m.「婿」(単数主格) 叙述的用法。
- 5 addere＜addo〔動〕「付ける ; 加える」(不定法能相現在) 702-7 tempto の目的語。
- 6 tantis＜tantus〔形〕「これ程大きな ;〈名〉これ程多量(多数)」(女性複数与格) 702-1 dotibus を修飾。

702
- 1 dotibus＜dos〔名〕f.「持参金、遺産 ; 贈り物 ; 素質」(複数与格) 701-5 addere を修飾。
- 2 et〔副〕「～もまた、～さえも」702-3 meritum を修飾。
- 3 meritum＜meritum〔名〕n.「長所、好意 ; 欠点、過失 ; 価値」(単数対格) 701-5 addere の目的語。
- 4 faveant＜faveo〔動〕「好意を示す、恩恵を与える」(接続法能相三人称複数現在)

Perseus <the> conqueror (of) <u>snake-haired</u> Gorgon and (one) audacious <enough>
(to) go through <the> ethereal air, beating wings,
certainly (I should be) preferred (to) all (as) <a> <u>son-in-law</u>; (to) <u>so great</u> attributes,
(I) attempt (to) add <my> merits — (May) deities only favour <it>:
that (being) saved (by) my valour, (she should) be mine, (I) propose."
<The> parents accepted <the> terms — Indeed, who (would) dubitate? — and
entreated <u>and promised</u> moreover <the> dotal realm.

- 5　modo〔副〕「ただ；今、最近；すぐ」702-4 faveant を修飾。
- 6　numina＜numen〔名〕n.「神の意志；神」（複数主格）702-4 faveant の主語。
- 7　tempto〔動〕「試す；試みる」(直説法能相一人称単数現在)

703
- 1　ut〔接〕「～した結果；～すること；～する為に」703-7 paciscor の目的語。
- 2　mea＜meus〔代〕「私の」（女性単数主格）703-4 servata と共に 691-2 virgo に一致。703-3 sit の補語。
- 3　sit＜sum〔動〕「～である；存在する」（接続法三人称単数現在）主述部。691-2 virgo を受ける。
- 4　servata＜servo〔動〕「護る；保持する；見張る」完了分詞(女性単数主格)。叙述的用法。＊mea sit servata = (being) saved, (she should) be mine
- 5　mea 703-2 参照(女性単数奪格)。703-6 virtute を修飾。
- 6　virtute＜virtus〔名〕f.「男らしさ、力；勇気」(単数奪格) 703-4 servata を修飾。
- 7　paciscor〔所動〕「合意する、契約する」(直説法一人称単数現在)

704
- 1　accipiunt＜accipio〔動〕「受け取る；受け入れる；歓迎する」(直説法能相三人称複数現在)
- 2　legem＜lex〔名〕f.「法案；法；規則、原理」(単数対格) 704-1 accipiunt の目的語。＊「条件」の謂。

- 3　quis〔疑〕「誰(何)」(男性単数主格) 704-5 dubitaret の主語。
- 4　enim〔接〕「実際；何故なら；例えば」
- 5　dubitaret＜dubito〔動〕「疑う；躊躇する」(接続法能相三人称単数不完了過去)
- 6　et 699-5 参照。
- 7　orant＜oro〔動〕「論ずる；請う」(直説法能相三人称複数現在)

705
- 1　promittuntque (= promittunt + que)＜promitto〔動〕「預言する；約束する、保証する」(直説法能相三人称複数現在)
- 2　super〔副〕「上方に；更に」705-1 promittunt を修飾。
- 3　regnum＜regnum〔名〕n.「王権；支配権；王国」(単数対格) 705-1 promittunt の目的語。
- 4　dotale＜dotalis〔形〕「持参金の」(中性単数対格) 705-3 regnum を修飾。
- 5　parentes＜parens〔名〕m.f.「親、父、母」（複数主格）704-1・7/ 705-1 accipiunt, orant, promittunt の主語。

Ecce, velut navis praefixo concita rostro
sulcat aquas iuvenum sudantibus acta lacertis,
sic fera dimotis inpulsu pectoris undis；
tantum aberat scopulis, quantum Balearica torto
funda potest plumbo medii transmittere caeli,   710
cum subito iuvenis pedibus tellure repulsa
arduus in nubes abiit：ut in aequore summo

706
- 1 Ecce〔副〕「見よ、そら！」
- 2 velut〔副〕「(丁度) 〜と同じように」708-1 sic と呼応する。＊velut …sic = just as … so …
- 3 navis〔名〕f.「船」(単数主格) 707-1 sulcat の主語。
- 4 praefixo＜praefigo〔動〕「前に付ける；先に付ける」完了分詞(中性単数奪格)。706-6 rostro を修飾。
- 5 concita＜concieo/ concio〔動〕「集める；揺り動かす；刺激する」完了分詞(女性単数主格)。707-5 acta と共に 706-3 navis を修飾。
- 6 rostro＜rostrum〔名〕n.「嘴；鼻面」(単数奪格) 707-1 sulcat を修飾。＊「船嘴」を指す。

707
- 1 sulcat＜sulco〔動〕「溝を掘る；耕す」(直説法能相三人称単数現在)
- 2 aquas＜aqua〔名〕f.「水」(複数対格) 707-1 sulcat の目的語。
- 3 iuvenum＜iuvenis〔形〕「若い」；〈名〉若者」(男性複数属格) 名詞的用法。707-4 sudantibus と共に 707-6 lacertis を修飾。
- 4 sudantibus＜sudo〔動〕「汗をかく；努力する」現在分詞(男性複数奪格)。
- 5 acta＜ago〔動〕「動かす；前進させる；駆る；為す」完了分詞(女性単数主格)。
- 6 lacertis＜lacertus〔名〕m.「上腕部；腕」(複数奪格) 707-5 acta を修飾。

708
- 1 sic〔副〕「このように；そのように；次のように」
- 2 fera〔名〕f.「野獣」(単数主格) 主語。＊述部(sulcavit) の省略。
- 3 dimotis＜dimoveo〔動〕「分離する、分割する；分散させる」完了分詞(女性複数奪格)。708-6 undis と共に独立奪格構文を成す。＊dimotis undis =(with) <the> water divided : i.e. dividing the water
- 4 inpulsu＜inpulsus〔名〕m.「衝撃、圧力；刺激」(単数奪格) 708-3 dimotis を修飾。
- 5 pectoris＜pectus〔名〕n.「胸；心」(単数属格) 708-4 inpulsu を修飾。
- 6 undis＜unda〔名〕f.「波；水」(複数奪格)

709
- 1 tantum〔副〕「それ程；ただ〜だけ」709-3 scopulis と共に 709-2 aberat を修飾。＊709-4 quantum と呼応する。
- 2 aberat＜absum〔動〕「居ない；離れている；足りない」(直説法三人称単数不完了過去) 主述部。708-2 fera を受ける。
- 3 scopulis＜scopulus〔名〕m.「岩頂、岩；障害、危険、困難」(複数奪格)
- 4 quantum＜quantus〔形〕「どれ程大きい(多い)；〜程大きい (多い)」(中性単数対格) 名詞的用法。710-5 transmittere の目的語。 ＊属格を伴う。

変身物語　第四巻

　　　Behold, just as <a> ship propelled <and> driven (by) sweating
　　arms (of) youths furrows <the> waters (with) <its> prefixed beak,
　　so <did> <the> beast dividing <the> water (with) <the> impulse (of) <its> breast:
　　as far away was (it) (from) <the> crags, as <a> Balearic sling
　　can traverse (with) <its> hurled lead through midair,
　　when <the> youth, stamping <the> earth (with) <his> feet, suddenly
　　departed lofty into <the> clouds: when on <the> surface of <the> ocean

・5　Balearica＜Balearicus/ Baliaricus〔形〕「バレアレス諸島の」(女性単数主格) 710-1 funda を修飾。☆バレアレス諸島は地中海、スペイン東方の島々。ここの投石器は有名であったという。
・6　torto＜torqueo〔動〕「曲げる；渦巻く、振り回す」完了分詞(中性単数奪格)。710-3 plumbo を修飾。＊「発射する」の謂。

710
・1　funda〔名〕f.「投石器」(単数主格) 710-2 potest の主語。
・2　potest＜possum〔動〕「～できる、能力がある」(直説法三人称単数現在)
・3　plumbo＜plumbum〔名〕n.「鉛」(単数奪格) 710-5 transmittere を修飾。
・4　medii＜medius〔形〕「真中(中間)の、～の真中(中間)」(中性単数属格) 710-6 caeli を修飾。
・5　transmittere＜transmitto〔動〕「移送する；横切る；委譲する」(不定法能相現在) 710-2 potest の補語。
・6　caeli＜caelum〔名〕n.「天空、空」(単数属格) 709-4 quantum を修飾。

711
・1　cum〔接〕「～した時；～なので；～だけれども」
・2　subito〔副〕「突然、即座に」712-2 in と共に 712-4 abiit を修飾。
・3　iuvenis 707-3 参照(男性単数主格)。名詞的用法。712-4 abiit の主語。＊695-3 hospes を指す。

・4　pedibus＜pes〔名〕m.「足」(複数奪格) 711-6 repulsa を修飾。
・5　tellure＜tellus〔名〕f.「地球；大地；国；テルス(大地の女神)」(単数奪格) 711-6 repulsa と共に独立奪格構文を成す。
　　＊tellure repulsa = (with) <the> earth stamped : i.e. stamping the earth
・6　repulsa＜repello〔動〕「追い払う、拒絶する；排除する、抑止する」完了分詞(女性単数奪格)。＊「踏み蹴る」の謂。

712
・1　arduus〔形〕「険しい；高い；困難な」(男性単数主格) 711-3 iuvenis に一致。叙述的用法。
・2　in〔前〕「～(の中)へ、～に対して」対格支配(712-3 nubes)。712-4 abiit を修飾。
・3　nubes＜nubes〔名〕f.「雲、霧；集団」(複数対格)
・4　abiit＜abeo〔動〕「去る；消滅する；変形する」(直説法三人称単数完了過去)
・5　ut〔関副〕「～した時、～するや否や；(丁度)～するように」
・6　in〔前〕「～で(に)、～の中(上)で」奪格支配(712-7 aequore)。713-3・4 visa est を修飾。
・7　aequore＜aequor〔名〕n.「平面；海」(単数奪格)
・8　summo＜summus〔形〕「最も高い；～の頂上；最高(至高)の」(中性単数奪格) 712-7 aequore を修飾。＊in aequore summo = on <the> highest ocean : i.e. on the surface of the ocean

umbra viri visa est, visam fera saevit in umbram,
utque Iovis praepes, vacuo cum vidit in arvo
praebentem Phoebo liventia terga draconem, 715
occupat aversum, neu saeva retorqueat ora,
squamigeris avidos figit cervicibus ungues,
sic celeri missus praeceps per inane volatu
terga ferae pressit dextroque frementis in armo

713
- 1　umbra〔名〕f.「影；日陰；亡霊」(単数主格) 713-3・4 visa est の主語。
- 2　viri＜vir〔名〕m.「(成人)男性；夫」(単数属格) 713-1 umbra を修飾。
- 3・4　visa est＜video〔動〕「見る；認知する；〈所〉見える」(直説法所相三人称単数完了過去)
- 5　visam＜video 713-3・4 参照。完了分詞(女性単数対格)。713-9 umbram を修飾。
- 6　fera〔名〕f.「野獣」(単数主格) 713-7 saevit の主語。
- 7　saevit＜saevio〔動〕「荒れ狂う；怒り狂う」(直説法能相三人称単数現在)
- 8　in〔前〕「～(の中)へ、～に対して」対格支配(713-9 umbram)。713-7 saevit を修飾。
- 9　umbram＜umbra 713-1 参照(単数対格)。

714
- 1　utque (= ut + que)〔関副〕「～した時、～するや否や；(丁度)～するように」718-1 sic と呼応する。*ut ... sic = as ... so ...
- 2　Iovis＜Iuppiter〔名〕m.「ユピテル、ジュピター」(単数属格) 714-3 praepes を修飾。
- 3　praepes＜praepes〔形〕「翼を持つ、素早い；〈名〉鳥」(女性単数主格) 名詞的用法。716-1/ 717-3 occupat, figit の主語。☆鷲を指す。
- 4　vacuo＜vacuus〔形〕「空の；～のない；暇な」(中性単数奪格) 714-8 arvo を修飾。

- 5　cum〔接〕「～した時；～なので；～だけれども」
- 6　vidit＜video 713-3・4 参照(直説法能相三人称単数完了過去)。主述部。714-3 praepes を受ける。
- 7　in〔前〕「～で(に)、～の中(上)で」奪格支配(714-8 arvo)。714-6 vidit を修飾。
- 8　arvo＜arvum〔名〕n.「耕地；〈複〉平野」(単数奪格)

715
- 1　praebentem＜praebeo〔動〕「差し出す；供給する；提供する」現在分詞(男性単数対格)。715-5 draconem を修飾。叙述的用法。
- 2　Phoebo＜Phoebus〔名〕m.「ポエブス；太陽」(単数与格) 715-1 praebentem を修飾。
- 3　liventia＜livens〔形〕「青黒い」(中性複数対格) 715-4 terga を修飾。
- 4　terga＜tergum〔名〕n.「背中；背後」(複数対格) 715-1 praebentem の目的語。
- 5　draconem＜draco〔名〕m.「大蛇、龍」(単数対格) 714-6 vidit の目的語。

716
- 1　occupat＜occupo〔動〕「獲得する；占める」(直説法能相三人称単数現在)
- 2　aversum＜aversus〔形〕「後ろ向きの、後方の；敵対する」(男性単数対格) 715-5 draconem に一致。叙述的用法。
*occupat aversum = seizes <it> (while) reversed : i.e. seizes it from behind

<a> man's shadow was seen, <the> beast rushed to <the> cast shadow,

and as <the> Jupiter's bird, when (it) sees on <a> vacant plain

<a> serpent exposing <its> livid back (to) <the> sun,

seizes <it> from behind lest (it should) reverse <its> savage jaws, <and>

fixes <its> voracious claws (on) <the> scaly neck,

so, swooping precipitately (with) <a> swift flight through <the> open space,

Inachus's descendant attacked <the> beast's back and in <the> right shoulder

- ・3 neu (= neve)〔接〕「また～ない、また～ないように」
- ・4 saeva＜saevus〔形〕「荒れ狂う、獰猛な；残忍な」(中性複数対格) 716-6 ora を修飾。
- ・5 retorqueat＜retorqueo〔動〕「捩り向ける」(接続法能相三人称単数現在) 主述部。715-5 draconem を受ける。
- ・6 ora＜os〔名〕n.「口；顔」(複数対格) 716-5 retorqueat の目的語。

717
- ・1 squamigeris＜squamiger〔形〕「鱗のある、鱗に覆われた；鱗の」(女性複数奪格) 717-4 cervicibus を修飾。
- ・2 avidos＜avidus〔形〕「渇望して、熱心な；貪欲な」(男性複数対格) 717-5 ungues を修飾。
- ・3 figit＜figo〔動〕「固定する、据える；貫く」(直説法能相三人称単数現在)
- ・4 cervicibus＜cervix〔名〕f.「首」(複数奪格) 717-3 figit を修飾。
- ・5 ungues＜unguis〔名〕m.「爪」(複数対格) 717-3 figit の目的語。

718
- ・1 sic〔副〕「このように；そのように；次のように」719-3 pressit を修飾。
- ・2 celeri＜celer〔形〕「素早い」(男性単数奪格) 718-5 per と共に 718-7 volatu を修飾。
- ・3 missus＜mitto〔動〕「送る；投げる；送り出す」完了分詞(男性単数主格)。720-1 Inachides に一致。叙述的用法。
- ・4 praeceps〔副〕「まっ逆さまに」718-7 volatu と共に 718-3 missus を修飾。
- ・5 per〔前〕「～を横切って；～を通して；～によって」対格支配(718-6 inane)。718-7 volatu を修飾。
- ・6 inane＜inane〔名〕n.「虚空；虚無」(単数対格)
- ・7 volatu＜volatus〔名〕m.「飛行、飛翔」(単数奪格)

719
- ・1 terga 715-4 参照。719-3 pressit の目的語。
- ・2 ferae＜fera 713-6 参照(単数属格)。719-1 terga を修飾。
- ・3 pressit＜premo〔動〕「押える；(～に) 位置する；(荷を) 負わせる；強要する」(直説法能相三人称単数完了過去) ＊「攻撃する」の謂。
- ・4 dextroque (= dextro + que)＜dexter〔形〕「右の、右側の」(男性単数奪格) 719-5 frementis と共に 719-7 armo を修飾。
- ・5 frementis＜fremo〔動〕「吼える、唸る」現在分詞(女性単数属格)。名詞的用法。＊719-2 ferae を指す。
- ・6 in 714-7 参照。奪格支配(719-7 armo)。720-4 tenus と共に 720-5 abdidit を修飾。
- ・7 armo＜armus〔名〕m.「肩」(単数奪格)

  Inachides ferrum curvo tenus abdidit hamo.   720
  vulnere laesa gravi modo se sublimis in auras
  attollit, modo subdit aquis, modo more ferocis
  versat apri, quem turba canum circumsona terret.
  ille avidos morsus velocibus effugit alis
  quaque patet, nunc terga cavis super obsita conchis, 725

720
- 1 Inachides〔名〕m.「イナクス河神の子孫」(単数主格) 719-3/ 720-5 pressit, abdidit の主語。☆ペルセウスを指す。イナクス川はペロポネソス半島中部アルゴリスの川で、その河神はイオの父(第一巻583行以下)。ペルセウスはその末裔に当る。
- 2 ferrum＜ferrum〔名〕n.「鉄、鉄器；剣」(単数対格) 720-5 abdidit の目的語。
- 3 curvo＜curvus〔形〕「湾曲した、曲った」(男性単数奪格) 720-6 hamo を修飾。
- 4 tenus〔前〕「～まで」奪格支配(720-6 hamo)。720-5 abdidit を修飾。
- 5 abdidit＜abdo〔動〕「片付ける；隠す」(直説法能相三人称単数完了過去) ＊「突き刺す」の謂。
- 6 hamo＜hamus〔名〕m.「鉤；釣り針」(単数奪格) ＊十字鍔(quillion) を指す。

721
- 1 vulnere＜vulnus〔名〕n.「傷；打撃；損害、災難」(単数奪格) 721-2 laesa を修飾。
- 2 laesa＜laedo〔動〕「傷つける；悩ます、苦しめる」完了分詞(女性単数主格)。叙述的用法。＊719-2 ferae を受けるので、女性単数形をとる。
- 3 gravi＜gravis〔形〕「重い；重苦しい；重大な」(中性単数奪格) 721-1 vulnere を修飾。
- 4 modo〔副〕「ただ；今、最近；すぐ」722-1 attollit を修飾。＊722-2・5 modo と呼応する。
- 5 se＜sui〔代〕「彼(彼女、それ)自身」(単数対格) 719-2 ferae を指す。722-1・3/ 723-1 attollit, subdit, versat の目的語。
- 6 sublimis (= sublimes)＜sublimis〔形〕「高揚した、高い；高名な、顕著な」(女性複数対格) 721-8 auras を修飾。
- 7 in〔前〕「～(の中)へ、～に対して」対格支配(721-8 auras)。722-1 attollit を修飾。
- 8 auras＜aura〔名〕f.「息吹、風；大気」(複数対格)

722
- 1 attollit＜attollo〔動〕「持ち上げる；高める」(直説法能相三人称単数現在)
- 2・5 modo 721-4 参照。それぞれ 722-3 subdit 及び 723-1 versat を修飾。
- 3 subdit＜subdo〔動〕「下に当てる；下に置く」(直説法能相三人称単数現在)＊「潜る」の謂。
- 4 aquis＜aqua〔名〕f.「水」(複数与格) 722-3 subdit を修飾。
- 6 more＜mos〔名〕m.「仕方；習慣」(単数奪格) 723-1 versat を修飾。
- 7 ferocis＜ferox〔形〕「大胆な、勇敢な；凶暴な」(男性単数属格) 723-2 apri を修飾。

(of) <the> roaring (one), stabbed <his> sword up to <the> curved quillion.

Afflicted (with) <the> grave wound, now (it) raised itself high into

<the> air; now submerged (in) <the> water; now whirled (in) <the> mode

(of) <a> ferocious boar which <a> noisy throng (of) dogs terrifies.

He eluded <its> avaricious bites (on) <his> fleet wings

and where (it) is vulnerable, now <its> back covered over (with) hollow conches,

723
- 1 versat＜verso〔動〕〔動〕「回転させる、扱う；動転させる」(直説法能相三人称単数現在)
- 2 apri＜aper〔名〕m.「猪」(単数属格) 722-6 more を修飾。
- 3 quem＜qui〔関代〕男性単数対格。先行詞は 723-2 apri。723-7 terret の目的語。
- 4 turba〔名〕f.「混乱；群衆、集団；多数」(単数主格) 723-7 terret の主語。
- 5 canum＜canis〔名〕m.f.「犬」(複数属格) 723-6 circumsona と共に 723-4 turba を修飾。
- 6 circumsona＜circumsonus〔形〕「周囲で鳴る、騒々しい」(女性単数主格)
- 7 terret＜terreo〔動〕「恐れさせる、脅えさせる」(直説法能相三人称単数現在)

724
- 1 ille〔代〕「あれ、それ；彼(彼女)」(男性単数主格) 720-1 Inachides を指す。724-5 effugit の主語。
- 2 avidos＜avidus〔形〕「渇望して、熱心な；貪欲な」(男性複数対格) 724-3 morsus を修飾。
- 3 morsus＜morsus〔名〕m.「噛むこと；苦痛」(複数対格) 724-5 effugit の目的語。
- 4 velocibus＜velox〔形〕「迅速な」(女性複数奪格) 724-6 alis を修飾。
- 5 effugit＜effugio〔動〕「逃げる；逃れる、避ける」(直説法能相三人称単数現在)
- 6 alis＜ala〔名〕f.「翼」(複数奪格) 724-5 effugit を修飾。

725
- 1 quaque (= qua + que)〔関副〕「～する場所 (側、方向)」
- 2 patet＜pateo〔動〕「開いている；広がる」(直説法能相三人称単数現在) 主述部。719-2 ferae を受ける。＊「無防備な」の謂。
- 3 nunc〔副〕「目下；現状では」725-4 terga を修飾。＊726-1・4 nunc と呼応する。
- 4 terga＜tergum〔名〕n.「背中；背後」(複数対格) 726-3・5 costas, qua と共に 727-5 verberat の目的語。
- 5 cavis＜cavus〔形〕「空ろな、凹んだ」(女性複数奪格) 725-8 conchis を修飾。
- 6 super〔副〕「上方に；更に」725-8 conchis と共に 725-7 obsita を修飾。
- 7 obsita＜obsero〔動〕「蒔く、植える」完了分詞(中性複数対格)。725-4 terga を修飾。
- 8 conchis＜concha〔名〕f.「二枚貝、カラス貝；真珠」(複数奪格)

nunc laterum costas, nunc qua tenuissima cauda
desinit in piscem, falcato verberat ense;
belua puniceo mixtos cum sanguine fluctus
ore vomit: maduere graves adspergine pennae.
nec bibulis ultra Perseus talaribus ausus　　　　　　　　　　730
credere conspexit scopulum, qui vertice summo
stantibus exstat aquis, operitur ab aequore moto.

726
- 1・4 nunc〔副〕「目下；現状では」それぞれ 726-3 costas 及び 726-5 qua を修飾。
- 2 laterum＜latus〔名〕n.「側面、脇腹；身体」(複数属格) 726-3 costas を修飾。
- 3 costas＜costa〔名〕f.「肋骨」(複数対格)
- 5 qua〔関副〕「～する場所（側、方向）」名詞的用法。
- 6 tenuissima＜tenuis〔形〕「薄い；少ない、些細な；繊細な」最上級(女性単数主格)。726-7 cauda を修飾。
- 7 cauda〔名〕f.「尻尾」(単数主格) 727-1 desinit の主語。

727
- 1 desinit＜desino〔動〕「止める；終る」(直説法能相三人称単数現在)
- 2 in〔前〕「～（の中）へ、～に対して」対格支配(727-3 piscem)。727-1 desinit を修飾。＊desinit in piscem = ends into fish：i.e. mutates into fish
- 3 piscem＜piscis〔名〕m.「魚」(単数対格)
- 4 falcato＜falcatus〔形〕「鎌で武装した；鎌形の、曲がった」(男性単数奪格) 727-6 ense を修飾。
- 5 verberat＜verbero〔動〕「打つ；鞭打つ；攻める」(直説法能相三人称単数現在) 主述部。724-1 ille を受ける。
- 6 ense＜ensis〔名〕m.「両刃の剣、刀」(単数奪格) 727-5 verberat を修飾。

728
- 1 belua〔名〕f.「野獣、怪物」(単数主格) 729-2 vomit の主語。

- 2 puniceo＜puniceus〔形〕「紅色の、紫色の」(男性単数奪格) 728-5 sanguine を修飾。
- 3 mixtos＜misceo〔動〕「混ぜる；結合する」完了分詞(男性複数対格)。728-6 fluctus を修飾。
- 4 cum〔前〕「～と共に；～を伴って；～で」奪格支配(728-5 sanguine)。728-3 mixtos を修飾。
- 5 sanguine＜sanguis〔名〕m.「血；血統」(単数奪格)
- 6 fluctus＜fluctus〔名〕m.「上げ潮、大波；混乱」(複数対格) 729-2 vomit の目的語。

729
- 1 ore＜os〔名〕n.「口；顔」(単数奪格) 729-2 vomit を修飾。
- 2 vomit＜vomo〔動〕「吐く；放出する」(直説法能相三人称単数現在)
- 3 maduere (= maduerunt)＜madeo〔動〕「湿っている、濡れている」(直説法能相三人称複数完了過去)
- 4 graves＜gravis〔形〕「重い；重苦しい；重大な」(女性複数主格) 729-6 pennae を修飾。叙述的用法。
- 5 adspergine＜adspergo〔名〕f.「散布；滴」(単数奪格) 729-4 graves を修飾。
- 6 pennae＜penna〔名〕f.「羽根；〈複〉翼」(複数主格) 729-3 maduere の主語。

now ribs (of) <its> flanks, <and> now where <its> slenderest tail
changes into <a> fishtail, (he) battered (with) <his> hooked glaive;
<the> monster vomited fluid mixed with purple
blood (from) <its> mouth: <his> wings moistened heavy (with) <the> spray.
No longer daring (to) rely (on) <his> sodden talaria,
Perseus sighted <a> crag, which protruded <its> highest
point (with) <the> waters subsiding <and> (was) submerged by <the> ruffled ocean.

730
- 1 nec〔副〕「また〜ない、〜もない」730-3 ultra と共に 730-6 ausus を修飾。
- 2 bibulis＜bibulus〔形〕「吸収性の；水分を吸収した」(中性複数与格) 730-5 talaribus を修飾。
- 3 ultra〔副〕「反対側に；更に」
- 4 Perseus〔名〕m.「ペルセウス」(単数主格) 731-2 conspexit の主語。
- 5 talaribus＜talaria〔名〕n.pl.「タラリア」(複数与格) 731-1 credere の補語。＊667-4 参照。
- 6 ausus＜audeo〔動〕「敢えて〜する」完了分詞(男性単数主格)。730-4 Perseus に一致。叙述的用法。＊不定法を伴う。

731
- 1 credere＜credo〔動〕「貸す；委ねる；信ずる」(不定法能相現在) 730-6 ausus の補語。＊与格を伴う。
- 2 conspexit＜conspicio〔動〕「見つめる、見つける」(直説法能相三人称単数完了過去)
- 3 scopulum＜scopulus〔名〕m.「岩頂、岩；障害、危険、困難」(単数対格) 731-2 conspexit の目的語。
- 4 qui〔関代〕男性単数主格。先行詞は 731-3 scopulum。732-2・4 exstat, operitur の主語。
- 5 vertice＜vertex〔名〕m.「渦；頭頂；頂上」(単数奪格) 732-2 exstat を修飾。＊突き出ている部位を示す。
- 6 summo＜summus〔形〕「最も高い；〜の頂上；最高(至高)の」(男性単数奪格) 731-5 vertice を修飾。

732
- 1 stantibus＜sto〔動〕「立っている、留まる；位置する、在る」現在分詞(女性複数奪格)。732-3 aquis と共に独立奪格構文を成す。＊stantibus aquis =(with) <the> waters subsiding
- 2 exstat＜exsto〔動〕「突き出る、聳え立つ；見える」(直説法能相三人称単数現在)
- 3 aquis＜aqua〔名〕f.「水」(複数奪格)
- 4 operitur＜operio〔動〕「覆う；隠す」(直説法所相三人称単数現在)
- 5 ab〔前〕「〜(の中)から；〜側に；〜で」奪格支配(732-6 aequore)。732-4 operitur を修飾。
- 6 aequore＜aequor〔名〕n.「平面；海」(単数奪格)
- 7 moto＜moveo〔動〕「動かす；動揺(感動)させる」完了分詞(中性単数奪格)。732-6 aequore を修飾。

nixus eo rupisque tenens iuga prima sinistra
ter quater exegit repetita per ilia ferrum.
litora cum plausu clamor superasque deorum　　　735
inplevere domos : gaudent generumque salutant
auxiliumque domus servatoremque fatentur
Cassiope Cepheusque pater ; resoluta catenis
incedit virgo, pretiumque et causa laboris.

733
- 1　nixus (= nisus)＜nitor〔所動〕「寄りかかる；進む、登る；努力する」完了分詞（男性単数主格）。733-4 tenens と共に 730-4 Perseus に一致。叙述的用法。
- 2　eo＜is〔代〕「この人（これ）、彼（彼女）」（男性単数奪格）731-3 scopulum を指す。733-1 nixus を修飾。
- 3　rupisque (= rupis + que)＜rupes〔名〕f.「岩、崖」(単数属格) 733-6 prima と共に 733-5 iuga を修飾。＊rupis iuga primus = ＜the＞ utmost ridge (of) ＜the＞ rock
- 4　tenens＜teneo〔動〕「保持する；占める；制御する」現在分詞（男性単数主格）。
- 5　iuga＜iugum〔名〕n.「軛、襟；峯」（複数対格）733-4 tenens の目的語。
- 6　prima＜primus〔形〕「最初の；第一の」（中性複数対格）＊「～の端」の謂。
- 7　sinistra＜sinistra〔名〕f.「左手；左側」（単数奪格）733-4 tenens を修飾。

734
- 1　ter〔副〕「三度」734-2・5 quarter, per と共に 734-3 exegit を修飾。＊ter(que) quarter = thrice ＜and＞ four times = i.e. repeatedly
- 2　quarter〔副〕「四回」
- 3　exegit＜exigo〔動〕「突き出す、追放する；要求する；過す」（直説法能相三人称単数完了過去）
- 4　repetita＜repeto〔動〕「再び攻撃する；取り戻す；繰り返す；思い出す」完了分詞（中性複数対格）。734-6 ilia を修飾。
- 5　per〔前〕「～を横切って；～を通して；～によって」対格支配(734-6 ilia)。734-3 exegit を修飾。
- 6　ilia＜ilia〔名〕n.pl.「下腹部、鼠頸部」（複数対格）
- 7　ferrum＜ferrum〔名〕n.「鉄、鉄器；剣」（単数対格）734-3 exegit の目的語。

735
- 1　litora＜litus〔名〕n.「海岸；川岸」（複数対格）736-2 domos と共に 736-1 inplevere の目的語。
- 2　cum〔前〕「～と共に；～を伴って；～で」奪格支配(735-3 plausu)。735-4 clamor を修飾。
- 3　plausu＜plausus〔名〕m.「拍手；喝采」（単数奪格）
- 4　clamor〔名〕m.「叫び声；歓声；騒音」（単数主格）736-1 inplevere の主語。
- 5　superasque (= superas + que)＜superus〔形〕「上方の、より高い；〈名〉天上の神々」（女性複数対格）735-6 deorum と共に 736-2 domos を修飾。
- 6　deorum＜deus〔名〕m.「神；神力」（複数属格）

変身物語　第四巻

Resting (on) this and holding <the> utmost ridge (of) <the> rock (with) <his> <u>left hand</u>,
(he) thrust <his> sword thrice <and> <u>four times</u> through <the> reattacked entails.
<A> clamour with applause plenished <the> shores <u>and supreme</u>
houses (of) gods: Cassiope <u>and Cepheus</u>, <her> father,
rejoiced and saluted <their> <u>son-in-law</u> and declared <him>
<the> recourse <u>and saviour</u> (of) <their> house; released (from) <the> bonds,
stepped <the> virgin, <u>both <the> prize</u> and cause (of) <his> labour.

736
・1　inplevere (= inpleverunt)＜inpleo〔動〕「満たす；満足させる；実行する」(直説法能相三人称複数完了過去)＊文法上の主語は 735-4 clamor なので、inplevit (三人称単数完了過去) が正しい。
・2　domos＜domus〔名〕f.「家；住居；家庭」(複数対格)
・3　gaudent＜gaudeo〔動〕「喜ぶ；気に入る」(直説法能相三人称複数現在)
・4　generumque (= generum + que)＜gener〔名〕m.「婿」(単数対格) 736-5 salutant の目的語。
・5　salutant＜saluto〔動〕「挨拶する、表敬する」(直説法能相三人称複数現在)

737
・1　auxiliumque (= auxilium + que)＜auxilium〔名〕n.「援助」(単数対格) 737-3 servatorem と共に 737-4 fatentur の目的語。
・2　domus 736-2 参照(単数属格)。737-1・3 auxilium servatoremque を修飾。
・3　servatoremque (= servatorem + que)＜servator〔名〕m.「救い主、解放者」(単数対格)
・4　fatentur＜fateor〔所動〕「告白する、認める」(直説法三人称複数現在)

738
・1　Cassiope (= Cassiepia/ Cassiopea)〔名〕f.「カッシオペア」(単数主格) 738-2 Cepheus と共に 736-3・5/ 737-4 gaudent, salutant, fatentur の主語。

・2　Cepheusque (= Cepheus + que)〔名〕m.「ケペウス」(単数主格) ＊669-3 参照。
・3　pater〔名〕m.「父」(単数主格) 738-2 Cepheus と同格。
・4　resoluta＜resolvo〔動〕「解く、弛める、解放する」完了分詞(女性単数主格)。739-2 virgo を修飾。叙述的用法。
・5　catenis＜catena〔名〕f.「鎖、枷」(複数奪格) 738-4 resoluta を修飾。

739
・1　incedit＜incedo〔動〕「進む、動く；起きる」(直説法能相三人称単数現在)
・2　virgo〔名〕f.「処女；乙女」(単数主格) 739-1 incedit の主語。
・3　pretiumque (= pretium + que)〔名〕n.「価格；価値；報酬」(単数主格) 739-5 causa と共に 739-2 virgo と同格。
・4　et〔接〕「そして、また」
・5　causa〔名〕f.「原因、理由」(単数主格)
・6　laboris＜labor〔名〕m.「労働、努力；苦労、苦難」(単数属格) 739-3・4・5 pretiumque et causa を修飾。
　　＊pretiumque et causa laboris = <u>both <the> prize</u> and cause (of) <his> labour

```
                    ipse manus hausta victrices abluit unda,                    740
                    anguiferumque caput dura ne laedat harena,
                    mollit humum foliis natasque sub aequore virgas
                    sternit et inponit Phorcynidos ora Medusae.
                    virga recens bibulaque etiamnum viva medulla
                    vim rapuit monstri tactuque induruit huius              745
                    percepitque novum ramis et fronde rigorem.
```

740
- 1 ipse〔代〕「〜自身」(男性単数主格) 730-4 Perseus を受ける。叙述的用法。
- 2 manus＜manus〔名〕f.「手；一団」(複数対格) 740-5 abluit の目的語。
- 3 hausta＜haurio〔動〕「汲む；こぼす；抜き取る」完了分詞(女性単数奪格)。740-6 unda を修飾。
- 4 victorices＜victorix〔形〕「勝った、勝ち誇った」(女性複数対格) 740-2 manus を修飾。
- 5 abluit＜abluo〔動〕「洗い流す；洗う」(直説法能相三人称単数現在) 742-1/743-1・3 mollit, sternit, inponit と共に主述部。730-4 Perseus を受ける。
- 6 unda＜unda〔名〕f.「波；水」(単数奪格) 740-5 abluit を修飾。

741
- 1 anguiferumque (= anguiferum + que)＜anguifer〔形〕「蛇を持つ、蛇の多い」(中性単数対格) 741-2 caput を修飾。＊615-1 参照。
- 2 caput＜caput〔名〕n.「頭；頂上」(単数対格) 741-5 laedat の目的語。
- 3 dura＜durus〔形〕「硬い；粗野な；厳しい」(女性単数主格) 741-6 harena を修飾。
- 4 ne〔接〕「〜するといけないので、〜しないように；〜ではないかと」
- 5 laedat＜laedo〔動〕「傷つける；悩ます、苦しめる」(接続法能相三人称単数現在)
- 6 harena〔名〕f.「砂；砂浜」(単数主格) 741-5 laedat の主語。

742
- 1 mollit＜mollio〔動〕「柔かくする；穏やかにする；軽減する」(直説法能相三人称単数現在)
- 2 humum＜humus〔名〕f.「大地、地面；国」(単数対格) 742-1 mollit の目的語。
- 3 foliis＜folium〔名〕n.「葉；花弁」(複数奪格) 742-1 mollit を修飾。
- 4 natasque (= natas + que)＜natus〔形〕「生れた；〈名〉息子」(女性複数対格) 742-7 virgas を修飾。
- 5 sub〔前〕「〜の下へ；〜の方へ；〜の後に」奪格支配(742-6 aequore)。742-4 natas を修飾。
- 6 aequore＜aequor〔名〕n.「平面；海」(単数奪格)
- 7 virgas＜virga〔名〕f.「小枝；杖」(複数対格) 743-1 sternit の目的語。

743
- 1 sternit＜sterno〔動〕「広げる、撒く；投げ倒す、ひっくり返す」(直説法能相三人称単数現在)
- 2 et〔接〕「そして、また」
- 3 inponit＜inpono〔動〕「置く、設置する；載せる；課す」(直説法能相三人称単数現在)
- 4 Phorcynidos＜Phorcynis〔名〕f.「ポルキュスの娘」(単数属格) 743-6 Medusae と同格。☆ポルキュス(Phorcys)は「海の老人」の一人。姉妹に当るケトとの間に、ゴルゴン三姉妹やグライアエなど奇怪な子孫をもうけた。

— 212 —

変身物語　第四巻

(Perseus) himself cleaned <his> victorious hands (with) scooped water,
and lest rough sand (should) damage <the> <u>snake-bearing</u> head,
(he) softened <the> ground (with) leaves and strewed twigs grown under
<the> ocean and placed <the> head (of) Medusa, <u>Phorcys's daughter</u>.
<The> twigs, fresh <u>and sodden</u> still (with) live medullae,
imbibed <the> monster's vigour and hardened (by) this touch
<u>and got</u> new stiffness (in) <their> branches and foliage.

・5　ora＜os〔名〕n.「口 ; 顔」(複数対格) 743-3 inponit の目的語。
・6　Medusae＜Medusa〔名〕f.「メドゥサ」(単数属格) 743-5 ora を修飾。

744
・1　virga 742-7 参照(単数主格)。745-2・5/ 746-1 rapuit, induruit, percepit の主語。
・2　recens＜recens〔形〕「最近の、新鮮な、若い」(女性単数主格) 744-3・6 bibula, medulla と共に 744-1 virga を修飾。
　　＊virga recens bibulaque viva medulla = <the> twigs fresh and sodden (with) live medullae
・3　bibulaque (= bibula + que)＜bibulus〔形〕「吸収性の ; 水分を吸収した」(女性単数主格)
・4　etiamnum〔副〕「未だ、猶」744-5 viva を修飾。
・5　viva＜vivus〔形〕「生きている ; 活発な、新鮮な」(女性単数奪格) 744-6 medulla を修飾。
・6　medulla＜medulla〔名〕f.「骨髄 ; 髄、芯」(単数奪格)

745
・1　vim＜vis〔名〕f.「力 ; 活力 ; 暴力」(単数対格) 745-2 rapuit の目的語。
・2　rapuit＜rapio〔動〕「剥ぎ取る ; 駆る ; 掠奪する」(直説法能相三人称単数完了過去)　＊「吸い取る」の謂。
・3　monstri＜monstrum〔名〕n.「前兆、奇跡 ; 怪物」(単数属格) 745-1 vim を修飾。
　　＊743-6 Medusae を指す。

・4　tactuque (= tactu + que)＜tactus〔名〕m.「接触 ; 触覚」(単数奪格) 745-5 induruit を修飾。
・5　induruit＜induresco〔動〕「固くなる ; 確立する」(直説法能相三人称単数完了過去)
・6　huius＜hic〔代〕「これ、この人 ; 次のこと」(中性単数属格) 745-3 monstri を指す。745-4 tactu を修飾。

746
・1　percepitque(= percepit + que)＜percipio〔動〕「占有する ; 帯びる ; 獲得する」(直説法能相三人称単数完了過去)
・2　novum＜novus〔形〕「新しい、新鮮な、若い」(男性単数対格) 746-6 rigorem を修飾。
・3　ramis＜ramus〔名〕m.「枝」(複数奪格) 746-5 fronde と共に 746-1 percepit を修飾。
・4　et 743-2 参照。
・5　fronde＜frons〔名〕f.「葉の茂った枝、群葉 ; 葉冠」(単数奪格)
・6　rigorem＜rigor〔名〕m.「硬さ ; 冷たさ ; 粗野さ」(単数対格) 746-1 percepit の目的語。

— 213 —

at pelagi nymphae factum mirabile temptant
pluribus in virgis et idem contingere gaudent
seminaque ex illis iterant iactata per undas：
nunc quoque curaliis eadem natura remansit, 750
duritiam tacto capiant ut ab aere quodque
vimen in aequore erat, fiat super aequora saxum.

747
- 1 at〔接〕「しかし、しかし一方」
- 2 pelagi＜peragus〔名〕n.「海洋」(単数属格) 747-3 nymphae を修飾。
- 3 nymphae＜nympha〔名〕f.「妖精、ニンフ」(複数主格) 747-6/ 748-7/ 749-4 temptant, gaudent, iterant の主語。☆海の精ネレイデスを指す。
- 4 factum＜factum〔名〕n.「行為；出来事」(単数対格) 747-6 temptant の目的語。
- 5 mirabile＜milabilis〔形〕「素晴しい、驚異的な」(中性単数対格) 747-4 factum を修飾。
- 6 temptant＜tempto〔動〕「試す；試みる」(直説法能相三人称複数現在)

748
- 1 pluribus＜multus〔形〕「多数の；多量の」比較級(女性複数奪格)。748-3 virgis を修飾。
- 2 in〔前〕「～で(に)、～の中(上)で」奪格支配(748-3 virgis)。747-6 temptant を修飾。
- 3 virgis＜virga〔名〕f.「小枝；杖」(複数奪格)
- 4 et〔接〕「そして、また」
- 5 idem＜idem〔代〕「同じ」(中性単数対格) 748-6 contingere の意味上の主語。＊747-4 factum を受ける。
- 6 contingere＜contingo〔動〕「触れる、掴む；達する；(～に)起る」(不定法能相現在) 748-7 gaudent の補語。
- 7 gaudent＜gaudeo〔動〕「喜ぶ；気に入る」(直説法能相三人称複数現在) ＊不定法句を伴う。

749
- 1 seminaque (= semina + que)＜semen〔名〕n.「種；源」(複数対格) 749-4 iterant の目的語。
- 2 ex〔前〕「～(の中)から；～に従って」奪格支配(749-3 illis)。749-5 iactata を修飾。
- 3 illis＜ille〔代〕「あれ、それ；彼(彼女)」(女性複数奪格) 748-3 virgis を指す。
- 4 iterant＜itero〔動〕「繰り返す」(直説法能相三人称複数現在) ＊「増やす」の謂。
- 5 iactata＜iacto〔動〕「投げる；振り回す；発する」完了分詞(中性複数対格)。749-1 semina を修飾。
- 6 per〔前〕「～を横切って；～を通して；～によって」対格支配(749-7 undas)。749-4 iterant を修飾。
- 7 undas＜unda〔名〕f.「波；水」(複数対格)

But nymphs (of) <the> sea attempted <the> marvellous effect
on more twigs and rejoiced (that) <the> same occurred
and multiplied <the> seeds strewn from them over <the> waters:
even now <the> same nature (has) remained (in) <the> coral,
<u>so that</u> by touching <the> air, (it) acquires rigidity <u>and what</u>
was <a> sprig in <the> ocean becomes rock above <the> ocean.

750
- 1 nunc〔副〕「目下；現状では」750-6 remansit を修飾。
- 2 quoque〔副〕「～もまた、同様に」750-1 nunc を強調する。
- 3 curaliis＜curalium〔名〕n.「珊瑚」(複数奪格) 750-6 remansit を修飾。
- 4 eadem＜idem 748-5 参照(女性単数主格)。形容詞用法。750-5 natura を修飾。
- 5 natura〔名〕f.「天性；性質；自然」(単数主格) 750-6 remansit の主語。
- 6 remansit＜remaneo〔動〕「残る；留まる」(直説法能相三人称単数完了過去)

751
- 1 duritiam＜duritia〔名〕f.「硬さ；厳しさ」(単数対格) 751-3 capiant の目的語。
- 2 tacto＜tango〔動〕「触れる；接する；到達する」完了分詞(男性単数奪格)。751-6 aere を修飾。＊tacto ab aere = by <the> touched air : i.e. by touching the air
- 3 capiant＜capio〔動〕「掴む；捉える；獲得する」(接続法能相三人称複数現在) 主述部。750-3 curaliis を受ける。
- 4 ut〔接〕「～した結果；～すること；～する為に」
- 5 ab〔前〕「～(の中)から；～側に；～で」奪格支配(751-6 aere)。751-3 capiant を修飾。
- 6 aere＜aer〔名〕m.「空気、大気」(単数奪格)
- 7 quodque (= quod + que)＜qui〔関代〕中性単数主格。先行詞を含む複合用法。752-4 erat 及び 752-5 fiat の主語となる。＊性・数は 752-1 vimen に一致している。

752
- 1 vimen〔名〕n.「しなやかな枝、コリヤナギ(の枝)」(単数主格) 752-4 erat の補語。
- 2 in 748-2 参照。奪格支配(752-3 aequore)。752-1・4 vimen erat を修飾。
- 3 aequore＜aequor〔名〕n.「平面；海」(単数奪格)
- 4 erat＜sum〔動〕「～である；存在する」(直説法三人称単数不完了過去)
- 5 fiat＜fio〔動〕「起きる；作られる；なる」(接続法三人称単数現在)
- 6 super〔前〕「～の上へ；～に加えて」対格支配(752-7 aequora)。752-5 fiat を修飾。
- 7 aequora＜aequor 752-3 参照(複数対格)。
- 8 saxum〔名〕n.「岩」(単数主格) 752-5 fiat の補語。

Dis tribus ille focos totidem de caespite ponit,
laevum Mercurio, dextrum tibi, bellica virgo,
ara Iovis media est ; mactatur vacca Minervae,   755
alipedi vitulus, taurus tibi, summe deorum.
protinus Andromedan et tanti praemia facti
indotata rapit ; taedas Hymenaeus Amorque
praecutiunt ; largis satiantur odoribus ignes,

753
- 1 Dis＜deus〔名〕m.「神；神力」(複数与格) 753-8 ponit を修飾。＊754-2・4 Mercurio, tibi も同断。利害関係を表す与格。
- 2 tribus＜tres〔数〕「三つ(の)」(男性複数与格) 753-1 Dis を修飾。
- 3 ille＜ille〔代〕「あれ、それ；彼(彼女)」(男性単数主格) 730-4 Perseus を指す。753-8 ponit の主語。
- 4 focos＜focus〔名〕m.「暖炉、家庭；祭壇」(複数対格) 753-8 ponit の目的語。＊754-1・3 laevum, dextrum も同断。
- 5 totidem〔形〕「同数の」(無変化) 753-6 de と共に 753-4 focos を修飾。＊753-2 tribus を受ける。
- 6 de〔前〕「～から；～中に；～故に」奪格支配(753-7 caespite)。
- 7 caespite＜caespes〔名〕m.「芝生；草地」(単数奪格)
- 8 ponit＜pono〔動〕「置く、据える」(直説法能相三人称単数現在)

754
- 1 laevum＜laevus〔形〕「左(側)の；〈名〉左側」(男性単数対格) 754-3 dextrum と共に名詞的用法。＊753-4 focos を受ける。
- 2 Mercurio＜Mercurius〔名〕m.「メルクリウス、マーキュリー」(単数与格) ☆ユピテルとアトラスの娘マイアとの息子。ユピテルの使者。ギリシア神話のヘルメスに当る。
- 3 dextrum＜dexter〔形〕「右の、右側の」(男性単数対格)
- 4 tibi＜tu〔代〕「あなた」(単数与格)
- 5 bellica＜bellicus〔形〕「戦の；好戦的な」(女性単数呼格) 754-6 virgo を修飾。
- 6 virgo＜virgo〔名〕f.「処女；乙女」(単数呼格) ＊755-7 Minervae を指す。

755
- 1 ara〔名〕f.「祭壇；祭壇座」(単数主格) 755-4 est の主語。
- 2 Iovis＜Iuppiter〔名〕m.「ユピテル、ジュピター」(単数属格) 755-1 ara を修飾。
- 3 media＜medius〔形〕「真中(中間)の、～の真中(中間)」(女性単数主格) 755-1 ara に一致。755-4 est の補語。
- 4 est＜sum〔動〕「～である；存在する」(直説法三人称単数現在)
- 5 mactatur＜macto〔動〕「讃える；捧げる；殺す；滅ぼす」(直説法所相三人称単数現在)
- 6 vacca〔名〕f.「雌牛」(単数主格) 755-5 mactatur の主語。＊756-2・3 vitulus, taurus も同断。
- 7 Minervae＜Minerva〔名〕f.「ミネルウァ」(単数与格) 755-5 mactatur を修飾。＊756-1・4 alipedi, tibi も同断。

(To) three gods, he erected as many altars of turf:
<the> left (one) (for) Mercury; <the> right (one) (for) you, belligerent virgin;
Jupiter's altar was in the middle: <a> cow (was) sacrificed (to) Minerva;
<a> calf (to) <the> wing-footed (god); <a> bull (to) you, <the> supreme (ruler) (of) <the> gods.
Promptly (he) obtained Andromeda, namely <the> premium (for) <his> grand
deed, without dowry; Hymen and Amor brandished
torches; <the> fires (were) fed (with) copious incense,

756
- 1　alipedi＜alipes〔形〕「足に翼のある；俊足の」(男性単数与格) 名詞的用法。＊754-2 Mercurio を指す。
- 2　vitulus〔名〕m.「雄子牛；子馬」(単数主格)
- 3　taurus〔名〕m.「雄牛」(単数主格)
- 4　tibi 754-4 参照。
- 5　summe＜summus〔形〕「最も高い；〜の頂上；最高(至高)の」(男性単数呼格) 名詞的用法。＊755-2 Iovis を指す。
- 6　deorum＜deus 753-1 参照(複数属格)。756-5 summe を修飾。

757
- 1　protinus〔副〕「前方へ；続けて；即座に」758-2 rapit を修飾。
- 2　Andromedan＜Andromeda〔名〕f.「アンドロメダ」(単数対格) 757-5 praemia と共に 758-2 rapit の目的語。
- 3　et〔接〕「そして、また」＊補足の句や節を導く用法。「即ち」の謂。
- 4　tanti＜tantus〔形〕「これ程大きな；〈名〉これ程多量(多数)」(中性単数属格) 757-6 facti を修飾。
- 5　praemia＜praemium〔名〕n.「便宜、特典；報酬」(複数対格)
- 6　facti＜factum〔名〕n.「行為；出来事」(単数属格) 757-5 praemia を修飾。

758
- 1　indotata＜indotatus〔形〕「持参金のない」(中性複数対格) 757-5 praemia に一致。叙述的用法。

- 2　rapit＜rapio〔動〕「剥ぎ取る；駆る；掠奪する」(直説法能相三人称単数現在) 主述部。753-3 ille を受ける。
- 3　taedas＜taeda〔名〕f.「リギダ松；松明；婚姻」(複数対格) 759-1 praecutiunt の目的語。
- 4　Hymenaeus〔名〕m.「ヒュメナエウス；婚姻」(単数主格) 758-5 Amor と共に 759-1 praecutiunt の主語。☆ギリシア神話の婚姻の神。
- 5　Amorque (= Amor + que)〔名〕m.「愛情；欲望；アモル」(単数主格) ☆クピドの別称。ギリシア神話のエロスに当る。

759
- 1　praecutiunt＜praecutio〔動〕「前で振る」(直説法能相三人称複数現在)
- 2　largis＜largus〔形〕「豊富な；気前の良い」(男性複数奪格) 759-4 odoribus を修飾。
- 3　satiantur＜satio〔動〕「満たす、満足させる」(直説法所相三人称複数現在)
- 4　odoribus＜odor〔名〕m.「匂い、香り；香料」(複数奪格) 759-3 satiantur を修飾。
- 5　ignes＜ignis〔名〕m.「火；輝き」(複数主格) 759-3 satiantur の主語。

sertaque dependent tectis et ubique lyraeque 760
tibiaque et cantus, animi felicia laeti
argumenta, sonant ; reseratis aurea valvis
atria tota patent, pulchroque instructa paratu
Cepheni proceres ineunt convivia regis.
　　Postquam epulis functi generosi munere Bacchi 765
diffudere animos, cultusque genusque locorum
quaerit Lyncides moresque animumque virorum ; 767

760
- 1　sertaque (= serta + que)〔名〕n.pl.「花輪」(複数主格) 760-2 dependent の主語。
- 2　dependent＜dependeo〔動〕「掛かる、垂れ下がる；依存する」(直説法能相三人称複数現在)
- 3　tectis＜tectum〔名〕n.「屋根；住居、避難所」(複数奪格) 760-2 dependent を修飾。
- 4　et〔接〕「そして、また」
- 5　ubique〔副〕「至る所で」762-2 sonant を修飾。
- 6　lyraeque (= lyrae + que)＜lyra〔名〕f.「竪琴；歌」(複数主格) 761-1・3 tibia, cantus と共に 762-2 sonant の主語。

761
- 1　tibiaque (= tibia + que)〔名〕f.「頸骨；笛」(単数主格)
- 2　et 760-4 参照。
- 3　cantus＜cantus〔名〕m.「歌；演奏；鳴き声」(複数主格)
- 4　animi＜animus〔名〕m.「理性；知性、精神」(単数属格) 761-5 felicia と共に 762-1 argumenta を修飾。
- 5　felicia＜felix〔形〕「豊穣な；縁起の良い；幸福な」(中性複数主格)
- 6　laeti＜laetus〔形〕「裕福な；嬉しい、喜んだ」(男性単数属格) 761-4 animi を修飾。

762
- 1　argumenta＜argumentum〔名〕n.「論拠、証拠、証明」(複数主格) 760-6・761-1・2・3 lyraeque tibiaque et cantus と同格。
- 2　sonant＜sono〔動〕「音を立てる；語る」(直説法能相三人称複数現在)
- 3　reseratis＜resero〔動〕「開く、開ける」完了分詞(女性複数奪格)。762-5 valvis と共に独立奪格構文を成す。＊reseratis valvis = (with) <the> folding-doors unbarred
- 4　aurea＜aureus〔形〕「黄金の；金色の」(中性複数主格) 763-2 tota と共に 763-1 atria を修飾。
- 5　valvis＜valvae〔名〕f.pl.「折畳み扉」(複数奪格)

763
- 1　atria＜atrium〔名〕n.「広間；〈複〉住居」(複数主格) 763-3 patent の主語。
- 2　tota＜totus〔形〕「全ての、～全体」(中性複数主格)
- 3　patent＜pateo〔動〕「開いている；広がる」(直説法能相三人称複数現在)
- 4　pulchroque (= pulchro + que)＜pulcher〔形〕「美しい；素晴しい」(男性単数奪格) 763-6 paratu を修飾。
- 5　instructa＜instructus〔形〕「備わった；準備された」(中性複数対格) 764-4 convivia を修飾。＊instruo の完了分詞。
- 6　paratu＜paratus〔名〕m.「準備、装備」(単数奪格)

and wreaths hanged (on) residences and everywhere both lyres
and flutes and songs, felicitous proofs (of) delighted
souls, sounded; (with) <the> folding-doors unbarred, <the> whole
golden hall appeared, and leaders of <the> Cephenes entered
<the> king's conviviality arranged (with) beautiful equipment.
　　When, enjoying <the> banquet, (they) diverted <their> souls (with) generous
Bacchus's gift, Lynceus's descendant inquired both <the> culture
and <the> race (of) <the> land; both <the> manners and <the> soul (of) <the> men;

764
- 1　Cepheni＜Cephenus〔形〕「ケペネス人の」(男性複数主格) 764-2 proceres を修飾。＊669-3 参照。
- 2　proceres＜procer〔名〕m.「貴族；〈複〉指導者たち」(複数主格) 764-3 ineunt の主語。
- 3　ineunt＜ineo〔動〕「入る；着手する」(直説法能相三人称複数現在)
- 4　convivia＜convivium〔名〕n.「宴会；招待客」(複数対格) 764-3 ineunt の目的語。
- 5　regis＜rex〔名〕m.「王、専制君主；暴君」(単数属格) 764-4 convivia を修飾。

765
- 1　Postquam〔接〕「〜した後、〜した時」
- 2　epulis＜epulae〔名〕f.pl.「ご馳走；宴会」(複数奪格) 765-3 functi の補語。
- 3　functi＜fungor〔所動〕「従事する、遂行する」完了分詞(男性複数主格)。764-2 proceres に一致。叙述的用法。
- 4　generosi＜generosus〔形〕「高貴な；優秀な；寛大な」(男性単数属格) 765-6 Bacchi を修飾。
- 5　munere＜munus〔名〕n.「任務；贈り物」(単数奪格) 766-1 diffudere を修飾。☆葡萄酒を指す。
- 6　Bacchi＜Bacchus〔名〕m.「バックス」(単数属格) 765-5 munere を修飾。

766
- 1　diffudere (= diffuderunt)＜diffundo〔動〕「注ぎ出す；撒き散らす；陽気にする」(直説法能相三人称複数完了過去) 主述部。764-2 proceres を受ける。
- 2　animos＜animus 761-4 参照(複数対格)。766-1 diffudere の目的語。
- 3　cultusque (= cultus + que)＜cultus〔名〕m.「耕作；育成；洗練；服装」(複数対格) 766-4/ 767-3・4 genus, mores, animum と共に 767-1 quaerit の目的語。
- 4　genusque (= genus + que)＜genus〔名〕n.「種族、民族；家系、出生」(単数対格)
- 5　locorum＜locus〔名〕m.「場所；地位；位置」(複数属格) 766-3・4 cultusque genusque を修飾。

767
- 1　quaerit＜quaero〔動〕「探し求める；訊ねる；獲得する」(直説法能相三人称単数現在)
- 2　Lyncides〔名〕m.「リュンケウスの子孫」(単数主格) 767-1 quaerit の主語。☆772-2 Agenorides と共にペルセウスを指す。リュンケウスはアラビア王アエギュプトゥスの息子で、ペルセウスの母ダナエの曾祖父に当る。462-4 参照。
- 3　moresque (= mores + que)＜mos〔名〕m.「仕方；習慣」(複数対格)
- 4　animumque (= animum + que)＜animus 761-4 参照(単数対格)。
- 5　virorum＜vir〔名〕m.「(成人)男性；夫」(複数属格) 767-3・4 moresque animumque を修飾。

(768)
　＊この一行は本文から欠落している。

qui simul edocuit, "nunc, o fortissime," dixit 769
"fare, precor, Perseu, quanta virtute quibusque 770
artibus abstuleris crinita draconibus ora!"
narrat Agenorides gelido sub Atlante iacentem
esse locum solidae tutum munimine molis;
cuius in introitu geminas habitasse sorores
Phorcidas unius partitas luminis usum; 775

769
- 1 qui〔関代〕男性単数主格。先行詞を含む複合用法。769-3 edocuit 及び 769-7 dixit の主語となる。
- 2 simul〔副〕「一緒に；同時に」769-3 edocuit を修飾。＊「即座に」の謂。
- 3 edocuit＜edoceo〔動〕「周知する、知らせる」(直説法能相三人称単数完了過去)
- 4 nunc〔副〕「目下；現状では」770-1 fare を修飾。＊「今度は」の謂。
- 5 o〔間〕「おお、嗚呼」
- 6 fortissime＜fortis〔形〕「強力な；頑強な」最上級(男性単数呼格)。770-3 Perseu を修飾。
- 7 dixit＜dico〔動〕「言う、話す、述べる；呼ぶ」(直説法能相三人称単数完了過去)

770
- 1 fare＜for〔所動〕「話す、言う」(命令法二人称単数現在)
- 2 precor〔所動〕「請う、懇願する」(直説法能相一人称単数現在) 主述部。
- 3 Perseu＜Perseus〔名〕m.「ペルセウス」(単数呼格)
- 4 quanta＜quantus〔形〕「どれ程大きい(多い)；〜程大きい(多い)」(女性単数奪格) 770-5 virtute を修飾。＊770-6 quibus と共に間接疑問文を導く。
- 5 virtute＜virtus〔名〕f.「男らしさ、力；勇気」(単数奪格) 771-1 artibus と共に 771-2 abstuleris を修飾。
- 6 quibusque (= quibus + que)＜qui〔疑〕「誰(何)、どんな」(女性複数奪格) 771-1 artibus を修飾。

771
- 1 artibus＜ars〔名〕f.「技術、技巧；策略」(複数奪格)
- 2 abstuleris＜aufero〔動〕「除去する；運び去る；盗む」(接続法能相二人称単数完了過去) 主述部。
- 3 crinita＜crinitus〔形〕「毛深い、長髪の」(中性複数対格) 771-5 ora を修飾。＊奪格を伴う。
- 4 draconibus＜draco〔名〕m.「大蛇、龍」(複数奪格) 771-3 crinita を修飾。
- 5 ora＜os〔名〕n.「口；顔」(複数対格) 771-2 abstuleris の目的語。

772
- 1 narrat＜narro〔動〕「告げる、物語る；述べる」(直説法能相三人称単数現在)
- 2 Agenorides〔名〕m.「アゲノルの息子(子孫)」(単数主格) 772-1 narrat の主語。☆ペルセウスの祖先に当るベロスとアゲノルは兄弟である。
- 3 gelido＜gelidus〔形〕「極寒の、凍てつく」(男性単数奪格) 772-5 Atlante を修飾。
- 4 sub〔前〕「〜の下に(下で)」 奪格支配 (772-5 Atlante)。772-6 iacentem を修飾。
- 5 Atlante＜Atlas〔名〕m.「アトラス」(単数奪格) ☆アトラス山脈を指す。
- 6 iacentem＜iacceo〔動〕「横たわる；艶れ伏す；垂れ下がる」現在分詞(男性単数対格)。773-4 tutum と共に 773-2 locum を修飾。

<the> (one) who immediately informed said, "Now, oh, (most) forceful
Perseus, talk, (I) pray, (with) how great valour and (with) what
artifice (you should have) torn <the> snake-haired head!"
Agenor's descendant narrates <that> (there) is <a> place lying under
freezing Mt Atlas, safe (with) <the> protection (of) <a> solid crag;
at whose entrance inhabited twin sisters,
Phorcus's daughters, sharing <the> use (of) one eye;

773
・1 esse＜sum〔動〕「～である；存在する」(不定法現在) 772-1 narrat の目的語。＊774-5/ 777-2/ 779-2/ 780-3 habitasse, cepisse, tetigisse, vidisse も同断。
・2 locum＜locus〔名〕m.「場所；地位；位置」(単数対格) 773-1 esse の意味上の主語。
・3 solidae＜solidus〔形〕「完全な；堅固な；信頼できる」(女性単数属格) 773-6 molis を修飾。
・4 tutum＜tutus〔形〕「安全な」(男性単数対格)
・5 munimine＜munimen〔名〕n.「防備」(単数奪格) 773-4 tutum を修飾。
・6 molis＜moles〔名〕f.「塊；岩」(単数属格) 773-5 munimine を修飾。

774
・1 cuius＜qui 769-1 参照(男性単数属格)。先行詞は 773-2 locum。774-3 introitu を修飾。＊cuius in introitu = at whose entrance
・2 in〔前〕「～で(に)、～の中(上)で」奪格支配(774-3 introitu)。774-5 habitasse を修飾。
・3 introitu＜introitus〔名〕m.「進入；入口」(単数奪格)
・4 geminas＜geminus〔形〕「双子の；対の」(女性複数対格) 775-3 partitas と共に 774-6 sorores を修飾。
・5 habitasse (= habitavisse)＜habito〔動〕「居住する；留まる」(不定法能相完了)
・6 sorores＜soror〔名〕f.「姉妹」(複数対格) 774-5 habitasse の意味上の主語。☆グラエアエ三姉妹を指す。アトラス山脈の麓の洞窟に住む老婆たちで、三人で一つの眼と一本の歯を共有していた。

775
・1 Phorcidas＜Phorcis〔名〕f.「ポルキュスの娘」(複数対格) 774-6 sorores と同格。＊ポルキュスについては743-4 参照。
・2 unius＜unus〔数〕「一つ(の)；同一の」(中性単数属格) 775-4 luminis を修飾。
・3 partitas＜partior〔所動〕「共有する、配分する」完了分詞(女性複数対格)。
・4 luminis＜lumen〔名〕n.「光、灯り；眼」(単数属格) 775-5 usum を修飾。
・5 usum＜usus〔名〕m.「使用；習慣；経験；有効性」(単数対格) 775-3 partitas の目的語。

   id se sollerti furtim, dum traditur, astu
  supposita cepisse manu perque abdita longe
  deviaque et silvis horrentia saxa fragosis
  Gorgoneas tetigisse domos passimque per agros
  perque vias vidisse hominum simulacra ferarumque   780
  in silicem ex ipsis visa conversa Medusa.
   se tamen horrendae clipei, quem laeva gerebat,

776
- 1　id＜is〔代〕「この人(これ)、彼(彼女)」(中性単数対格) 775-4 luminis を指す。777-2 cepisse の目的語。
- 2　se＜sui〔代〕「彼(彼女、それ)自身」(単数対格) 782-1 se と共に 772-2 Agenorides を指す。777-2 / 779-2 / 780-3 cepisse, tetigisse, vidisse の意味上の主語。
- 3　sollerti＜sollers〔形〕「熟練した、器用な」(男性単数奪格) 776-7 astu を修飾。
- 4　furtim〔副〕「密かに」776-7 astu と共に 777-2 cepisse を修飾。
- 5　dum〔接〕「～する間に(間は)；～まで」
- 6　traditur＜trado〔動〕「手渡す；放棄する；委託する」(直説法所相三人称単数現在) 主述部。776-1 id を受ける。
- 7　astu＜astus〔名〕m.「器用さ、技巧」(単数奪格)

777
- 1　supposita＜suppono〔動〕「下に置く；代替させる」完了分詞(女性単数奪格)。777-3 manu と共に独立奪格構文を成す。＊supposita manu = (with) <his> hand underlaid：i.e. underlaying his hand
- 2　cepisse＜capio〔動〕「摑む；捉える；獲得する」(不定法能相完了)
- 3　manu＜manus〔名〕f.「手；一団」(単数奪格)
- 4　perque (= per + que)〔前〕「～を横切って；～を通して；～によって」対格支配 (777-5/ 778-1・5 abdita, devia, saxa)。779-2 tetigisse を修飾。

- 5　abdita＜abditus〔形〕「隠された、秘密の」(中性複数対格) 名詞的用法。＊「人知れぬ場所」の謂。
- 6　longe〔副〕「遠くに；長く」777-4 per を強調する。

778
- 1　deviaque (= devia + que)＜devius〔形〕「道をはずれた」(中性複数対格) 名詞的用法。＊「脇道」の謂。
- 2　et〔接〕「そして、また」
- 3　silvis＜silva〔名〕f.「森、森林地帯」(複数奪格) 778-4 horrentia と共に 778-5 saxa を修飾。
- 4　horrentia＜horrens〔形〕「ぼさぼさの、ごつごつした」(中性複数対格)
- 5　saxa＜saxum〔名〕n.「岩」(複数対格)
- 6　fragosis＜fragosus〔形〕「荒れた」(女性複数奪格) 778-3 silvis を修飾。

779
- 1　Gorgoneas＜Gorgoneus〔形〕「ゴルゴンの」(女性複数対格) 779-3 domos を修飾。＊618-1 参照。
- 2　tetigisse＜tango〔動〕「触れる；接する；到達する」(不定法能相完了)
- 3　domos＜domus〔名〕f.「家；住居；家庭」(複数対格) 779-2 tetigisse の目的語。
- 4　passimque (= passim + que)〔副〕「分散して、一面に、あちこちに」779-5/ 780-1 per と共に 780-3 vidisse を修飾。
- 5　per 777-4 参照。対格支配 (779-6 agros)。
- 6　agros＜ager〔名〕m.「耕地；野原」(複数対格)

<that> he snatched it furtively, while (it was) handed, (with) clever

adroitness (with) <his> hand underlaid, and <that> <u>all the way</u> over hidden (places)

<u>and by-ways</u> and ragged rocks (in) rugged forests,

(he) reached <the> Gorgonian houses, <u>and everywhere</u> over <the> fields

<u>and along</u> <the> ways, saw simulacra (of) <the> humans <u>and beasts</u>

converted to flint (with) <u>their true nature</u> lost, (by) seeing Medusa.

<That> however, (with) <the> reflecting bronze (of) <his> buckler, which (he was) carrying

(in) <his> <u>left-hand</u>,

780
- 1 perque 777-4 参照。対格支配(780-2 vias)。
- 2 vias＜via〔名〕f.「道、通路；旅」(複数対格)
- 3 vidisse＜video〔動〕「見る；認知する；〈所〉見える」(不定法能相完了)
- 4 hominum＜hono〔名〕m.f.「人間、人類」(複数属格) 780-6/ 781-6 ferarum, conversa と共に 780-5 simulacra を修飾。
- 5 simulacra＜simulacrum〔名〕n.「姿；像」(複数対格) 780-3 vidisse の目的語。
- 6 ferarumque (= ferarum + que)＜fera〔名〕f.「野獣」(複数属格)

781
- 1 in〔前〕「～(の中)へ、～に対して」対格支配(781-2 silicem)。781-3 ex と共に 781-6 conversa を修飾。
- 2 silicem＜silex〔名〕m.「硬い石、火打石」(単数対格)
- 3 ex〔前〕「～(の中)から；～に従って」奪格支配(781-4 ipsis)。
- 4 ipsis＜ipse〔代〕「～自身」(女性複数奪格) 780-4・6 hominum, ferarum を受ける。＊「本性」の謂。
- 5 visa＜video 780-3 参照。完了分詞(女性単数奪格)。781-7 Medusa と共に独立奪格構文を成す。＊visa Medusa ＝ (with) Medusa seen : i.e. by seeing Medusa
- 6 conversa＜converto〔動〕「転回させる；向ける；変える」完了分詞(中性複数対格)。

- 7 Medusa＜Medusa〔名〕f.「メドゥサ」(単数奪格)

782
- 1 se 776-2 参照。783-4/ 785-1 adspexisse, eripuisse の意味上の主語。＊772-1 narrat を受ける。
- 2 tamen〔副〕「しかし、にも拘らず」
- 3 horrendae＜horreo〔動〕「直立する、逆立つ；身震いする、恐れる」動形容詞(女性単数奪格)。783-5 Medusae を修飾。
- 4 clipei＜clipeus〔名〕m.「丸楯；円盤」(単数属格) 783-2 repercusso と共に 783-1 aere を修飾。
- 5 quem＜qui〔関代〕男性単数対格。先行詞は 782-4 clipei。782-7 gerebat の目的語。
- 6 laeva＜laeva〔名〕f.「左手；左側」(単数奪格) 782-7 gerebat を修飾。
- 7 gerebat＜gero〔動〕「保持する；遂行する」(直説法能相三人称単数不完了過去) 主述部。772-2 Agenorides を受ける。

aere repercusso formam adspexisse Medusae,
dumque gravis somnus colubrasque ipsamque tenebat,
eripuisse caput collo ; pennisque fugacem　　　　　　　　785
Pegason et fratrem matris de sanguine natos.
　　Addidit et longi non falsa pericula cursus,
quae freta, quas terras sub se vidisset ab alto
et quae iactatis tetigisset sidera pennis ;

783
- 1 aere＜aes〔名〕n.「銅、青銅；〈複〉青銅製品、シンバル」(単数奪格) 783-4 adspexisse を修飾。
- 2 repercusso＜repercutio〔動〕「撃退する；反射(反響)する」完了分詞(中性単数奪格)。＊「光り輝く」の謂。
- 3 formam＜forma〔名〕f.「姿、形、外観」(単数対格) 783-4 adspexisse の目的語。
- 4 adspexisse＜adspicio〔動〕「見る；観察する；考慮する」(不定法能相完了)
- 5 Medusae＜Medusa〔名〕f.「メドゥサ」(単数属格) 783-3 formam を修飾。

784
- 1 dumque (= dum + que)〔接〕「～する間に(間は)；～まで」
- 2 gravis〔形〕「重い；重苦しい；重大な」(男性単数主格) 784-3 somnus を修飾。
- 3 somnus〔名〕m.「睡眠」(単数主格) 784-6 tenebat の主語。
- 4 colubrasque (= colubras + que)＜colubra〔名〕f.「雌蛇、蛇」(複数対格) 784-5 ipsam と共に 784-6 tenebat の目的語。
- 5 ipsamque (= ipsam + que)＜ipse〔代〕「～自身」(女性単数対格) 783-5 Medusae を指す。
- 6 tenebat＜teneo〔動〕「保持する；占める；制御する」(直説法能相三人称単数不完了過去)

785
- 1 eripuisse＜erpio〔動〕「剥ぎ取る；救助する」(不定法能相完了)
- 2 caput＜caput〔名〕n.「頭；頂上」(単数対格) 785-1 eripuisse の目的語。
- 3 collo＜collum〔名〕n.「首」(単数奪格) 785-1 eripuisse を修飾。
- 4 pennisque (= pennis + que)＜penna〔名〕f.「羽根；〈複〉翼」(複数奪格) 785-5 fugacem を修飾。
- 5 fugacem＜fugax〔形〕「内気な；素早い；移ろう」(男性単数対格) 786-1 Pegason を修飾。

786
- 1 Pegason＜Pegasus/ Pegasos〔名〕m.「ペガスス」(単数対格) 786-3 fratrem と共に 786-7 natos (esse) の意味上の主語。☆翼を持つ天馬。ペルセウスがメドゥサの頭を切り落した時、首から流れる血からペガススとクリュサオルが生れた。
- 2 et〔接〕「そして、また」
- 3 fratrem＜frater〔名〕m.「兄弟；〈複〉同胞」(単数対格)
- 4 matris＜mater〔名〕f.「母」(単数属格) 786-6 sanguine を修飾。
- 5 de〔前〕「～から；～中に；～故に」奪格支配(786-6 sanguine)。786-7 natos を修飾。
- 6 sanguine＜sanguis〔名〕m.「血；血統」(単数奪格)
- 7 natos (= natos esse)＜nascor〔所動〕「生れる；起こる、始まる」(不定法所相完了) 786-1・2・3 Pegason et fratrem に一致。＊esse (= to be) の省略。

he observed Medusa's horrendous form,
and while <a> heavy sleep (was) holding both <the> snakes and <Medusa> herself,
(he) ripped <her> head (from) <the> neck; <that> Pegasus, fleet
(on) <its> wings, and <its> brother <were> born from <their> mother's blood.
　　Also (he) added <the> perils, never false, (of) <his> long course;
what seas, what lands (he had) seen below him from <the> height
and what stars (he had) reached beating <his> wings;

787
・1　Addidit＜addo〔動〕「付ける；加える」(直説法能相三人称単数完了過去) 788-7/ 789-4/ 790-3 vidisset, tetigisset, tacuit と共に主述部。772-2 Agenorides を受ける。
・2　et〔副〕「～もまた、～さえも」787-1 Addidit を修飾。
・3　longi＜longus〔形〕「長い；遠い」(男性単数属格) 787-7 cursus を修飾。
・4　non〔副〕「(全然)～ない」787-5 falsa を修飾。
・5　falsa＜falsus〔形〕「偽りの、偽装の」(中性複数対格) 787-7 cursus と共に 787-6 pericula を修飾。
・6　pericula＜periculum〔名〕n.「試み；危険」(複数対格) 787-1 Addidit の目的語。
・7　cursus＜cursus〔名〕m.「進行、進路」(単数属格)

788
・1　quae＜qui〔疑〕「誰(何)、どんな」(中性複数対格) 788-2 freta を修飾。＊788-3/ 789-2 quas, quae と共に間接疑問文を導く。
・2　freta＜fretum〔名〕n.「海峡；海」(複数対格) 788-4 terras と共に 788-7 vidisset の目的語。
・3　quas＜qui 788-1 参照(女性複数対格)。788-4 terras を修飾。
・4　terras＜terra〔名〕f.「大地、陸地」(複数対格)
・5　sub〔前〕「～の下に (下で)」奪格支配

(788-6 se)。788-8 ab と共に 788-7 vidisset を修飾。
・6　se＜sui〔代〕「彼(彼女、それ)自身」(単数奪格)
・7　vidisset＜video〔動〕「見る；認知する；〈所〉見える」(接続法能相三人称単数全分過去)
・8　ab〔前〕「～(の中)から；～側に；～で」奪格支配(788-9 alto)。
・9　alto＜altum〔名〕n.「高さ、高み；深さ、深み」(単数奪格)

789
・1　et 786-2 参照。
・2　quae 788-1 参照。789-5 sidera を修飾。
・3　iactatis＜iacto〔動〕「投げる；振り回す；発する」完了分詞(女性複数奪格)。789-6 pennis と共に独立奪格構文を成す。
　　＊(with) <his> wings beaten : i.e. beating his wings
・4　tetigisset＜tango〔動〕「触れる；接する；到達する」(接続法能相三人称単数全分過去)
・5　sidera＜sidus〔名〕n.「星座；星；天空」(複数対格) 789-4 tetigisset の目的語。
・6　pennis 785-4 参照。

ante exspectatum tacuit tamen. excipit unus　　　790
ex numero procerum quaerens, cur sola sororum
gesserit alternis inmixtos crinibus angues.
hospes ait："quoniam scitaris digna relatu,
accipe quaesiti causam. clarissima forma
multorumque fuit spes invidiosa procorum　　　795
illa, nec in tota conspectior ulla capillis
pars fuit：inveni, qui se vidisse referret.

790
- 1 ante〔前〕「～の前方に；～以前に」対格支配(790-2 exspectatum)。790-3 tacuit を修飾。
- 2 exspectatum＜exspecto〔動〕「待つ；期待する、懸念する」完了分詞(中性単数対格)。名詞的用法。
- 3 tacuit＜taceo〔動〕「沈黙する；語らない」(直説法能相三人称単数完了過去)
- 4 tamen〔副〕「しかし、にも拘らず」
- 5 excipit＜excipio〔動〕「取り出す；除外する；捉える」(直説法能相三人称単数現在) ＊「(言葉を)継ぐ；続ける」の謂。
- 6 unus〔数〕「一つ(の)；同一の」(男性単数主格) 名詞的用法。790-5 excipit の主語。

791
- 1 ex〔前〕「～(の中) から；～に従って」奪格支配(791-2 numero)。790-6 unus を修飾。
- 2 numero＜numerus〔名〕m.「数；集合体；階層」(単数奪格)
- 3 procerum＜procer〔名〕m.「貴族；〈複〉指導者たち」(複数属格) 791-2 numero を修飾。
- 4 quaerens＜quaero〔動〕「探し求める；訊ねる；獲得する」現在分詞(男性単数主格)。790-6 unus に一致。叙述的用法。
- 5 cur〔疑〕「何故」＊間接疑問文を導く。
- 6 sola＜solus〔形〕「単独の；孤独な；寂しい」(女性単数主格) 叙述的用法。＊メドゥサに関する叙述なので、女性単数形をとる。
- 7 sororum＜soror〔名〕f.「姉妹」(複数属格) 791-6 sola を修飾。＊部分を表す属格。

792
- 1 gesserit＜gero〔動〕「保持する；遂行する」(接続法能相三人称単数完了過去) 主述部。783-5 Medusae を受ける。
- 2 alternis＜alternus〔形〕「交互の」(男性複数与格) 792-4 crinibus を修飾。
- 3 inmixtos＜inmisceo〔動〕「混ぜる」完了分詞(男性複数対格)。792-5 angues を修飾。＊与格を伴う。
- 4 crinibus＜crinis〔名〕m.「毛、髪」(複数与格) 792-3 inmixtos を修飾。
- 5 angues＜anguis〔名〕m.f.「蛇；竜座、蛇座」(複数対格) 792-1 gesserit の目的語。

793
- 1 hospes〔名〕m.「訪問者；接待主；見知らぬ人」(単数主格) 793-2 ait の主語。＊772-2 Agenorides を指す。
- 2 ait＜aio〔動〕「肯定する；言う、断言する」(直説法能相三人称単数現在)
- 3 quoniam〔接〕「今後、～なので」
- 4 scitaris＜scitor〔所動〕「知ろうとする、尋ねる」(直説法二人称単数現在) 主述部。
- 5 digna＜dignus〔形〕「(～に)値する、相応しい」(中性複数対格) 名詞的用法。793-4 scitaris の目的語。＊奪格を伴う。
- 6 relatu＜relatus〔名〕m.「報告、語り」単数奪格) 793-5 digna の補語。

before (what was) expected, however, (he) ceased. Continued one

of numbers (of) <the> leaders, inquiring why (she) wore, solely

(among) <her> sisters, snakes intermingled (with) <her> dishevelled hair.

<The> guest uttered: "Since (you) ask (what is) deserving (of) recital,

accept <the> cause (for) <your> question. <A> (most) brilliant form

and <an> enviable hope (of) many suitors was

she, and never was any part in all

(more) conspicuous (than) <her> locks : (I) found (one) who reported (to) have seen <her>.

794
- 1　accipe＜accipio〔動〕「受け取る；受け入れる；歓迎する」(命令法能相二人称単数現在)
- 2　quaesiti＜quaesitus〔形〕「探し出した；尋ねた；〈名〉疑問」(中性単数属格) 名詞的用法。794-3 causam を修飾。＊quaero の完了分詞。
- 3　causam＜causa〔名〕f.「原因、理由」(単数対格) 794-1 accipe の目的語。
- 4　clarissima＜clarus〔形〕「輝く；明確な；輝かしい」最上級(女性単数主格)。794-5 forma を修飾。☆元来、メドゥサは美貌の少女だったという。
- 5　forma〔名〕f.「姿、形、外観」(単数主格) 795-3 spes と共に 795-2 fuit の補語。

795
- 1　multorumque (= multorum + que)＜multus〔形〕「多数の；多量の」(男性複数属格) 795-5 procorum を修飾。
- 2　fuit＜sum〔動〕「～である；存在する」(直説法三人称単数完了過去)
- 3　spes〔名〕f.「希望；見込み」(単数主格)
- 4　invidiosa＜invidiosus〔形〕「嫉妬深い；羨しい；忌わしい」(女性単数主格) 795-5 procorum と共に 795-3 spes を修飾。
- 5　procorum＜procus〔名〕m.「求婚者」(複数属格)

796
- 1　illa＜ille〔代〕「あれ、それ；彼(彼女)」(女性単数主格) 795-2 fuit の主語。783-5 Medusae を指す。＊798-1 hanc も同断。
- 2　nec〔接〕「また～ない、～もない」
- 3　in〔前〕「～で(に)、～の中(上)で」奪格支配(796-4 tota)。
- 4　tota＜totus〔形〕「全ての、～全体」(女性単数奪格) 名詞的用法。＊797-1 pars を受ける。
- 5　conspectior＜conspectus〔形〕「見える；顕著な」比較級(女性単数主格)。797-1 pars に一致。797-2 fuit の補語。
- 6　ulla＜ullus〔形〕「如何なる、どのような」(女性単数主格) 797-1 pars を修飾。
- 7　capillis＜capillus〔名〕m.「髪、毛髪」(複数奪格) 796-5 conspectior を修飾。

797
- 1　pars〔名〕f.「部分、一部；役割」(単数主格) 797-2 fuit の主語。
- 2　fuit 795-2 参照。
- 3　inveni＜invenio〔動〕「出会う；考案する；見つける」(直説法能相一人称単数完了過去) 主述部。
- 4　qui〔関代〕男性単数主格。先行詞を含む複合用法。797-3 inveni の目的語、及び 797-7 referret の主語となる。
- 5　se＜sui〔代〕「彼(彼女、それ)自身」(単数対格) 797-4 qui を指す。797-6 vidisse の意味上の主語。
- 6　vidisse＜video〔動〕「見る；認知する；〈所〉見える」(不定法能相完了) 797-7 referret の目的語。
- 7　referret＜refero〔動〕「持ち帰る；返す；答える；報告する」(接続法能相三人称単数不完了過去) ＊不定法句を伴う。

hanc pelagi rector templo vitiasse Minervae
dicitur: aversa est et castos aegide vultus
nata Iovis texit, neve hoc inpune fuisset,   800
Gorgoneum crinem turpes mutavit in hydros.
nunc quoque, ut attonitos formidine terreat hostes,
pectore in adverso, quos fecit, sustinet angues."

798
- 1 hanc＜hic〔代〕「これ、この人；次のこと」(女性単数対格) 798-5 vitiasse の目的語。
- 2 pelagi＜pelagus〔名〕n.「海洋」(単数属格) 798-3 rector を修飾。
- 3 rector〔名〕m.「指導者、支配者」(単数主格) 799-1 dicitur の主語。☆海の支配者ネプトゥヌスは美しいメドゥサを愛し、ミネルウァの神殿で交わった。聖域を穢されたミネルウァはメドゥサを忌わしい怪物に変えたという。
- 4 templo＜templum〔名〕n.「占い所；聖域；神殿」(単数奪格) 798-5 vitiasse を修飾。
- 5 vitiasse (= vitiavisse)＜vitio〔動〕「傷つける、損なう、汚す」(不定法能相完了) 799-1 dicitur の補語。
- 6 Minervae＜Minerva〔名〕f.「ミネルウァ」(単数属格) 798-4 templo を修飾。

799
- 1 dicitur＜dico〔動〕「言う、話す、述べる；呼ぶ」(直説法所相三人称単数現在)
- 2・3 aversa est＜averto〔動〕「転ずる、逸らす」(直説法所相三人称単数完了過去)
  ＊aversa est nata = ＜the＞ daughter was averted : i.e. the daughter averted herself
- 4 et〔接〕「そして、また」
- 5 castos＜castus〔形〕「純粋無垢の；貞淑な」(男性複数対格) 799-7 vultus を修飾。
- 6 aegide＜aegis〔名〕f.「神楯；庇護」(単数奪格) 800-3 texit を修飾。☆ユピテルがミネルウァに与えた丸い楯。
- 7 vultus＜vultus〔名〕m.「表情、容貌；外観」(複数対格) 800-3 texit の目的語。

800
- 1 nata〔名〕f.「娘」(単数主格) 799-2・3/800-3 aversa est, texit の主語。＊798-6 Minervae を指す。
- 2 Iovis＜Iuppiter〔名〕m.「ユピテル、ジュピター」(単数属格) 800-1 nata を修飾。
- 3 texit＜tego〔動〕「覆う；隠す」(直説法能相三人称単数完了過去)
- 4 neve〔接〕「また～ない、また～ないように」
- 5 hoc＜hic 798-1 参照(中性単数主格)。800-7 fuisset の主語。＊前述の神殿冒瀆を指す。
- 6 inpune＜inpunis〔形〕「罰を受けない」(中性単数主格) 800-5 hoc に一致。800-7 fuisset の補語。
- 7 fuisset＜sum〔動〕「～である；存在する」(接続法三人称単数全分過去)

<The> ruler (of) <the> ocean (is) said (to have) violated her (in) Minerva's

temple: Jupiter's daughter averted herself and (with) <her> aegis,

covered <her> chaste visage, and lest this (should) be unpunished,

(she) mutated Gorgon's hair into ugly serpents.

Even now, that (she may) terrify enemies astounded (by) <her> formidableness,

(she) sustains in front of <her> breast, <the> snakes which (she) made."

801
- 1 Gorgoneum＜Gorgoneus〔形〕「ゴルゴンの」(男性単数対格) 801-2 crinem を修飾。＊783-5 Medusae を指す。
- 2 crinem＜crinis〔名〕m.「毛、髪」(単数対格) 801-4 mutavit の目的語。
- 3 turpes＜turpis〔形〕「無様な；不名誉な；〈名〉恥」(女性複数対格) 801-6 hydros を修飾。
- 4 mutavit＜muto〔動〕「変える、変形させる」(直説法能相三人称単数完了過去) 主述部。800-1 nata を受ける。＊802-6/803-5・6 terreat, fecit, sustinet も同断。
- 5 in〔前〕「～(の中)へ、～に対して」対格支配(801-6 hydros)。801-4 mutavit を修飾。
- 6 hydros＜hydrus/ hydros〔名〕m.「水蛇、蛇」(複数対格)

802
- 1 nunc〔副〕「目下；現状では」803-2 in と共に 803-6 sustinet を修飾。
- 2 quoque〔副〕「～もまた、同様に」802-1 nunc を強調する。
- 3 ut〔接〕「～した結果；～すること；～する為に」
- 4 attonitos＜attonitus〔形〕「雷に打たれた、驚愕した」(男性複数対格) 802-7 hostes を修飾。＊attono の完了分詞。
- 5 formidine＜formido〔名〕f.「恐怖；畏怖」(単数奪格) 802-4 attonitos を修飾。
- 6 terreat＜terreo〔動〕「恐れさせる、脅えさせる」(接続法能相三人称単数現在)
- 7 hostes＜hostis〔名〕m.f.「見知らぬ人；敵」(複数対格) 802-6 terreat の目的語。

803
- 1 pectore＜pectus〔名〕n.「胸；心」(単数奪格)
- 2 in〔前〕「～で(に)、～の中(上)で」奪格支配(803-1 pectore)。
- 3 adverso＜adversus〔形〕「～に面した、正面の；反対の、対抗する；〈名〉敵」(中性単数奪格) 803-1 pectore を修飾。＊pectore in adverso = on <her> front breast : i.e. in front of her breast
- 4 quos＜qui〔関代〕男性複数対格。先行詞は 803-7 angues。803-5 fecit の目的語。
- 5 fecit＜facio〔動〕「建設する；為す；製造(製作)する」(直説法能相三人称単数 完了過去)
- 6 sustinet＜sustineo〔動〕「支える；抑止する；堪える」(直説法能相三人称単数現在)
- 7 angues＜anguis〔名〕m.f.「蛇；竜座、蛇座」(複数対格) 803-6 sustinet の目的語。☆ミネルウァはペルセウスが献上したメドゥサの頭を自分の丸楯に嵌め込んだ。

あとがき

　何とか亡き息子の誕生日に第四巻を出版するところまで漕ぎつけました。青息吐息で、何とか漕ぎつけたというのが実感です。実は昨年5月24日の朝、突然右眼が霞んで良く見えなくなりました。慌てて近所に新しく開業した眼科クリニックで診てもらったところ、緑内障で眼圧が異常に高くなっているという診断でした。

　片眼に違和感があるというのは絶えず気になり、鬱陶しいものです。怠りなく治療に努めましたが、病は徐々に進行していました。夏休み明けには、授業のある日など夕方になると霞んでしまうという始末で、この『変身物語』を静かに読み解く営みにも障るようになりました。

　12月に入ると症状が俄かに悪化したのですが、幸いにも26日に新潟大学医歯学総合病院に入院でき、新春の4日に眼科長の阿部春樹教授の執刀で手術して戴きました。そのような次第で、この年末年始は大晦日の午後から元旦の朝まで一日だけの「破戒」を挟んで、波瀾の「禁欲生活」をする破目になってしまいました。それでも、志半ばにして生命を落した息子の無念を想ってひたすら情念を掻き立て、ここで挫けてなるものかと自ら励まし続けた歩みが稔って、入院直前に註釈ばかりでなくラテン語の本文と英語の対訳も仕上りました。

　新潟大学病院では阿部先生や八百枝先生はじめ、眼科の先生方や看護婦の皆さんに本当にお世話になりました。眼科の方々に感謝の気持ちで一杯です。手術に先立つ数日間は眼圧を維持するには利尿剤を点滴するしか手立てがなくなっていたのですから、危ういところでした。それにつけても阿部先生の手際は鮮やかで、右眼は文字通り眼を瞠るばかりに蘇りました。それは、手術の見事さはもとより手術後は週末も祝日も毎日必ず病室まで迎えに足を運んで下さり、念入りに診察して下さった治療の賜物に他なりません。先生の奥ゆかしいお人柄にただ頭の下がる思いがしました。恢復も目覚ましく、日々の患いからも遁れて長閑に過すことができました。この「あとがき」も病室で書きました。

　註解の営み、編集作業は一歩一歩コンピュータ化してきました。第一巻、第二巻は註釈を本格的なビジネス・ワープロで作成して編集用紙に印刷したものに、別の家庭用ワープロで作った対訳の英文とLoeb版のテキストを拡大コピーしたラテン語原文とを貼り込んで版下にしました。編集は面倒な「手作業」だったわけです。

　前巻では註釈とラテン語原文をコンピュータで作りました。註釈の作成に「ワード」を使い、原文はLoeb版のテキストを高性能スキャナで読み取って「ワード」で編集できるようにしたのです。その成果は大きくて、原典の語句の検索が自在になり、行間隔の調整や註釈への貼り込みなどもコンピュータの画面上でできるようになりましたが、これは思いもよらぬ「両刃の剣」でした。

相手がラテン語だということもあって、スキャナでコピーしたものを「ワード」に読み込む際にかなりの「誤読」が出るのです。そのため本文を幾度も点検することが避けられなくなりました。800 行を越えるラテン文を一字一字校正するというのは何とも味気なく、根気のいる作業です。最新の技術を駆使しても、究極の仕上げは人間が手作業でしなければならないという年来の信条を改めて確認することになりました。

　更にこの第四巻では対訳の英文も「ワード」で作りました。対訳文の字体がこれまでのものと違っている所以ですが、これによって註釈、原文、対訳ばかりでなく、編集も全てコンピュータで処理できるようになりました。これからも最新の機器を活用できるところはなるなるべく手間を省き、その分だけ透徹した読みに精魂を傾けようと思っています。

　出版に当っては、また木村逸司社長と編集担当の西岡真奈美さんにお世話になりました。お二人にも感謝します。

　この営みは様々な文献の助けに拠っていますが、そのうち常に座右に置き、頻繁に参照している翻訳書、文法書、辞書、事典などを次に掲げておきます。

〔翻訳書〕

　◇ *Ovid : Metamorphoses*, Translated by A. D. Melville (Oxford Univ. Press 1986)
　◇ *The Metamorphoses of Ovid*, Translated and with an Introduction by Mary M. Innes (Penguin Classics : Penguin Books 1955)
　◇ 田中秀央・前田敬作訳『オウィディウス－転身物語』(人文書院 1975)

〔文法書〕

　◇ Gildersleeve, B. L. & Gonzalez Lodge.　*Gildersleeve's Latin Grammar* (Nelson : St Martin's Press 1992)
　◇ Goldman, Norma & Jacob E. Nyenhuis.　*Latin via Ovid : A First Course* (Wayne State Univ. Press 1979)
　◇ Wade, Mary.　*Collins Pocket Latin Grammar & Verb Tables* (Harper Collins 1995)
　◇ 市河三喜『ラテン・ギリシヤ語初歩（英學生の爲）』(研究社 1973)
　◇ 呉茂一『ラテン語入門』(岩波全書 1981)
　◇ 松平千秋・国原吉之助『新ラテン文法』(南江堂 1986)

〔羅英辞典〕

　◇ Glare, P. G. W.　*Oxford Latin Dictionary* (Oxford : Clarendon Press)
　◇ Kidd, D. A.　*Collins Gem Latin Dictionary* (Collins)
　◇ Lewis, Charlton T.　*An Elementary Latin Dictionary* (Oxford University Press)

◇ Lewis, Charlton T. & Charles Short. *A Latin Dictionary* (Oxford : Clarendon Press)
◇ Simpson, D. P. *Cassell's Latin-English/ English-Latin Dictionary* (Cassell)
◇ Smith, William & John Lockwood. *Chambers Murray latin-english Dictionary* (Chambers)
◇ Traupman, John C. *The New College Lain & English Dictionary* (Bantam Books)

〔羅和辞典〕
◇ サルヴァトーレ・カンドウ『羅和字典』(南雲堂フェニックス)
◇ 國原吉之助『古典ラテン語辞典』(大学書林)
◇ 田中秀央『研究社 羅和辞典』(研究社)

〔神話事典など〕
◇ Lurker, Manfred *Dictionary of Gods and Goddesses, Devils and Demons* (RKP)
◇ M. C. Howatson *The Oxford Companion to Classical Literature* (Oxford University Press)
◇ バーナード・エヴリスン(小林 稔訳)『ギリシア神話小事典』(社会思想社 現代教養文庫)
◇ マイケル・グラント,ジョン・ヘイゼル『ギリシア・ローマ神話事典』(大修館書店)
◇ 高津春繁『ギリシア・ローマ神話事典』(岩波書店)
◇ 水之江有一『ギリシア・ローマ神話図詳事典』(北星堂書店)
◇ 高津春繁『ギリシア神話』(岩波新書)
◇ 丹羽隆子『ギリシア神話～西欧文化の源流へ～』(大修館書店)
◇ 丹羽隆子『ローマ神話～西欧文化の源流から～』(大修館書店)
◇ P グリマル著・高津春繁訳『ギリシア神話』(白水社 文庫クセジュ)

2008 年 1 月 　　　　　　　　　　　　　　　　　　　　　　　　　　　鈴木　利久

追記：拙著出版に際して、新潟大学経済学会から再び出版助成を戴きました。心からお礼
　　　申し上げます。

【著者略歴】

鈴 木 利 久（すずき　としひさ）

1950年生。
広島大学教育学部卒業。
広島大学大学院文学研究科修士課程修了。
広島大学助手、新潟大学講師、同大学助教授を経て
1998年より同大学教授（経済学部）。
1996-7年英国・ブリストル大学社会科学部客員研究員。
2002-3年ロシア・ハバロフスク経済法律アカデミー客員教授。
専門は異文化論研究。

〔著　書〕
『羅英対訳 詳註「変身物語」を読む〔1〕』（2001年　溪水社）
『羅英対訳 詳註「変身物語」を読む〔2〕』（2006年　溪水社）
『羅英対訳 詳註「変身物語」を読む〔3〕』（2007年　溪水社）
『国際交流の諸相』（2004年　溪水社）

〔主要論文〕
"Othello, an Honourable Murderer"
「A Wood Comes toward Dunsinane ―マクベスの見たもの」
「『存在しないもの』の重み」

羅英対訳　詳註『変身物語』を読む［4］

平成20年2月16日　発行

著　者　鈴木　利久
発行所　株式会社　溪水社
　　　　広島市中区小町1-4（〒730-0041）
　　　　電　話（082）246-7909
　　　　ＦＡＸ（082）246-7876
　　　　E-mail: info@keisui.co.jp

ISBN978-4-86327-007-7　C3098